普通高等教育房地产开发与管理

"十二五"规划教材

房地产估价

付光辉　主编

夏　敏　封海洋　副主编

化学工业出版社

·北京·

本书根据当前房地产市场发展的需要，结合最新的政策和实践成果，系统地介绍了房地产估价有关方面的内容，包括房地产估价概述、房地产估价方法、国有土地上房屋征收评估、基准地价更新与地价动态监测，以及房地产估价程序与典型国家（地区）房地产估价制度等。本书不仅涵盖了市场比较法、收益法等房地产估价的一些基本理论和方法，还详细介绍了国有土地上房屋征收评估、房地产损害赔偿估价、房地产评税、基准地价更新与地价动态监测等最新研究成果。本书在注重基本理论的基础上，更侧重于对各种估价方法的实际应用，每种方法都配有相应的案例，每个案例均引自估价师考试真题和评估公司真实的评估报告。

本书有很强的实用性和示范性，不仅可以作为高等院校、高职高专院校“房地产估价”这门课程的教材，亦可用于房地产估价、土地估价行业培训考试用书、继续教育用书，还适合于参加房地产估价师、土地估价师考试的业内人士阅读参考。

图书在版编目（CIP）数据

房地产估价/付光辉主编．—北京：化学工业出版社，2011.7
普通高等教育房地产开发与管理“十二五”规划教材
ISBN 978-7-122-11548-5

Ⅰ．房…　Ⅱ．付…　Ⅲ．房地产价格-估价-高等学校-教材　Ⅳ．F293.35

中国版本图书馆 CIP 数据核字（2011）第 113934 号

责任编辑：唐旭华　　文字编辑：郑　直
责任校对：王素芹　　装帧设计：尹琳琳

出版发行：化学工业出版社（北京市东城区青年湖南街 13 号　邮政编码 100011）
印　　装：大厂聚鑫印刷有限责任公司
787mm×1092mm　1/16　印张 18¼　字数 473 千字　2011 年 8 月北京第 1 版第 1 次印刷

购书咨询：010-64518888（传真：010-64519686）　售后服务：010-64518899
网　　址：http://www.cip.com.cn
凡购买本书，如有缺损质量问题，本社销售中心负责调换。

定　价：36.00 元

普通高等教育房地产开发与管理“十二五”规划教材

编审委员会

本书编写人员

（按姓氏笔画排序）

马　欣（南京林业大学）

付光辉（南京工业大学）

刘少丽（南京信息工程大学）

李鑫锋（淮海工学院）

封海洋（淮阴师范学院）

夏　敏（南京农业大学）

普通高等教育房地产开发与管理“十二五”规划教材

编写说明

自1998年起房地产行业迎来高速发展的阶段，但该行业的人才培养一直相对滞后，在1998年教育部进行了专业目录调整之后，有的院校采用工程管理专业（房地产管理方向）的形式招生，有的采用工商管理专业（房地产管理方向）的形式招生，还有的采用土地资源管理专业（房地产管理方向）的形式招生。自2002年开始，已出现了直接用“房地产经营管理专业”（目录外专业）招生的院校，而且数量在逐渐增多。2011年，教育部已正式将“房地产开发与管理专业”重新列入到专业目录中。此外，高职高专目前采用“房地产管理”或“房地产经营管理”作为专业名称的就更多了。

众多院校的选择充分说明了该专业的市场需求现状与前景，然而该专业目前使用的教材却良莠不齐，有的教材内容陈旧，有的教材体系不完整，导致任课教师很难选择到合适的教材，因此由南京工业大学牵头，多所高校的专任教师共同参与的“普通高等教育房地产开发与管理‘十二五’规划教材”正是弥补了市场的空白。

本套教材的主要特点如下。

(1) 广泛性。房地产开发与管理专业方向的学生需要综合的、广博的知识，这使得该套教材所涉及的课程数目多，横跨房地产业、管理、经济、法律等多个学科。组织这个课程体系的难度很大，但在编写中注重了理论分析的准确、清晰、简明，反映经典的和最新的理论研究成果。

(2) 新颖性。我国已经加入WTO，我国的房地产行业的发展、房地产人才的培养必须与国际接轨，在教材中必须既符合我国的国情，又要反映国际上最新的内容，能够反映最新的、常用的、规范的操作内容和最新的政策与法规，最新的历史数据等。因此，该套教材在编撰过程中注重吸收了国外教材的长处，穿插大量的、最新的、综合性的实际案例及图片、实景照片、复习思考题等，帮助学生深入理解理论知识，增强学习兴趣，增强实践动手能力与灵活运用理论知识的能力。

(3) 规范性。本套教材参考了高等学校工程管理专业（含房地产管理）指导委员会制定的培养方案及课程教学大纲的要求、课时分配来设计教材体系与教材容量。使每门课有自己完整的知识体系，又要求尽可能多地介绍一些新的内容，以扩大学生的知识面。

(4) 相关性。在过去相关专业的教学体系中，有些课程内容有明显的重叠和内容不全，必须既尽量减少课程之间内容的重叠，又作一些补缺。在本套教材的策划和编写过程中，除了十分注重上述这些矛盾和问题的解决之外，编委会与各主编还将充分考虑到房地产管理与工程管理专业、土木工程专业之间的相关性，因此，在教材的编写体系与内容上兼顾了这些专业的需要，也可为这些专业所采用。

(5) 实践性。本套教材参编的教师都长期在房地产管理及其相关专业从事专业课程的科研、教学工作，具有丰富的研究成果和教学经验，曾编写过许多教材。有的老师还曾参加过国家级、省部级规划教材的编写，同时他们都参与了大量的房地产行业的实践，为本套教材内容上的新颖、实用提供了有力的保证。

总之，本套规划教材着重强调基本理论与实证分析相结合，在内容上既有系统性，又有很强的可读性、实用性和示范性，同时注重吸收了建筑学、工程经济学、市场营销学、项目管理学、建筑策划理论、风险管理理论等相关学科的最新成果。每位主编都有多年教学和实践的经验，各书的书名是传统的，但在对具体内容充分把握后，能够对目前房地产教材及参考用书编写的传统结构有所突破，以方便读者更好地掌握课程精髓为目的，以创新为核心，重新构架全书的结构。本书不仅可以作为高等院校本科生、高职高专学生的教材，也可以作为房地产开发企业、房地产市场研究机构、房地产经纪机构、房地产市场管理部门的从业人员参考用书、继续教育用书。

普通高等教育房地产开发与管理“十二五”规划教材

编审委员会

2011 年 7 月

前　言

改革开放三十年来，我国的房地产业发展取得巨大成就。房地产成为人们最主要、最广泛、最重要，也是人们最看重的财产之一，一般占社会总财富的50%～70%。根据世界银行提供的数据，中国城镇居民住房资产占家庭总资产的比重超过50%。2007年《物权法》的出台和党的十七大提出的“创造条件让更多群众拥有财产性收入”，使人们的财产保护意识越来越强。特别是近些年来，房地产业不断发展壮大，房地产市场发展迅猛，房地产估价面临着新的挑战和发展机遇。目前，我国各类房地产估价、土地估价等中介机构近万家，提供房地产评估、土地评估等中介服务的注册估价师约有5万人。随着当前房地产市场的火爆，估价师的数量还会迅速增长，房地产估价的领域与问题也会越来越多，如房地产估价师、土地估价师作为房地产价值评估专业人士，不仅要有能力，还要有公信力，可以为在和解、调解、仲裁和诉讼中确定赔偿金额提供参考依据。因此，更需要人们对房地产估价诸多理论和实践问题继续进行探索。基于上述目的和为了满足工程管理、房地产经营与管理、土地资源管理等专业教学的需要，我们在多年教学的基础上编写了本书。

全书共分13章，包括房地产估价概述、估价基本理论、市场比较法、收益还原法、成本逼近法、假设开发法、基准地价系数修正法、其他估价方法、国有土地上房屋征收评估、基准地价更新与地价动态监测、房地产评税以及房地产估价程序与典型国家（地区）房地产估价制度等。

本书是根据当前房地产市场发展的需要，结合最新的政策和实践成果，系统地介绍房地产估价有关方面的内容，不仅涵盖房地产估价的一些基本理论与方法，如市场比较法、收益法等，还详细介绍了国有土地上房屋征收评估、房地产损害赔偿估价、房地产评税、基准地价更新与地价动态监测等最新研究成果。

在本书编写过程中我们体会到，房地产估价是一门实践性、应用性很强的学科，也是年轻的、发展中的学科，它需要从事房地产理论工作和实际工作的专家、学者们和估价师们共同去完善和发展。我们认为，每一本新书都应当比前人或多或少地有所进步、有所提高，不能只是简单的重复，本书的编写人员也正是这样努力去做的。

本书由多所高校房地产估价教师联合撰写，由南京工业大学付光辉副教授任主编，南京农业大学夏敏副教授、淮阴师范学院封海洋任副主编。写作分工如下：南京林业大学马欣博士，第1、2章；南京信息工程大学刘少丽博士，第3、4章；淮海工学院李鑫锋，第5、6章；付光辉，第7、10、12章；封海洋，第8、9章；夏敏，第11、13章。全书由付光辉进行统稿。

本书配套电子课件可免费提供给采用本书作为教材的大专院校使用，如有需要可联系cipedu@163.com索取。

在本书的编写过程中，得到了江苏德道天诚土地房地产评估造价咨询有限公司暨南京工业大学天诚不动产研究所梁国庆所长、吴翔华所长以及印长江等的大力支持，也参阅了大量专业教材、专著和论文，在此深表谢意。陈慧博士、马永同志对本书书稿进行了文字整理工作，在此也表示谢意。由于我们编写水平有限，加之时间短促，书中不足之处在所难免，敬请同行和读者批评指正。

编者

2011年7月

目 录

1 房地产估价概述

1.1 房地产的概念与特性

1.1.1 房地产的概念

近年来，有一个非常“热”的产业，一个非常“响”的名词，那就是“房地产”。我们日常生活中也经常看到或者听到房产、地产、房地产、不动产、物业等词语，它们是一个概念还是各有所指？房地产估价的对象是什么？是房子还是土地，还是兼而有之？为了明确房地产估价的评估标的物，需要对以上概念和特征做一分析。不仅如此，诸如房地产投资、开发、经营，抑或房地产营销、交易、中介、课税与管理，都必须对房地产这一对象及其基本特性有一个客观而全面的认识。

那么，什么是房地产呢？王万茂教授主编的《房地产经济学》中指出：“房地产是房产和地产的总称，包含土地和土地定着物”。孙尚清主编的《经济与管理大辞典续编》中，房地产是“房产和地产的简称”。柴强的《房地产估价》中，房地产是“土地、建筑物及其他地上定着物”。马克伟主编的《土地大辞典》中，房地产是指“城市（或城镇）的房产和地产的总称。”从物质存在形态，即就房地产的物质性而言，房地产包括房和地两个方面。

(1) 房产

房产（buildings）是房屋及其内外附属设备等的经济形态，它体现了房屋主体的所有权关系和使用权价值。房泛指建筑物，包括房屋和构筑物两类。房屋是指能够遮风避雨，并供人们居住、工作、娱乐、储藏、纪念或进行其他活动的工程建筑，一般由基础、墙体、门、窗、柱和屋顶等主要构件所组成。房屋又可分为住宅用房和非住宅用房两类。非住宅用房包括厂房、仓库、商场、宾馆、写字楼等生产、流通领域的用房，办公、文化、卫生、体育等行政、事业方面的用房以及其他专用性用房。构筑物是指房屋以外的其他工程建筑，人们一般不直接在内从事生产、生活活动，如桥梁、隧道、涵洞、水塔等。

(2) 地产

地即土地（land），是地球上陆地的表层及其上下一定范围的空间。不同的学者对土地有着各种不同的认识和定义，一般可区分为以下三种。

狭义的土地，指地球表面的陆地，包括土地表面、地表下及其垂直空间。

广义的土地指地球表面的陆地和被水覆盖的部分，其中水覆盖的部分指海洋、江河、湖泊、池塘等。

最广义的土地泛指自然资源。经济学中的土地当是这一概念内涵。如英国著名经济学家、剑桥学派创始人马歇尔（A. Marshall）认为：“土地是指大自然为了帮助人类，在陆地、海上、空气、光和热各方面所赠与的物质和力量。”美国土地经济学家伊利（Ricard T. Ely）等也认为：“经济学家所说的土地这个词，指的是自然的各种力量，或自然资源。它的意义不仅是指土地的表面，因为它还包括地面上下的东西。”

一般认为，土地是指整个地球表面，包括陆地、内陆水域、海洋，它是由气候、地貌、土壤、水文、岩石、植被等构成的自然历史综合体，还包含人类活动的成果，它是有形的土地实体与无形的土地权利的统一体。对于房地产估价而言，土地不只是平面，而是立体空间，是指地球的表面及其上下一定范围内的空间。一宗土地的地面范围，是地球表面的该宗土地的“边界”所围绕的面积。一宗土地的地上空间，从理论上讲，是指地球表面的该宗土地的边界向上扩展到无限高度的空间；一宗土地的地下空间，从理论上讲，是指从地球表面的该宗土地的边界向下呈锥形延伸到地心的空间。具体一宗土地的范围可分为 3 层：①地面；②地面以上一定范围内的空间（简称地上空间）；③地面以下一定范围内的空间（简称地下空间）。

对于地产（estate），人们普遍有三种认识：一是认为地产是土地产权，即指法律上认定的土地所有权，在我国还包括土地使用权；二是认为地产是资产或财产，是在经营过程中实现它的价值时的称呼；三是认为地产是不动产，包括土地及其地上定着物。在我国，一般认为地产是法律上认可的土地产权和资产的总称。

实践中，一块土地我们称之为“宗地”。宗地是指地籍的最小单元，是指以权属界线组成的封闭地块。

(3) 房地产

房地产（real estate）不仅是房产和地产的统称，而且是房产和地产有机地紧密结合在一起的整体的经济形态。它的内涵包括地产和房产，房地产可以以三种形态存在：地产（地上无建筑物）、房产（建筑物及其构筑物）和土地与房屋的综合体。房产和地产合二为一时，是房地产。单纯的房产或单纯的地产也是房地产，是房地产的不同表现形式。

可见，房地产的概念包括三个基本内涵，即物质内涵、产权内涵和财产内涵，相应的有三个属性，即自然属性、法律属性和经济属性。房地产是土地、建筑物以及固着于土地、建筑物上不可分离的部分及由它们衍生的各种权益。

(4) 不动产

所谓不动产（real property），是指不能被移动或移动后会破坏其功能或损失其价值的财产。显然，上述动产与不动产的区分标准是物理性的。例如，罗马法对动产与不动产的区分是：凡是能用外力推动或自行能够移动，且不改变其性质和价值的物，像牲畜、家禽和家具器皿之类，属于动产；反之，像土地、房屋等物，则属于不动产。

(5) 物业

香港李宗锷先生对物业（property）的解释是：“物业是单元性地产。一住宅单位是一物业，一工厂楼宇是一物业，一农庄也是一物业。故一物业可大可小，大物业可分割为小物业。”显然，这里的物业是指单元性不动产，如一套住宅、一幢住宅、一个住宅小区、一个住宅组团等，均是物业，但整个城市或整个国家的房地产就不能称之为物业，即物业不是不动产的全部，物业只是单元性房地产。

房地产不仅是最基本的生活资料，如住房，还是最基本的生产资料，如厂房、耕地，同时，它还是一种商品，是人们投资置业的良好对象，因而是人们最重视、最珍惜的财产形式，是真实的财产——real estate（或 real property）。概括起来，从实物角度来看的现实中的房地产估价对象有下列几种：①空地；②有建筑物（包括尚未建成的建筑物）的土地；③地上建筑物；④土地与建筑物（已建成的建筑物）的合成体；⑤在建工程（土地与尚未建成的建筑物的合成体）；⑥未来状况下的房地产；⑦已经消失的房地产；⑧现在状况下的房地产与过去状况下的房地产的差异部分，如后来增加的装修；⑨房地产的局部，如某幢公寓中的某套房；⑩包含有其他资产的房地产；⑪作为企业整体的一部分的房地产。

综上所述，房产、地产、房地产、不动产的基本概念是一致的，但其内涵具有一定的差异。物业一词具有其自己的内涵。各概念关系如图 1-1 所示。

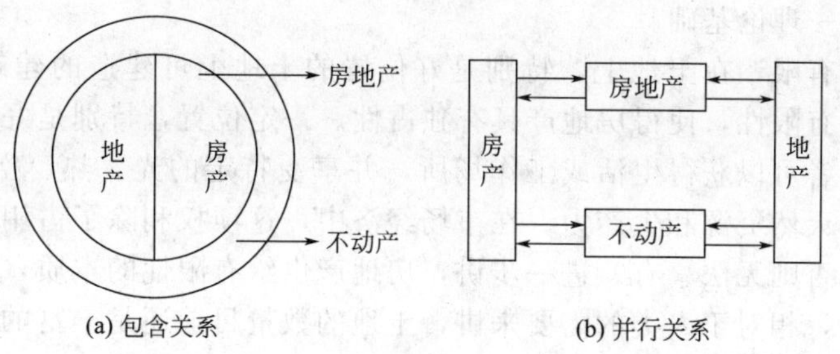

图 1-1 房地产概念示意图

1.1.2 房地产特征

从物质性出发，房地产包括土地和建筑物两部分，这是人类生存和发展中最基本的生产要素和生活要素；同时，房地产又有法律的和经济的属性，包含产权和财产的概念。因此，在市场经济中，房地产是一种商品，并且往往是人们最重视的特殊的商品。尤其是土地，土地所有权具有特别高尚的形式，并且把购买土地看作是一种特别可靠的投资。但是，房地产与一般商品有着本质的区别，这种区别缘于房地产本身所固有的特性，而这种特性又主要取决于土地本身的特性，因为建筑物为人工建造物，它固着于土地之上。因此，房地产的特性主要取决于土地的特性，是以土地的特性为基础的。从房地产估价和把握房地产价值的角度来看，房地产的特性主要有以下几个方面。

(1) 空间位置的固定性（不可移动性）

土地的空间位置，即土地的自然地理位置，其固定性（fixity）源于土地本身是不可移动的物质。由于土地是不可移动的（immobile），因此，土地及其附着于土地上的建筑物在空间位置上是固定不变的。土地空间位置的固定性是房地产一切特性的基础，它决定了房地产不能像一般商品，如日用百货、衣帽服饰等一样任意流动或异地搬运。房地产的流动是房地产权益的流动，而非实体的流动。此外，正是由于房地产空间位置的固定性，房地产市场中的消费者与投资者对当前及未来的房地产市场行情、走势往往缺乏充分的信息和了解，加之房地产是一类价值量巨大的商品，人们不能随意进入或退出房地产市场。因此，房地产市场是一类典型的不完全市场。进行房地产估价，必须熟悉市场理论，并深入分析房地产市场的特殊性。由此可见，研究市场要素及其供需规律的市场理论是房地产估价的理论基础。

房地产的不可移动性，决定了任何一宗房地产只能就地开发、利用或消费，而且要受制于其所在的空间环境（邻里及当地的社会经济），所以，房地产市场不存在全国性市场，更不存在全球性市场，而是一个地区性市场（城市房地产一般是以一个城市为一个市场），其供求状况、价格水平和价格走势等都是当地的，在不同地区之间各不相同。

尽管土地的空间位置是固定不变的，但其区位，即自然地理位置与社会经济位置的综合，是相对的、可变的。事实上，交通条件、基础设施、环境条件等的改善，如某一交通要道的修建，将提高其周围或沿线土地的利用程度和利用效率，改善土地的区位条件。

(2) 数量（面积）的有限性

土地是不可移动的物质，而地球的表面积是有限的，不管人们如何提高土地利用水平和利用程度，都不可能超越地球表面积这一极限。作为一个城市、一个区域、一个国家而言，具有同样的土地面积约束。因此，土地的数量是有限的（finite），它不随人类意愿而随意增减。即使将来能在地球以外的星球上生活，就土地而言，仍然是有限的。土地数量的有限性以及人类人口的增长性导致了人们对土地的独占性和垄断性欲望，即人们期望能占有土地，并获得利益，由此产生了土地权利。这表明，以研究物为基础的产权类型、特征的产权理论是房地产估价的又一理论基础。

由于土地数量有限，在土地上，特别是好位置的土地上可建造的建筑物数量也是有限的。房地产的供给有限性，使得房地产具有独占性。一定位置，特别是好位置的房地产被人占用之后，则占用者可以获得生活或工作场所，并享受特定的光、热、空气、雨水和风景，还可以支配相关的天然资源和生产力。在市场经济中，这项权利除了占用者之外，他人除非支付相当的代价，否则无法享有。进一步讲，房地产供给有限性的本质，主要不在于土地总量有限和不能增加，相对于人类的需要来讲，土地的数量目前还是丰富的，

土地数量的有限性对房地产市场供需双方的特性分析具有重要的指导意义。此外，从人文角度而言，尽管土地的绝对数量，即土地的自然供给是有限的，缺乏弹性的，但土地的经济供给，随着社会经济的发展、科学技术的进步、土地利用强度的加强，存在一定的弹性或变化幅度，尽管这一弹性仍是有限的。因为房地产的不可移动性造成的房地产供给不能集中于一处（这是房地产供给不同于一般商品供给的最主要之处），要增加房地产的供给，一是向更远的平面方向发展，如向郊区发展；二是向更高的立体方向发展，如增加建筑物的高度或密度。但这些又要受到资金、交通、建筑技术、环境等的制约。

（3）使用的持久性

土地是自然的产物，它不因人类的合理或不合理利用而失效或灭失。即使为海水所浸没、洪水所冲毁，或遭受其他严重的自然灾害，其土地本身仍是存在的，只是其地貌形态、对土地的利用方式将产生重大的变化。因此，土地是持久的、永续的，对土地的利用也是持久的（durative）。土地通常具有不可毁灭性，建筑物虽然不像土地那样具有不可毁灭性，但是一经建造完成，寿命通常可达数十年，甚至上百年。在正常情况下，建筑物很少发生倒塌，只是为了土地的更好利用或更高价值才会被拆除。这与一般物品，如机器设备、建筑物等人工产品存在的折旧现象完全不同。由于土地利用的持久性，土地利用过程中产生相应的效用或收益，如居住、办公、经营、租赁等，加之人口的增加、科学技术的发展、人们生活水平的提高，对土地的量的需求呈不断增长趋势，从而加剧土地供需矛盾，使土地具有保值增值特性。土地使用的持久性、收益的持续性、保值增值性表明，研究商品价格规律的价格理论在房地产估价中具有重要的作用，是房地产估价的一个基本理论。

由于具有寿命长久性，房地产可以给其占用者带来持续不断的利益。但需要说明的是，从具体占用者的角度来看，土地在有些情况下是有寿命的，特别是通过政府出让方式取得的土地使用权是有期限的。国家规定土地使用权出让的最高年限，居住用地为70年，工业用地为50年，教育、科技、文化、卫生、体育用地为50年，商业、旅游、娱乐用地为40年，综合或者其他用地为50年。以出让方式取得土地使用权的，转让房地产后，其土地使用年限为原土地使用权出让合同约定的使用年限减去原土地使用者已经使用年限后的剩余年限。土地使用权出让合同约定的使用年限届满，续期的到续期届满，土地使用权由国家无偿收回。对此点的认识在房地产估价上具有重要意义，如坐落位置很好、建筑物也很好的房地产，可能由于土地使用年限较短而价值很低。这是我国土地使用制度的特殊性，在土地估价、房地产估价中必须注意这一问题。

（4）区位的重要性

由于土地空间位置的固定性，各宗土地的自然条件（如位置、形状、面积等）、社会经济条件（如交通条件、基础设施状况等）以及人们对土地区位的心理认知是不同的。理论上而言，任何两宗土地，不可能完全一样。这与一般人工制造品，尤其是机器制造品是不同的。土地的异质性主要源于土地区位的不同，在城市土地中表现尤为突出，尤其是城市中的商服用地。“房地产投资第一重要的是位置，第二重要的是位置，第三重要的仍然是位置”

就是这个道理。当然，这里的位置并不是指土地的自然地理位置，而是在自然地理位置基础上叠加社会经济条件，乃至人们心理认知因素在内的区位（location）。可见，区位在房地产投资、估价中的重要性。研究人类社会经济活动空间分布及其空间中相互关系学说的区位理论是房地产估价的基本理论。此外，土地的异质性也是土地市场不完全性的另一重要原因。

（5）用途多样性

任何一宗土地，尤其是尚未开发利用的土地，可以用作不同的用途，如（大）农业、工业、交通、住宅、办公、商业等类型。如果说（大）农业用地相对较多地受自然条件，如光温、坡度、土壤水分、土壤有机质等的限制，交通、工业、住宅、商业等城镇建设用地则很少受自然条件的制约。此外，不同的土地利用类型又可选择不同的土地利用方式。如住宅用地，既可以建一般的平房，也可以建楼房；既可以建多层或高层公寓，也可以建花园式别墅。然而，不同的土地利用类型和土地利用方式，其所产生的收益水平或对人们的效用是有差异的，且某一土地利用方式一旦被采用，不易更改，尤其是农业用地转变为城镇建设用地以后，恢复为农业用地十分困难。因此，许多国家和政府十分强调保护耕地，并采取相当严厉的保护措施。我国政府明确规定“十分珍惜和合理利用土地，切实保护耕地”是我国的基本国策。

进行土地投资、开发，其基本目的是获取投资回报，即利润，其最终目的是收益，即利润的最大化。从经济角度来看，土地利用选择的一般顺序是：商业、办公、居住、工业、耕地、牧场、牧地、森林、不毛荒地。然而，就一个城市或一个地区而言，即使各宗单元性土地的开发利用达到了利润最大化，其整体效益也不一定。这是因为，由系统论可知，只有当系统的各子系统及各子系统间的关系为单纯的线性关系时，各子系统的最优化才能叠加为原系统的最优化（线性叠加原理）；若系统中子系统或子系统间的关系有一为非线性的，则上述线性叠加原理不成立，原系统可能因系统与子系统间或各子系统之间的非线性关系而达不到最优化，甚至削弱。城市房地产系统是一个极复杂的自然经济社会系统，系统的非线性是正常的，系统的线性是特殊的。此外，从整个城市或地区而言，除经济效益外，还必须考虑土地利用的生态环境效益及社会效益。

因此，为了实现一个城市或一个地区内土地利用的整体最优化，遵循土地利用的“最有效使用原则”，必须进行土地利用规划和城市规划。而要合理进行土地利用规划和城市规划，应该运用系统论原理，统筹兼顾，合理安排各行各业用地及其空间布局，促进社会经济的可持续发展。因此，以辩证法为哲学体系，以综合研究为基本特色的系统论也是房地产估价的一个基本理论。

（6）相互影响性

相互影响性也就是经济学上所讲的外部性或外部影响。外部影响有正有负。如果某个人的一项经济活动会给社会上其他成员带来好处，但他自己却不能由此而得到补偿，此时这个人从其经济活动中所得到的私人利益就小于该项经济活动所带来的社会利益。这种性质的外部影响被称为外部经济。相反，如果某个人的一项经济活动会给社会上其他成员带来危害，但他自己却并不为此而支付足够抵偿这种危害的成本，此时这个人从其经济活动中所付出的私人成本就小于该项经济活动所造成的社会成本。这种性质的外部影响被称为外部不经济。房地产由于具有相互影响性，外部性问题非常突出。

（7）易受限制性

政府对房地产的限制一般是通过下列 4 种特权来实现的。

① 管制权。政府为增进公众安全、健康、道德和一般福利，可以直接限制某些房地产的使用，如通过城市规划对土地用途、建筑高度、容积率、建筑密度和绿地率等做出规定。

② 征收权。政府为了社会公共利益的需要，如修公路、建学校等，可以强行取得单位和个人的房地产，即使违反这些被征用人的意愿，但要给予补偿。

③ 征税权。政府为提高财政收入，可以对房地产征税或提高房地产税收，只要这些税收是公平课征的。

④ 充公权。政府可以在房地产业主死亡或消失而无继承人或亲属的情况下，无偿收回房地产。

房地产易受限制性还表现在逃避不了未来制度、政策变化的影响。

(8) 价值量大，流动性差

房地产的价值不仅高，而且大。其价值高即单位价值高，其价值大即总体价值大。房地产由于价值高大，加上不可移动性和独一无二性，使得同一宗房地产的买卖不频繁，一旦需要买卖，要花费相当长的时间来寻找合适的买者和进行讨价还价。所以，当急需资金或有其他急需时，不易将房地产变成现款；如果要快速变现，只有相当幅度地降价。

(9) 保值增值性

引起房地产价格上升的原因主要有 4 个方面：①对房地产本身进行的投资改良，如装修改造、更新或添加设备，改进物业管理；②通货膨胀；③需求增加导致稀缺性增加，如人口或收入增加；④外部经济或相互影响，如交通条件或周围环境改善。其中，对房地产本身进行投资改良所引起的房地产价格上升，不是房地产的自然增值；通货膨胀所引起的房地产价格上升，不是真正的房地产增值，而是房地产保值；需求增加导致稀缺性增加和外部经济或相互影响所引起的房地产价格上升，是真正的房地产自然增值。通货膨胀是指商品和服务的货币价格总水平的持续上涨现象，或者简单地说，是物价的持续普遍上涨。当说某项投资是有保值性的，则意味着它能抵抗通货膨胀，即投入的资金的增值速度能抵消货币的贬值速度。具体地说，就是能保证投资一段时间后所抽回的资金完全能购买到当初的投资额可以购买到的同等商品或服务。房地产通常具有这种功能。

房地产的保值增值性是从房地产价格变化的总体趋势来说的，是波浪式上升的。在某些情况下，房地产价格出现长时期的连续下降也是可能的。另外，中国内地的土地价格由于是有期限的土地使用权价格，对于一宗使用年限较长的土地来说，在其使用年限的前若干年价格可能随着需求的增加而呈现上升趋势，但由于总有一天土地使用年限会降为零，所以，具体一宗有土地使用年限的房地产的价格，理论上从长远来看是趋于下降的。

1.1.3 房地产分类

1.1.3.1 按用途来划分的类型

房地产按用途分类可以分为住宅房地产、商业房地产、工业房地产、其他房地产。

(1) 住宅（居住）房地产

住宅是人类最基本的生活资料之一，是在所有房地产中占比例最大的一类房地产。在现代社会中，住宅不仅为人们提供基本的生存条件、生活空间，而且是人们休憩、会客、交流、商务的重要场所。

住宅房地产不同于一般的商品，也有别于其他类型的房地产，它不但具有等价交换、按质论价、供需决定价格等商品共性，而且具有鲜明的社会保障性。“居者有其屋”，是许多政府在不同时期提出的解决本国或本地区人民住房问题的政策和职责。进行住宅类型的房地产估价，估价人员必须掌握其基本的住宅类型、主要特点、政策导向，并根据其估价目的、实际情况，选择合适的估价方法，做出客观公正合理的评估。

从不同的角度，住宅房地产有不同的分类。从市场化程度出发，住宅房地产可分为社会保障性住宅（福利房，包括安居房、房改房、成本房、廉租房等）和市场商品化住宅（商品房）；从新旧程度而言，住宅房地产可分为新建住宅和旧有住宅；从住宅房地产的建造装修档次而论，则住宅房地产又可分为普通住宅、高级住宅、简易住宅等。这里按住宅建筑的建造装修档次分别阐述。

① 普通住宅。普通住宅是为广大居民提供的符合国家一定住宅标准的住宅。普通住宅是一定时期内国家经济社会发展水平的反映，也是国家人口、（土地）资源、资金等基本国情的综合反映。它代表了国家或地区城市居民实际达到或能够达到的居住条件和居住水平。

我国城市中面广量大的住宅是普通住宅，但在不同的时期，其主要形式并不一样。在新中国成立后的国民经济恢复时期（1950～1952 年），所建住宅多为单层或 2、3 层矮楼，配备的公共设施较少，每户建筑面积一般仅二三十平方米，除卧室相对较大外，并无单独的厨卫使用面积。

“一五”时期（1953～1957 年），住宅投资有所增加，所建住宅受当时“苏联标准”的影响，卧室数量多，开间大，公共配套设施较齐全，与我国土地资源、人口现状与增长、经济发展水平的实际严重脱离，造成长时期一套多用户共住的状况。且由于住宅间距大，用地不合理，造成以后“见缝插针”式建房，破坏了原有的住宅环境质量，不利于今后的规划和改造。

1958～1966 年，受严重自然灾害和国民经济调整的影响，住宅建设在基本建设投资中的比例严重下降，所建住宅一般为人均居住面积 $4m^2$，平均每套居住面积 $18m^2$，独用或合用厨房，多数合用厕所。住宅成套率低，往往不具备起码的清洁卫生功能。

“文化大革命”时期（1966～1976 年），受政治和经济的影响，住宅建设受到较大冲击，所建住宅片面强调低标准、低造价、小面积和因陋就简的住宅建设思想。

上述各时期的住宅建设，尽管对当时居民的居住条件起了一定的改善作用，但在住宅成套率、居室结构与布局等方面，不利于人们正常的起居、会客、学习、卫生、私密等家庭生活需要，更谈不上住宅周围环境质量、配套建设等问题，为今后的城市规划、城市发展和旧城改造留下了诸多隐患，也是现代城市建设中拆迁改造的主要对象。

改革开放以来，国民经济得到了快速发展，而城市土地有偿使用制度和住房制度的改革及其深化，为我国住宅房地产的建设和发展开辟了广阔的道路。这一时期的住宅建设，开始走向综合开发、布局合理、配套建设和商品化经营的模式。在住宅单体设计中，每套建筑面积相对较大，保证了每户独用厨房和卫生间，强调了不同年龄、辈分和性别的合理分隔，并适当考虑了起居、会客、学习和工作的需要。在小区设计中，强调了居住环境的设计，住宅的功能质量和环境质量有了较大的提高。这一时期的普通住宅多是多层或中高层公寓式住宅，多采用国产建筑材料，进行一般水平的装饰装修，选用国产中档厨卫洁具和设备。

随着社会经济的不断发展，人们生活水平的提高和观念的更新，普通住宅的标准也在逐渐提高。较早时期的“一大三小”（大卧室、小客厅、小厨房、小卫生间）的住宅设计模式已被“三大三明”（大客厅、大厨房、大卫生间，明厅、明厨、明卫）的住宅设计思想所替代。有的单元设计中，在面积较大的前提下，还考虑了跃层设计等新思路；在小区设计中，不仅强调了公共设施等的配套功能，而且注意了生态环境、人与自然协调的“以人为本”的人本主义设计思想，建设生态住宅小区、绿色住宅小区。

随着传统实物性分房体制的终结，住宅房地产市场的发育，住宅商品化程度的提高，竞争意识的加强和人们对住宅及周围环境质量要求的提高，可以预见，今后的普通住宅建设将十分重视新型建筑材料的应用，小区设计愈益重视“自然和人文相结合”的人本主义因素。如被列为“国家康居示范工程”的南京月安小区，在小区设计上，强调了人文与自然协调共存，淡化组团，突出院落，采取全方位绿化方案，绿地面积达小区平面面积的38%以上，产生了较好的效果。而目前设计的一些生态住宅、绿色住宅，其绿地覆盖率一般在50%以上。

② 高级住宅。随着市场经济的不断发展，人们收入水平差异的出现，人们对住宅房地产的质量和功能要求出现了分化，住宅房地产形式随之出现了多样化和多元化。高级住宅即是改革开放后新兴的适合市场中高收入阶层的高质量居住需求而建造的高标准豪华型住宅（撇开新中国成立前权贵阶层的高级别墅），入住者主要为外籍常住中国人员、港澳台同胞、华侨、外资企业高级管理人员和国内少数高收入阶层。如由中国香港、深圳和南京中山陵园管理局三方合作开发的位于南京中山陵风景区附近的帝豪高级别墅区，入住的34户家庭中（共40套住宅），有26户是外国跨国公司在宁公司的高级行政人员，3户为中国台湾或香港在宁的贸易机构总裁。高级住宅包括高级公寓、花园住宅和别墅等。这类住宅单套建筑面积一般较大，从一百多平方米到数百平方米不等；装修、设施和设备趋于高档化，较多采用进口或出口高级装饰材料和卫生洁具设备；住宅户外环境要求高，绿地面积比例大，住宅服务标准高，物业管理体系完整，往往采取封闭式安全保卫措施和高质量的物业管理；其工程造价和市场售价均较高。这类房地产的开发应充分分析市场的有效需求和潜在需求，否则极易造成盲目开发、资金搁置和资源浪费。

③ 简易住宅。简易住宅主要是指建筑年代较早、功能短缺、设备不齐、设施陈旧、结构单薄的住房。其中部分是新中国成立前历史遗留下来的老式危旧房屋。这类住宅多破旧简陋，建筑密集拥挤，道路狭窄，环境较差，已无使用和改善价值，需拆除重建。新中国成立初期为解决急需而简易搭建或改作住宅的其他临时建筑，及旧城改造中作为周转的临时建筑也属于简易住宅。经过多年的拆迁改造建设，我国城市中的简易住宅数量有所降低，剩余的简易住宅亦有待拆除重建。简易住宅中，有一类住宅，多为新中国成立前延留下来的。这类住宅建筑年代早，建筑物价格一般极低，但区位往往较好，房地产价值较大。

（2）商业房地产

商业房地产是指用于商业目的（如出租、经营）的房地产，包括商场店铺（如商场、购物中心、商铺、专业市场、超级市场等）、商务办公楼（写字楼）、旅馆（如饭店、酒楼、宾馆、招待所、旅店、度假村等）、餐饮场所（如饭庄、酒店、酒楼、茶楼等）、游艺场所（如娱乐城、歌舞厅等）以及综合性商业房地产。

（3）工业房地产

工业房地产是指工业企业和其他工业生产单位所属的房地产，其主要功能是进行工业生产，出产产品。工业房地产包括生产用房的厂房、仓库、泵房、锅炉房、配电房和作为辅助用房的办公楼、门卫房、食堂、车库等建筑物，以及围墙、大门等构筑物。工业房地产中的主要部分是生产厂房。

（4）其他类型房地产

其他类型房地产是指除上述土地、住宅、商业和工业类房地产以外的房地产，这类房地产往往是一些用途单一或者特殊的房地产，如政府办公楼、学校用房、宗教类房地产、加油站、停车场、墓地等。

1.1.3.2 按开发程度来划分的类型

房地产按其开发程度来划分，主要分为下列5类。

① 生地（raw land）：是指不具有城市基础设施的土地，如荒地、农地。在我国通常指尚未经过拆迁安置补偿等土地开发过程、不具备基本建设条件的、不可直接作为建筑用地的农用地或荒地等土地。

② 毛地（undeveloped land）：是指具有一定城市基础设施，但地上有待拆迁房屋的土地。

③ 熟地（cultivated land）：是指具有完善的城市基础设施，土地平整，能直接在其上进行房屋建设的土地。

④ 在建工程（construction work in progress）：是指地上建筑物已开始建设但尚未建成，不具备使用条件的房地产。该房地产不一定正在建设，也可能停工了多年。

⑤ 现房（含土地）：是指地上建筑物已建成，可直接使用的房地产。它可能是新的，也可能是旧的。只有拥有房产证（房屋所有权证）和土地使用证才能称之为现房。

1.1.3.3 按是否产生收益来划分的类型

房地产按其是否产生收益来划分，主要分为以下 2 类。

① 收益性房地产：是指能直接产生租赁或其他经济收益的房地产，包括商店、商务办公楼、公寓、旅馆、餐馆、影剧院、游乐场、加油站、厂房、农地等。

② 非收益性房地产：是指不能直接产生经济收益的房地产，如私人宅邸、未开发的土地、政府办公楼、教堂、寺庙等。

收益性房地产可以采用收益还原法估价，非收益性房地产则难以采用收益还原法估价。收益性房地产与非收益性房地产的划分，不是看它们目前是否正在直接产生经济收益，而是看这种类型的房地产在本质上是否具有直接产生经济收益的能力。例如，某幢公寓或某座商务办公楼，目前尚未出租出去，没有直接产生经济收益，但仍然属于收益性房地产。因为同类的公寓和商务办公楼存在着大量出租现象，在直接产生着经济收益，该尚未出租的公寓和商务办公楼的收益可以通过比较法来求取。

1.1.3.4 按经营使用方式来划分的类型

房地产按其经营使用方式来划分，主要分为下列 4 类：出售型房地产、出租型房地产、营业型房地产、自用型房地产。

这种分类对于选用估价方法特别有用，例如：出售型房地产可以采用比较法估价；出租或营业型房地产可以采用收益还原法估价；自用型房地产可以采用成本法估价。

1.2 房地产估价概念与特征

1.2.1 房地产估价的概念

所谓房地产估价，简单地讲，就是对房地产的“客观合理的价格”或“价值”进行估算和判定的活动（还可以用估计、预测、计量、度量、推测、判断等词来形容解释这种行为，但它们的含义相同或相近）。

房地产估价，美国大多称 real estate appraisal，英国称 property valuation，日本和韩国称为不动产鉴定评价，我国台湾通常称为不动产估价，我国香港则通常称之为物业估价。房地产估价出现的历史悠久，在有房地产交易活动的地方和时候，就有了房地产估价。

从专业估价的角度来讲，房地产估价是指专业估价人员根据估价目的，遵循估价原则，按照估价程序，选用适宜的估价方法，并在综合分析影响房地产价格因素的基础上，对房地产在估价时点的客观合理价格或价值进行估算和判定的活动，又称房地产评估、房地产价格评估。

在我国，由于房地分开管理，本书中所指房地产估价，既包括房产部门主管的房地产估价，也包括国土部门主管的土地估价。土地估价，又称地价评估，是估价人员依据土地估价的原则、理论和方法，在充分掌握土地市场交易资料的基础上，根据土地的经济和自然属性，按地产的质量、等级及其在现实经济活动中的一般收益状况，充分考虑社会经济发展、土地利用方式、土地预期收益和土地利用政策等因素对土地收益的影响，综合评定出某块土地或多块土地在某一权利状态下某一时点的价格的过程。

现对上述房地产估价概念中的一些关键术语解释如下。

(1) 专业估价人员

专业估价人员是指经房地产（土地）估价人员资格考试合格，由有关主管部门审定注册，专门从事房地产估价的人员。在我国，专业房地产估价人员既包括房地产估价师，也包括土地估价师。

一名合格的房地产专业估价人员，必须具有房地产估价方面的扎实的理论知识、丰富的实践经验和良好的职业道德。具有扎实的理论知识和丰富的实践经验，是对估价能力的要求；具有良好的职业道德，是对估价诚实程度的要求。在此特别要强调职业道德的重要性。

(2) 估价目的

估价目的是指一个具体估价项目的估价结果的期望用途，或者说，完成后的估价报告拿去做什么用，是为了满足何种涉及房地产的经济活动或者政府、民事行为的需要。房地产估价必须有明确的估价目的，即为何种需要而估价。

不同的估价目的来源于对估价的不同需要。如为房地产买卖、租赁而估价，为房地产作抵押以取得资金融通信用（credit）而估价，为企业入股上市而估价，或为政府课税而估价等。而由于估价目的的不同，其所考虑的估价原则、拟选择的估价方法以及估价额的综合确定等，会有所差异。因此，只有明确估价目的，才能进行相应价格类型的估价，并确定客观合理的估价额。估价目的可以划分为：土地使用权出让，房地产转让（包括买卖、交换、赠与、抵债等）、租赁、抵押、典当、保险、课税、农民集体土地征用补偿、城市房屋征收补偿、损害赔偿、分割、合并、纠纷、涉案，企业合资、合作、合并、兼并、分立、买卖、租赁经营、承包经营、改制、上市、破产清算、房地产估价纠纷、涉案中的房地产估价复核或鉴定等。

不同的估价目的将影响估价结果。估价目的也限制了估价报告的用途。

针对不同的估价目的所采用的价值标准，分为公开市场价值标准和非公开市场价值标准两类。采用公开市场价值标准时，要求评估的客观合理价格或价值应是公开市场价值。公开市场价值，是指在公开市场上最可能形成的价格。而公开市场，是指在该市场上交易双方进行交易的目的，在于最大限度地追求经济利益，并掌握必要的市场信息，有较充裕的时间进行交易，对交易对象具有必要的专业知识，交易条件公开且不具有排他性。

(3) 估价原则

估价原则是指人们在房地产估价的反复实践和理论探索中，在对房地产价格形成和运动的客观规律认识的基础上，总结出的一些简明扼要的、在估价活动中应当遵循的法则或标准。

(4) 估价程序

估价程序是指房地产估价全过程中的各项具体工作，按照其内在联系性所排列出的先后进行次序。尽管房地产作为一种商品，可以进入流通领域，像一般商品一样可以进行交易，但房地产是一种特殊的商品，尤其是土地，不是人类劳动的产品，不能以社会必要劳动时间来衡量其价值；同时，由于房地产市场的不完全性，其价格深受自然、经济、社会等因素的影响。因此，要正确评估房地产价格，必须遵循房地产价格形成和运动的客观规律，在理论探索和实践活动中，总结出估价活动中应遵循的法则、准则，即估价原则，并建立一套严谨的作业流程，即估价程序。

（5）估价方法

房地产估价有三大基本方法，即：比较法、成本法、收益还原法。除此之外还有一些其他估价方法，如假设开发法、路线价法、基准地价修正法等。在评估一宗房地产的价值时，一般要求同时采用两种或两种以上的方法。房地产估价不同方法的基本原理、方法特点、适用范围并不相同。如收益还原法基于预期收益原理，而成本法则基于生产费用价值论；比较法适用于有丰富比较案例的房地产估价，而收益还原法只适用于收益性或潜在收益性的房地产估价。因此，不考虑房地产估价方法本身的特点和要求，选择适合于待估房地产估价目的的估价方法，同样也不能评估出客观合理的房地产价格。当然，房地产估价方法适用范围并不总是能严格区分的，往往是互有重叠的，因此，各方法是互为补充与印证的。

（6）影响房地产价格的因素

从大的方面来说，有环境、人口、经济、社会、行政、心理、国际形势等因素。在不同地区、不同时期，各种因素影响房地产价格变动的方向和幅度是不尽相同的。

（7）估价时点

估价时点是指评估价值对应的日期，即在该日期上估价对象才有该价值，通常用公历年、月、日表示。房地产估价所评估出的市场价值是该房地产在某一基准日，即估价时点的价格。这是由房地产价格受各种影响因素的作用，随时间而不断变化所决定的。也就是说，房地产价格本身是一个动态的概念，包含时间的因素。估价时点不同，房地产价值不同，甚至差异较大。因此，如果说某宗房地产的价格是多少，而不明确其价格存在的时间点，则与不明确产权界定的价格一样，其价格仅是一个数字而已，并无实际意义。

（8）客观合理价格或价值的估算和判定

客观合理价格或价值是估价对象在某种估价目的特定条件下形成的正常价格，它能为当事人或社会一般人所信服和接受。

1.2.2 房地产估价的特征

（1）房地产估价是房地产专业估价人员对房地产本身固有价值的客观反映

房地产估价所估的是房地产的市场价值或价值量（value），而不是价格（price），更不是估价人员对房地产的主观定价。这一价值的现实反映是在正常市场供需状况和正常交易情况下所产生的价格。对于一定产权状态和一定时点的房地产，在正常市场状况下，其价值量是客观存在的，不因估价与否或估价人员的不同而不同。同时，由于房地产市场的不完全性、房地产的异质性等特点，人们对房地产本身固有的价值量并不明确，也不易了解，需要估价人员根据一定的理论、方法并融入估价人员的经验将其客观地反映出来。

（2）房地产估价是科学、艺术和经验的有机结合

首先，房地产估价有严格的估价程序、原则与方法，具有科学性。房地产估价依赖充足的房地产市场资料，深入分析房地产价格影响因素。房地产价格的形成最终取决于房地产交易双方，即房地产价格形成于市场，包括隐形市场。因此，在不充分掌握房地产市场资料，不了解房地产供求情况，不把握房地产市场发展趋势的情况下，要客观、正确地评估出房地产价格是不现实的。同时，房地产价格受众多因素的综合影响，而各影响因素对房地产价格的影响程度又是不同的。因此，即使充分掌握了房地产市场交易资料，而不深入分析房地产价格的影响因素，仍不能评估出客观合理的房地产价格。房地产估价还需要充分了解和掌握待估房地产的各种权利状态。同一宗房地产，若权利状态界定不同，其价格是不同的，相差

可以很大。如我国土地使用制度改革主要是基于土地所有权和土地使用权相分离的原则，而土地所有权和土地使用权即是土地的两种产权形式。如果说，土地所有权价格是地租的资本化，则土地使用权价格必须进行使用年期的修正。又如租赁权、抵押权等的设置，都会影响到房地产的价格水平。因此，在评估房地产价格时，必须查阅有关档案资料，了解和掌握待估房地产的各种权利状态及其对价格的可能影响。

其次，房地产估价的整个过程中，都要伴随估价人员的推测和判断，如市场供需状况的分析、价格影响因素的分析、重要参数的分析与确定、试算价格的综合等。这体现了估价人员在房地产估价整个过程中的重要性。当然，其是建立在前述科学性的基础上的，离开了前述的科学性，房地产估价将陷于主观臆测，这不是真正意义上的房地产估价。房地产估价有误差，但这种误差又不是无限度的，必须在一个合理的范围内。一般认为误差在15%之内是允许的。还需指出的是，估价不同于定价。估价只是为当事人提供公平可信的价格参考依据，并不取代当事人的民事权利，而定价往往是当事人的行为。房地产的最终成交价格应由当事人自己决定，当事人出于某种目的可以使其成交价格高于或低于正常价格。

1.2.3 房地产估价的必要性

(1) 房地产特性决定了专业估价的必要性

一种职业乃至一个行业的生存与发展，必须建立在社会对它有内在需要的基础上，仅靠行政命令等外在的强制要求是难以维持长久的。因此，如果社会大众无法认识或了解一种职业、一个行业存在的理由，以及这种职业、这个行业对社会福利和社会进步带来的贡献，那么这种职业、这个行业就难以在现代竞争激烈的社会中生存下去，更不用说持续发展了。

虽然任何资产在交易中都需要衡量和确定价格，估价行业希望所有的资产都要估价的心情也是可以理解的，但并不是所有的资产都需要专业估价。对于价值量较小或者价格依照通常方法容易确定的资产，通常不需要专业估价。例如，2004 年 11 月 25 日发布的《最高人民法院关于人民法院民事执行中拍卖、变卖财产的规定》（法释［2004］16 号）第四条规定："对拟拍卖的财产，人民法院应当委托具有相应资质的评估机构进行价格评估。对于财产价值较低或者价格依照通常方法容易确定的，可以不进行评估。"可见，一种资产只有同时具有"独一无二"和"价值量大"两个特性，才真正需要专业估价。这是因为：一种资产如果不具有独一无二的特性，相同的很多，价格普遍存在、人人皆知，或者常人依照通常方法（例如通过简单的比较）便可以得知，就不需要专业估价。一种资产虽然具有独一无二的特性，但如果价值量不够大，聘请专业机构或专业人员估价的花费与资产本身的价值相比较高，甚至超过资产本身的价值，聘请专业机构或专业人员估价显得不经济，则也不需要专业估价。

可见，一种资产只有具备了下列 2 个条件才真正需要专业估价：①独一无二性；②价值量较大。具体就房地产来讲，由于房地产具有不可移动性、独一无二性和价值量大，房地产市场是典型的"不完全市场"。在经济学上，"完全市场"必须同时具备以下 8 个条件：①同质商品，买者不在乎从谁的手里购买；②买者和卖者的人数众多；③买者和卖者都有进出市场的自由；④买者和卖者都掌握当前价格的完全信息，并能预测未来的价格；⑤就成交总额而言，每个买者和卖者的购销额是无关紧要的；⑥买者和卖者无串通共谋行为；⑦消费者要求总效用最大化，销售者要求总利润最大化；⑧商品可转让且可发生空间位置的移动。一个市场如果不符合上述 8 条中的任何一条，就是不完全市场。纯粹的完全市场在现实中几乎不存在。证券交易所和小麦市场通常被看作近似于完全市场的实例。房地产作为商品，其品质各不相同和复杂的特性不符合①和④。另外，尽管房地产所有权（中国为房屋所有权和建设用地使用权）可以转让，但房地产实物无法移动，不符合⑧。因此，房地产市场通常被视为典型的不完全市场。房地产估价的重要性在于：它是为了建立合理的房地产交易秩序，也是促进房地产公平交易的基本保障，有助于将房地产价格导向正常化。

(2) 现实中各种经济社会活动需要房地产估价

① 房地产交易的需要。

② 房地产抵押的需要。

③ 房地产典当的需要。典当是出典人将自己的房地产让与他人使用、收益，以获得相当于卖价的资金（典价），但保留该房地产的所有权，待日后有能力时可以返还典价回赎该房地产；而典权人则以支付低于买价的资金（典价），取得房地产的占有、使用和收益的权利，且日后还有取得房地产所有权的可能（当典权期限届满后的一定期限内出典人未返还典价回赎的，典权人即取得房地产的所有权）。

④ 房地产保险和损害赔偿的需要。房地产保险对房地产估价的需要，一是在投保时需要评估保险价值，为确定保险金额提供参考依据；二是在保险事故发生后需要评估所遭受的损失或重置价格、重建价格，为确定赔偿金额提供参考依据。其他方面的房地产损害赔偿，如施工挖基础不慎造成邻近房屋倾斜，对房地产权利行使的不当限制（如错误查封）造成权利人损害的，也需要房地产估价。

⑤ 房地产税收的需要。有关房地产的税收种类很多，如房产税、地价税、土地增值税，土地与房屋合征的房地产税，房地产与其他财产合征的财产税、遗产税、赠与税等。这些税收一般是以房地产的价值为课税依据。

⑥ 房地产征用拆迁补偿的需要。国家为公共利益的需要，可以依法对集体所有的土地实行征用。国家在征用、拆迁这些房地产时，要给予原房地产所有者或使用者合理的补偿。确定这些补偿额，就需要房地产估价。

⑦ 处理房地产纠纷和有关法律案件的需要。

⑧ 企业合资、合作、合并、兼并、分立、买卖、租赁经营、承包经营、改制、上市、破产清算等的需要。

⑨ 房地产管理的需要。比如确定定期公布的基准地价、标定地价和各类房屋的重置价格，需要估价；如何调整土地使用权出让金，需要估价等。

⑩ 其他方面的需要。比如把房地产的购买价格在土地和建筑物之间进行分配，就需要进行房地产估价。

(3) 房地产估价在估价行业中占主体

房地产估价不仅必要，而且在估价行业中占主体。这是由下列3个方面决定的。

① 房地产"量大面广"，其他资产的数量相对较少。房地产数量庞大，社会保有量和每年的新增量都很大。在一个国家或地区的全部财富中，房地产是其中比重最大的部分，一般占50%～70%，即其他各类财富之和也不及房地产一项，仅占30%～50%。例如，1990年美国的房地产价值为8.8万亿美元，大约占美国全部财富的56%。房地产也是家庭财产的最重要组成部分。据有关资料，房地产占家庭总资产的比重，在西欧国家为30%～40%，在美国为25%左右。美国家庭平均拥有的房地产资产4倍于其股票资产。2002年，中国农村居民的财产中，土地和房产是最大的两项，约占74%；城市居民的财产中，房产占的比重高达64.39%。

在总量不多于房地产的其他资产中，许多资产还因为不同时具有"独一无二"和"价值量大"两个特性而不需要专业估价。某些资产虽然在理论上需要专业估价，但因为数量很少，估价业务“千年等一回”，从而难以支撑起人们专门从事其估价活动，也就没有相应的估价师这种专门职业。一旦需要估价，通常是依靠相关研究者或者设计者、制造者提供专业意见。在需要专业估价并能支撑起人们专门从事其估价活动的其他资产中，一般还要分专业。这些就使得其他资产估价专业相对更小，房地产估价在估价行业中的主体地位更加突出。

② 房地产需要估价的情形较多，其他资产需要估价的情形相对较少。房地产以外的其他资产主要是发生转让行为，在转让的情况下需要估价。房地产除了发生转让行为，还普遍发生租赁、抵押、征收、征用、课税等行为。因此，不仅房地产转让需要估价，而且房地产租赁、抵押、征收、征用、分割、损害赔偿、税收、保险等活动也都需要估价。纵观古今中外，对房地产估价的需求远远大于对其他资产估价的需求。

③ 房地产估价还普遍提供房地产咨询顾问服务，其他资产估价主要限于价值评估本身。因为房地产估价师不仅懂得房地产价值及其评估，而且具备有关房地产价格及其影响因素的专业知识和经验，了解房地产市场行情，所以，房地产估价师也是“房地产价格专家”、“房地产市场分析专家”、“房地产投资顾问”，人们通常还要求房地产估价师和房地产估价机构承担房地产市场调研、房地产投资项目可行性研究、房地产开发项目策划、房地产项目调查评价、房地产购买分析、房地产资产管理等业务。这就使得房地产估价行业具有更大、更广的发展空间。

1.3 房地产估价原则

房地产估价是房地产专业估价人员对一定类型、一定目的、一定产权设置及一定时点的房地产价格（价值量）的推测和判断。由于房地产价格的形成受众多因素的影响，房地产市场是一类典型的不完全市场，房地产估价是一项十分复杂的实践活动，既有其严谨科学性的一面，又有其艺术性和经验的一面。为了客观、公正、科学、合理地评估房地产价格，将待估房地产在一定时点、一定产权状态下固有的价值量客观合理地反映出来，除了要求估价人员根据待估房地产的估价目的，深入了解房地产市场情况，全面分析房地产价格影响因素，采用科学的估价方法，以及结合估价人员的实务经验和理性判断外，还必须遵循一定的估价原则。

房地产估价原则是房地产估价理论的重要组成部分，是对房地产价格形成及其变化规律的客观认识和科学总结，是房地产估价实践活动的行动指南，也是房地产估价实务中必须遵循的基本准则。

与房地产估价方法一样，对房地产估价原则的认识，我国也经历了一个借鉴、吸收、消化、总结和提高的过程。较早的文献或书籍，多以介绍或借鉴我国香港和台湾或国外的房地产估价原则为主。引用较多的有以下几部。

中国台湾省政治大学林英彦教授所著的《不动产估价》一书所列举的“形成不动产价格之各项原则”，共 11 项，分别是：①需要与供给原则；②变动原则；③替代原则；④最有效使用原则；⑤均衡原则；⑥收益递增递减原则；⑦收益分配原则；⑧贡献原则；⑨适合原则；⑩竞争原则；⑪预测原则。这 11 项原则也是我国台湾省《土地估价技术规范》所规定的“影响土地估价之基本原则”。

美国房地产估价师学会出版的《房地产估价》一书中列举了下列 12 项基本估价原则：①预测原则；②变动原则；③供求原则；④竞争原则；⑤替代原则；⑥机会成本原则；⑦均衡原则；⑧贡献原则；⑨收益分配原则；⑩适合原则；⑪外部性原则；⑫最有效使用原则。

中国台湾省陈满雄先生编著的《不动产估价理论与实务》一书列举的“不动产估价基本原则”，有7项，即：①公平原则；②相关、替代原则；③独立估价原则；④适法原则；⑤估价时日原则；⑥土地、建筑物分离估价原则；⑦最高度、最有利使用原则。

由中国房地产估价师学会组织、柴强主编的中国房地产估价师执业资格考试指定辅导教材《房地产估价理论与方法》一书，根据对房地产估价理论与实践的研究与认识，提出了合法原则、最高最佳使用原则、替代原则、估价时点原则和公平原则等五项估价原则，对我国房地产估价原则的认识和研究起了积极的推动作用。

《城镇土地估价规程》（GB/T 18508—2001）规定的估价基本原则有七项：预期收益原则、替代原则、最有效利用原则、供需原则、报酬递增递减原则、贡献原则和变动原则。

基于上述认识，结合对房地产估价理论、方法的研究和实践探索，我们认为，房地产估价应遵循下列基本估价原则：合法原则、预期收益原则、最有效使用原则、替代原则、动态原则、供需原则和贡献原则。

1.3.1 合法原则

合法原则要求估价结果是在依法判定的估价对象状况特别是权益状况下的价值。其中的依法，是指不仅要依据宪法和有关法律、行政法规、最高人民法院和最高人民检察院颁布的有关司法解释，还要依据估价对象所在地的地方性法规（民族自治地方应同时依据有关自治条例和单行条例）、国务院所属部门颁发的有关部门规章和政策、估价对象所在地的国家机关颁发的有关地方政府规章和政策，以及估价对象的不动产登记簿（房屋登记簿、土地登记簿）、权属证书、有关批文和合同等（如规划意见书、国有建设用地使用权出让合同、房地产转让合同、房屋租赁合同、房地产抵押合同、国有建设用地使用权出让招标文件）。因此，合法原则中所讲的“法”，是广义的“法”。

房地产估价之所以要遵循合法原则，是因为实物和区位状况相同的房地产，如果权益状况不同，评估价值就会有所不同。但是，估价对象的权益状况不是委托人或估价师可以随意假定的，必须依法判定。

遵循合法原则，并不是指只有合法的房地产才能成为估价对象，而是指依法判定估价对象是哪种权益状况的房地产，就应将其作为那种权益状况的房地产来估价。例如：集体土地不能当作国有土地来估价，划拨的建设用地使用权不能当作出让的建设用地使用权来估价，共有的房地产不能当作单独所有的房地产来估价，有限产权或部分产权的房地产不能当作完全产权的房地产来估价，租赁的房地产不能当作自己的房地产来估价，产权不明确或权属有争议的房地产不能当作产权明确或权属无争议的房地产来估价，临时用地不能当作正式用地来估价，临时建筑不能当作永久建筑来估价，超过批准期限的临时用地或临时建筑不能当作未超过批准期限的临时用地或临时建筑来估价，开发建设手续不齐全的房地产不能当作开发建设手续齐全的房地产来估价，不可补办有关手续的非法房地产不能当作可以补办有关手续的手续不齐全的房地产来估价，违法占地不能当作合法占地来估价，违法、违章建筑不能当作合法建筑来估价等。因此，从理论上讲，任何权益状况的房地产都可以成为估价对象，只是要做到评估价值与依法判定的权益状况相匹配。由此可知，评估价值虽然通常大于零，但也可能等于零，甚至可能小于零，只不过如果评估价值等于或小于零，则在通常情况下人们就不会委托估价了。另外，在实际估价中，法律、法规、规章和政策等规定不得以某种方式处分的房地产，不能成为以该种处分方式为估价目的的估价对象。例如，法律、法规、规章和政策等规定不得抵押的房地产，不能成为以抵押贷款为估价目的的估价对象；不得作为出资的房地产，不应作为以出资设立企业为估价目的的估价对象。

依法判定的估价对象权益，可分解为依法判定的权利类型及归属，以及使用、处分等权利。具体地说，遵循合法原则应做到下列几点。

① 在依法判定的权利类型及归属方面，所有权、建设用地使用权、地役权、抵押权、租赁权等房地产权利及其归属，一般应以不动产登记簿、权属证书以及有关合同（例如租赁权应依据租赁合同）等为依据。目前，房地产权属证书有房屋权属证书、土地权属证书，或者统一的房地产权证书。其中，房屋权属证书有《房屋所有权证》、《房屋他项权证》等（过去有《房屋所有权证》、《房屋共有权证》和《房屋他项权证》三种）。土地权属证书有《国有土地使用证》、《集体土地所有证》、《集体土地使用证》和《土地他项权利证明书》。当县级以上地方人民政府由一个部门统一负责房产管理和土地管理工作的，可能制作、颁发统一的房地产权证书。

② 在依法判定的使用权利方面，应以使用管制（如土地用途管制、规划条件等）为依据。例如，如果城市规划规定了某宗土地的用途、容积率、建筑高度、建筑密度、绿地率等，那么对该宗土地进行估价就应以其使用符合这些规定为前提。所谓“城市规划创造土地价值”，在一定程度上反映了这一要求。具体地说，如果城市规划规定了该宗土地为居住用途，即使从该宗土地的坐落位置、周围环境来看适合于作商业用途，但也应以居住用途为前提来估价，除非申请变更为商业用途并且能够获得批准。在容积率方面，如果城市规划规定了该宗土地的容积率不超过 2.5，除非依法调整了容积率，否则应以容积率不超过 2.5 为前提来估价。如果以商业用途或者容积率超过 2.5 来估价，由于商业用途或者超出的容积率不仅没有法律法规的保障，而且是违法、违规的，据此评估出的较高价值不能实现，也就不会得到认可。

③ 在依法判定的处分权利方面，应以法律、法规、规章、政策或者合同（如国有建设用地使用权出让合同）等允许的处分方式为依据。处分方式包括买卖、互换、租赁、抵押、出资、抵债、赠与等。法律、法规、规章和政策等规定或者合同约定不得以某种方式处分的房地产，不应作为以该种处分方式为估价目的的估价对象，或者委托人要求评估该种处分方式下的价值的，其评估价值应为零。

④ 在依法判定的其他权益方面，评估出的价值应符合国家的价格政策。具体地说，评估政府定价或者政府指导价的房地产，应当遵守相应的政府定价和政府指导价。例如，房改售房的价格，应当符合政府有关该价格测算的要求；新建的经济适用住房的价格，应当符合国家规定的经济适用住房价格构成和对利润率的限定；集体土地征收和国有土地上房屋征收估价，应当符合国家有关集体土地征收和国有土地上房屋征收补偿的法律、法规、规章和政策等。

此外，还可将合法原则拓展到对采用的估价技术标准和估价主体资格的要求上。具体地说，房地产估价应当采用国家和估价对象所在地的有关估价技术标准，估价机构应当具有房地产估价资质，估价人员应当是注册房地产（土地）估价师。

1.3.2 预期收益原则

价值是由未来可获得利益的预期（anticipation）产生的。对于价格的评估，重要的并非是过去，而是未来。过去收益的重要意义，在于为推测未来的收益变化动向提供依据。因此，商品的价格是由反映该商品将来的总收益所决定的。房地产也是如此，它的价格也是受预期收益形成因素的变动所左右。在房地产市场，财产的当前价值通常不是依据其历史价格或生产成本而定的，相反，价值决定于市场参与者对未来利益的预期。所以，房地产投资者是在预测该房地产将来所能带来的收益或效用后进行投资的。这就要求估价人员必须了解过去的收益状况，并对房地产市场现状、发展趋势、政治经济形势及政策规定对房地产市场的影响进行细致分析和预测，准确预测该房地产现在以至未来能给权利人带来的利润总和，即收益价格。

自用型住宅房地产的价值主要取决于未来预期利益、舒适性及拥有和占有的乐趣。收益性房地产价值取决于其未来能产生的收益。因此，估价师必须了解能影响买卖双方观念及未来期望的地方、区域和全国的不动产市场趋势。市场或房地产历史资料的作用仅在于协助解释当前的市场预期。

1.3.3　最有效使用原则

最有效使用原则（principle of best use），或称最高最佳使用原则，是基于经济学中的利润最大化原理，主要以投资者的理性投资行为为基础而形成的基本原则。这一原则，从狭义角度而言，是针对土地估价的。

土地具有用途多样性，如作商业用途、工业用途、居住用途、基础设施用途等。首先，不同的用途中，必有一种用途是最适合的，最能发挥其作用的，这一用途则为最优用途。其次，不同的土地用途，其所能给土地权利人或投资者带来的收益（利益）是不同的，而土地权利人或投资者总是期望能从所占有或投资的土地上获得最大的收益（利润），并以能满足和服从这一目的来确定土地利用方式。最后，土地是一种特殊的稀缺资源，从整个社会或城市而言，要求整个社会或城市的土地利用处于最有效使用状态，以实现土地资源的优化配置和持续有效利用。区域性的土地最优使用，并不意味着每一宗土地的最优使用，这是因为区域性土地利用是一个复杂的非线性系统，系统内各要素相互协同竞争，并不是简单的线性叠加关系。因此，从区域角度而言，应开展土地利用规划和城市规划，以指导土地的合理利用，实现土地的优化配置和最优利用。

所谓最有效使用，是指：

① 法律许可范围内最佳的用途。具体为在规划许可前提下，最大限度地发挥房地产的使用效果。如中心城市商服繁华地段的房地产，若规划用途为商服业用途，而有一宗房地产，由于历史原因，目前为工业用途，或生活服务设施（如菜市场），效益明显偏低，其用途显然不是最优。估价时，不应以现状用途为估价依据，而应以可能的最优用途（商服业）进行估价。又如，城市中的某一块空地，尽管目前的收益为零或为负（如支付必要的管理费等），但并不意味着该宗土地没有价格，只是它目前尚未处于最有效使用状态。估价时，也应根据规划要求，确定最佳用途，而后估价。

② 最佳的规模。土地是最基本的生产要素，在土地、资本、劳动和管理等要素中，只有各要素合理配置与组合，才能发挥最佳效果。如果一个企业或一宗土地，建筑物的面积太小或太大，均不能发挥房地产的最佳效益：太小，则空间场地不够，人流物流拥挤，影响其他生产要素的发挥；太大，则造成资源浪费，资产效益降低，同样影响其他生产要素的发挥。

③ 最佳的集约利用度。这里的最佳集约利用度并不是最大集约利用度，不是单纯地追求容积率或其他某些指标，而是包括生态环境、社会经济要素在内的综合的集约利用度。这就要求土地、建筑物与周围环境，如绿地比例、配套设施、相关与竞争性房地产的数量、分布等相协调，实现广义意义下的最佳集约利用。

1.3.4　替代原则

替代原则（principle of substitution），是基于经济学中的替代原理，主要以消费者正常的和理性的消费行为为基础而形成的基本原则。

根据经济理性主义假定，消费者的消费行为总是以其消费效果的满足程度，即效用达到最大为目的。换言之，消费活动的尽可能大的满足效果，就是消费者进行消费所期望达到的目标。在上述经济理性主义假定下，同一市场上，当两种或两种以上商品具有相同效用时，消费者总是愿意以较低价格购买具有一定效用的商品；反之，当消费者以一定价格去购买商品时，总是期望购买对他而言是最大效用的商品。当然，就消费者的正常消费行为而言，商品具有可替代性。这种可替代性使得商品在市场这一“看不见的手”的作用下，价格最终趋于一致或形成一种均衡的比价关系。这就是替代原理。

替代原理说明，当若干相似或等量的商品、物品或服务是可取得时，最低价格者将吸引最大的需求和最广的分配。此原理假定市场行为是理性且谨慎的，不存在因迟延而产生的不当成本。依据替代原理，购买者为取得某一不动产所支付的价格，不会超过另一相同不动产的价格。

作为纳入市场的房地产这一特殊商品，同样遵循这一基本原理，即：当处于同一供需圈内的房地产市场上同时存在两宗或两宗以上效用相同或相近的房地产时，其价格将在市场机制的作用下，趋于一致。某一房地产是否可作为另一房地产的替代物，应依其用途、构造设计或获利能力加以考虑。在假定没有因迟延而产生不当成本的条件下，取得成本可能是购买相同效用建筑物及相似基地的成本，此为成本法的基础。另一方面，假定没有因迟延而产生不当成本的条件下，取得成本是可能为购买相同效用的现有不动产所支付的价格，此为市场比较法的基础。以替代原理为理论依据，指导房地产估价的实践活动，即形成房地产估价中必须遵循的替代原则。当然，就房地产这一特殊商品而言，上述替代原则在房地产市场中的应用也具有特殊性，主要表现为：房地产商品的替代关系具有不完全性；房地产市场必须处于同一供需圈。

替代原则，同样可应用于不同类型的房地产，例如，因具备舒适的特征而被购买的住宅和因具备收益能力而被购买的收益性不动产。住宅不动产能产生舒适感的特征，包括良好设计、优质施工或高级建材；至于能产生收益的不动产的替代品，可能是能产生相等投资报酬和相同风险的可替代投资不动产。不动产价格、租金和报酬率的极限，通常由相同替代品的现行价格、租金和报酬率决定。替代原则为所有三种传统估价方法——市场比较法、成本法和收益法的基础。

虽然替代原则在多数情况可以应用，但有时某产品的特征在市场上被认为具有独特性时，此类产品的需求将可能产生独有价格，而不适用替代原则。

1.3.5 动态原则

动态原则（dynamical principle），基于系统论中的动态原理。系统论认为，任一系统受其内部各要素的相互协同与竞争，系统内部与外界环境的相互作用和影响，系统总是处于不断的变化与发展过程中。社会、经济、行政和环境力量的动态属性足以影响房地产价值的变动。将这一原理应用于受众多动态因素影响的房地产价格的评估中，即是房地产估价中应遵循的动态原则。当然，房地产系统是一类复杂系统，根据非线性理论，系统变化超过一定的演化后，将变得不可捉摸，难以分析，系统变为混沌态。动态原则反映了房地产价格的动态性，在房地产估价活动中具有广泛的应用。例如，采用比较法选择比较案例时，所选的比较案例不应超过 2 年；各种估价方法中不同参数的确定，如资本化率的确定，除需考虑当前有关利率或收益率水平外，还要考虑诸如利率变化、物价变动等方面的因素。

虽然变动无法避免且持续不断，但其过程可能是渐进的且不易辨认。在现实市场中，因每日有新房地产投入市场出售，或按已往标准完成销售，使得市场随时可能发生剧烈变动；

另外，工厂及军事基地关闭、税法修正或新建筑物开工，也可能引发突然的变动。影响房地产的社会、经济、行政和环境因素都在持续的转变中。因此，房地产市场上变动的现象随处可见，各项因素的变动会影响不动产的需求和供给，进而影响个别房地产的价值。因此估价师必须努力确认会影响房地产当前价值的眼前和预期变动。但由于变动经常无法预测，价值估计只有在估价报告中特别说明的价值日期之后和短期间内才是有效的。

变动也可从市场偏好的改变获得证明。不动产无法迅速地适应新顾客的偏好，因而经常有退化性损失。人们观察到建筑物随时间的推移而出现了实体、功能和经济的损害等折旧现象——折旧是指由某种原因所造成的不动产损失。折旧在数量上等于房地产重制或重置成本与其现有价值两者间的差额。一般来说，房地产价值的损失由损坏或退化造成。由于退化过时（obsolescence）在设计阶段可能即已开始，损坏（deterioration）则在建筑物或改良物尚在施工时就已开始，所以在不动产中所发现的不同损坏和退化类型，在估价上具有重大意义。

1.3.6　供需原则

在完全的自由市场中，一般商品的价格，取决于需求与供给关系的均衡点。需求超过供给，价格随之提高；反之，供给超过需求，价格随之下降，这就是供求均衡法则。其成立条件是：①供给者与需求者各为同质的商品而进行竞争；②同质的商品随价格变动而自由调节其供给量。房地产也是一样，其价格也是由需求与供给的相互关系而定的。但因为房地产不同于一般商品，具有一些人文与自然特性，使得它除了遵循上述供求均衡以外，也遵循其特有的供求规律。

由于房地产具有位置的固定性、数量有限性、区位差异性等自然特性，使价格独占性较强，需求与供给都限于局部地区，供给量有限，竞争主要是在需求方面进行。即房地产不能实行完全竞争，其价格的独占倾向性较强。房地产需求与供给的特点如下：

① 需求与供给方都不容易了解何处有供给或需求信息。

② 替代性有限。由于成为交易对象的土地具有个别性，各个地块都有独特的价格，因此其替代性也有限。

因此，房地产不能仅根据均衡法则来决定价格。尤其在我国城市土地属国家所有，市场中能够流动的仅是有限年期的土地使用权，土地供方主要由国家控制，这一因素对地价具有至关重要的影响。在进行房地产估价时，应充分了解土地市场的上述特性。此外，在进行供需分析时，应考虑时间因素，做动态分析。因为现在的供求状况，常常是在考虑将来发展状况而形成的，即从现在思考将来，因此供需原则是以预期收益原则及下述的变动原则和竞争原则为基础的。

1.3.7　贡献原则

按经济学中的边际收益原则，衡量各生产要素的价值大小，可依据其对总收益的贡献大小来决定。贡献原则（the principle of contribution）说明，在整体房地产价值中，特定因素的价值可由其对整体房地产价值的贡献方式，或者假设无此因素时从整体房地产价值中扣减的数额来衡量。一般而言，某一项目的成本未必与其价值相等。例如兴建游泳池成本需要10000元，未必使居住用的房地产的价值增加10000元。游泳池对价值金额的贡献是以其利益或效用在市场上值多少钱来衡量的，它对价值的贡献可能比成本更低或更高。因此，在有些案例中，即使房地产经过变更用途、改装或修缮，其市场价值也可能不增加。

对于房地产估价，这一原则是指房地产的总收益是由土地及建筑物等构成因素共同作用的结果。其中某一部分带来的收益，对总收益而言，是部分与整体之间的关系。就土地部分的贡献而言，由于地价是在生产经营活动之前优先支付的，故土地的贡献具有优先性和特殊性，评估时应特别考虑。估价时，可以利用收益还原法分别估算土地、建筑物价格，进而评估整个不动产价格；也可根据整个房地产价格及其他构成部分的价格，采用剩余法估算土地价格。因此，贡献原则是关于部分收益递增递减原则的应用，也是收益还原法和剩余法估价的基础。

同时，这一原则还可用于土地或建筑物的追加投资，不动产的部分改良、改造等。它可根据对不动产整体价格的贡献大小，判断追加投资是否适当；又可应用这一原则判断最有效使用的上升程度，即将现在的最有效使用与投资后的最有效使用互相比较，以确定纯收益最大点。

1.4 房地产价格影响因素

房地产价格是房地产市场上供需双方就某一房地产标的物所形成的均衡价格。由于房地产商品所涉及的领域广，产品周期长，产业链长，政策性明显等，房地产价格的形成受各种因素的影响或制约，即房地产价格的影响因素多而复杂。房地产估价的一个重要问题即是估价人员如何合理地分析和把握各种不同的影响因素，分析其对房地产供需的性质和程度，正确估价。

房地产价格影响因素众多而复杂，因此有必要也有可能进行归纳和分类。鉴于归纳分类的角度不同，分类方法也有差异，如有的学者从自然因素、社会因素、经济因素等方面进行分类。这里主要从对房地产价格影响的范围来分类归纳，划分为宏观因素、区域因素和个别因素三类，各类中又有众多不同的次一级的影响因素、因子，构成房地产价格影响因素体系，见图 1-2。

1.4.1 宏观因素

宏观因素，亦称一般因素，是指对房地产价格及其走势有普遍性、一般性和共同性的影响因素。这类影响因素对房地产价格的影响一般是整体性的、全面性的，其覆盖范围可以是一个地区、一个国家乃至全球。显然，这类影响因素对于具体某一宗房地产价格而言，并不直接，但他们往往是决定具体房地产价格及其趋势的基础和关键。宏观因素中，主要有行政因素、经济因素、社会因素、人口因素、心理因素和国际因素等次一级因素。

(1) 行政因素

行政因素是指国家政策、法律、法规和行政法令对房地产市场和房地产价格的影响和干预。国家有关房地产政策的颁布和实施将对房地产市场及房地产价格产生重大影响。如我国 1988 年《宪法》修正案中，明确规定“土地可以依照法律转让”，决定了我国土地价格从无到有的根本性转变；而 1994 年进行的税制改革、土地增值税的颁布以及 1995 年城市房地产管理法的实施，有效地扼制了我国房地产市场中的泡沫经济成分，规范了我国房地产市场的发育和发展。

行政因素中主要有土地制度、住房制度、房地产价格政策、税收政策、城市规划与土地利用规划、土地使用权出让方式和行政隶属变更等因子。

(2) 经济因素

房地产价格本身就是国家或地区经济情况的直接反映。房地产业是基础产业，产业链长，其发展将直接影响和带动机械、建材、钢铁、水泥、运输、金融、装潢等相关行业的发展；反之，这些相关行业的发展也必将影响房地产业的发展。

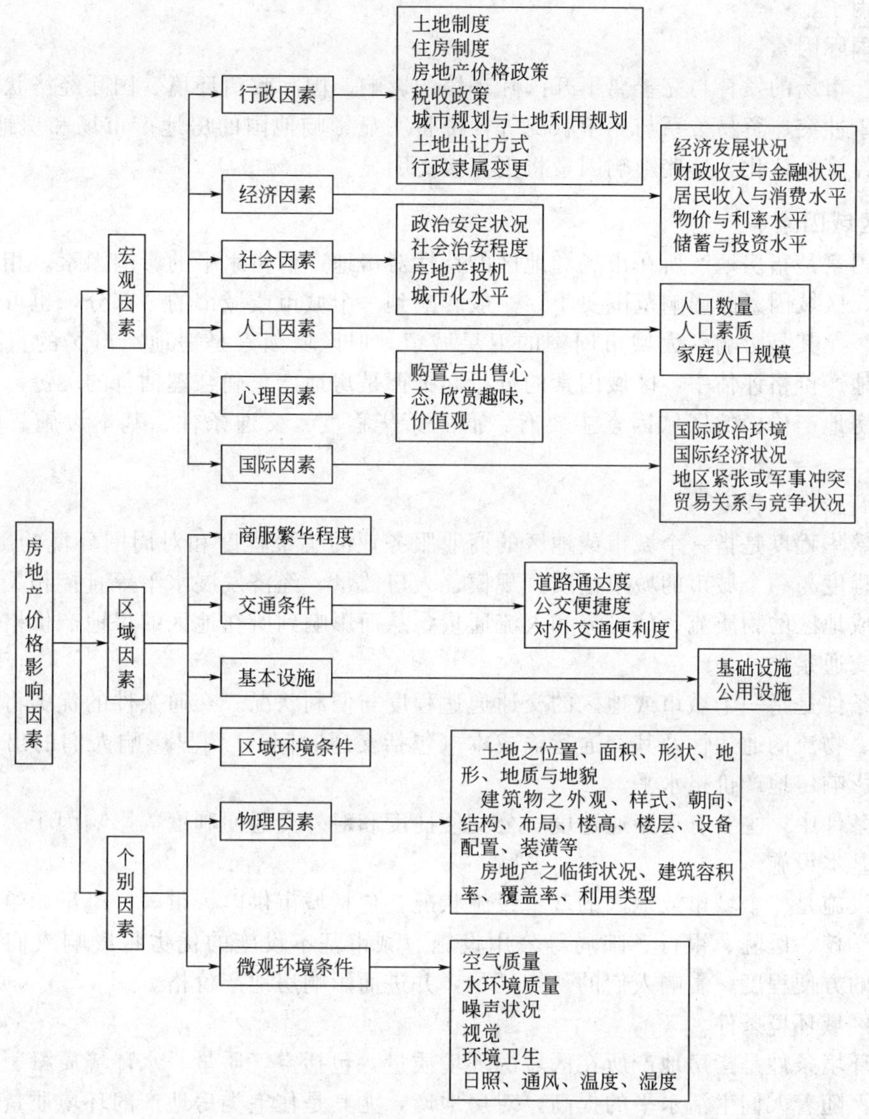

图 1-2 房地产价格影响因素体系图

经济因素中，主要有经济发展状况、财政收支与金融状况、居民收入与消费水平、物价与利率水平、储蓄与投资水平等因子。

(3) 社会因素

社会因素是指一个国家或地区的社会状况对房地产价格的影响，其影响因子主要有政治安定状况、社会治安程度、房地产投机和城市化水平等。

(4) 人口因素

人口因素是一个国家或地区的人口状况对房地产价格的影响，主要有人口数量、人口素质、家庭人口规模等因子。

(5) 心理因素

房地产价格是房地产市场上房地产商品供需关系的反映，而价格的形成则是由人这一主体完成的。在这一价格形成过程中，人的心理因素对房地产价格的影响是不可忽视的。影响房地产价格的心理因素主要有购买与出售心态、欣赏趣味、消费时尚、攀比心理、风水与价值观念等因子。

(6) 国际因素

房地产市场的发育与完善离不开国际环境的影响。国际政治环境、国际经济状况、地区紧张或军事冲突、贸易关系与竞争状况等，都将明显影响他国的房地产市场和房地产价格。随着全球经济一体化，这些影响因素将更直接更明显。

1.4.2 区域因素

区域因素是指房地产所在市场和地区的特性对房地产价格水平的影响因素。相对于宏观因素而言，区域因素的影响范围要小，一般影响到一个城市或城市的一部分，也可能影响到多个城市，尤其是影响到大城市周围的卫星城镇。但区域因素是房地产市场的直接影响因素，在房地产价格评估中，区域因素的分析和把握是房地产正确合理估价的关键。

影响房地产价格的区域因素主要有：商服繁华程度、交通条件、基本设施、区域环境条件。

(1) 商服繁华程度

商服繁华程度是指一个城市或地区的商业服务业的集聚程度和对周围环境的影响程度。商服繁华程度与一个城市的城市性质、规模、人口数量、经济发展水平等直接相关，并影响所在城市或地区的物质流、信息流和人流通量，从而影响到所在地区的房地产价格水平。

(2) 交通条件

交通条件是指一个城市或地区的交通通达程度与便利状况。交通条件的优劣将直接影响城市人流、物流的通达性及其交通运输成本（包括交通时间），明显影响人们的出行方便程度，从而影响房地产价格水平。

交通条件中，主要有道路通达度、公交便捷度和对外交通便利度等影响因子。

(3) 基本设施

基本设施是一个城市或地区的基本设施状况，包括城市供电、供气、电讯、给排水等基础设施和学校、医院、银行、邮局等公用设施。城市基本设施的优劣将影响人们生活、学习、工作的方便程度，影响人们的认知区位，并进而影响房地产价格。

(4) 区域环境条件

区域环境条件是指房地产所在区域的环境质量，包括空气质量、水环境质量、噪声程度等。显然，随着人们生活水平的提高，对房地产，尤其是住宅类房地产的环境质量的要求将越来越高，而成为人们选购房地产的重要因素。

上述区域因素中，对于不同的房地产类型，其影响程度是不同的，甚至具有很大的差异。例如，对于商业房地产而言，商服繁华度是最重要的因素；而住宅房地产的最重要因素也许是基本设施；工业房地产的最重要因素则是交通条件。因此，我们在分析或调查区域因素时，应针对房地产类型，具体分析。

1.4.3 个别因素

个别因素，是指具体影响某宗房地产价格的影响因素。这类因素对房地产市场的影响程度和影响范围最小，但对具体房地产价格的影响却是最直接、最具体的。影响房地产价格水平的个别因素包括物理因素和微观环境条件。

(1) 物理因素

物理因素是房地产本身的自然条件，包括土地之位置、面积、形状、地形、地质与地貌，建筑物之外观、样式、朝向、结构、布局、楼高、楼层、设备配置、装潢等，房地产之临街状况、建筑容积率、覆盖率、利用类型等因子。

(2) 微观环境条件

这里的环境条件是指影响具体房地产或房地产小区的微观环境，包括空气质量、水环境质量、噪声状况、视觉、环境卫生以及日照、通风、温度、湿度等因子。

上述众多的房地产价格影响因素因子中，各因素因子对房地产价格的影响性质、影响程度及表现形式是不同的。有的因素是概括性的，如政策制度；有的则是具体的，如建筑物朝向；有的是明显的，如商服繁华程度；有的则是隐含的，如环境质量；有的是单向的，或抬高或降低房地产价格水平，如行政隶属变更；有的则是变化的，有时是抬高房地产价格水平，有时则降低，如房地产投机；有的是线性的，大多是非线性的、复杂的。因此，在房地产价格影响因素分析时，一定要根据实际情况，具体分析，而不能机械教条，生搬硬套。

1.5 房地产估价行业的发展情况

1.5.1 国外发展状况

在西方经济学中，被称为“西方经济学之父”的英国古典经济学家威廉·配第（William Petty，1623～1687）第一次考察了肥力级差地租和位置级差地租，这两种形式的地租在地租史上是普遍存在的，对我们今天来研究地租仍有帮助。

英国古典经济学家托马斯·罗伯特·马尔萨斯（Thomas Robert Malthus，1776～1834）在地租量上的认识就比配第进了一步，他的“地租是总产品价格中扣除劳动的工资和耕种投资、利润后的剩余部分”这一论断从理论上界定了地租的量，成为中西方地产评估人员评估地价时所采用的观点。

大卫·李嘉图（David Ricardo，1772～1823）是英国古典政治经济学的杰出代表和理论完成者。他运用劳动价值理论研究地租，对级差地租理论做出了突出贡献。他的地租理论建立在土地边际收益和报酬递减率概念的基础上，土地边际收益价值论为现代西方收益还原法中派生出的土地剩余估价技术和最高最佳使用原则的理论基础。

亚当·斯密（Adam Smith，1721～1790）是英国古典经济学的主要代表人物，其主要贡献在于他在其著作《国富论》中比前人明确得多地论述了地租量的决定问题。他的生产要素成本价值论成为现代西方成本估价法的理论基础之一。

卡尔·马克思（Karl Marx，1818～1883）的地租理论是当时的地租理论之集大成者。他把地租分为级差地租和绝对地租，他在批判、吸收和发展古典地租理论尤其是李嘉图差额地租理论的基础上，根据劳动价值学说，创立了科学的地租理论。

任何理论的伟大，不在于它出自何人，也不在于它的逻辑如何严密，文字如何华丽，而在于它是否真正揭示了客观规律，能否指导人们的社会实践。西方经济学中的地租理论凝聚了许多杰出人物的心血，但仍不完善。20 世纪 20 年代以来，西方主要国家进入城市化高速发展时期，房地产业出现空前繁荣，同时推动房地产估价研究的发展，大体上可以分为以下三个阶段。

第一阶段是土地经济学派的兴起。奠定了土地价值论基础。这一时期的代表著作有费雪（Irving Fisher，1867～1947）发表的《房地产原理》（1923 年）、理查德·埃利和穆尔豪斯发表的《土地经济学基础》（1925 年）、巴比科克发表的《房地产估价》（1924 年）。

第二阶段是摩茨科（Arthur J·Mertzkt）在房地产评估界发表的具有划时代意义的论著《房地产估价过程》（1927 年），他在这本著作中发展了马歇尔的思想体系，将价值理论与评估理论紧密结合起来，指出在完全竞争的均衡条件下正常价值、长期成本和资本效益价值之间可互为等值，这一思想成为房地产价值评估中不同估价方法相互验证的理论基础。

第三阶段的代表人物是海德（K. Lee Hyder，1888～1947）、阿特金森（Harry Grant Atkinson，1890～1979）和舒姆茨（George L. Schmutz，1893～1955），他们分别推广和发展了市场比较法、收益还原法和成本法中的价值评估技术，特别是舒姆茨在《估价过程》（1941 年）一书中构造的估价模型被美国房地产估价师协会收入在首次发表的《房地产估价》（1951 年）一书中，成为西方房地产界最有权威的房地产估价专著。时至今日，房地产估价理论和方法，仍在伴随着房地产业的发展处于不断更新与完善过程中。

1.5.2 我国大陆房地产估价行业发展状况

中国房地产估价行业是一个既古老又新兴的行业，是房地产业的重要组成部分。中国房地产估价活动历史悠久、源远流长，上千年前就产生了有关房地产价值及其评估思想的萌芽。当时伴随着土地和房屋买卖、租赁、课税、典当等活动的出现，房地产估价活动应运而生。但在 20 世纪 50 年代至 70 年代这段时期，随着废除房地产私有制，禁止房地产买卖、租赁等活动，中国房地产估价活动基本消失。直到 1978 年以后，在改革开放的背景下，随着城镇国有土地有偿使用和房屋商品化的推进，中国房地产估价活动开始复兴。由于我国的房地产估价工作起步较晚，最初采用的估价理论大都是从国外照搬的。执业资格制度是对关系公共利益和人民生命财产安全的关键领域和岗位实行准入控制的一项制度，属于以公民作为颁发对象的资格制度。1993 年，借鉴美国等市场经济发达国家和地区的经验，人事部、建设部共同建立了房地产估价师执业资格制度，经严格考核，认定了首批 140 名房地产估价师。这是中国最早建立的专业技术人员执业资格制度之一。1994 年，认定了第二批 206 名房地产估价师。1994 年 7 月 5 日颁布的《城市房地产管理法》第三十三条规定“国家实行房地产价格评估制度”，第五十八条规定“国家实行房地产价格评估人员资格认证制度”。这两条规定，明确赋予了房地产估价法律地位，使房地产估价成为国家法定制度。此后，中国房地产估价行业快速发展，估价队伍迅速壮大，估价法规不断健全，估价标准逐步完善，估价理论日趋成熟，估价业务持续增长，估价行业的社会影响显著扩大；基本形成了公平竞争、开放有序和监管有力的房地产估价市场，逐步建立起了政府监管、行业自律和社会监督的监管体制；房地产估价在解决房地产市场失灵，将房地产市场引向理性，维护房地产市场秩序，保护房地产权利人和利害关系人的合法权益，防范金融风险，促进社会和谐等方面发挥着独特的积极作用。

1995 年 3 月 22 日，建设部、人事部联合发出了《关于印发〈房地产估价师执业资格制度暂行规定〉和〈房地产估价师执业资格考试实施办法〉的通知》（建房［1995］147 号）。从 1995 年开始，房地产估价师执业资格实行全国统一考试制度。2002 年之前原则上每两年举行一次考试，2002 年之后每年举行一次考试。从 2001 年起，获准在中华人民共和国境内就业的外籍专业人员和港澳台专业人员，可以按照建房［1995］147 号文件规定，报名参加全国房地产估价师执业资格考试。

2003 年 8 月 12 日，国务院发布《关于促进房地产市场持续健康发展的通知》（国发［2003］18 号），要求严格执行房地产估价师执（职）业资格制度。2003 年 6 月 29 日，中央政府与香港特别行政区政府签署了《内地与香港关于建立更紧密经贸关系的安排》（通常称 CEPA）。根据这一“安排”，2004 年 8 月，内地房地产估价师与香港测量师完成了首批资格互认，香港 97 名测量师取得了内地房地产估价师资格，内地 111 名房地产估价师取得了香港测量师资格。这是内地与香港最早实现资格互认的专业技术人员执业资格，进一步加强和推进了内地与香港在房地产估价领域的交流合作，促进了内地与香港房地产估价行业共同发展。

目前，“房地产估价师执业资格注册”是由《城市房地产管理法》设定的行政许可项目（即原第五十八条规定“国家实行房地产价格评估人员资格认证制度”），依法继续实施；“房地产估价机构资质核准”是国务院决定予以保留并设定行政许可的500项之一（其中第110项）。因此，无论是房地产估价师资格，还是房地产估价机构资质，都是行政许可项目。

为了加强房地产估价行业自律管理，经民政部批准，1994年8月15日成立了“中国房地产估价师学会”这一全国性的房地产估价行业自律组织。经建设部同意、民政部批准，2004年7月12日中国房地产估价师学会更名为“中国房地产估价师与房地产经纪人学会”（中文简称为中房学，英文名称为China Institute of Real Estate Appraisers and Agents，英文名称缩写为CIREA）。北京、上海、天津、重庆、广东、内蒙古、海南、江苏、浙江等省、自治区、直辖市，以及深圳、广州、大连、武汉、成都、郑州等城市，先后成立了地方性的房地产估价行业自律组织。房地产估价行业自律组织按照“提供服务、反映诉求、规范行为”的要求，坚持“服务会员、服务行业、服务社会”的理念，在宣传行业积极作用、维护行业合法权益、加强行业自律管理、促进行业健康发展等方面发挥了重要作用。

为了加强对房地产估价师的管理，完善房地产估价制度和房地产估价人员资格认证制度，规范注册房地产估价师行为，维护公共利益和房地产估价市场秩序，1998年8月20日建设部发布了《房地产估价师注册管理办法》（建设部令第64号）。2001年8月15日，建设部发布了《关于修改〈房地产估价师注册管理办法〉的决定》（建设部令第100号）。在对该办法再次进行修改、补充、完善的基础上，2006年12月25日建设部发布了《注册房地产估价师管理办法》（建设部令第151号）。

2000年以前，由于特殊的历史原因，绝大多数房地产估价机构为挂靠于政府部门或者其下属单位的事业单位或企业。这些房地产估价机构本质上是政府部门的延伸，垄断了房地产估价业务，不利于房地产估价市场的发育。为了建立、健全与社会主义市场经济相适应的中介机构管理体制和符合市场经济要求的自律性运行机制，促进中介机构独立、客观、公正地执业，使其真正成为自主经营、自担风险、自我约束、自我发展、平等竞争的经济组织，2000年5月29日国务院清理整顿经济鉴证类社会中介机构领导小组提出了《关于经济鉴证类社会中介机构与政府部门实行脱钩改制的意见》，要求包括房地产估价机构在内的中介机构必须与挂靠的政府部门及其下属单位在人员、财务（包括资金、实物、财产权利等）、业务、名称等方面彻底脱钩。2000年7月14日，国务院办公厅转发了《关于经济鉴证类社会中介机构与政府部门实行脱钩改制的意见》，要求认真贯彻执行。根据这些要求，建设部大力推进房地产估价机构与政府部门脱钩，使其改制成为主要由注册房地产估价师个人出资设立的有限责任公司或者合伙企业。脱钩改制打破了行业垄断和地区市场分割的局面，形成了公平竞争的房地产估价市场。2005年出台的《房地产估价机构管理办法》第四条进一步明确规定：“房地产估价机构依法从事房地产估价活动，不受行政区域、行业限制。”

为了规范房地产估价机构行为，维护房地产估价市场秩序，保障房地产估价活动当事人合法权益，1997年1月9日建设部颁布了《关于房地产价格评估机构资格等级管理的若干规定》（建房［1997］12号）。在对该规定进行修改、补充、完善的基础上，2005年10月12日建设部发布了《房地产估价机构管理办法》（建设部令第142号）。为了进一步规范房地产估价机构资质许可行为，加强对房地产估价机构的日常监管，2006年12月7日建设部发出了《关于加强房地产估价机构监管有关问题的通知》（建住房［2006］294号）。

另外，2002年8月20日建设部发出了《关于建立房地产企业及执（从）业人员信用档案系统的通知》（建住房函［2002］192号），决定建立包括房地产估价机构和房地产估价师在内的房地产企业及执（从）业人员信用档案系统。房地产企业及执（从）业人员信用档案的内容包括基本情况、业绩及良好行为、不良行为等，以便为各级政府部门和社会公众监督房地产企业市场行为提供依据，为社会公众查询企业和个人信用信息提供服务，为社会公众投诉房地产领域违法违纪行为提供途径。

上述部门规章和规范性文件，对房地产估价活动的市场准入、行为规范、市场监管等作了明确规定，推动了房地产估价行业规范、健康发展。

为了规范房地产估价行为，统一房地产估价程序和方法，使房地产估价结果客观、公正、合理，1999 年 2 月 12 日建设部会同国家质量技术监督局发布了国家标准《房地产估价规范》(GB/T 50291—1999)，内容包括总则、术语、估价原则、估价程序、估价方法、不同估价目的下的估价、估价结果、估价报告、职业道德等。以此为基础，针对不同的估价目的，建设部出台或者会同有关主管部门出台了若干估价指导意见。例如，为了规范城市房屋拆迁估价行为，维护拆迁当事人的合法权益，2003 年 12 月 1 日建设部印发了《城市房屋拆迁估价指导意见》(建住房［2003］234 号)，对房屋拆迁估价主体资格、估价时点、价值标准、估价方法、初步估价结果公示、估价报告答疑、估价结果异议的解决等作了规定。为了规范房地产抵押估价行为，保证房地产抵押估价质量，维护房地产抵押当事人的合法权益，防范房地产信贷风险，2006 年 1 月 13 日建设部、中国人民银行、中国银行业监督管理委员会联合出台了《房地产抵押估价指导意见》(建住房［2006］8 号)。

一些地方也发布了房地产估价相关标准或实施细则。例如，为了维护房屋买卖当事人的合法权益，有效解决房屋质量缺陷引发的经济纠纷，规范房屋质量缺陷损失评估行为，统一评估程序和方法，使评估结果客观、公正、合理，2005 年 11 月 28 日北京市建设委员会发布了《北京市房屋质量缺陷损失评估规程》。

不仅如此，我国土地估价行业也发展较快。2003 年 12 月 19 日国务院办公厅转发了《财政部关于加强和规范评估行业管理意见的通知》(国办发［2003］101 号文)，明确规定土地估价师是根据目前我国社会主义市场经济发展的客观需要设置的六类资产评估专业资格之一，进一步明确了土地估价师在社会主义市场经济建设中的地位和作用，这是国务院对土地估价行业近二十年来改革和发展的充分肯定。

现在，全国共有 2 万多名具有资格的土地估价师，其中执业注册的土地估价师有 8000 多人，执业土地估价机构 1700 多家。经过脱钩改制、改革土地估价结果确认和土地资产处置审批制度、改革土地估价人员和机构监督管理方式的三次改革，土地估价行业的人员素质、机构规模、业务能力、竞争风险意识等都有很大的提高，已经形成了一批具有规模的，能够自我发展、自我约束、自主经营、自担风险的土地估价专业队伍。

2002 年，国土资源部按照国务院改革行政审批制度的要求，改革了土地估价行业监督管理方式，强化了行业自律，有力促进了行业自律组织建设。目前，已有 28 个省、自治区、直辖市成立了土地估价师协会，仅去年一年，就有十多个省市成立了土地估价的行业自律组织。通过几年的改革，土地估价行业已初步走上政府监管、行业自律、独立公正、自主发展的道路。

目前，我国形成了一整套具有中国特色的土地估价理论方法体系与土地估价的技术标准体系。如已先后颁布了《城镇土地估价规程》、《城镇土地分等定级规程》两个国家标准，《农用地分等规程》、《农用地定级规程》、《农用地估价规程》三个行业标准，以及《土地估价报告规范格式》、《城市地价动态监测技术规范》等技术标准，出版了《土地估价师资格考试系列教材》、《城市土地价格调查与动态监测》、《中国城市地价图集》、《城市地产评估》等专著和众多研究报告，有超过 60 个高等院校开设了土地估价的专业课程，形成了从本科、硕士到博士的系列教育和理论研究体系。

总之，不管是房地产估价还是土地估价，行政主管部门和行业自律组织长期以来都十分重视房地产估价理论和方法的研究，高等院校、科研院所的一大批高水平研究人员以及房地产估价师和房地产估价机构也积极参与房地产估价理论和方法的研究，借鉴美国、英国等发达国家以及中国台湾和香港地区房地产估价的成果，结合中国内地房地产估价的实际，丰富和发展了中国内地的房地产估价理论和方法，形成了既与国际接轨又适用于中国内地现行房地产制度及市场环境下的房地产估价理论方法体系。目前，市场法（市场比较法）、收益还原法（收益资本化法）、成本法和假设开发法（剩余法）是中国内地常用的四大估价方法，房地产估价的相关理念、观念、概念等也与国际上的基本一致。

目前，清华大学、北京大学、南京大学、浙江大学等都设立了房地产研究所，从事房地产政策、估价方法等的研究，原来从事土地价格研究的中国人民大学、南京农业大学等也加强了房地产估价方面的研究。

在实践应用方面，研究人员与房地产估价企业联手，将计算机技术、地理信息系统、专家系统等技术引入了房地产估价领域，冯宝红等开发了对房地产估价方法进行识别和初选的房地产初步估价专家系统（1995），高景祥等初步建立了土地估价专家系统，在收集大量土地估价师经验的基础上，建立了知识库和专家系统，张玉红等研制了基于知识的房地产评估决策支持系统，用于辅助估价人员进行估价，陆珩碘等开发了基于人工神经网络的专家系统，南京工业大学天诚不动产研究所与江苏德道天诚土地房地产评估造价咨询有限公司开发了天诚房地产批量评估系统（CAMA）（2010）。另外也有学者是将 GIS 技术提供的充分、全面、完善的地理空间信息应用于土地定级估价、地价评估等领域。

思 考 题

1. 房地产与不动产内涵是否完全等同，若不同，那么差别在哪？
2. 房地产估价的重要性是什么？
3. 影响房地产投资的因素主要有哪些？
4. 有人说房地产是民生产业，也有人说是支柱产业，你同意哪个观点？理由是什么？

2 房地产估价理论基础

2.1 区位理论

2.1.1 区位理论的形成与发展

(1) 区位

所谓区位（location），即（空间）位置，但又不仅仅是位置，而是一个综合的概念，除解释为地球上某一个事物的空间几何位置外，还强调自然界的各种地理要素与人类社会经济活动之间的相互联系和相互作用在空间位置上的反映。区位就是自然地理区位、经济地理区位和交通地理区位在空间地域上有机结合的具体表现。

① 自然地理区位包含地球上某一事物与其周围陆地、山川、河湖、海洋等自然环境的空间位置关系，以及该位置上的地质、地貌、植被、气候等自然条件的组合特征。

② 经济地理区位是指地球上某一事物在人类社会经济活动过程中创造的人地关系。就城市整体而言，则是指一个城市在特定的经济区内所处的具体位置及其与其他市镇，或农村居民点之间经济上的相互关系；就城市内部来说，是某一街区或某一地段在城市中的具体方位，以及它与其他街区或其他地段之间的相对地理位置和相互之间的社交、工作、购物、娱乐等多方面的社会经济活动的关系。

③ 交通地理区位主要是指某城市或市内某地段与交通线路和设施的关系。

由于城市是人类生产、生活活动所创造的，因而城市中土地区位更受经济地理位置和交通地理位置的影响。

区位是城市土地最重要的特征之一。著名的地产评估专家 Northam 曾经说过："决定地块优劣的因素第一是区位，第二是区位，第三还是区位。"城市土地利用的实质即是对土地区位的利用。

(2) 区位理论

区位理论（location theory），简称区位论，是关于人类经济社会活动空间组织优化分布及其空间中相互作用关系的学说。区位理论发端于 19 世纪，并与德国有着密切的联系。

19 世纪初，德国的农业面临由庄园式向自由式的转变，产生了耕作业与畜牧业的土地利用以及同市场的关系问题。德国农业经济学家、农庄主杜能（J. H. Von Thünen，1773～1850）经过对自己经营的农场的多年观察与研究，于 1826 年发表了关于农业土地利用空间组织的第一本名著《孤立国同农业与国民经济的关系》（简称《孤立国》）。他从区位地租出发，得出了农产品围绕（单一）市场呈环状分布的理想化模式——杜能环（Thünen ring），奠定了距离衰减法则和空间相互作用原理的基础，成为区位论的奠基人。

19 世纪后半叶，西欧工业经济空前发展，工业位置布局日益重要，出现了对区位因子和最小运费点的讨论。德国学者罗舍尔（W. Roscher，1871～1894）于 1868 年首次从理论上系统研究了工业区位问题；另一德国学者龙哈德（W. Launhaldt）在 19 世纪七八十年代定量研究了原料产地、燃料产地和销售市场间的"区位三角形"，提出了第一个工业区位模式。至 20 世纪 20 年代，德国区位论大师韦伯（A. Weber）根据 19 世纪下半叶德国和西欧的工业发展资料，建立了推理和应用的工业区位论体系，将区域经济分析与集聚规模经济联系起来，开拓了古典区位论的领域。

与此同时，西欧城市化进程十分迅速，城市（聚落）等级、规模与布局成为当时重要的研究议题。至20世纪30年代初，德国地理学者克里斯泰勒（W. Christaller，1893～1969）通过对德国南部以慕尼黑为中心，北至法兰克福、南至苏黎世（瑞士）、东至萨尔斯堡（奥地利）、西至斯特拉斯堡（法国）的这一区域的聚落分布进行了深入调查和逻辑演绎研究，于1933年发表了一篇传世之博士论文《德国南部的中心地》。该论文确立了中心地理论的一系列原理：三角形聚落分布、六边形市场区框架；等级序列和门槛人口的内涵；根据市场、交通和行政原则得出的网点类型，成为将古典区位论转变为近代区位论的一代宗师。

此后不久，另一位德国经济学者廖什（A. Lösch）于1940年发表了《区位经济学》一书，用与克里斯泰勒相似的模式解释加工工业区位，形成了工业区位研究的市场学派。廖什的中心地研究是自下而上的，逻辑的严密性较强；而克里斯泰勒是自上而下的，体系简洁清楚。

尽管廖什的理论较克里斯泰勒理论稍晚，但较早传到了西方其他国家。克里斯泰勒的著作直到20世纪40年代才由美国青年经济地理学者乌尔曼（E. Ullman，1912～1976）介绍到美国，引起美国和其他英语国家的关注，并引致了20世纪五六十年代的地理学计量革命。

其后，区位论发展日趋多元化。如瑞典经济学者、诺贝尔经济学奖获得者俄林（B. Ohlin）将区位研究与地域分工和区际贸易相结合；另一位瑞典著名地理学者哈格斯特朗（T. Hägerstrand）对新技术、移民和信息随时间的空间扩散过程进行了大量实验研究，普及了用蒙特卡罗法建立的随机扩散模式和时空地理分析方法，开始了区域预测的研究，使区位论向动态化方向发展。区位论逐渐形成了不同的学派，如成本学派、市场学派、行为学派等。

区位论的发展大体经历了三个阶段：①古典区位论，包括农业区位论和工业区位论，立足于单一企业或中心，着眼于成本和运费最低，侧重于第一和第二产业；②近代区位论，主要是中心地理论，立足于一定地区或城市，着眼于市场的扩大和优化，侧重于第二和第三产业；③现代区位论，立足于整体国民经济，着眼于地域经济活动的优化组织，侧重于第三产业。然而，古典和近代区位论始终是区位论中最重要的方法论基础。

2.1.2 农业区位论

2.1.2.1 杜能农业区位论的基本假定

杜能在进行农业区位论研究时，充分发挥了善于理论演绎的特长，首先将非主导地域现象舍弃，构筑了一个均质的边界条件——孤立国。其基本假定为：

① 在孤立国中只有一个城市，且位于其中心，其他都是农村和农业土地。

②“孤立国”内没有可通航的河流和运河，马车是城市与外界联系的唯一的运输手段。

③ 农村除与中心城市外，与其他市场无联系，即中心城市是“孤立国”农产品的唯一销售市场，而农村则靠该城市供给工业产品及生产资料。

④ 农村的农民生产的动力是获得最大的区位地租，故他们是根据时常的供求关系而调整其产品种类的。

⑤ 市场的农产品价格、农业劳动者技术素质与工资、资本的利息皆假定固定不变。

⑥ 运输费用同运输的重量和距离成正比，运输费用由农业生产者负担。

杜能的上述农业土地利用结构是极端理想化的。杜能认为，如有一条通航河流可通达该城市，将使土地合理利用的结构发生变更；而由于自然条件或资源分布的不均匀，将形成一些地域上的分割因素，如个别土壤肥、瘠地段导致环状结构的局部破坏。此外，杜能还考虑了在孤立国范围内出现较小城市的可能。此种情况下，城市会在农产品市场上展开竞争：由于小城市的需要量远小于大城市，故大城市产品价格高，地租亦高；小城市价格低，地租亦低。

2.1.2.2 杜能农业区位论的主要内容

(1) 杜能区位理论的基本经济分析

杜能根据其理论前提，认为市场上农产品的销售价格决定农业经营的产品种类和经营方式；农产品的销售成本为生产成本和运输成本之和；而运输费用又决定着农产品的总生产成本。因此，某个经营者是否能在单位面积土地上获得最大利润（P），将由农业生产成本(E)、农产品的市场价格（V）和把农产品从产地运到市场的费用（T）三个因素所决定，它们之间的变化关系可用公式表示为：

$$P=V-(E+T)$$

此公式，按杜能理论的假设前提进一步分析，“孤立国”中的唯一城市，是全国各地商品农产品的唯一销售市场，故农产品的市场价格都要由这个城市市场来决定。因此，在一定时期内，“孤立国”各种农产品的市场价格应是固定的，即V是个常数，杜能还假定，“孤立国”各地发展农业生产的条件完全相同，所以各地生产同一农产品的成本也是固定的，即E也是个常数，因此，V与E之差也是常数，故上式可改写成：

$$P+T=V-E=K$$

式中，K表示常数，也就是说，利润加运费等于一个常数。其意义是只有把运费支出压缩为最小，才能将利润增至最大。因此，杜能农业区位论所要解决的主要问题归为一点，就是如何通过合理布局使农业生产达到节约运费，从而最大限度地增加利润。

(2) 杜能圈

根据区位经济分析和区位地租理论，杜能在其《孤立国》一书中提出六种耕作制度，每种耕作制度构成一个区域，而每个区域都以城市为中心，围绕城市呈同心圆状分布，这就是著名的“杜能圈”。

第一圈为自由农作区，是距市场最近的一圈，主要生产易腐难运的农产品。

第二圈为林业区，主要生产木材，以解决城市居民所需薪材以及提供建筑和家具所需的木材。

第三圈是谷物轮作区，主要生产粮食。

第四圈是草田轮作区，提供的商品、农产品主要为谷物与畜产品。

第五圈为三圃农作区，本圈内1/3土地用来种黑麦，1/3种燕麦，其余1/3休闲。

第六圈为放牧区。

(3) 杜能圈的修正模型

杜能根据假设前提，得出的农业空间地域模型过于理论化，与实际不太相符。为了使其区位图式更加符合实际条件，他在《孤立国》第一卷第二部分中将他的假设前提加以修正，指出现实存在的国家与“孤立国”有以下区别：①在现实存在的国家中，找不到与孤立国中所设想的自然条件、土壤肥力和土壤的物理性状都完全相同的土地；②在现实国家中，不可能有那么唯一的大城市，它既不靠河流边，也不在通航的运河边；③在具有一定国土面积的国家中，除了它的首都外，还有许多小城市分散在全国各地。

针对以上情况，杜能根据市场价的变化和可通河流的存在对“孤立国”农业区位模式产生的巨大影响，对“杜能圈”进行了修正。他假设当有一条通航河流可达中心城市时，若水运的费用只及马车运费的1/10，于是一个距城100英里（1英里＝1609.344米），且位于河流边上的农场，与一个同城市相距10英里远，位于公路边上的农场是等同的。这时，农作物轮作制将沿着河流两岸延伸至边界。另外杜能还考虑了在孤立国范围内出现其他小城市的可能，这样大小城市就会在农产品应等方面展开市场竞争，结果根据实力和需要形成各自的市场范围。大城市人口多，需求量大，不仅市场范围大，市场价格和地租亦高。相反，小城市则市场价格低，地租亦低，市场波及范围也小。

2.1.3 工业区位论

早在18世纪，一些古典经济学家就提出了区位论的思想：运费、距离、原料对工业区位的影响。其先驱是德国学者罗舍尔和龙哈德，集大成者则是韦伯，以后有一些非德国学者的补充。其理论的核心就是通过对运输、劳力及集聚因素相互作用的分析和计算，找出工业产品的生产成本最低点，作为配置工业、企业的理想区位。

2.1.3.1 工业区位论基本假设

为了理论演绎的需要，与杜能一样，韦伯首先做了下列若干基本假设：

① 研究的对象是一个均质的国家或特定的地区。在此范围内只探讨影响工业区位的经济因素，而不涉及其他因素。

② 工业原料、燃料产地分布在特定地点，并假设该地点为已知。

③ 工业产品的消费地点和范围为已知，需求量不变。

④ 劳动力供给亦为已知，劳动力不能流动，且在工资率固定情况下，劳动力的供给是充裕的。

⑤ 运费是重量和距离的函数。

⑥ 仅就同一产品讨论其生产与销售问题。

2.1.3.2 工业区位论基本内容

（1）关于运输成本定向工业区位的分析

假定在没有其他因素影响下，仅就运输与工业区位之间关系而言，韦伯认为，工厂企业自然应选择在原料和成品二者总运费为最小的地方，因此，运费的大小主要取决于运输距离和货物重量，即运费是运输物的重量和距离的函数，亦即运费与运输重量和距离成正比关系。

在货物重量方面，韦伯认为，货物的绝对重量和相对重量（原料重量与成本重量间的比例）对运费的影响是不同的，后者比前者尤为重要。为此，他对工业用原料进行了分类：一是遍布性原料，指到处都有的原料，此类原料对工业区位影响不大；二是限地性原料，也称地方性原料，指只分布在某些固定地点的原料。它对工业区位模式产生重大影响。

根据以上分类，韦伯提出原料指数的概念，以此来论证运输费用对工业区位的影响。所谓原料指数，是指需要运输的限地性原料的重量和制成品重量之比，即

$$原料指数=\frac{限地性原料总重量}{制成品总重量}$$

按此公式推算，可得到在工业生产过程中，使用不同种类原料的原料指数。一般使用遍布性原料的指数为0，纯原料的指数为1，失重性原料的指数大于1，限地性原料加用遍布性原料，其指数可能小于1。由此可知，限地性原料的失重程度愈大，原料指数也愈大；遍布性原料的加用程度愈大，原料指数则愈小。而原料指数的不同将导致工业区位的趋向不同。因此，当在原料指数不同的情况下，只有在原料、燃料与市场间找到最小运费点，才能找到工业的理想区位。

（2）劳工成本影响工业区位趋向的分析

韦伯从运输成本的关系论述了工业区位模式之后，对影响工业区位的第二项因素——劳工成本进行了分析。他认为劳工成本是导致以运输成本确定的工业区位模式产生第一次变形的因素。所谓劳工成本，就是指每单位产品中所包含的工人工资额，或称劳动力费用。

韦伯认为当劳工成本（工资）在特定区位对工厂配置有利时，可能使一个工厂离开或者放弃运输成本最小的区位，而移向廉价劳动力（工资较低）的地区选址建厂。其前提是在工资率固定、劳动力供给充分的条件之下，工厂从旧址迁往新址，所需原料和制成品的追加运费小于节省的劳动力费用。在具体选择工厂区位时，韦伯使用了单位原料或单位产品等运费点的连线即等费用线的方法加以分析。同时，还考虑了劳工成本指数（即每单位产品之平均工资成本）与所需运输的（原料和成品）总重量的比值即劳工系数的影响。

(3) 集聚与分散因素影响工业区位的分析

集聚因素如同劳工成本可以克服运输成本最小区位的引力一样，由其形成的集聚经济效益也可使运费和工资定向的工业区位产生偏离，而形成工业区位的第二次变形。

集聚因素是指促使工业向一定地区集中的因素，又可分为一般集聚因素和特殊集聚因素。它们主要通过以下两方面对工业企业的经济效益产生影响。一是生产或技术集聚，又称纯集聚，对工业效益的影响主要通过两种方式：其一是由工厂企业规模的扩大带来的；其二是同一工业部门中，企业间的协作，使各企业的生产在地域上集中，且分工序列化。二是社会集聚，又称“偶然集聚”，是由于企业外部因素引起的，也包括两方面：由于大城市的吸引，交通便利以及矿产资源丰富使工业集中；一个企业选择了与其他企业相邻的位置，获得额外利益。

韦伯认为，生产集聚是一般集聚因素，社会集聚则是特殊集聚因素。前者是集聚的固定内在因素，而后者则是偶然的外在因素。所以在讨论工业区位时，主要注意一般集聚因素，而不必注意特殊集聚因素。

分散因素与集聚因素相反，指不利于工业集中到一定区位的因素。因此，一些工厂宁愿离开工业集聚区，搬到或新建在工厂较少的地点去。但前提条件要看集聚给企业带来的利益大还是房地产价格上涨造成的损失大，即取决于集聚与分散的比较利益大小。

2.1.4 中心地理论

2.1.4.1 中心地理论基本概念

中心地理论是由德国地理学家克里斯塔勒提出的一些基本概念。

① 中心地。指相对于一个区域而言的中心点，不是一般泛指的城镇或居民点。更确切地说，是指区域内向其周围地域的居民点居民提供各种货物和服务的中心城市或中心居民点。

② 中心地职能。由中心地提供的商品和服务就称之中心地职能。中心地职能主要以商业、服务业方面的活动为主，同时还包括社会、文化等方面的活动；而不包括中心地制造业方面的活动。

③ 中心性。中心性或者中心度，可理解为一个中心地对周围地区的影响程度，或者说中心地职能的空间作用大小，中心性可以用“高”、“低”、“强”、“弱”、“一般”、“特殊”等概念来形容和比较。

④ 需求门槛。需求门槛，是指某中心地能维持供应某种商品和劳务所需的最低购买力和服务水平。

在实际中，需求门槛多用能维持一家商服企业的最低收入所需的最低人口数来表示。这里的最低人口数，就称为门槛人口。

⑤ 商品销售范围。如果其他条件不变，消费者购买某种商品的数量，取决于他们准备为之付出的实际价格。此价格就是商品的销售价格加上为购买这种商品来往的交通费用。显然，实际价格是随消费者选择商品提供点的距离远近而变化的。距离越短，交通花费越少。

商品的实际价格越低，结果该商品的需求量也就越大，否则相反。由此可得出，商品销售范围就是指消费者为获取商品和服务所希望通达的最远路程，或者是指中心地提供商品和劳务的最大销售距离和服务半径。

2.1.4.2 克里斯泰勒的中心地理论

中心地理论是关于城市区位的一种理论，由德国地理学者克里斯泰勒所始创，与杜能的农业区位论、韦伯的工业区位论一起，成为对经济学、地理学、城市规划产生重大影响的理论和模式。

(1) 假设条件

克里斯泰勒理论的假设条件如下：①研究的区域是一块均质的平原，其上人口均匀分布，居民的收入水平和消费方式完全一致；②有一个统一的交通系统，对同一等级规模的城市的便捷性相同，交通费用和距离成正比；③厂商和消费者都是经济人；④平原上货物可以完全自由地向各方向流动，不受任何关税或非关税壁垒的限制。

在上述假定下，克里斯泰勒探索和揭示了城镇数量、规模和分布的原则，认为城镇形成于一定数量的生产地中。城镇是人类经济社会活动在空间上的投影，是区域的核心，城镇应建在位于乡村中心的地点，起周围乡村中心地的作用；中心地依赖于收集输送地方产品，并向周围乡村人口提供所需货物和服务而存在。从这一基本论点出发，克氏探讨中心地对周围地区担负中心服务的范围，认为距离最近、最便于提供货物和服务的地点，应让位于圆形离业区的中心。为了避免相邻中心地服务范围的重叠交叉，将中心地圆周区体系转换为六边形体系（见图 2-1）。

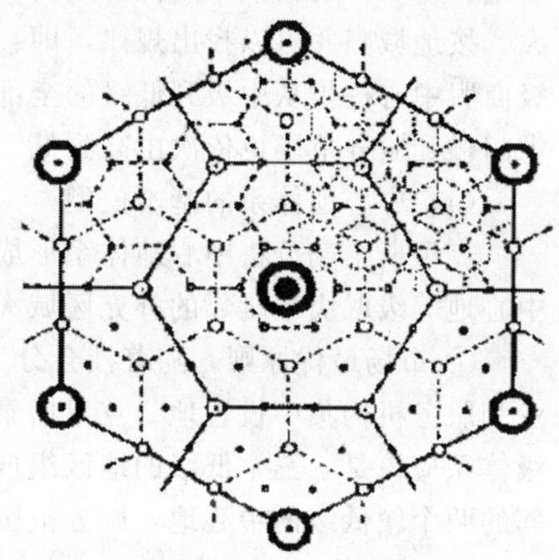

图 2-1 克里斯泰勒中心地体系

(2) 六边形市场区

在一个均质平原上，让所有的人都由一个中心地提供商品和服务显然是不能的。超额利润的存在，必然吸引其他中心地的厂商加入进来。为了避免相互竞争所引起的销售额下降，第二个中心地必须与第一个中心地相隔一定距离，一般 $2r$ 的距离（r 是第一个中心地某商品的最大销售距离），不能相距太近。以后，第三个、第四个……中心地都会以同样方式加入进来。

在这块平原上，由于新的中心地厂商的不断自由进入，竞争结果使各厂商经营某类商品的最大销售范围逐渐缩小，直到能维持最低收入水平的门槛范围为止。这样，就使某类商品的供给在均质平原上最终达到饱和状态，而每个中心地的市场区都成为圆形，且彼此相切。但是，相切的圆形市场区，如果不重叠的话，圆与圆之间必然会出现空隙，使居住在这些空隙里的居民将得不到服务。实际上在相互激烈竞争的情况下，这种现象不可能长期存在下去。各中心地都试图把这片空白区吸引到自己的市场区内。竞争的结果，使它们之间的距离进一步缩短，以致各中心的销售范围都有一部分相互重叠。这时，居住在重叠区内的居民就有两个可供选择的区位。按照消费者最近供应地购物的假设，重叠区就被平均分割给两个相邻的中心地。其中位于平分线上的居民到两个相邻的中心地的距离是相等的，故这条线被称为无差别线。由于重叠区被无差别线分割，圆形的市场区即被六边形的市场区所替代，从而推导出正六边形市场区这一便于组织中心地与服务区相联系的最有效的全覆盖的理论图式。

(3) 市场等级序列

根据前面的论述，中心地商品和劳务的需求门槛、利润和服务范围，是与中心地规模、人口分布密度、居民收入水平及商品与服务的种类密切相关的。例如，在一个规模较小，人口密度和居民收入都很低的中心地，其每个单位面积内的商品销售量和服务需求水平亦低。不同规模的中心地，其需求门槛和销售范围也是不同的。它们在空间地域上的这些差异，经过相互作用和人类经济活动的干扰，就将形成规律有序的中心地——市场等级体系。

就区域内各城镇而言，大城市的商服设施和商品种类向高级发展，多而全；中等规模的城市具有中高级或仅能维持中级水平，服务项目少而不齐全；小城市具有中低级或只有低级水平，种类少而不全；一般城镇（县城、建制镇）只有基本生活性商服，水平很低，种类更少。就城市内部而言，市级中心、区级中心和小区级商服中心也有类似的分异规律。

就不同商业、服务行业而言。有些行业经营种类多，有些则少；有的以高级为主，有的以低级为主，商品的种类、级别不同，其需求门槛和服务范围也不一样，由其形成的等级序列可归并为：低级商品和服务，其售价低，顾客购买频率高，需要量大，需求门槛则低，销售距离则短或服务半径较小；而高级商品和服务，因质量好，耐用，更新慢，故售价高，需要量相对少，购买频率则低，运费占售价的比重小，致使其门槛高，销售距离长或服务半径大。按地域归并可以找出规律，即：高级商服中心，提供高级到低级的全部商品和服务；中级商服中心提供从中级到低级的全部商服活动；而低级商服中心只有低级的商品和服务。需求门槛和服务范围也依次由高到低、由大变小。

(4) 中心地体系的基本模型

克里斯泰勒分析中心地体系形成的条件，把中心地所服务的地区称之为补充区域，认为中心地等级取决于毗邻的补充区域大小，等级体系受以下三个原则制约。

① 市场最优原则。随着社会分工和市场的发展，往往导致地区中心成为商业市场、商业和服务机构集中设置地。克里斯泰勒认为，在提供货物和服务最方便的条件下，中心地等级体系应该是，三个低级的地区组成一个较高级的地区单位，其中较高级的中心地服务于毗邻的两个较低级的中心地，服务范围扩及三个地区。中心地排列体系中，常数为 3，即 $K=3$，地区系列为 1，3，9，27，…，中心点系列为 1，2，6，18，…。

② 交通最优原则。交通网线交叉点经常产生城镇。在交通网线最经济合理的前提下，城镇网的结构是，两个同级中心地之间交通线中点处形成一次中心，许多小城镇可能位于较大城市间的交通线上。中心地排列体系中，常数 $K=4$，即一较高级中心地服务于相近的三个较低级中心地，并与一同级中心地共有其最近服务地区。地区系列是 1，4，16，64，…，中心点系列是 1，3，12，48，…。

③ 行政最优原则。为了执行行政管理职能，一个国家或地区常划分各级行政区，设立各种行政中心，这对城镇体系的形成，具有重大影响。按克里斯泰勒的假设条件，最便于行政管理的中心地体系，应由彼此距离相等、均匀分布于国家（地区）的基层单位组成，各级行政区都由位于六边形中心点的行政中心管理，基层行政中心位于六边形的各顶角，最小的行政管理单位由七个基层单位组成。但为了有效发挥行政职能，各中心地的服务地区范围具有明确界限，互不补充。中心地的这一排列形式成为 $K=7$ 体系，地区系列为 1，7，49，343，…，各级中心点系列为 1，6，42，294，…（见图 2-2、图 2-3）。

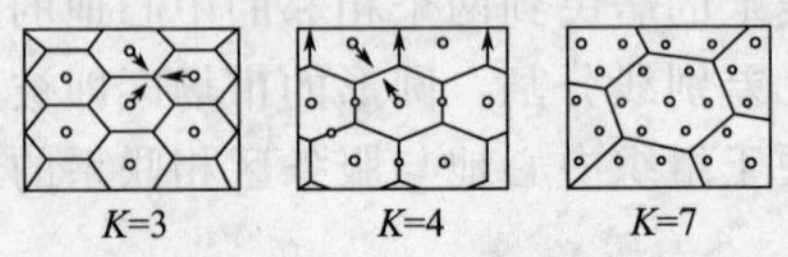

图 2-2 中心地体系的三种排列组织形式

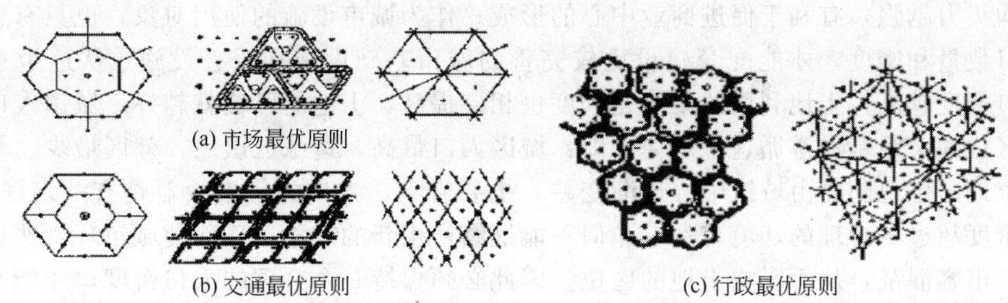

图 2-3　影响中心地体系的三个原则

上述三个原则的主要特点是，立足于服务职能，将城镇作为体系加以研究。此后不久，另一位德国学者廖什在与克里斯泰勒毫无关系的情况下，得出了与其相同的市场最优模式。

2.1.5　影响房地产区位的主要因素

影响土地区位的主要因素包括社会经济因素、自然因素和行政等因素。

(1) 社会经济因素

社会经济的发展水平是影响土地区位的最重要因素，它包括以下几个方面。

① 繁华程度。所谓繁华，是指城市某些职能的集聚，对企事业和居民产生巨大的吸引力的结果，并在土地上创高额的收益和利润，在外观上则表现为城市生活中交往最频繁、最活跃的地区。由于商业的集聚具有很大的吸引力，而且获得的级差收益最高，因此商业服务设施的集聚程度可以用来表示繁华程度。商业的集聚经济效益主要来源于它的互补性。在一个中心商业区里，通常集中数百家不同类型的商店及相应的服务设施。由于商品繁多，服务项目齐全，社会需求的物品几乎应有尽有，可供选择余地大，因而具有很大的吸引力。到此购物的顾客除附近居民外，还有相当数量来自远处，后者虽在路上花费一段时间，但在此顾客可以买到一般商店缺乏的高档商品，实际上既节省时间，又节约交通费用，因而光顾的人就多。而顾客多又意味着收益多，利润高。商业集聚的互补性还表现在，顾客到此的目的绝非光顾一家商店，大部分人都要综合利用，这就是为什么商业集聚中心吸引的顾客及赢利要比分散布置的商店高得多的原因。

高级商务金融集聚程度：在城市中，有银行、保险、证券交易、进出口贸易、房地产、高级宾馆等商务金融组织，这些组织由于服务对象和相互之间的业务都有密切联系，往往集聚在同一个地段，国外称为中心商务区，这类职能通常靠近城市最高商业服务中心。从城市景观上看，由于这里地价高昂，迫使土地使用者提高建筑容积率，使得这里的建筑都是高楼大厦。

② 交通状况或通达程度。通达程度就是把通行距离和时间作为一个整体，既要求通行距离短，以节约运费，同时又要有四通八达的交通网络，把出行的时间减少到最低程度。

反映通达程度的因素主要包括道路功能、道路宽度、道路网密度、公交便捷度和对外设施的分布状况。

③ 基础设施和公用设施的完备程度。城市的基础设施包括交通、能源、给水、排水、通讯、环境保护、抗灾防灾等设施，它是城镇发展必不可少的物质基础，其配套程度和质量直接影响生产、生活等城镇功能的正常运转。公用设施与城镇居民正常生活和工作有密切关系，它包括医疗、教育、银行、储蓄、邮政、商业服务业、行政管理机构等设施，对城镇的经济效益和社会效益产生间接影响。

④ 人口密度。人口密度反映人地之间的相互关系，即单位土地面积的人口数量。由于人在城市中是最活跃的因素，因此它对土地区位的好坏产生重大影响。作为顾客，人口密度

越高，购买力越强，有利于促进商业中心的形成；作为城市设施的使用对象，也只有达到一定的人口数量和密度，才能配套建设比较完善的城市基础设施和服务设施。从这个意义上讲，人口密度越高，土地利用的集约化程度也相应提高，土地的区位就越好。城镇人口密度和土地区位的关系基本遵循这一规律，即：城区人口最高，边缘区次之，郊区最少，与此相对应，土地区位也随之由城镇中心逐渐变差。也要看到，人口的集聚效益是有一定限度的，当人口密度超过了合理的环境容量，非但不能继续产生新的效益，反而使城镇环境恶化，交通拥挤，市容混乱，从而影响土地的区位。因此必须保持一个合理的人口密度，才能有利于城镇发展，使城镇上地发挥最佳的经济效益。

(2) 自然因素

自然因素是影响土地区位的重要因素之一。环境质量、地形坡度、土地承载力、洪水淹没及排水状况、地质构造以及城市的自然景观都会对土地区位的优劣产生影响。

① 地形坡度。城镇主要建筑物占地都要求地势平坦，排水良好，土方工程量小，以节省开发投资。当坡度超过一定限度，就要采取工程措施，挖土填方，平整场地，修建挡土墙和护坡工程。地形起伏的地区，坡度对道路网的建设和交通的营运管理也有很大影响。

② 土地承载力。城镇的各类建筑物和构筑物都要求天然地基稳固，具有较高的承载力和良好的地质条件，以节约建筑造价，相反，在地基承载力低的软上层中建设高大的楼层，必须采取强化基础的工程措施。

③ 洪水淹没及排水状况。分布在沿江沿河地带的城镇，每到洪水季节，一些地势相对较低的土地常遭到洪水淹没，有些地段则因为坡度过于平缓而排水不畅，雨季经常积水。这两种情况都影响城市正常的生产生活，使土地贬值。

④ 公园与绿地。园林绿地有净化空气、美化环境、改善城市小气候、丰富城市居民室外活动等多种功能，是城镇环境与生态系统的重要组成部分。

⑤ 环境质量。在工业化和城市化的过程中，环境同题不仅困扰着城市的发展，危及居民的切身利益，同时也直接影响土地区位的优劣。

要全面了解环境质量，通常要开展综合环境质量评价工作，掌握大气、水和噪声的污染情况。

(3) 行政因素

影响房地产区位的行政因素主要是城镇规划。合理安排好城镇各类用地，是城镇规划的主要内容。虽然规划涉及的土地利用是未来的目标，但土地区位的优劣在现实的土地市场中就会表现出来。例如在城镇郊区的农地，被规划确定为近期开发的用地后，地价就会急剧上升，自然这些土地区位也就变得越来越好。

2.1.6 区位理论在房地产估价中的作用

区位理论是研究特定区域内关于人类经济活动与社会、自然等其他事物和要素间的相互内在联系和空间分布规律的理论。

土地作为人类一切活动的场所和载体，虽不可移动，但因其上从事的活动不同，使之在空间上表现出的利用类型不同。地租、地价也随之变化、演替和转移，以致不同质量、不同地租、地价的地块之间不仅有距离和方位特征，还具有确定的空间分布规律。而这些空间分布规律、变化演替过程及区位特征又都与各种地理要素和社会经济活动的影响有密切联系。因此，当把土地作为区位理论研究的客体，而把各种已有的地理要素和社会经济活动的空间配置作为区位条件，研究这些条件在土地上的分布和变化特点，以及它们相互组合对土地发生的综合影响和作用，就可以揭开城镇土地的空间变化规律及其数量特征，根据土地区位条件造成的区位空间差异，评估出土地价格。

(1) 区位是决定城市房地产价值的重要因素

从区位理论来看，区位对城市土地起着极其重要的作用。在城市，由于土地区位不同，产生不同的使用价值和价值，使得同类行业在不同的区位上获得的经济效益会相差很大，不同行业在同一位置上经济收益也相差很大。

(2) 区位是衡量地租、地价、房地产价格的主要标尺

它促使土地使用者在选用土地时，必须把自己所能在该土地上获得的区位收益与所需支付的区位地租进行比较，然后选择与其经济水平相适应的地段，从而使土地利用在地租、地价这一经济杠杆的自发调节下，不断进行用途置换，最终形成土地收益和租金都趋向于最佳用途水平的合理的空间结构。

因此，以区位理论做指导，从区位条件入手，用因果关系的推理思路，根据各种条件下形成的区位类型（自然、经济、交通）对不同区位土地产生的影响，及其在空间上表现出的不同的使用价值和价值及市场交易形成的地价和土地收益，就能准确地评估出土地价格。

(3) 区位论的许多基本原理是正确认识城市土地布局的基础

区位论者认为，城市内部各处的人口和经济密度服从于距离衰减原理。因此，距市中心愈远，土地使用强度愈低。这一理论和模式是正确计算级差地租的基础。门槛人口理论认为，设立商业网点受门槛人口的影响。各种规模的商服中心要与服务范围和服务人口相适应，商业布局必须服从这一规律。区位论中影响最大的三个学派是成本学派、市场学派和行为学派。我国的城市布局理论基本上属于行为学派。我国的生产布局原则包括：平衡布局或合理利用资源；工业接近原料产地和消费区；消灭城乡差别；发展落后地区；巩固国防等。从区位论的角度，可以帮助我们正确认识现有的城市布局形态，处理各种用地之间的关系，从而有助于我们以科学的方法进行土地评估。

(4) 工业区位论对工业房地产评估具有很大的指导意义

古典工业区位论属于区位论的成本学派，其核心是根据企业的生产成本最低来确定企业的最低区位。工业区位论的奠基人韦伯提出了一系列自然、社会区位因子，并从经济上论证了不同区位因子组合会造成不同收益，提出了工业用地优选理论。他认为决定工业区位的因子有三：运输成本、劳动力成本和集聚效益。工业区位因子的最佳结合应当使企业成本和运费最低，工厂应当位于生产和流通的最佳地点。

工业区位论对选择、评价工业用地都具有很大的指导意义。工业布局应遵循社会劳动耗费总体最小，亦即社会劳动生产率最高的原则。工业区位论有助于我们分析掌握工业用地分布规律，了解工业用地布局形成过程及其影响因素，正确评定工业用地质量等级，为工业用地提供依据。同时，它还是正确评估工业用地效益的理论基础。

区位理论表明：城市土地利用遵循一定的内在规律。在城市房地产投资开发中，开发商为了实现房地产开发的收益（利润）最大化，必须遵循区位理论和地租理论，寻求最佳的土地利用区位；而购买者也是从自身的利益出发，寻求对他而言最合理的区位，如最经济，或最方便，或其组合。这一过程实质上反映了房地产市场运行的过程，反映了房地产价格的形成过程。因此，房地产估价也应遵循区位理论，以区位理论指导房地产估价，实现客观合理地反映房地产价格的估价要求。

2.2　地租理论

关于地租理论，早在资本主义的发展上升阶段，西方许多著名的经济学家如威廉·配

第、亚当·斯密、大卫·李嘉图等，都曾对地租做过大量研究，形成所谓古典的地租理论。马克思继承和吸收了上述古典经济学大师地租理论的有益部分，发展了科学的地租理论。时至今日，这一理论，特别是级差地租理论，对于分析评价土地质量和地租的差异以及制定土地有偿转让标准仍具有重要意义。

2.2.1 地租的概念

地租（rent），意为报酬，是指由土地而产生的报酬。地租的这种概念适用于土地的一切理论收益，包括对土地本身投资和对土地（不动产）投资所产生的收益。它不代表人与人之间的关系，不论土地所有者与土地使用者是否为同一人，均可因土地而产生地租。

就各种社会经济形态下地租的最一般特征来讲，地租是直接生产者在农业（或其他产业）生产中所创造的生产物被土地所有者占有的部分，是土地所有权借以实现的经济形式。马克思指出不论地租有什么独特的形式，它的一切类型有一个共同点：地租的占有是土地所有权借以实现的经济形式。马克思从土地所有制入手对地租进行分析，论证了无论地租的性质、内容和形式有何不同，都是土地所有权在经济上的实现；并且严格区分了地租和租金这两个范畴，指出了“真正的地租是为了使用土地本身而支付的”；并进一步对地租产生的原因和条件进行了分析和研究。根据地租产生的原因和条件，马克思把地租区分为级差地租和绝对地租，指出这是资本主义地租的两种基本形式。此外，还有垄断地租、矿山地租、建筑地段地租等形式。

资产阶级经济学则回避了地租所反映的经济关系的本质，把地租定义为“土地在生产利用中自然产生的或应该产生的经济报酬”；“地租是一种经济剩余，即总产值或总收益减去总要素成本之后余下的那一部分”。按照这种定义，把地租分为契约地租和经济地租两类。契约地租也称商业地租，是指土地所有者将土地租给土地使用者，土地承租人和出租人签订租赁契约所确定的租金；经济地租也称理论地租，是指土地产品收入除去成本的剩余部分，即利用土地所得超过成本的纯收入。

近代西方经济学把地租的概念加以扩充，分为广义地租和狭义地租。广义地租，是指超额的工资、利息、利润及利用任何生产要素所获得的超额报酬。而狭义地租，仅指利用土地所获得的超额利润。在西方经济学中还有准地租的概念。它是指使用土地的以外的其他资源时所付的报酬。同时，西方经济学者还把地租理论扩展到土地使用、区位及运输等相关理论上，使地租成为土地经济学、城市经济学等学科研究的重要基础。

2.2.2 地租形态

(1) 绝对地租

由于土地空间位置的固定性和数量的有限性，土地的供给是有限的。就整个人类社会而言，土地的总的供给量是固定的，与社会对土地的需求或地租的高低无关。当然，对于某一生产部门或某一城镇而言，土地的供给不是固定不变的，是相对的。例如，可以通过支付较高的谷物地租，把原来用于种植棉花的土地转用于生产小麦；同样，由于城市土地较高的收益能力，城郊结合部的农用地常被转化为城市建设用地。此外，许多人为因素也可使利用的土地的数量有所增加或减少。例如，围湖造田、修筑梯田、治理沙漠等，可以增加可利用土地；而土地退化、水土流失、洪涝灾害等则减少可利用土地。但是，从一般意义上而言，土地的数量是固定不变的，即土地的供给是缺乏弹性的，其供给曲线在供需关系中最终表现为一条与价格（纵坐标）相平行的直线。

如图 2-4 所示，直角坐标系是一般的供需关系坐标，其中的横坐标 N 代表土地数量，纵坐标 R 代表地租。曲线 S 为土地供给曲线，表示土地的供给量最终是一个固定值 N_0，土

地的需求曲线为 D。由经济学原理可知，土地的需求曲线由土地的边际收益产品所决定。D 与 S 相交于 E，决定了地租 R_0。

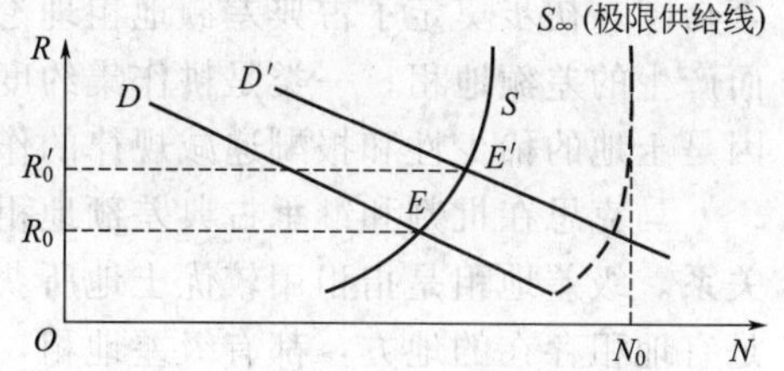

图 2-4　地租及其变化示意图

随着社会经济的发展，科学技术的进步，人们生活水平的提高，对土地的需求将呈不断增加趋势。而另一方面，土地供给是固定不变的，供给曲线仍为 S，而需求曲线随着对土地需求的增加，由 D 演变（上升）为 D'，与 S 相交于 E'（供需均衡点），地租由原来的 R_0 上移至 R_0'。由此可见，地租仅仅取决于对土地的需求。由于人类社会的生存和发展离不开土地，故对土地的需求是绝对的，因此，地租的产生是绝对的。这种因人类本身对土地需求而产生的地租称为绝对地租（absolute rent）。

马克思在分析李嘉图差额地租理论时，就提出了绝对地租的概念。绝对地租是指土地所有者凭借土地所有权垄断所取得的地租。在土地稀少性日益严重的情况下，地主认为占有土地是一件不容易的事，必定不愿意将他们占有的土地在毫无报酬的条件下被利用。故任何一块土地，如经利用，则利用的人不论是地主自己抑或租借的佃户，主人必要求总收入中有一部分是报酬土地的地租。这项地租是任何土地利用所绝对不可缺少的报酬，因此，这项由地主根据所有权索取的地租称为绝对地租。并认为，绝对地租产生的基本原因有两类：一是由于土地供给的有限性；二是土地私有制度给予地主以要求这种地租的权力，即土地所有者凭借其土地所有权获得的收益。

由此可见，由于土地供给量的有限性，地租仅仅取决于对土地的需求，即地租的存在与土地的利用方式无关。但是，地租的量的大小与土地的稀缺程度和土地利用方式有直接的关系。其实，土地所有者出租的土地无论优劣都要收取地租，否则“就意味着土地所有权的废除，即使不是法律上的废除，也是事实上的废除。”因此，租用劣等地的资本家也必须缴纳地租。从对级差地租的分析看，租用劣等地的资本家只得到了平均利润，如果让其从平均利润中拿出一部分缴纳地租，农业资本家得不到平均利润绝对不行，可又必须缴纳地租，显然绝对地租不是平均利润的一部分，而是农产品市场价格高于生产价格的余额。

农产品为什么可以不按生产价格而按市场价格出售呢？原因有以下两点：①低于工业资本有机构成的农业资本有机构成是绝对地租形成的条件；②土地所有权的垄断是绝对地租形成的根本原因。农业资本的有机构成低于社会平均资本有机构成，使得农产品能够按照高于生产成本的产品价值所决定的市场价格出售，并获取相应的超额利润，而土地所有权的垄断使超额利润转化为绝对地租。因此，绝对地租的实质和来源同样是农业工人创造的剩余价值。

（2）级差地租

对地租的上述讨论，实际上假定了土地的均质性。土地具有异质性，不同土地的肥沃程度、地理位置、交通条件等是不同的。根据肥沃程度、地理位置、交通条件等情况，形成了不同的土地等级，不同土地等级的使用者交付不同数量的地租，这就形成了级差地租（differential rent）。

级差地租的理论起源于英国古典政治经济学创始人威廉·配第。他在1662年发表的《赋税论与捐赠论》中，最早提出了差额地租的概念，认为：各地土壤肥沃程度有差别，而各个耕作者的技术有高低，致使地租的多少不同；在肥沃程度相同的情况下，市郊地区的地租比遥远地区的地租为高。配第还解释了土地的价格可由该地可能获得的地租额经资本化而得出。后经杜尔阁、亚当·斯密、安德森、马尔萨斯等古典经济学家的不断丰富和充实，至李嘉图，初步奠定了古典差额地租理论体系：存在两类差额地租，一类是土地因肥沃度不同而产生的差额地租；一类是耕作集约度不同而产生的差额地租。并且认为地租产生的根本原因是土地的稀少性和报酬递减规律的作用。

马克思在批判和继承古典差额地租理论的基础上，分析了级差地租的两种存在形式及其关系。级差地租是指租用较优土地所获得的归土地所有者占有的超额利润。马克思认为“凡是有地租存在的地方，都有级差地租，而且这种地租都遵循着和农业级差地租相同的规律”，“级差地租的条件不过是土地等级的不同”，换言之，只要客观上存在着条件不同的各类土地，不论农地和城镇中的不同建筑地段，都存在级差地租。按形成的基础不同，级差地租又可分为级差地租Ⅰ和级差地租Ⅱ。

级差地租Ⅰ是指由于土地肥沃程度和区位差异，等量资本投在相同面积不同地块上产生的超额利润。对两块位置不同的农地来说，距农产品市场近的土地要比远离市场的另一块农地节省更多的运费，从而产生这一形式的级差地租。对城镇而言，同样存在原料产地、产品市场等方面的区位差异。许多西方学者正是通过对城镇区位的大量研究，形成了一套完整的区位理论，例如本世纪初韦伯发表的工业区位论，是以企业生产的最低运费为基本原则来选择厂址；著名的城市地理学家克里斯泰勒创立的中心地理论，系统地分析了区域城镇体系各级中心地的分布格局与市场、服务门槛、交通网络、行政网络等多种区位因子的相互关系。由此可以看出，城镇区位的内涵要比农地的位置更为广泛，它除反映城镇与产品市场的空间关系外，还包括资源、劳动力、经济腹地、交通网络等多种因子。由城镇区位差异产生的土地超额利润，显然属级差地租Ⅰ的范畴。

级差地租Ⅱ是在同一块土地上连续追加投资，使该土地具有更高的生产率所产生的超额利润。大量研究表明，我国城镇之间在其他条件相同的情况下，投入强度的大小与城镇土地经济效益呈正相关。因为对城镇的投入愈多，一方面可以迅速改善城镇发展条件如基础设施、生活服务设施、环境质量等，从而提高劳动生产率，增加城镇对外的引力；另一方面可以加快城镇的产业集聚，在单位土地上充分发挥规模经济的集聚效益。因此，城镇土地通过连续不断投入产生超额利润，实际相当于级差地租Ⅱ的形式。

现代西方经济学一般认为，人们对土地的利用总是从优到劣依次进行。土地产品的价格必须等于使用最劣等土地进行生产所耗费平均成本，否则就没有人使用最劣等土地从事生产。由于最劣等土地产品的平均成本等于市场价格，生产者所获收入仅够支付成本，没有多余，不能支付地租，这种土地称作“边际土地”。肥沃程度高、交通便利的土地，其生产成本低，能够得到平均成本以上的额外报酬，形成级差地租。

在房地产估价中，绝对地租理论是调节、控制地价最低值的重要基础；级差地租是房地产评估时要遵循的最佳使用原则和预期原则的依据，具有更重要的意义。一定区位上的土地，可以获得的级差地租是由土地生产力水平决定的，且利用方式不同，具体体现的级差地租也不同。以级差地租为基础评定的地价标准应主要以由不同区位土地生产力的高低导致的级差地租量为依据。一般来说，商业用地最能发挥土地生产力，代表了城镇土地最有效使用类型，以商业用地为对象来测算级差地租能体现发挥土地最大生产力的原则。级差地租又具有可变性，这要求评估工作要能体现经济发展过程。级差地租呈动态增长趋势，在经济水平不断提高的、土地利用方式日趋合理的情况下，不仅级差地租的总体水平在不断上升，而且任一地块的级差地租也呈上升趋势。

(3) 城市地租

城市地租理论是近代工业革命和城市人口急剧增长与城市化的产物，它最早由马歇尔提出。在某种程度上，受区位论奠基人冯·杜能区位论的影响。

马歇尔认为，工业环境的进步，例如铁路和其他交通设施的发展以及人口的增长，将给附近地区的工业所带来的外部经济远比内部经济更为重要。这会使该地区的工业生产成本普遍降低，各企业能选择更便利的土地从事经营活动以获得特殊的场地价值，从而形成场地地租（ground rent）。当然，场地地租并不完全是由工业环境进步所造成。场地的稀少性也起相当的作用，因为适合各企业特别是零售业的场地总是有限的，最方便的场所易于吸引顾主，使商人有条件提高其营业价格。这与农业土地的稀少性使其边际货币成本增高，从而提高其特定农产品价格是一样的。

在城市地租方面，马歇尔注重论述了建筑物基地的地租。基地地租（site rent）的特点是，除了土地的场地地租外，还得考虑在此基础上各种类型和质量的建筑以及对本地段的未来展望等问题。这是一种集体的价值，其中包含有事业的热情和经营才能的报酬在内。故基地价值或地租与此基地所有者无多大关系，主要由对它上面建筑物的收入估计来确定。基地所有者可以自行建造建筑物，也可以将它出售给别人建造，而较多的场合是出租给别人建造，以约定年期收取定额租金，期满后连同地上建筑物一并收归原主所有。所以城市建筑物的租金，由基地地租与地而建筑物的租金所组成。虽然两者常常交错在一起，但在理论分析上是完全可以区分开来的。

如上所述，城市地租的特点，一是场地的稀少性；二是可以人为地创造和消灭，故其变化取决于需求因素。

（4）垄断地租

垄断地租是由产品的垄断价格带来的超额利润而转化成的地租。垄断地租的形成，除了土地所有权垄断这个前提外，还因某些土地具有的特殊的自然条件。具有特殊自然条件的土地能够生产某些特别名贵而又非常稀缺的产品。这些商品的生产者凭借对这一商品的垄断经营，使这些产品的价格不仅大大超过其生产价格，而且也超过其价值，从而形成垄断价格。生产者便可获得垄断价格与生产价格之间的差额，即垄断利润。这部分利润经由租地资本家转交给土地所有者后便形成垄断地租。

垄断地租不是来自农业雇佣工人创造的剩余价值，而是来自社会其他部门工人创造的价位。

（5）建筑地段地租

建筑地段地租是指商业资本家和房地产业资本家为获得建造各种建筑物所需土地而支付给土地所有者的地租。建筑地段地租同样是土地所有权在经济上的实现。它的来源同样是工人创造的剩余价值超过平均利润的余额，反映了土地所有者对雇佣劳动者的剥削关系。

马克思在分析建筑地段地租时指出，农业地租是建筑地段地租的基础；并且指出，建筑地段地租同样存在着级差地租，“而这种级差地租”同样要“遵循着和农业级差地租相同的规律。”

建筑地段地租的基础虽然是由真正的农业地租规定的，并受相同的级差地租规律的支配，但它与农业地租是有区别的，并且具有其自身的特征：

① 建筑地段地租是为了获得生产的场所和空间而支付的。

② 建筑地段所处的位置对建筑地段地租有着决定性的影响。

③ 马克思指出土地的所有者具有“完全的被动性，它的主动性（特别是在采矿业）只在于利用社会发展的进步”去提高建筑地段的地租，“而对于这种进步，他并不像产业资本家那样”对于社会的进步起过一定的作用，“有过什么贡献，冒过什么风险。”

④ 建筑地段地租的另一个显著特点，就是垄断地租占有显著的优势。

社会主义条件下，仍然存在绝对地租、级差地租和垄断地租等多种地租形式，因此，马克思地租理论仍是城镇土地估价的基本理论依据之一。

2.2.3 竞租原理

上述对地租的讨论主要是就生产因素的某一种用途来说明地租的。事实上，由于土地用途的多样性，每一种因素并无固定的等级。例如，土地能生产小麦或水稻，亦能用作商场或住宅基地。对水稻生产最不适宜的土地也许是生产小麦的优等地，不适于耕作的下等农用地，亦可能是优等的工商业用地。因此，欲比较土地的生产力等级，应先确定某种用途，同时，须了解当生产因素由某一用途转化为另一用途时的地租情况。

土地用途的转变是与机会成本联系在一起的。所谓机会成本（opportunity cost），是指某一单位生产因素用于某生产事业上的成本是该因素投放于其他各种生产用途上可能获得的最大报酬。对于一般生产要素而言，当提供的最低价格等于它的机会成本时，它处于用途转换的临界点。而当供给价格高于机会成本时，它就会因用途转换而获得一笔差额地租，这种差额地租的大小是依该因素转换前后生产力的变化而定的。通常，原来用途中较低等级的生产要素，因用途转换后的机会成本低，获得的差额地租较高。而原来用途中高等级的生产因素，因用途转换的机会成本高，转换后所获得的地租常常较低。

就土地这一特殊的生产要素而言，用途转换的结果，形成了土地在不同用途之间的合理化分配。如某一用途有较其他任何用途较高的地租报酬，这种用途总是该土地的最高层次和最佳的利用。如图 2-5 所示，四个地租三角形（$\triangle EOP$、$\triangle FOR$、$\triangle GOS$、$\triangle HOT$）均被用来描述四种不同土地用途间的竞争。如四种用途可代表商业用地、住宅用地、工业用地和农用地；也可代表城市大型商场、停车场、住宅用地和轻工业用地；或是农用地中的奶业基地、土豆生产用地、小麦生产用地和放牧地等。

图 2-5 表明，地租额最高的土地利用方式通常是土地生产力即土地效益最大的用地。如一个城市中往往商服业用地产生的地租最高，因为商服业总是有能力占据城市中心及交通路口等土地利用效益最高的地段。如果较低级的土地利用方式占用比较好的、效益高的土地，则相对它较低的地租生产能力而言，它不可能与生产率较高的利用方式继续竞争，其结果是它被排除于土地效益较高的土地之外，直至到那些它有足够能力与其他利用方式相竞争的地方。在任何一个地段位置上，总是有一种用途比任何其他用途有更高的地租报酬。从单个经营者的经济立场和从微观经济效益的角度来看，这种用途总是土地的最有效利用方式。这种由地租高低而决定土地利用方式的竞争形式称为竞租原理，或称边际转换原理。这是 20 世纪 60 年代美国土地经济学家阿朗索（W. Alonso）引入区位边际均衡和区位边际收益等空间经济学理论而提出的，并做出了城市租金梯度曲线和同心圆土地利用模式。

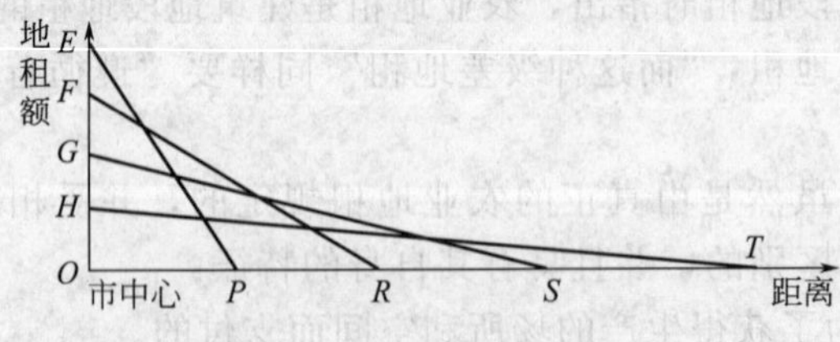

图 2-5 地租与土地竞租的关系

竞租原理可方便地解释典型城市市区及周围土地利用的分配过程。如图 2-6 所示，当城市规模很小时，用途 A（商业）的三角形与用途 B（城市住宅）的三角形可能较小；随着城市规模的扩大，三角形的宽度和高度延伸，其结果是一些住宅用地转换为商业用地，而城市周围的农用地，则改为住宅用地或工业用地。

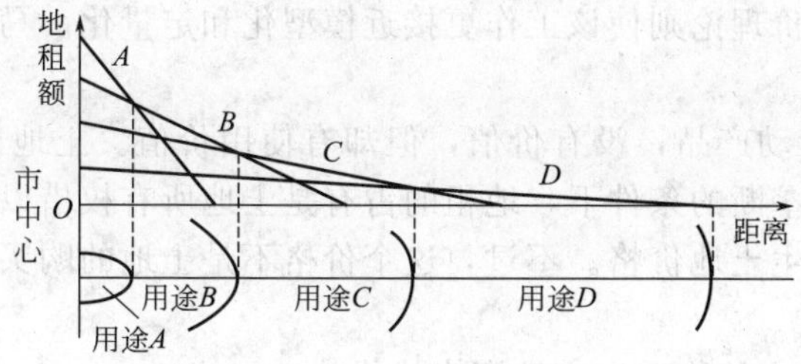

图 2-6 竞租原理的应用

地租理论表明：绝对地租是土地所有权的反映，是土地价格存在的根源。城市绝对地租是由城市周边农用地的地租水平所决定的。绝对地租具有控制和调节城市最低地价的作用。

级差地租是城市地租的主要形态，是决定城市土地价格高低差异的主要因素。沿江、沿河等地域，由于自然交通条件之便利，能够提供较其他地域更多的地租，形成较高的地价，是级差地租Ⅰ的反映；城市中心商务区、重要交通枢纽等地域，由于对土地投入量的增加而引起地租额的增加，导致地价水平的上扬，则是级差地租Ⅱ的表现。

竞租原理反映了城市合理的土地利用结构模式，对城镇土地定级、基准地价评估、城市用地结构调整与优化、城市房地产价格及其空间分异等具有理论和现实的指导作用，对城市房地产估价具有控制和平衡的作用。

2.2.4 地租理论在房地产估价中的指导作用

(1) 绝对地租是房地产价格存在的根源

绝对地租是土地所有者凭借土地所有权的垄断所取得的收益。无论土地质量是优是劣，土地所有者都要求使用者支付给他一定的经济收益，也就是地租。因此，土地所有者在转移其土地所有权时，必然会要求取得土地所有权的一方给予相应的经济补偿，而这种补偿的形式就是土地价格。

(2) 级差地租的存在是决定土地价格高低的主要因素

级差地租Ⅰ是因为土地所处位置的不同产生的不同水平的地租。它使不同位置的土地形成了不同的价格。如沿海、沿江、沿河等地域，由于交通便利等因素，能够提供出较其他地域更多的地租量，故形成了较高的土地价格；在一个地域内部，城市由于其优越的位置和方便的交通条件，形成了较农村高得多的土地价格。而在城市内部，市中心比郊区具有更高的上地价格。

级差地租Ⅱ是由于连续对土地进行投入所引起的地租量的不同，从而形成的不同的土地价格。如耕地由于人类成百上千年的劳动，较荒地能够提供更多的地租，形成了更高的价格。城市土地由于各种基础设施的巨大投入，其价格远远大于农地的土地价格。

(3) 垄断地租是导致特殊地段土地价格高的主要原因

垄断地租的形成除了土地所有权的垄断之外，还因某些土地具有特殊的自然条件，使得这些土地能够提供更多的地租，从而具有更高的价格。

在进行房地产评估时，应该以地租理论为指导。根据地租理论的要求，严格审查待估房地产的权属性质，并确定其相应的价格。根据级差地租和垄断地租等的特点分析待估房地产所在的位置和所具有的特定的物质和经济条件，准确地评估出土地价格。

2.3 地价理论

2.3.1 马克思地价理论

马克思地价理论和地租理论是相互补充、密不可分的，地租理论对城镇土地估价起着定性化的指导作用，而地价理论则使该工作更接近模型化和定量化。马克思地价理论主要包括以下几点。

① 土地虽然不是劳动产品，没有价值，但却有使用价值。土地能为人类永续提供产品和服务。在土地所有权垄断的条件下，地租的占有是土地所有权借以实现的经济形式，正是因为有了地租，才会产生土地价格。不过，这个价格不是土地的购买价格，而是土地所提供的地租的购买价格。

② 已利用的土地由土地物质和土地资本构成。

③ 土地价格的实质是地租的资本化。马克思指出“资本化的地租表现为土地价格。”地租是土地所有者凭借土地所有权而获得的一种收益，其收益本身就是价格的一种表现。因此，地租的存在决定了土地价格存在的客观性。然而，土地价格与一般商品价格不同，地价不是对土地实体的购买价格，而是对土地预期收益的购买价格，其实质是地租的资本化，即

$$土地价格=地租/资本化率$$

由此可见，地租与地价是密不可分的，是一个事物的两个方面。地租是地价的基础和出发点，地租理论对地价评估具有理论指导作用；地价是地租的货币表现和结果，是地租的定量化。

上述地租地价关系是土地所有权情况下的表现形式。我国土地所有权归国家所有，不能进入市场，进入市场的只能是土地使用权及其相应产权，如收益权、租赁权、抵押权等。因此，进入市场的土地的价格实质上是具有一定年期限制的土地使用权价格。此时，上述地租地价关系表示为：

$$V=\frac{a}{r}\left[1-(1+r)^{-n}\right]$$

式中，V 为地价；a 为地租，表现为由土地所产生的年纯收益；r 为土地资本化率；n 为土地收益年期。

地租地价关系是房地产估价的一个基本关系，折射了租金与售价的关系，也是房地产基本估价方法——收益还原法的直接理论来源。

通过对马克思地价理论的分析，可以得出，土地价格的本质是若干年的土地纯收益即地租贴现值的总和，它包括三个部分：①真正的地租，即绝对地租和级差地租；②土地投资的折旧；③土地投资的利息。

2.3.2 现代西方地价理论

现代西方地价理论，主要从两个方面考察地价问题。

① 土地收益理论　认为决定地价高低的根本原因在于该土地所能提供收益的多少，地价是土地纯收益的资本化，用公式可表述为：

$$P=(R-C)/r$$

式中，P 为地价；R 为预期总收益，指在正常管理水平、正常市场状况、最佳土地利用形态时的收益；C 为预期总成本，它包括各种税收、营运成本、建筑物折旧等；r 为资本还原率，与一般通行利率、投资风险等有关。

② 土地供求理论　认为土地供给与需求是决定地价高低的主要因素。地价与土地的供给量成反比，与需求量成正比。当然这必须有正常的竞争条件才能实现。另外，还有从都市成长过程和趋势以及区位空间结构等方面考察地价问题的，但其根本的落脚点还是在以上两方面，是对其产生原因的进一步分析。

虽然西方的地价理论没有从本质上分析地价的实质，但是我们在进行地价评估时，也需要吸收运用西方经济学对地价研究分析的有用部分，以丰富土地评估的研究方法，使土地价格的分析更定量化、模型化和可操作化。

地价理论决定了在进行土地评估时要遵循供求原则和替代原则。同时，它对评估方法的选择也起着指导作用。

2.3.3　房地产价格形成

由市场理论可知，价格是由市场所决定的，是市场供需双方动态平衡的结果。就房地产而言，其价格也是房地产市场供需双方动态平衡的结果。因此，价格涉及供给和需求两个基本方面。

从市场发展而论，在市场产品供给极少或较少情况下，其价格主要取决于供给情况；而当市场发育，供给量得到基本满足，甚至是供方市场时，则商品的价格更多地取决于需方。

房地产价格，由于其土地的特殊性，土地供给的有限性，其价格更多地受需求方的影响。从需求角度而论，房地产价格则主要是由房地产的效用性、相对稀缺性和对房地产的有效需求所决定的。

所谓房地产的效用性是指房地产消费者在对房地产这类资源的消费所产生的主观上和心理上的满足程度。由于房地产在诸多方面的不可替代性，生活、居住、学习、工作等均离不开房地产这一最基本的要素，因此房地产的效用性是毋庸置疑的。某类商品或资源的效用是形成价格的基本前提，但不是充分的。例如，空气和阳光，对任何人而言，毫无疑问，其效用是巨大的，不可缺少的，但它是无限的，随取随用的，也（或）不以人的意志或身份而不同，即人们不能有效地占有它、垄断它。既然不能占有和垄断，就不能产生权利，也就不能形成价格。

除效用外，商品或资源之所以存在价格，还具有相对稀缺性特点。相对稀缺性是指相对于人的欲望而言，某种物品或资源在数量上和质量上处于相对不足的状态。随着经济的发展、生产力的提高、人口的增长、生活水平的提高、人的欲望本质以及自然资源尤其是不可更新资源的有限性特点，自然资源的稀缺性是绝对的。但在一定社会经济发展时期，这种绝对性表现为一定程度的不足，即相对稀缺性。房地产中，土地是自然之物，不可更新资源，建筑物是人工建造之物，相对于人的欲望而言，都是不足的。

商品的效用性和相对稀缺性是价格形成的必要条件，要使商品真正具有价格，必须存在有效需求，即现实购买力。如前所述，自然资源的稀缺性是绝对的。就房地产而言，其稀缺性是明显的，人人都期望能拥有比目前面积更大、质量更好、区位更优的房地产，即客观上存在购买欲望，存在需求。但是，就房地产而言，是一类价值量巨大的商品，购买者必须根据自己的经济承受能力（包括对融资的偿还能力），选购合适的房地产商品。这种由人的经济承受能力所决定的需求，称有效需求。这是房地产市场上实际的需求能力，只考虑人们的需求欲望而不考虑人们的有效需求，盲目投资开发房地产，必将产生投资失误，导致大量房地产的积压和浪费。我国20世纪90年代初大量的房地产投资和随之而来的大量的房地产的积压即是例证。

因此，房地产价格是由房地产的效用性、相对稀缺性和人们对房地产的有效需求所形成的。

2.3.4　房地产价格特点

作为商品，房地产具有与一般商品相同的特点：符合市场供需法则与市场均衡，市场上某类型房地产的价格与该类型房地产的供给呈正比关系，与该类型房地产的需求呈反比关系，即在其他因素不变情况下，如果市场上某种类型房地产的价格上升，则该类型房地产的需求量将减少，而供给量将上升。在市场机制这一强大的“看不见的手”的作用下，房地产供给与需求之间达到动态平衡，形成该类型房地产的市场均衡——价格。此外，房地产价格与房地产质量呈正比，优质优价。

但是，房地产物质的特殊性，决定了房地产商品在价格方面的特殊性。如房地产市场上房地产商品的供给存在较长的滞后时间（建设周期较长），其供需关系并不是简单的线性或非线性关系；房（地）产商品的质量是不易判断的。此外，房地产商品一般价值量大；价格形成时间较长（需慎重考虑与决策）；房地产价格是权益价格；房地产价格既可能是交易价格，也可能是租赁价格（租金收益），等等。

房地产商品价格的诸多特点，从本质上讲，是与其房地产的物质性，尤其是土地的特殊性分不开的。由土地基本特点和价格理论可知，土地价格与一般商品价格有巨大的甚至是根本的差异，概括而言，主要表现在成本、折旧等方面。

(1) 有价格，但无价值

由于土地所固有的效用性、相对性或（和）绝对稀缺性以及人们对土地的有效需求，土地在产权与市场经济条件下是有价格的。但是，从劳动价值论观点分析，土地本身并非是劳动产品，是大自然所赋予的资源，并无凝结任何社会劳动，因此是无价值的。只是在人类社会中，将土地这一特殊资源赋予了资产的成分，具有了价格的基础和条件，存在价格。当然，在自然土地上追加投资，形成土地资本，这是有价值的。

土地有价格、无价值的观点，虽然并无其理论上与实践上的特殊性，但在我国对此认识与实践存在着曲折的经历。直至1988年《宪法》修正案将“土地可以依照法律转让”写入条文，才从法律上予以承认。

可持续发展理论认为，广义概念下的土地，即一切自然资源，是有价值的。他们是自然环境的重要组成，是人类生存和发展的基础。狭义地认为土地或自然资源无价值，将误导人们无限制地任意利用自然资源，导致种种环境与生态问题，如森林砍伐、湿地开垦、草地过牧等，导致气候变化、生态退化、荒漠化、资源枯竭、水质污染与恶化、生物多样性减少、自然灾害频繁而严重等一系列生态环境问题。事实上，目前我国及世界的许多环境问题被认为是无视土地与资源价值的后果，而联合国环境与发展委员会所竭力倡导的可持续发展理念，则是在资源价值方面的努力。可持续经济学认为，一个国家的经济发展中，应当计入自然资源或生态环境的成本及消耗，而不是过分强调国民生产总值（GNP)、国民经济增长速度等传统的主要经济指标，以利于各国政府在积极发展经济的同时，十分重视对自然资源的消耗和对生态环境的保护，实现经济社会的可持续发展。据研究，全世界自然资源和生态系统价值量为平均每年33×10^{12}美元，我国长白山自然保护区的资源价值量为每年59.71×10^{8}元人民币。

(2) 无折旧，反而增值

对于所有人为建造物而言，均存在一个折旧问题，即其建造物将随时间的推移而发生不同程度的磨损。建筑物亦如此。但是，土地是自然产物，不是劳动产品，不因时间推移而产生磨损，即土地不存在折旧现象。相反，土地不仅不存在折旧，反而因人口的增加、经济社会的发展和人们生活水平的提高等，呈现较明显的增值趋势。当然，其增值程度在不同社会经济状态和不同区位是不同的。一般而言，社会稳定、经济发展的时候，土地的增值性较明显，城市市区和郊区的土地的增值性较大。但是在有的时候、有的地方可能呈现相反的情况，如国民经济衰退阶段、废弃矿区等。

事实上，一个物品的经济价值并不是完全绝对的。如上面谈到的人为建造物的折旧问题，对于一些建成时间长，尤其是一些具有历史性或纪念意义的建造物，也存在增值现象。这一增值现象，从经济角度而论，主要是缘于其数量的稀缺性以及经济意义上人们对其的增值预期。

2.4 产权理论

2.4.1 产权

房地产是资产的一种形式，而资产是由资源衍生而来的。资源之所以成为资产，与产权界定有直接的关系。

产权（property right）一词来源于西方，其本意仅指财产所有权。《牛津法律大辞典》将产权定义为："产权是指存在于任何客体之中或之上的完全权利，包括占有权、使用权、出借权、转让权、用益权、消费权和其他与财产有关的权利。"但是，随着人类社会经济的发展，仅所有权已不能满足人们日益复杂的社会经济关系和需求，人们除了对自己的物享有权利外，往往还需要利用之物或与他人之物发生关系，如为了便利土地耕种或便于通行而设地役权、为了获得借贷他人资金而设（不动产）抵押权、为了充分利用土地增加收益而设地上权等。因此，在他人的所有权上设定一定的物权以满足自己的需要是必要的和可能的。事实上，产权的内涵不仅包括了财产所有权，还包括了以所有权为主体的财产他物权和因财产而设定的两人之间即债权人与债务人之间关系的债权。因此，产权是财产的权属关系，是满足人们需要的物质财富的权利，即是指法律赋予人们对财产依法直接管理支配并享受其利益、排斥他人干扰的权利，包括所有权以及从所有权中分离出来的相对独立的地役权、地上权、使用权、抵押权等他物权和财产关系人之间的债权。

产权是对满足人们需要的物质财富的权利，但产权具有一些非法律因素，这些因素对产权具有支配作用，即经济、社会、政策、科技、地理等因素，决定了产权的发生、发展和变革。

2.4.2 物权

物权是产权的一种。大陆法系国家的民法，多数将产权界定为由物权与债权两种权利类型所构成。物权与债权构成了财产权利的"脊梁"。物权直接基于物而产生，是当事人对物的权利，如所有权；而债权则是一方当事人对相对方当事人的权利，亦即相对方对该方当事人承担的义务，如租赁权。

因此，物权是针对物而设定的权利，它直接针对物，无须第三人的介入。物权仅仅确定了物和权利人之间的关系：物置于物权享有人的权利支配之下。相反，债权适用于两人之间即债权人与债务人之间的关系：债权不直接指向物，但其包括债权人对抗债务人的权利和债权人扩张至债务人全部财产的权利。

物权与债权，从经济角度而言，主要存在以下区别：

① 物权意味着可以直接对物进行利用而无须第三人的介入或帮助；债权却依赖于第三人的介入，即债权的实现，依赖于债务人根据有关合同向债权人实施一定的给付（义务）。

② 由于无债务人，故物权的实现不承担债务人无清偿能力的风险；债权则系于债务人对其所承担的债务的履行，故对于债权，设定物的担保是极为有用的（这种担保使其享有物权的性质）。只有这样，债权人在担保权利范围内，才可以规避债务人无清偿能力的风险。

③ 物权不受货币贬值的影响；但债权，当特定给付为现金给付时，通货膨胀的影响是无法对抗的。

2.4.2.1 物权类型

物权在习惯上分为主物权和从物权两种。

(1) 主物权

主物权包括所有权及其派生权利。主物权的权利人可以对标的物直接进行支配。主物权中最重要最完整的是所有权，是权利主体对自己所有的财产依法享有的物权，称自物权，亦称完全物权；其他主物权则是所有权的派生权利，设定于第三人的物之上，称他物权，亦称限制性物权、用益物权。由所有权派生的他物权主要有：用益权、地役权、地上权、使用权、相邻关系等。

用益权：是指对他人之物使用和收益的权利，以保存物的本体为基本条件。用益权具有以下主要特征：a. 用益权是物权之一种，具有权利的对抗性和独立性；b. 用益权具有时间性，即用益权的续存总是暂时的，永久性权利不能成为用益权；c. 用益权是所有权的派生权利，用益权人具有对物的使用、收益、管理和处分的权利（不包括所有权），具有维护物的正常状态和不改变物的用途的义务。

地役权：是指为另一所有人的不动产之使用及需要而对某一不动产所强加的负担，亦即地役权是施加于不动产（称供役地）的负担以使其他不动产（称需役地）获益的一种物权。地役权必附设于土地，是一种永久性的权利。同时，地役权是一种自身不可分割的权利。地役权的设立须包括下面三个要素：一是土地的存在；二是两块土地分属于不同的所有人，在我国，应包括有偿土地使用者；三是其中一块土地向另一块土地提供服务。

地上权：是指对他人所有土地之上（建筑、树木等）或之下（隧道、地下仓库、泊车位等）行使的一种物权，但并非对土地的权利，即地上权人不拥有土地所有权，但具有对土地使用和收益的权利。

使用权：是用益权的一种。使用权赋予权利人及其家属对财产进行使用及必要的收益的权利，使用权人行使权利被限制在权利人需要的范围之内。因此，物权概念中使用权的范围是较狭窄的，我国城镇土地有偿使用权具有其特殊性，较物权之使用权的概念广泛得多，是一种类似于所有权权能而在某些权能方面有所削弱的物权。

（2）从物权

从物权从属于债权，是对债权效力的加强。在这个意义上，从物权是担保物权。担保物权赋予债权人就设定担保的财产的优先受偿权（即使债务人已将财产转让）。但担保物权不是一种直接对物的权利，而仅是一种对于物的经济价值的权利。（不动产）担保物权中最重要的是抵押权。

抵押权是债务人或第三人以其不动产所有权作为债务的抵押物，当债务人不能履行债务行为时，债权人可将抵押物变现并优先受偿的权利。抵押权具有以下特征：a. 抵押权具有物权性质，在所有人发生变化情况下，不影响抵押权的效力；b. 抵押权是一种不动产权利，针对不动产才设定；c. 抵押权是一种从权利，即抵押权不可以单独存在，其存在必依赖于债权，是一种伴随主权利而存在的从权利。如果被担保的债权转移，其抵押权也随之转移；如被担保的债权归于消灭，其抵押权也随之消失。

据此对产权可以做如图 2-7 所示的分类。

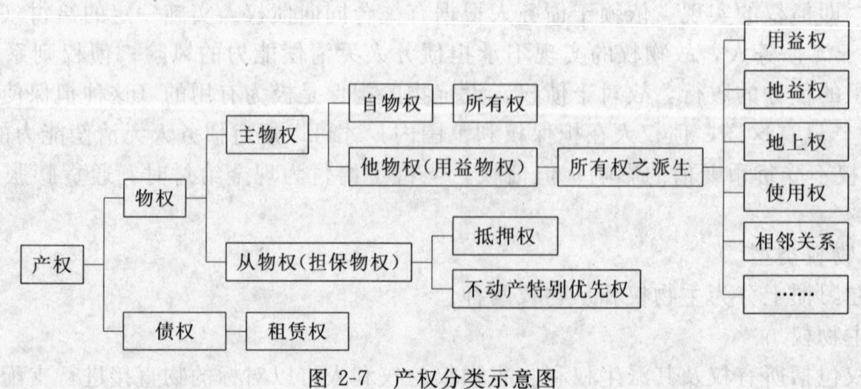

图 2-7　产权分类示意图

2.4.2.2 物权特征

一般而言，物权与债权具有某些相左的特征。

物权的一般特征主要表现为：

① 物权直接设定于有体物，而有体物具有确定性、存在性；债权可以设定于将来之物。

② 由于物作为物权的客体有可能在物质形态上被控制，故物权包含占有权；但债权则相反。

③ 物权可依权利人单方意志而放弃，是单方行为；债权的放弃必须经债权人与债务人的一致同意，因此，债务的发生与免除是双方行为。

物权的法律效力特征：物权是权利人与物之间的关系，其效力及于一切人，具有绝对性。例如，任何人均需尊重他人的所有权，负有不侵犯所有权的不作为义务。物权的这一对抗力（法律效力）赋予物权以追及权与优先权两项权利，使之在法律上高于债权。

① 追及权。追及权是物权享有者在事实上和法律上追及至物之所在地，直接对被他人所占有的财产行使权利的权力。在所有权情况下，财产所有人可要求任何占有其财产的人返还原物（如不动产）。如果作为抵押物的不动产被债务人转让，抵押权人仍可从受让之第三人处扣押该项不动产。

② 优先权。对于物权享有者，优先权是其排除在物上设定的债权或后设定的物权的权利。如担保物权之抵押权，其优先权比较明显：就抵押物的价值，基于其享有的优先权，抵押权人先于其他债权人受偿，在抵押权人之间，先设定的抵押权优先于后设定的抵押权。

2.4.3 所有权

（1）所有权的概念

所有权是财产的法律说明，是社会经济生活中最广泛、最具体的一种财产权利，是物权的最高形式。所有人对所享有的物具有完全的用益和处分的权利。1789 年法国《人权宣言》第 2 条规定：“一切政治社会的目的是维护人类永存及与生俱来的权利。这些权利是自由权、财产（所有权）、安全和对压迫的反抗。”这一私有制度下的所有权定义表明，所有权并非由国家所赋予，而是与生俱来，但为国家所保护。只有在法律有明确规定的情况下，私人所有权利才能被剥夺。

所有权是财产权利的基础，是物权的根本，并与一定时期的社会政治和经济条件密切相关。

（2）所有权的特征

所有权是一种绝对权，赋予其他主观权利所不具有的绝对效力。所有权的绝对性是所有权定义的核心。所有权是一种无限制的权利，唯有法律才可对其适当加以限制。

所有权特征主要表现为三个方面：绝对性、排他性和永久性。

① 绝对性。由于所有权是一种无限制的权利，只有法律才能适当地加以约束，故所有权的绝对性表现为对所有权行使的限制。这一限制主要表现为所有物的性质、滥用权利的禁止和法律的具体规定等方面。

② 排他性。所有权的排他性是其绝对性的延伸。无论是自然人还是法人，均为其所有权唯一的主人。所有权的排他性表现为仅所有人可以使用或不使用物，有权“排斥”其他任何人，即所有人可对抗侵犯其权利的任何第三人。

在某些情形下，所有人还有可能被迫在其物上设定第三人的权利，如用益权或地役权。即使如此，所有人的排他性并未消灭，只是其权能被分解，某些权利属于第三人。这时，所有人的权利便不再完整。

③ 永久性。所有权的永久性是指所有权不因对物的使用或不使用而消灭。所有权的存在仅受所有物存在的限制。在所有权的派生权利中，仅地役权具有永久性特征。

(3) 所有人的权利

所有权是人与物之间最神秘、最丰富和最广泛的联系。“占为己有”是一种事实，所有权首先表现为人与物间的这种物质的和具体的关系，法律则以一定的抽象方式确定这种关系，从而确定所有人对物的权利以及所有人与第三人之间的关系。

所有人对自己所拥有的物的权利在不同国家和不同时期的分法并不相同。一般有两分法、三分法和四分法。两分法将所有人的权利分为对物收益的权利和对物处分的权利，即收益权和处分权两种；三分法将所有人的权利分为使用权、收益权和处分权三种；四分法则将所有人的权利分为占有、使用、收益和处分的权利，并将其称为所有权的“权利束”(bunch of rights)。

① 使用权。使用权是所有权的基本因素之一。使用权是所有人通过对物的利用以满足其生活或经营需要的权利，如居住房屋、耕种土地等。在不违背禁止滥用权利原则和损害他人利益或公共利益的前提下，使用权还允许所有人自由地选择对物的使用方式。

使用权包含“不使用”的权利，是使用权的消极方面，但使用权包含对物实施“保存行为”的权利。

② 收益权。所有人有权通过对物进行利用或经营而获得孳息或其他收益。

使用权是对物的直接利用，如居住房屋；而收益权则为获得孳息的权利，如出租房屋所获得租金。这两种对财产的利用形式并不一定同时存在于一物之上，有时甚至是排斥的。如所有人不可能在居住其房屋（使用）的同时又将之予以出租（收益）。

③ 处分权。所有人享有的对物的处分权是一种同时具有法律性质和物理性质的权利：所有人可以转让其物，也可以将其损毁，或选择其使用方式，亦即所有人有权支配物的命运。这是所有权最具特点的因素，而他物权的运用则是以保持物的存在为前提条件。

随着社会经济的发展，所有权的上述权利或多或少地受到一定程度的限制。

④ 占有权。占有是对物从物质上实施的实际占据、支配和控制，强调占有人的“意愿”。

享有权利，意味着可以对权利进行有效的行使。但权利人可以拥有权利而不行使其权利，或相反，如表面看来正在“行使权利”的人，实际上并非权利人。占有是对权利的事实上的行使。绝大多数情况下，占有与所有权是一致的，占有人和所有人是同一人，或者通过契约的形式经财产所有人认可的合法占有人。但也不尽然，如小偷或强盗可构成对物的实际的非法占有。因此，占有是一种事实，但所有人的权利以占有为前提。

2.4.4 我国房地产产权类型

产权制度改革是我国经济体制改革和市场经济发展的重要内容，房地产产权制度改革是房地产业发展和房地产市场发育的前提，而土地有偿使用制度改革是其中的核心。房地产产权制度的建立与产权类型的确定是房地产估价的法律基础。

通过多年的改革实践，我国已初步建立具有我国特殊土地使用制度的房地产产权制度：国家实行土地的社会主义公有制，即全民所有制和劳动群众集体所有制；国家依法实行国有土地有偿、有限期使用制度；国有土地所有权与使用权相分离，准许土地使用权依法进入土地（房地产）市场；承认土地使用权、房地产开发经营权、房地产抵押权等权益的存在，并为法律所确认和保护。然而，我国房地产产权制度的改革仍是初步的，房地产产权类型的设置还不能满足和适应迅速发展的房地产市场对房地产产权的要求。由于民法体系中没有“物权”一词，房地产产权制度中最直接最重要的物权及其派生物权，如地役权、地上权等，并无明确的法律规定，许多物权方面的规定仍是空白。城镇国有土地的“使用权”与物权中的“使用权”存在明显的差异；不仅有单纯“使用”的权利，而且还有占有、收益和处分的权利，如转让、抵押、出租等；而行政划拨土地使用权与有偿出让土地使用权之间又存在很大的差别。致使在有关不动产产权方面经常存在这样或那样的矛盾或争端而缺乏明确的法律判据。因此，随着土地有偿使用制度改革的深入、房地产市场的发育，在不动产产权方面仍有发展和完善的可能和必要。

目前，我国房地产产权方面主要有以下权能。

2.4.4.1 土地所有权

土地所有权是土地所有者对自己所有的土地享有完全的占有、使用、收益和处分并依法排除他人干涉的权利。土地所有权是土地产权制度在法律上的体现。我国“实行土地的社会主义公有制，即全民所有制和劳动群众集体所有制”，习惯称国有（所有）土地和集体（所有）土地。

（1）国有土地

国有土地享有最完整、最充分的占有、使用、收益和处分的权利。这不仅表现为土地所有权的本质：绝对性、排他性和永久性，而且体现于其无限制性，即国有土地为国家最高法律所确认和保护。与此相对，即使是最完整的土地私有制国家，其私有土地所有权也因公共利益的需要而受到法律的限制。如交通运输和电力能源输送导致大量的地役权的产生；电话、电信等现代通信方式对于土地所有人享有的“空间”权利的大量限制；航空技术毫无疑问地只有在“牺牲”土地所有人对其“空间”的权利的前提下才能获得发展。

我国国有土地主要包括三个部分：a. 城市市区的土地；b. 国家未确定为集体所有的林地、草地、山岭、荒地、滩涂、河滩地等；c. 农村和城市郊区中依法没收、征用、征收、征购、收归国有的土地（依法划定或者确定为集体所有的除外）。如国营农、牧、林场使用的土地；按照法律规定程序征用的土地；国家有关部门根据法律规定划定的名胜古迹、自然保护区、公用设施、国防军事用地等特殊用地。

国家土地所有权的唯一主体是中华人民共和国，其所有权由国务院代表国家行使。国家实行土地所有权与使用权相分离的原则，“国有土地实行有偿、有限期使用制度”，通过有偿出让的土地使用权可以依法进入土地（房地产）市场，但行政划拨的国有土地使用权除外。

（2）集体所有土地

集体土地所有权是我国土地公有制的另一表现形式。“农村和城市郊区的土地，除由法律规定属于国家所有的以外，属于农民集体所有；宅基地和自留地、自留山，属于农民集体所有。”

集体所有土地依法属于村民集体所有的，由村集体经济组织或者村民委员会经营、管理；已经分别属于村内两个以上农村集体经济组织的农民集体所有的，由村内各该村农村集体经济组织或者村民小组经营、管理；已经属于乡（镇）农民集体所有的，由乡（镇）农村集体经济组织经营、管理。

集体所有土地同样具有对其土地享有占有、使用、收益和处分的权利，但其权利的完全性和充分性在一定条件下受到一定的“限制”，“国家因公共利益的需要，可以依法对集体所有的土地实行征用”。集体所有土地的限制主要表现为：

① 国有土地与集体所有土地存在让渡，但只能是单向的，即由集体所有土地通过法定程序征用为国有土地，而不是相反。这是我国唯一的土地所有权的让渡形式。但是，这种让

渡是征用，并不是真正意义上的所有权的让渡。

② 集体所有土地的最终处分权属于国家。如国家因铁路、公路等大型交通设施或其他基础设施如环境保护设施等建设的需要而需征用集体所有土地的，集体土地所有单位应服从国家建设和发展的需要，同意征用，具有明显的强制性；集体土地所有权不能转让，但可以承包，既可以承包给本集体经济组织的成员，也可以承包给本集体经济组织以外的单位或个人；集体所有土地只有经征用转化为国有土地后，才能出让、转让，进入土地（房地产）市场，失去了集体所有土地的出让权及其相应的土地收益。

③ 集体所有土地的经济利益得不到应有的满足。尽管对集体所有土地的征用有一定的经济补偿，但仅仅是补偿，并非是对等的经济交换关系，也不考虑实际的市场情况及其发展趋势。然而，土地的价格主要是由土地未来能给所有者或使用者可能带来的经济收益所决定的，而不是过去的收益水平。过去的收益水平仅是一种参考。

正是由于在集体所有土地征用过程中，不能客观地体现其经济关系，因此在土地、房地产开发方面容易出现圈地行动，大量开发区同时产生，导致农用土地，尤其是耕地和优质耕地的大量锐减，威胁国家的农业基础地位。

2.4.4.2 房屋所有权

房屋所有权是房屋所有者在法律规定的范围内对其所有的房产享有占有、使用、收益和处分并依法排除他人干扰的权利。我国房屋所有权存在多种所有形式，这是与土地所有权所不同的。

① 国家房屋所有权。这是我国社会主义全民所有制在法律上的体现，是国家财产所有权的重要组成部分。国有房产是我国城镇房屋产权的主要部分，主要包括：a. 国家授权城镇房地产管理部门直接管理的公房；b. 国家授权给机关、团体、企事业单位自行管理的公房；c. 宗教类用房。

② 集体房屋所有权。这是我国劳动群众集体所有制在法律上的体现，是我国社会主义房屋公有制的另一表现形式。集体房屋所有权的主体可以是具有法人资格的各种集体组织。集体房屋所有权所涉及的房屋主要是城镇集体组织的工业、商业、交通运输业、建筑业、文化教育等建筑物及其设施。

③ 公民个人所有的房屋所有权。这是国家保护公民合法财产在法律上的体现。城镇个人所有的房屋大部分是住宅。近年来，随着多种经济成分的形成，个体、私营和股份制经济的发展，城镇个人非住宅房屋的比例在逐步提高。公民个人房屋所有权的取得主要通过以下途径：兴建、购置、继承、接受赠与以及其他根据法律规定所取得的。

④ 中外合资房产所有权和外产所有权。如外国政府、社团，国外及我国港澳台企业、私人等在我国境内所有的房产，我国企业与经济组织和外国政府、国外与我国港澳台企业或个人合资建造、购买的房产。

2.4.4.3 城镇国有土地使用权

随着改革开放的深入，原无偿、无限期、无流动的土地使用制度已不能适应改革开放的需要和经济建设的发展，国家实行国有土地有偿使用制度，将土地所有权与使用权相分离。

（1）国有土地使用权的种类

尽管我国目前实行国有土地有偿有限期使用制度，但考虑到土地所有权的本质和经济转型时期各类产权制度尚待建立、发展和完善的实际，根据国有土地使用的“有偿性”，土地使用权存在行政划拨和有偿出让两类。

国有土地使用权的有偿使用包括出让、作价入股、授权使用和租赁（土地年租制）等形式。目前城镇国有土地使用权以有偿出让方式为主，对于改制或上市的国有企业，根据规定可以作价入股或授权使用。但是，这种形式的有偿使用将国有土地使用权纳入企业经营管理的范畴内，国有土地所有权在经济上的实现直接受企业经营管理的影响，存在较大的市场风险。此外，随着土地使用制度改革的深入和市场经济的建立，土地租赁（土地年租制）必将成为我国土地有偿使用的一种重要方式，以补充出让方式的不足。

国有土地使用权的有偿出让，是指国家将国有土地使用权在一定年限内出让给土地使用者，由土地使用者向国家支付土地使用权出让金的行为。主要包含以下内容：

① 国有土地使用权有偿出让的主体是国家，政府是国有土地产权的唯一代表；

② 国有土地使用权有偿出让的客体是城市规划范围内的国有土地使用权，除法律规定可以行政划拨的土地；

③ 国有土地使用权的出让是有年期限制的，其最高出让年限按用途不同而不同：商业、旅游、娱乐用地为40年，居住用地为70年，工业、综合和其他用地为50年；

④ 土地使用者需向国家支付土地使用权出让金。出让形式有拍卖、招标和双方协议等三种，商业、旅游、娱乐和豪华住宅用地，有条件的，必须采取拍卖、招标形式；没有条件，不能采取拍卖、招标方式的，可以采取双方协议的方式，但其出让的土地使用权出让金不得低于按国家规定所确定的最低价。

除上述土地使用权的有偿使用外，还存在行政划拨的情况。行政划拨的土地使用权主要有：国家机关用地和军事用地；城市基础设施用地和公益事业用地；国家重点扶持的能源、交通、水利等项目用地；法律、行政法规规定的其他用地。

行政划拨的城镇国有土地使用权具有占有、使用、收益的权利，但无处分的权利，除非其通过合法程序使其成为有偿使用的形式，如补缴土地使用权出让金。

综上所述，我国城镇国有土地使用权存在如图2-8所示的使用方式。

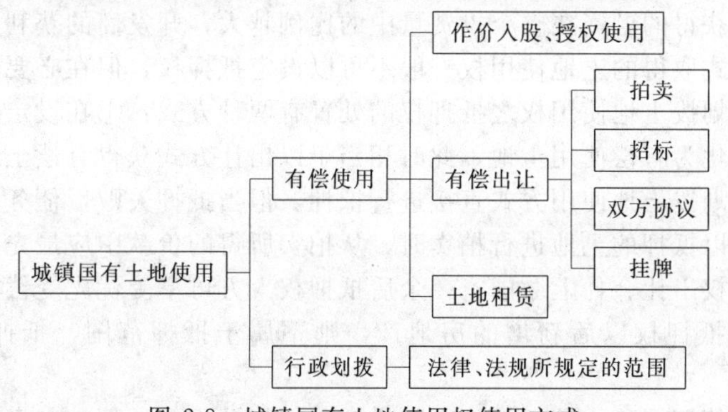

图2-8　城镇国有土地使用权使用方式

（2）出让土地使用权的收益

城镇国有土地使用权的有偿使用方式有出让、作价入股、租赁等，目前以出让方式为主。

物权法中，单纯的使用权是一个权利等级较小的介于物权与债权间的过渡型权利，仅“使用”而已。在我国现阶段，有偿出让的城镇国有土地使用权是一个等级较大的权利，仅次于所有权。它不仅包含了“使用”的权利，还包含了所有权所具有的权利束中的其他权利，如占有权、收益权、处分权，只不过这类权利受到一定的限制，是一种“准所有权”。其占有权、使用权受出让年期的限制；收益权除受土地出让年期的限制外，其土地增值收益之部分，即由土地所有权及土地周围环境改善而引起的土地增值收益部分，应当归土地所有者所有；处分权则需在合法的前提下才能行使。处分权主要有转让权、抵押权和租赁权等几种。

2.4.4.4 房地产转让权

房地产转让是指房地产权利人通过买卖、交换、赠与或者其他合法形式将其所拥有的房地产转移给他人的行为。这里的房地产是指房屋所有权与该房屋占有范围内的土地使用权。根据房地不可分离原则，房（房屋所有权）与地（土地使用权）需同时转让。房地产转让是房地产商品交易的一种形式，可以直接形成市场价格。

当土地上无任何房屋或其他构筑物时，其转让为单纯的土地使用权的转让。单纯的土地使用权的转让需具备下列条件：按照出让合同约定已支付全部土地使用权出让金，并取得土地使用权证书；按照出让合同约定进行投资开发，属于房屋建设工程的，完成开发投资总额的25%以上，属于土地成片开发的，需形成工业用地或者其他建设用地条件；行政划拨土地使用权不得转让或变相转让，如联建分房。

2.4.4.5 房地产抵押权

房地产抵押是指抵押人以其合法的房地产以不转移占有的方式向抵押权人提供债务履行担保的行为。与房地产转让一样，这里的房地产是指房屋所有权与该房屋占有范围内的土地使用权。在进行房地产抵押时，房屋所有权与该房屋占有范围内的土地使用权需同时抵押。

当债务人不能履行担保时，抵押权人有权依法从抵押的房地产拍卖所得的价款中优先受偿（扣除必要的变现费用，如律师费、估价费、拍卖费等）。

以有偿出让方式获得的土地使用权可以设定抵押权，此时为单纯的土地使用权抵押，这在房地产开发中是经常的。事实上，房地产开发中，房地产开发商往往将已合法取得的土地使用权（价值量一般较大）设定抵押权，进行抵押，以作为向金融机构融资的担保资信，获取房地产开发所需的大量资金。这是因为，房地产投资开发是一类大量投资，资金量一般巨大，开发商均需从金融机构获得支持，以进行正常的房地产开发与投资。从理论上而言，开发商从金融机构中获得的融资在整个投资量中的比例越大，开发商的获利也越大。

以行政划拨方式取得的土地使用权一般不可以设定抵押权，但在必要的情况下，也可设定抵押权。此时，划拨土地使用权之抵押权的处置有两种方式：①在设定抵押权前将划拨使用土地通过出让转化为有偿使用土地，此时相当于以出让方式获得有偿土地使用权的抵押情况；②不改变行政划拨土地使用方式直接进行抵押。但当抵押失败，债务人不能履行债务担保，抵押权人依法以抵押的土地进行拍卖时，从拍卖所得的价款中应最先扣除相当于拍卖时应缴纳的土地使用权出让金，上缴国家，余后抵押权人方可享受优先受偿权利。

在房地产设定抵押权以后新增的房地产，则不属于抵押范围，抵押权人也无权优先受偿。

如果被担保的债权转移，其抵押权也随之转移；如被担保的债权归于消灭，其抵押权也随之消灭。

2.4.4.6 房地产租赁权

目前，我国单纯的有偿出让土地使用权的租赁较少，并没有明确的法律界定，故房地产租赁权的设定对象是指房屋所有权及该房屋占有范围内的土地使用权。房地产租赁是指房地产合法权益人作为出租人将其合法拥有的房地产出租给承租人使用（主要是房屋），并由承租人向出租人支付租金的行为。房地产租赁权的设置实际上是房地产所有权权益的暂时让渡，承租人具有暂时的占有、使用乃至收益的权利，但具有不损坏房屋本体之义务。出租人则从承租人中获取一定的租金，以作为房地产暂时让渡的补偿。

随着住房制度改革的深入，传统实物型住房分配制度的终结，以及人们生活水平的提高，房地产租赁将是房地产市场中最活跃的交易形式之一。

此外，随着土地二、三级市场的不断发育，有偿出让土地使用权的租赁也将成为房地产租赁的一种重要形式。

房地产转让、抵押与出租是房地产二级市场行为，各种权益的设定均需由双方当事人签订合同，明确规定双方的权利、义务和应注意的事项，并应向当地房地产管理部门进行登记备案，以保护双方当事人的合法权益。

产权理论表明：不同的产权设置，产权人（所有者或使用者）的权利是不同的。不同的权利将给产权人带来不同的收益或效用。

房地产价格是由房地产商品的效用、相对稀缺性和有效需求所形成的；房地产价格表现为房地产商品在未来为权利人所可能带来的收益。因此，了解产权状况，实质是了解房地产的效用与可能收益；只有了解产权状况，才可能了解房地产的效用或可能收益，才可能正确地评估房地产的价值。

本章主要介绍了目前我国房地产的主要产权类型。在房地产估价实务中，可能存在各种复杂的产权状况，如共有、分割、兼具抵押与租赁、产权纠纷、历史遗留问题等，应根据产权理论，仔细分析待估房地产的实际产权情况和合法性，研究各类分产权设置对房地产价格的影响及其程度，正确评估房地产。

思　考　题

1. 什么是区位？哪些产业受其影响最大？
2. 试用区位理论解释为什么区位对房地产价格影响很大？
3. 新古典主义关于地租地价论述方面有什么特点？
4. 级差地租产生的原因是什么？
5. 解释说明级差地租Ⅰ和级差地租Ⅱ的区别？
6. 我国房地产产权类型有哪些？

3 市场比较法

3.1 市场比较法的基本原理

3.1.1 基本概念

(1) 市场比较法的定义

市场比较法(market comparison approach),或称比较法,是根据替代原则,将待估房地产与同一供需圈内近期已经发生了交易的类似房地产进行比较,并根据已知的类似房地产成交价格,修正得到待估房地产在一定时点、一定产权状态下市场价值的一种估价方法。

市场比较法是房地产估价方法中最重要、最常用的基本方法之一,也是国外通用的经典估价方法之一。

(2) 市场比较法中的相关观念

① 类似房地产,是指与待估房地产在用途、区位、价格类型、建筑结构等方面相似或相近的房地产。

② 交易案例房地产,简称交易案例,是指已经发生了交易的房地产。

③ 与待估房地产相类似,并用于与待估房地产进行比较的交易案例房地产称比较案例房地产,简称比较案例,或称可比实例。

④ 同一供需圈(comparable search area)是指比较案例房地产与待估房地产具有相互替代关系,且其价格互为影响的适当范围,包括邻近地区和类似地区。

邻近地区是指待估房地产所隶属的地区,它一般以某一特定的土地利用类型为主要用地类型,且该类型在该地区内的空间分布是连续的,如商业区、住宅区、工业区等。

类似地区是指与待估房地产所隶属的地区具有相同或相似的土地利用类型和市场供需状况,但在空间上不连续的区域,如同为一级别(或区段)的商业用地。

⑤ 采用比较法求得的试算价格,称比准价格。试算价格是指由某一估价方法求得的待估房地产的价格。

⑥ 估价期日,是指决定待估房地产价额的基准日期。

⑦ 容积率,是指一定区域范围内,建筑物的总建筑面积与整个宗地面积之比。

⑧ 地价指数,是指运用一定的统计方法将特定区域一定时期内的地价水平换算成相对于某一基准日期地价水平相对百分比的指数。

3.1.2 理论依据

市场比较法的理论依据是经济学中的替代原理。

根据经济理性主义假定,市场经济中经济主体的行为普遍遵循经济理性主义假定,市场上的一切交易行为总是要追求利润最大化,即要以最少的费用求得最大利润,因此在选择商品时都要选择效用高而价格低的,如果效用与价格比较,价格过高,均会敬而远之。这种经济主体的选择行为结果,在效用均等的商品之间产生替代作用,从而使具有替代关系的商品之间在价格上相互牵制而趋于一致,这就是替代原则,市场比较法就以这一原则为依据。因为有这种替代原则的作用,就可以用类似房地产的已知价格,比较求得未知的待估房地产的价格，得到估计结果。从房地产交易过程来看，由于从事房地产交易时，当事人会依据替代原则，将拟交易的房地产价格与类似房地产价格比较，然后决定是否进行交易，所以市场比较法是符合当事人的现实经济行为的。

市场比较法正是以替代原则为主要理论依据，其基本原理如图 3-1 所示。

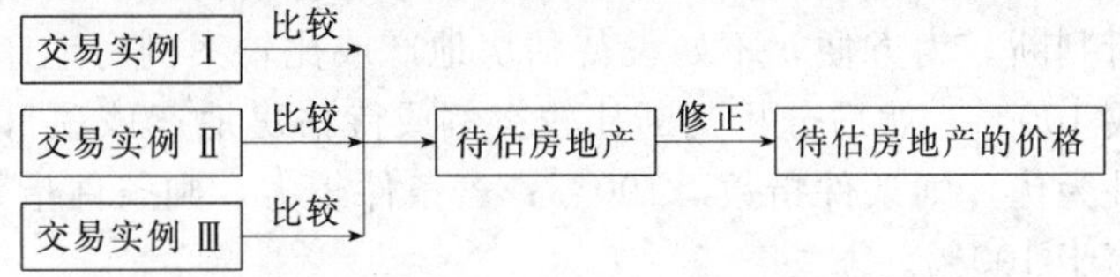

图 3-1 市场比较法原理

市场比较法是以替代原则为理论基础，因此具有现实性和富有说服力。同时，只要有类似的房地产买卖实例可以使用，不仅可以评估房地产价格，还可以利用相应的租赁实例，测算房地产的租金，这就是租赁实力比较法。当然，市场比较法要求房地产市场比较发育，可以获得足够的比较实例，因此它更适宜于市场比较发育地区的经常性交易的房地产价格的评估。

当然，由于房地产市场的不完全性，房地产本身的异质性，比较案例与待估房地产之间总是存在这样或那样的差异，这些差异影响和决定了待估房地产与比较案例之间的价格差异。因此，采用比较法进行房地产估价时，必须将待估房地产与比较案例进行认真分析，比较两者的差异性，并定量估测由此而产生的价格差异，进而评估房地产价格。

3.1.3 基本公式

由上述基本概念可知，比较法是通过比较案例房地产的已知价格而求得待估房地产的价格的。设比较案例房地产的已知成交价格为 V_c，待估房地产的价格为 V_a，则

$$V_a = V_c \times \text{修正系数} \tag{3-1}$$

为求得待估房地产价格，需对比较案例进行修正，即将上述关系式右端乘以相应的修正系数，使其变为等式。

从比较法的概念及房地产价格影响因素可知，将比较案例与待估房地产进行比较，其比较修正的项目主要有交易情况、时间差异、区域因素和个别因素四项。设上述四项修正系数分别为 α、β、γ、λ，则式（3-1）为：

$$V_a = V_c \alpha\beta\gamma\lambda \tag{3-2}$$

当然，在估价实务中，实际比较的项目可能超过上述四项。此时，可增加相应项目的修正系数，但其基本原理不变。如容积率、土地使用权年期等，也是经常需要修正的项目。

上述各项目修正系数等于待估房地产各该项目之条件与比较案例房地产相应项目条件之比。如区域因素修正系数，为待估房地产区域因素条件指数比比较案例房地产区域因素条件指数，即

$$\gamma = \frac{\text{待估房地产区域因素条件}}{\text{比较案例房地产区域因素条件}}$$

但是，上述各项目条件之比仅是一种定性分析式，尚不能定量化，不能直接为估价服务。因此，需将各项目条件定量化。为不失一般性，设经定量化的条件为条件指数，则各项目修正系数分别为：

$$\alpha = \frac{\alpha_a}{\alpha_c} = \frac{\text{待估房地产（正常）交易情况条件指数}}{\text{比较案例房地产交易情况条件指数}} \tag{3-3}$$

$$\beta = \frac{\beta_a}{\beta_c} = \frac{\text{待估房地产估价时点条件指数（价格指数）}}{\text{比较案例房地产成交日期情况条件指数（价格指数）}} \tag{3-4}$$

$$\gamma=\frac{\gamma_a}{\gamma_c}=\frac{\text{待估房地产区域因素条件指数}}{\text{比较案例房地产区域因素条件指数}} \tag{3-5}$$

$$\lambda=\frac{\lambda_a}{\lambda_c}=\frac{\text{待估房地产微观因素条件指数}}{\text{比较案例房地产微观因素条件指数}} \tag{3-6}$$

这里的条件指数是一个无量纲的数值，是相对于某种标准情况下的相对值，需根据估价资料和实际情况分析判断。为方便，不妨设待估房地产或比较案例房地产中某项目条件为基准，条件指数取1或100%，然后分析判断比较案例或待估房地产该项目的条件指数。若该项目条件较基准条件为优，则条件指数>100%；若条件较劣，则条件指数<100%；若条件相等，则条件指数等于100%。

为方便比较，可设待估房地产各修正项目之条件为基准，将比较案例各项目条件向待估房地产各该项目条件进行修正。同时，鉴于时间差异项目中，比较案例交易日期发生在先，待估房地产估价时点在后，而不同时点相应的价格指数中，一般以前一时期价格指数为基准，因此，时间差异项目宜以比较案例为基准。为此可设待估房地产之交易情况、区域因素和个别因素为基准，条件指数为100%，分析判断比较案例房地产相应项目之条件指数；而时间差异项目设比较案例房地产交易日期时的条件为基准，条件指数（价格指数）为100%，分析判断待估房地产估价时点的条件指数（价格指数）。这样，式（3-2）可进一步表示为：

$$V_a=V_c\frac{100}{(\ )}\times\frac{(\ )}{100}\times\frac{100}{(\ )}\times\frac{100}{(\ )} \tag{3-7}$$

式（3-7）即为比较法的基本估价公式，其中分母和分子中的空括号是需分析判断的各项目的条件指数。

3.1.4 特点与适用范围

（1）方法特点

根据比较法的基本概念及估价公式，其基本特点主要表现为：

① 比较法的估价结果具有现实性，有较强的说服力。由于比较法利用了市场上近期发生交易的类似房地产的价格信息而得出待估房地产的比准价格，而这一过程正好拟合了市场经济中正常和理性的消费或投资行为和过程，因此，由比较法所评估的待估房地产的价格具有良好的可信度，说服力强，容易为他人所接受。

② 市场比较法以替代原则为基础，正确选择比较案例和合理修正交易价格是保证评估结果准确性的关键。因此需要估价人员具备较高的业务素质和实务经验。比较法估价过程中，要求评估人员要全面准确地调查市场资料，合理选择比较案例，需要进行市场情况、交易日期、区域因素及个别因素等一系列项目的分析、比较，并定量修正，这需要估价人员具备较强的业务素质和丰富的实务经验，否则难以得到客观合理的估价结果。

③ 市场比较法缺乏理论基础。尽管比较法以替代原理为理论依据，但从市场角度由（已知）价格求（未知）价格，仅从表面上反映了价格的替代性，没有反映该价格的来源、构成或组成，因而缺乏理论基础。尽管比较法是一种常用而有效的估价方法，但方法的理论基础不够明确。

④ 市场比较法以价格求价格，在不正常市场条件下难以与收益价格相协调。采用市场比较法评估房地产价格，是以市场交易案例为基础，通过对交易案例价格的修正求取待估房地产价格，虽然反映市场规律，但如果在不正常市场条件下，如市场低迷或市场过度炒作、出现“泡沫”经济等，会使得估价结果容易偏离房地产资产的本身特征，无法与收益价格相协调。

（2）适用条件

比较法适合于有丰富交易案例的房地产的估价。以替代原则为理论依据，利用比较法进行评估，必须掌握丰富而可靠的交易案例资料，交易案例资料不丰富或不可靠，则比较法将成无源之水、无本之木。因此，应用比较法应符合下列条件。

① 要有足够数量的比较案例。显然，要有丰富的交易案例资料，其房地产市场必须发达，如果房地产市场不发达，则交易案例资料比较少，不能满足方法本身对资料的要求。国外不动产市场比较发达的国家（如德国），一般要求至少要选择10个可比较的交易案例。一般认为，估价人员所掌握的交易案例资料不少于10宗，以便在这较多的交易案例中选择不少于3宗比较案例。如果可供选择的交易案例较少，难免造成比较、判断的主观或武断。交易案例的多少与房地产类型有密切关系。有些房地产类型，如庙宇、教堂、教学用房地产等，即使在房地产市场很发达的情况下，交易案例仍然极少或没有，对于这类房地产，不能采用市场比较法进行评估。

② 交易案例资料要可靠。采用比较法进行评估，除了要求交易案例资料丰富外，还要求资料的可靠性，即资料的正确和客观。这就要求房地产市场的发育健全、透明。如果房地产市场发育不健全，存在虚价、隐价、瞒价或黑市等情况，则交易案例资料难免失实，同样不能满足方法本身对资料的要求。

③ 比较案例与待估房地产具有替代性。丰富而可靠的市场交易资料是采用比较法的一个基本条件，而从丰富而可靠的交易资料中选择与待估房地产具有替代关系的比较案例房地产是采用比较法的又一重要方面。只有比较案例与待估房地产之间存在良好的替代关系，才能保证分析比较过程中，各项目条件指数的判断客观正确，从而保证待估房地产价格评估的客观性。

④ 合法性。利用市场比较法评估房地产价格时，不仅要排除不合理的房地产市场交易资料，而且要注意研究有关法律的规定，如城市规划对房地产的用途、容积率等的限制性规定，必然引起交易价格的变动，造成价格的显著差异。所以，用市场比较法估价时，应注意选择与待估房地产的法律规定相似的交易案例资料作为分析、比较的依据。

（3）市场比较法的适用范围

从市场比较法的适用条件来看，市场比较法主要用于房地产市场发达、有充足的具有替代性的房地产交易实例的地区；从评估目的和评估结果的形式来看，市场比较法除可直接用于评估房地产的价格或价值外，还可用于评估房地产的租金，以及用于其他估价方法中有关参数的求取。

3.2 市场比较法的估价步骤

3.2.1 搜集交易案例

搜集大量的房地产市场交易案例资料，是运用市场比较法评估房地产价格的基础和前提。如果资料太少或不正确，则难以保证评估结果的客观性，甚至无法采用该方法。

交易案例的搜集应注意以下几点。

（1）全面性

所谓全面性是指所搜集的交易案例资料内容应全面，不能漏这缺那。通常应搜集交易价格、交易日期、交易目的、利用方式等一般情况，坐落、位置、用途、土地状况、建筑物状况等基本情况，商服繁华程度、交通条件、基础设施等区域情况，以及产权设置状况等。为了保证所搜集资料的全面性，不妨设计成统一的调查表格，这样，调查时既方便又不致遗漏，以保证调查资料的全面、真实和正确（表 3-1）。

表 3-1 交易案例调查表

<table>
<tr><th colspan="2">项 目</th><th>状态</th><th colspan="3">项 目</th><th>状态</th><th colspan="2">项 目</th><th>状态</th></tr>
<tr><td colspan="2">坐落</td><td></td><td rowspan="17">区域因素</td><td rowspan="3">距商业服务中心距离</td><td>市级</td><td></td><td rowspan="13">个别因素</td><td>地形、地质</td><td></td></tr>
<tr><td colspan="2">使用类型</td><td></td><td>区级</td><td></td><td>面积</td><td></td></tr>
<tr><td colspan="2">权利状态</td><td></td><td>小区级</td><td></td><td>宽、深度</td><td></td></tr>
<tr><td rowspan="3">交易价格</td><td>总价</td><td></td><td rowspan="2">距公共设施距离</td><td>文体设施</td><td></td><td>形状</td><td></td></tr>
<tr><td>土地价格</td><td></td><td>公用设施</td><td></td><td>临街类型</td><td></td></tr>
<tr><td>建筑物价格</td><td></td><td rowspan="2">道路状况</td><td>宽度</td><td></td><td rowspan="2">临街位置</td><td rowspan="2"></td></tr>
<tr><td rowspan="3">建筑物情况</td><td>面积</td><td></td><td>车流量</td><td></td></tr>
<tr><td>结构</td><td></td><td rowspan="2">公交状况</td><td>线路数</td><td></td><td rowspan="2">临街深度</td><td rowspan="2"></td></tr>
<tr><td>用途</td><td></td><td>线路流量</td><td></td></tr>
<tr><td colspan="2">交易形式</td><td></td><td rowspan="4">距对外交通设施距离</td><td>火车站</td><td></td><td rowspan="2">容积率</td><td rowspan="2"></td></tr>
<tr><td colspan="2">交易日期</td><td></td><td>汽车站</td><td></td></tr>
<tr><td colspan="2">交易情况</td><td></td><td>码头</td><td></td><td rowspan="2">其他</td><td rowspan="2"></td></tr>
<tr><td colspan="2">基准地价</td><td></td><td>机场</td><td></td></tr>
<tr><td colspan="2">调查日期</td><td></td><td colspan="2">给、排水</td><td></td><td colspan="2" rowspan="2">规划限制</td><td rowspan="2"></td></tr>
<tr><td colspan="2" rowspan="3">其他</td><td></td><td colspan="2">供电供热</td><td></td></tr>
<tr><td></td><td colspan="2">供气</td><td></td><td colspan="2">使用限制</td><td></td></tr>
<tr><td></td><td colspan="2">电讯</td><td></td><td colspan="2">备注</td><td></td></tr>
</table>

(2) 累积性

房地产众多交易案例的搜集不是一蹴而就的，不是在接受某宗估价业务后才开始搜集，而是应该依靠平时的日积月累。只有注意平时积累，才能搜集到丰富而可靠的交易案例，为比较法评估房地产价格提供坚实的基础。为了方便日积月累的交易案例资料在估价时能迅速查询和调用，我们应借助计算机数据库软件（如 FoxPro）建立房地产交易案例数据库，如条件允许，可利用 GIS 软件建立房地产交易案例空间数据库，以便能迅速按不同要求不同区域进行查询或调用。

(3) 多途径性

在正常的房地产市场中，交易案例的搜集途径是多样且不拘一格的。主要的信息渠道通常有：①查阅政府有关职能部门（如房产管理局、国土资源局）的房地产交易登记资料；②查阅各种报刊杂志所刊登的房地产租售信息；③查访房地产经办人或交易当事人；④同行之间相互提供有关信息资料；⑤查阅 Internet 之房地产网页；⑥其他途径，如参加房地产交易展销会、房地产交易信息发布会等。

3.2.2 选择比较案例

如果说交易案例的搜集是一项日积月累的工作，那么，比较案例的选择则是针对具体的待估房地产而言的。显然，对于某一具体房地产而言，平时日渐积累的交易案例中，有相当大的部分是不合适的，需要筛选，以选取与待估房地产具有相当替代性的交易案例作为比较案例。比较案例选择的合适与否，是运用比较法成功的重要一环，应十分重视。

所选的比较案例应符合下列基本要求。

① 与待估房地产的用途相同。这里的用途是指房地产的具体利用方式，如写字楼、商业店面、旅馆、住宅、厂房、待建筑空地等。在基本类型相同情况下，利用方式越接近越好，如同为商业店面的百货超市。

② 比较案例房地产的价格类型与待估房地产的估价目的相同。这里的价格类型主要指土地使用权出让、房地产买卖、租赁、转让、抵押、入股、典当、征用、投保、课税等交易类型。显然，不同的价格类型具有不同的性质，缺乏可比基础。

③ 交易案例必须是正常交易，或可以修正为正常交易的交易。所谓正常交易是指在公平竞争、信息畅通、平等自愿的市场条件下进行的交易。非正常交易案例不能客观反映房地产的市场价值，因而不能作为比较案例。对于一些较正常交易有稍微偏差的交易案例，在交易案例数量受到一定限制的情况下，也可以采用，但必须能将其修正到正常交易的情况。

④ 与待估房地产的建筑结构相同。若待估对象有建筑物，则建筑结构应相同，如同为框架结构、钢筋混凝土结构、砖混结构、砖木结构等。在基本建筑结构相同情况下，细部建筑结构越接近越好，如同为砖混结构一等、砖木结构二等，等等。

⑤ 比较案例房地产的交易日期与待估房地产的估价时点应尽量接近。房地产市场是一个动态市场，市场之供求关系随时间而不断发生变化，从而导致房地产价格发生相应的变化。因此，为了保证因比较案例交易日期与待估房地产估价时点间的时间差异所引起的价格变化能得到适当合理的修正，比较案例房地产的交易日期与待估房地产的估价时点应尽量接近。当然，交易日期与估价时点之时间差异的具体时限视房地产市场的波动情况而定。如市场比较稳定，波动较小，则 1～2 年内的交易案例均可视为候选的对象；如市场波动较大，甚至有明显的起伏，则时隔半年的交易案例也许已不合适。但一般而言，比较案例房地产的交易时期与待估房地产的估价时点间的时间间隔不宜超过 1 年，最长时效不应超过 2 年。

⑥ 与待估房地产处于同一供需圈。房地产市场是一类地区性市场，区域因素极为重要。因此，所选取的比较案例与待估房地产应处于同一地区或类似地区，以使比较案例与待估房地产具有可比的市场基础。

⑦ 所选比较案例不应少于 3 宗，但也不是越多越好。一般以 3～5 宗比较案例为宜。

3.2.3　比较项目修正

比较案例选择后，应对各比较案例各项目进行修正。

(1) 交易情况修正

交易情况修正，是指剔除交易行为中一些特殊因素而造成的交易价格的偏差。

由于房地产市场的不完全性，房地产交易很难做到完全竞争、绝对公平，加之交易时容易受一些偶然因素，如急购心理、攀比心理等的干扰或影响，容易导致交易价格的偏差。对于这种具有一定偏差的比较案例，应予修正，使其成为正常情况下的交易价格。因此，交易情况修正实际上是分析判断交易过程中特殊因素对房地产正常价格的影响性质和程度的过程，即分析判断比较案例房地产交易情况的条件指数。判断原则为：设房地产在正常交易情况下的条件指数为 100%，若交易价格较正常价格为低，则条件指数＜100%；若交易价格较正常价格为高，则条件指数＞100%。

在单独考虑交易情况下，比较案例的修正价格为

$$V_a = V_c \frac{100}{(\ )} \tag{3-8}$$

交易行为中可能存在的特殊因素比较复杂，一般有：

① 有一定利害关系的交易。这种情况通常以低于正常市价成交，如亲友之间、有利害关系的公司之间、公司与公司雇员之间的交易活动。

② 有特别动机的交易。如急欲出售、急欲购买或攀比心理，前者容易造成成交价格偏低，后两者则容易使成交价格偏高。

③ 交易双方市场信息不对称。多为买方不了解市场行情，是市场中的弱势群体，在房地产交易中，往往以较高的价格购买房地产。卖方不了解市场行情，盲目出售，导致交易价格偏低的情况较少。

④ 特殊交易方式。交易方式有拍卖、招标和协议等三种。采用不同的交易方式，其成交价格会有差异，甚至是较大的差异。如采用拍卖方式，可能因竞叫过程、场合和气氛而产生心理反应，使成交价格偏高（对于一些因资产处置而进行的房地产拍卖，如抵押房地产的拍卖，则易使成交价格偏低）；而协议方式则存在许多不透明因素，易使交易价格偏低，甚至大大偏低，如土地使用权的协议出让；招标方式则较能反映房地产市场的实际。

⑤ 相邻房地产的合并交易。如买方若在购买相邻房地产后，与其原有房地产合并，将增加原有房地产的效用，则成交价格往往高于该房地产单独存在时的正常价格。

⑥ 其他。除上述情况外，还有一些其他情况，如政府面向特殊住房消费群体出售的解困房、交易税费的转嫁、受使权使务关系影响的交易等，也将影响房地产的交易价格。

(2) 交易日期修正

交易日期修正是将不同时点完成交易的房地产价格水平统一到同一时点上，这里的同一时点一般是指估价时点，即将比较案例房地产交易日期的价格水平调整到估价时点的市场价格水平。这是房地产价格的动态性所决定的。

时间差异的条件指数一般可由价格指数来反映。这里的价格指数是指与待估房地产类型、区位、用途等相一致的房地产价格指数或地价指数。如果缺乏这方面的数据或资料，也可以从本地市场上搜集的大量不同时点完成交易的房地产价格资料中，分析各类房地产价格随时间的动态变化规律，测定房地产价格变动率，并以此对比较案例进行时间差异修正。

物价指数，或其他综合性价格指数，由于其不能客观反映房地产这一特定对象的价格变化情况，应尽量避免采用。当然，在相应房地产价格指数缺乏，而房地产历史价格资料也较贫乏的情况下，这类综合性价格指数也是判断价格修正程度的重要参考。

在单独考虑时间差异情况下，比较案例的修正价格为：

$$V_a = V_c \frac{(\quad)}{100} \tag{3-9}$$

(3) 区域因素修正

区域因素是构成房地产所在地区特性，并对地区房地产价格产生重要影响的区域性因素，如商服繁华程度、交通条件、基本设施等。区域因素修正是将比较案例相对于待估房地产因区域条件差别而造成的交易价格的差异进行剔除。

当所选择的比较案例与待估房地产处于紧邻的同一地区时，可不进行区域因素修正；当不能满足这一条件时，应对区域因素间的差异进行比较和修正，并将比较案例房地产所处地区的区域因素与待估房地产所处地区的区域因素逐一比较，找出因区域因素优劣而造成的交易价格的高低及其程度，使其成为待估房地产所处地区的区域因素条件下的价格。

由于区域因素本身包含多个次一级的因素或因子，因此，区域因素的修正首先需分析判断比较案例房地产各因子相对于待估房地产各相应因子的条件指数，然后综合测算区域因素修正系数。

区域因素修正系数的综合有以下两种基本途径。

① 连乘法。即将各区域因子条件指数相除（分子为100%）后连乘，其计算公式为：

$$\gamma = \prod_{i=1}^{m} \frac{\gamma_{ai}}{\gamma_{ci}} \tag{3-10}$$

② 连加法。即将各区域因子条件指数相加后相除（分子为100%），其计算公式为：

$$\gamma = \frac{100}{100 + \sum_{i=1}^{m} \gamma_{ci}} \tag{3-11}$$

式（3-10）及式（3-11）中，γ_{ai}为待估房地产第i个因子的条件指数（100%）；γ_{ci}为比较案例房地产第i个因子的条件指数（待判断）；m为选择比较的因子数目。

显然，上述两种途径的计算结果略有差异，但差别一般不大，在估价所允许的误差范围内。估价实务中，为方便计算，多采用连加法。

（4）个别因素修正

个别因素是指构成房地产本身使用功能、质量优劣的因素，直接决定和影响着房地产价格水平。个别因素主要有面积、位置、形状、临街状况、地形地质条件、土地使用权年期、容积率等土地要素，建筑面积、建筑结构、建筑质量、楼层、楼高、朝向、室内平面布局、装修标准、附属设施、房屋完损程度等建筑物要素以及房地产产权要素。

个别因素修正是将比较案例相对于待估房地产在本身的使用功能、质量优劣方面的差异所造成的交易价格差异进行剔除，使其成为待估房地产所具有的个别因素条件下的价格。

与区域因素一样，个别因素本身也包含多个次一级的因素或因子。因此，个别因素的修正方法同区域因素修正方法。

3.2.4 计算比准价格

通过上述各项目分析、比较和修正后，根据估价公式则可计算某一比较案例在待估房地产情况下的价格水平。由于估价实务中选择的比较案例有多个，一般不少于三个，因此，经修正后的房地产价格（修正价格）也相应有多个，比准价格的取得要由这多个修正价格来综合。求比准价格的方法一般有以下三种。

（1）算术平均法

多个修正价格的算术平均值即为比准价格。采用这种方法一般要求各比较案例与待估房地产之间的相似程度较接近，没有大的区别。其计算公式为：

$$V = \sum_{i=1}^{m} V_i / n \tag{3-12}$$

式中，V_i为各比较案例所得的修正价格；n为选择的比较案例数；V为综合后的比准价格。

（2）加权平均法

若所选比较案例与待估房地产的相似与接近程度有较明显的差异，对待估房地产价格的影响程度也不一样，则需赋予各比较案例的修正价格以不同的权重，然后加权平均，计算比准价格。其计算公式为：

$$V = \sum_{i=1}^{m} V_i \omega_i \tag{3-13}$$

式中，ω_i为各比较案例修正价格的权重，其中$\sum \omega_i = 1$。

（3）综合法

以某一比较案例的修正价格为基础，适当参考其他比较案例的修正价格，确定待估房地产的比准价格。这种方法适用于某一宗比较案例与待估房地产十分相似和接近，其他比较案例则有较显著差异的情况。

3.3 应用案例

【例 1】 为评估某写字楼 2001 年 10 月 1 日的正常市场价格，估价人员在附近地区调查选取了 A、B、C 三宗类似写字楼的交易实例，有关资料如下。

(1) 可比实例的成交价格与成交日期

项 目	可比实例 A	可比实例 B	可比实例 C
成交价格/(元/m^2)	6000	5800	6210
成交日期	2001 年 4 月 1 日	2001 年 2 月 1 日	2001 年 5 月 1 日

(2) 交易情况分析判断

项 目	可比实例 A	可比实例 B	可比实例 C
交易情况	+3%	−1%	+2%

交易情况分析判断中的数据时以正常价格为基准，正值表示可比实例的成交价格高于其正常价格的幅度，负值表示低于正常价格的幅度。

(3) 调查获知该类写字楼的价格，2000 年 11 月 1 日至 2001 年 6 月 1 日平均每月比上月上涨 1.2%，2001 年 6 月 1 日至 2001 年 11 月 1 日平均每月比上月上涨 1.8%。

(4) 房地产状况分析判断

项 目	可比实例 A	可比实例 B	可比实例 C
因素 1	+2%	+4%	0
因素 2	−3%	−1%	+5%
因素 3	+6%	+2%	−3%

房地产状况中的三个因素对价格影响的重要程度是：因素 1 是因素 3 的 4 倍，因素 2 是因素 3 的 1.67 倍。可比实例的状况的正值表示可比实例的状况优于估价对象状况的幅度，负值表示劣于估价对象状况的幅度。

试利用上述资料估算该写字楼 2001 年 10 月 1 日的正常市场价格（如需计算平均值，采用简单算术平均法）。(**2001 年房地产估价师考试试题**)

【解】 (1) 交易情况修正系数

$$可比实例 A：\frac{100}{100+3}=\frac{100}{103}$$

$$可比实例 B：\frac{100}{100-1}=\frac{100}{99}$$

$$可比实例 C：\frac{100}{100+2}=\frac{100}{102}$$

(2) 交易日期修正系数

$$可比实例 A：(1+1.2\%)^2\times(1+1.8\%)^4=1.0999$$

$$可比实例 B：(1+1.2\%)^4\times(1+1.8\%)^4=1.1265$$

$$可比实例 C：(1+1.2\%)\times(1+1.8\%)^4=1.0869$$

(3) 房地产状况修正系数

① 因素权重值的计算

因素1的权重=4/(1+1.67+4)=0.6（或60%）

因素2的权重=1.67/(1+1.67+4)=0.25（或25%）

因素3的权重=1/(1+1.67+4)=0.15（或15%）

② 房地产状况修正系数的计算

可比实例A：

$$\frac{100}{(100+2)\times60\%+(100-3)\times25\%+(100+6)\times15\%}=\frac{100}{101}\left(\frac{100}{101.35}\right)$$

可比实例B：

$$\frac{100}{(100+4)\times60\%+(100-1)\times25\%+(100+2)\times15\%}=\frac{100}{102}\left(\frac{100}{102.45}\right)$$

可比实例C：

$$\frac{100}{(100+0)\times60\%+(100+5)\times25\%+(100-3)\times15\%}=\frac{100}{101}\left(\frac{100}{100.8}\right)$$

(4) 计算比准价格

$$比准价格A=6000\times\frac{100}{103}\times(1+1.2\%)^2\times(1+1.8\%)^4\times\frac{100}{101}$$
$$=6343.73（元/m^2）$$

$$比准价格B=5800\times\frac{100}{99}\times(1+1.2\%)^4\times(1+1.8\%)^4\times\frac{100}{102}$$
$$=6470.02（元/m^2）$$

$$比准价格C=6120\times\frac{100}{102}\times(1+1.2\%)\times(1+1.8\%)^4\times\frac{100}{101}$$
$$=6456.56（元/m^2）$$

(5) 估价对象价格=(6343.73+6470.02+6456.56)/3=6423.44（元/m^2）

【例2】 为评估某住宅楼的价格，估价人员在该住宅楼附近地区调查选取了A、B、C、D、E共五个类似住宅楼的交易实例，其相关资料见下表。

项目		实例A	实例B	实例C	实例D	实例E
成交价格/(元/m^2)		5100	5800	5200	5300	5000
成交日期		2002.11.30	2003.6.30	2003.1.31	2001.7.31	2003.5.31
交易情况		+2%	+21%	0	0	−3%
房地产状况	区位状况	0	−3%	+3%	+1%	0
	权益状况	−2%	0	+2%	−1%	−1%
	交易实物	−4%	−5%	−2%	+2%	+1%

上表中，交易情况、房地产状况中的各正、负值都是按直接比较所得结果。其中，房地产状况中三方面因素产生的作用程度相同。另据调查得知：从2001年7月1日至2002年1月1日该类住宅楼市场价格每月递增1.5%，其后至2002年11月1日则每月递减0.5%，而从2001年11月1日至2003年4月30的市场价格基本不变，以后每月递增1%。试利用上述资料根据估价相关要求选取最合适的3个交易实例作为可比实例，并估算该住宅楼2003年8月31日的正常单价（如需计算平均值，采用简单算术平均法）。(**2003年房地产估价师考试试题**)

【解】(1) 选取可比实例 实例B误差太大，实例D成交时间与估价时点相隔一年以上，故实例B和实例D不作为可比实例，选取实例A、C、E作为可比实例。

(2) 计算公式

比准价格=可比实例价格×交易情况修正系数×交易日期修正系数×房地产状况修正系数

(3) 交易情况修正系数

$$可比实例A=\frac{100}{100+2}=100/102$$

$$可比实例C=100/100$$

$$可比实例E=\frac{100}{100-3}=100/97$$

(4) 交易日期修正系数

$$可比实例A=(1+1\%)^4$$

$$可比实例C=(1+1\%)^4$$

$$可比实例E=(1+1\%)^3$$

(5) 房地产状况修正系数 因房地产状况中的三个方面因素产生的作用程度相同，故设三方面的因素的权数相同均为1/3，则有：

$$可比实例A=100/[100×1/3+(100-2)×1/3+(100-4)×1/3]=100/98$$

$$可比实例C=100/[(100+3)×1/3+(100+2)×1/3+(100-2)×1/3]=100/101$$

$$可比实例E=100/[100×1/3+(100-1)×1/3+(100+1)×1/3]=100/100$$

(6) 计算比准价格

比准价格A=5100×(100/102)×$(1+1\%)^4$×(100/98)=5309.20（元/m^2）

比准价格C=5200×(100/100)×$(1+1\%)^4$×(100/101)=5357.57（元/m^2）

比准价格E=5000×(100/97)×$(1+1\%)^3$×(100/100)=5310.98（元/m^2）

(7) 将上述三个比准价格的简单算术平均值作为市场比较法的估算结果，则有：

估价对象的价格（单价）=(5309.20+5357.57+5310.83)/3=5325.87（元/m^2）

【例3】土地使用权公开出让及土地补偿价格评估报告（市场比较法）

项目名称：×××科技有限公司用地国有土地使用权公开出让及土地补偿价格评估

受托估价单位：JG房地产估价有限公司

土地估价报告编号：JG（2006）让字第（03）号

提交估价报告日期：二○○六年二月二十日

1. 估价对象

估价对象为×××科技有限公司用地，土地规划用途为住宅。根据《拨地测量成果报告书》，估价对象规划建设用地面积37382.5m^2。本次评估以《规划意见书》设定的规划要求为依据，容积率≤0.8，建筑规模≤30000m^2。

估价对象概况如下。

(1) 土地登记状况

根据《国有土地使用证》、《建设用地规划许可证》，该宗地登记使用者为×××科技有限公司，登记用途为工业，土地使用权性质为出让国有土地使用权，有偿国有土地使用权面积37382.5m^2。土地使用期限自1997年10月4日至2043年8月5日。

估价对象位于北京市××区××镇，其四至范围是：北至××项目用地，南至××，东至××，西至××项目用地。该地区属于××市居住用途八级地。

(2) 土地权利状况

根据《国有土地使用证》，该宗地土地使用者为×××科技有限公司。×××科技有限公司拟将估价对象土地使用权进行公开入市交易。

截止到估价基准日，地块未设定抵押、租赁等他项权利。

(3) 土地利用状况

估价对象现状为×××科技有限公司所使用的国有出让用地，地上尚有部分厂房未拆除。根据北京市规划委员会颁发的《规划意见书》，估价对象规划用途为住宅。具体经济技术指标如下：建设用地面积，37382.5m^2；容积率≤0.8；建筑控制规模≤30000m^2；建筑控制高度≤12m。

2. 估价方法与估价过程

根据《城镇土地估价规程》(以下简称《规程》)，通行的估价方法有市场比较法、收益还原法、剩余法、成本逼近法、基准地价系数修正法等。估价方法的选择应按照《规程》，根据当地地产市场发育情况并结合估价对象的具体特点及估价目的等，选择适当的估价方法。

估价对象属于居住用地，结合该宗地的实际情况，经过反复研究，我们认为估价对象的评估采用市场比较法较为合理。原因是北京市同类用途宗地市场交易案例较为丰富，此次估价中可采用市场比较法选择类似交易案例进行比较，在修正调整的基础上求取估价对象的价格。

市场比较法：

(1) 选择交易案例

根据替代原则，选取近期同一供需圈内邻近地区的三个相同用途的出让案例进行比较。

① 案例 A：龙山新新小镇，位于××区庙城镇，居住用途，建设用地面积237283.283m^2，容积率0.73，土地使用年限为70年，所在地区基础设施配套程度已达“五通一平”。该宗地于2003年3月通过原北京市国土资源和房屋管理局审定，交易方式为国有土地使用权出让，交易情况正常，地面出让金170元/m^2。

② 案例 B：凤瑞小区住宅项目，位于××区杨宋镇，居住用途，建设用地面积192762m^2，容积率0.8，土地使用年限为70年，所在地区基础设施配套程度已达“五通一平”。该宗地于2004年3月通过原北京市国土资源和房屋管理局审定，交易方式为国有土地使用权出让，交易情况正常，地面出让金130元/m^2。

③ 案例 C：龙山新新小镇二期，位于××区庙城镇，居住用途，建设用地面积45265.054m^2，容积率0.65，土地使用年限为70年，所在地区基础设施配套程度已达“五通一平”。该宗地于2005年12月通过原北京市国土资源和房屋管理局审定，交易方式为国有土地使用权出让，交易情况正常，地面出让金180元/m^2。

(2) 比较因素的选择

根据估价对象与交易案例实际情况，选用影响地价的比较因素，主要包括：交易时间、土地用途、交易情况、区域因素和个别因素等。

(3) 比较因素修正

表3-2对影响地价的各种因素进行了说明，估价人员根据比较因素对地面出让金的影响规律，对因素条件进行量化，从而确定因素修正系数。

(4) 编制比较因素条件指数表

根据估价对象与比较案例各种因素具体情况，编制比较因素条件指数表。比较因素指数确定如下。

表 3-2 因素条件说明表

比较因素 \ 估价对象与案例 内容		估价对象	案例 A	案例 B	案例 C
交易时间		2006 年 2 月	2003 年 3 月	2004 年 3 月	2005 年 12 月
用途		居住	居住	居住	居住
交易情况		国有土地使用权出让	国有土地使用权出让	国有土地使用权出让	国有土地使用权出让
出让金/(元/m²)		待估	170	130	180
区域因素	交通便捷度	较高	较高	一般	较高
	居住社区成熟度	较高	较高	较低	较高
	商业繁华度	一般	一般	一般	一般
	环境优劣度	好	好	较好	好
	基础设施配套状况	五通	五通	五通	五通
	公共设施配套状况	基本完善	基本完善	基本完善	基本完善
个别因素	距区域中心距离	约 1.5km	约 1.5km	约 1.5km	约 1.5km
	宗地情况	较规则	较规则	较规则	不规则
	容积率	0.8	0.73	0.8	0.65
	临街状况	不临街	一面临街	一面临街	不临街
	规划限制条件	有一定限制	有一定限制	有一定限制	有一定限制

① 估价对象与三个案例的交易情况及区域因素中的商业繁华度、基础设施配套状况、公共设施配套状况，个别因素中的规划限制条件等因素均一致，故对上述影响地价的因素不做修正。

② 交易时间。估价人员查阅有关统计资料，并对估价对象所在区域居住用地市场进行调查，2002～2005 年北京市的地价水平略有变化，该区域该用途地价水平 2003 年比 2002 年约上涨 2%，2004 年比 2002 年约上涨 4%，2005 年比 2002 年约上涨 6%，2006 年地价水平与 2005 年持平，则以 2002 年的修正系数为 100，2003 年为 102，2004 年为 104，2005 年为 106，2006 年为 106。

③ 由于估价对象与比较案例的容积率均小于级别平均容积率，根据《关于公布本市出让国有土地使用权基准地价应用方法的通知》（国土房管出［2002］1121 号），此项不做修正。

④ 区域及个别因素修正系数：

a. 交通便捷度。分为低、较低、一般、较高、高五个等级，以估价对象为 100，每上升或下降一个等级，指数增加或减少 6%。

b. 居住社区成熟度。分为低、较低、一般、较高、高五个等级，以估价对象为 100，每上升或下降一个等级，指数增加或减少 5%。

c. 环境优劣度。分为差、较差、一般、较好、好五个等级，以估价对象为 100，每上升或下降一个等级，指数增加或减少 5%。

d. 距区域中心的距离。根据估价对象及比较案例距市中心的距离进行比较，以估价对象为 100，每增加或减少 1km，指数减少或增加 1%。

e. 宗地情况。分为不规则、较规则、规则三个等级，以估价对象为 100，每上升或下降一个等级，指数增加或减少 2%。

f. 临街状况。分为不临街、一面临街、两面临街、三面临街四个等级，以估价对象的等级为 100，每上升或下降一个等级，指数增加或减少 1%。

根据以上比较因素指数的说明，编制比较因素条件指数表，详见表 3-3。

表 3-3 比较因素条件指数表

比较因素	内容 \ 估价对象与案例	估价对象	案例 A	案例 B	案例 C
交易时间		106	102	104	106
用途		100	100	100	100
交易情况		100	100	100	100
区域因素	交通便捷度	100	100	94	100
	居住社区成熟度	100	100	90	100
	商业繁华度	100	100	100	100
	环境优劣度	100	100	95	100
	基础设施配套状况	100	100	100	100
	公共设施配套状况	100	100	100	100
个别因素	距区域中心距离	100	100	98	100
	宗地情况	100	100	100	98
	容积率	100	100	100	100
	临街状况	100	101	101	100
	规划限制条件	100	100	100	100

(5) 因素修正

在因素条件指数表的基础上，进行比较实例交易情况、交易时间、区域因素和个别因素等修正，即将估价对象的因素条件与比较实例的因素条件进行比较，得到各因素修正系数，并得出比准价格，详见表 3-4。

(6) 结果

考虑到三个实例修正后得到的结果水平接近，故取其算术平均值作为比准结果：

地面出让金＝(174.91＋166.56＋183.67)÷3＝175.05 元/m^2

出让金总价＝175.05×37382.5＝654.38 万元

(7) 土地开发费

根据对该区域土地开发成本的调查和测算，达到宗地红线内“三通一平”，其地面土地开发费取 1000 元/m^2。

(8) 熟地价

地面熟地价＝出让金＋土地开发费＝175.05＋1000＝1175.05 元/m^2

楼面熟地价＝1175.05÷0.8＝1468.81 元/m^2

地面熟地价＝1175.05×37382.5＝4392.63 万元

表 3-4 因素比较修正系数表

比较因素 \ 估价对象与案例 \ 内容		案例 A	案例 B	案例 C
出让金/(元/m^2)		170	130	180
交易时间		106/102	105/104	106/106
土地用途		100/100	100/100	100/100
交易情况		100/100	100/100	100/100
区域因素	交通便捷度	100/100	100/94	100/100
	居住社区成熟度	100/100	100/90	100/100
	商业繁华度	100/100	100/100	100/100
	环境优劣度	100/100	100/95	100/100
	基础设施配套状况	100/100	100/100	100/100
	公共设施配套状况	100/100	100/100	100/100
	距区域中心距离	100/100	100/98	100/100
个别因素	宗地情况	100/100	100/100	100/98
	容积率	100/100	100/100	100/100
	临街状况	100/101	100/101	100/100
	规划限制条件	100/100	100/100	100/100
综合修正系数		1.0289	1.2812	1.0204
比准价格/(元/m^2)		174.91	166.56	183.67

注：综合修正系数为各因子修正系数连乘计算的结果。

【例 4】 房地产纠纷估价报告（市场比较法）

估价项目名称：无锡市××路（安置补偿）房地产

委托估价方：××法院

受托估价方：××房地产评估有限公司

估价人员：

估价时点：2001 年 9 月 27 日

估价日期：2001 年 9 月 27 日至 2001 年 10 月 28 日

估价报告编号：（2001）第××号

1. 估价对象

估价对象系××建设经营发展公司房地产开发公司房屋拆迁安置补偿纠纷一案讼争得的安置房屋。根据当事人 1996 年 4 月 17 日签订的《关于拆迁安置房屋的协议》约定的内容，评估鉴定对象位于无锡市××路中段，坐北朝南，是退台式 7 层商住楼和第二层临街商业用房（含二层屋面平台），框架结构，建筑面积 229.89m^2，建于 1997 年。

2. 估价过程

市场比较法：

在与评估鉴定对象相近或类似地段有较丰富的交易资料，因此，确定选择与估价对象房地产结构、用途、临街等情况相同和类似的交易实例，用市场比较法进行评估，通过因素修正，求取比准价格，确定为待估房地产的市场价格。

（1）交易实例选用原则

① 地理位置相同或类似　选取与评估鉴定对象所在区域相同或相邻的交易实例。

② 建造年代相同或相近　选取与待估房地产的建造年代相同或接近的交易实例。

③ 建筑结构和楼层相同或相似　选取与待估房地产在建筑结构和楼层相同或相似的交易实例。

④ 交易日期相近　选取交易日期与评估鉴定基准日比较接近或可进行日期修正的交易实例。

（2）交易实例价格修正

求取2001年9月27日的市场价格（见表3-5）。

表3-5　比较实例价格修正表（基准日：2001年9月27日）

比较实例编号	A	B	C	D
用途性质	商业	商业	商业	商业
建筑结构	框架	框架	框架	框架
构建年代	1997	1997	1999	1999
楼层	1/7	1/7	1/16	1/16
朝向	南	南	北	北
交易日期	2000年2月	2000年1月	2001年3月	2001年1月
交易情况	正常	正常	正常	正常
交易单价/(元/m^2)	4164.43	4164.43	5700.00	5100.00
交易情况修正	100	100	100	100
交易日期修正	117	118	106	108
区域因素修正	100	100	100	100
个别因素修正	105	105	113	108
修正单价/(元/m^2)	4643.85	4684.49	5344.38	5102.57
基准单价(v_2)/(元/m^2)	4943.83			
建筑面积/m^2	229.89			
比准价格(V_2)/元	1136536			

① 选取实例资料　在相近和类似地段选取房屋结构、功能、用途等相同或类似的房地产交易实例资料。

② 交易情况修正　比较实例A、B、C、D均属正常交易，不做修正。

③ 交易日期修正　统计资料显示近期商品房价格呈微幅上扬趋势，经分析确定对比较实例A、B、C、D进行日期修正，修正指数分别为：117、118、106、108。

④ 区域因素修正　根据所处地段、位置、繁华程度、交通条件等情况，交易实例和评估鉴定对象相比较，均在同一区域，因此不做修正。

⑤ 个别因素修正　比较对象为临街商业营业用房，主要考虑结构、面积、楼层、层高、成新率及设施等因素，经分析确定比较对象A、B、C、D的修正指数分别为：105、105、113、108。

⑥ 基准单价（v_2）　根据上述各项修正因素，计算比较实例的修正价格，并以其简单算术平均值作为估价对象的基准单价（即评估单价）。

⑦ 比准价格（V_2）

$$V_2=\text{评估单价}\times\text{建筑面积}=4943.83\times229.89=1136536\ (\text{元})$$

【例 5】评估某块城市规划确定的住宅用地

土地总面积为 $1500m^2$。

(1) 收集有关资料：共调查了A、B、C三宗土地买卖实例作为比较实例。

(2) 可比实例的成交价格如下。

项 目	可比实例 A	可比实例 B	可比实例 C
成交价格/(元/m^2)	1200	1150	1380
成交日期	2004 年 2 月 20 日	2004 年 4 月 20 日	2004 年 7 月 20 日
交易情况	正常	比正常价格低 3%	比正常价格高 5%

(3) 该类土地 2004 年 1 月至 9 月的价格变动情况如下表所示。

月份	1	2	3	4	5	6	7	8	9
价格指数	100	100.3	98.5	102.6	101.3	102.8	103.5	103.3	103.8

注：表中的价格指数为环比价格指数，均以上个月为 100。

(4) 房地产状况的比较判断结果，如下表所示。

房地产状况	权重	估价对象	可比实例 A	可比实例 B	可比实例 C
因素 1	0.4	100	95	92	106
因素 2	0.35	100	105	96	109
因素 3	0.25	100	110	98	97

试运用上述资料估算该土地 2004 年 9 月 20 日的正常市场价格。

【解】(1) 计算公式

比准价格=可比实例价格×交易情况修正系数×交易日期调整系数×房地产状况调整系数

(2) 交易情况修正系数

可比实例 A=100/100

可比实例 B=100/97

可比实例 C=100/105

(3) 交易日期调整系数

可比实例 A=0.985×1.026×1.013×1.028×1.035×1.033×1.038=1.168

可比实例 B=1.013×1.028×1.035×1.033×1.038=1.156

可比实例 C=1.033×1.038=1.072

(4) 房地产状况调整系数

可比实例 A=100/(95×0.4+105×0.35+110×0.25)=100/102.25

可比实例 B=100/(92×0.4+96×0.35+98×0.25)=100/94.55

可比实例 C=100/(106×0.4+109×0.35+97×0.25)=100/104.8

(5) 计算比准价格

比准价格 A=1200×(100/100)×1.168×(100/102.25)=1370.76 (元/m^2)

比准价格 B=1150×(100/97)×1.156×(100/94.55)=1449.51 (元/m^2)

比准价格 C=1380×(100/105)×1.072×(100/104.8)=1344.38 (元/m^2)

(6) 将上述三个比准价格的简单算术平均数作为比较法的估算结果，则有：

估价对象价格（单价）=(1370.76+1449.51+1344.38)/3=1388.22（元/m^2）

估价对象价格（总价）=1388.22×1500=208.23（万元）

【例 6】改错题（2003 年房地产估价师考试试题）

可比实例因素及差异表（有节略）

项目			估价对象	实例 A	实例 B	实例 C
交易价格/(元/m^2)			待估	6000	6800	6900
交易时间			2003.8	2003.5	2003.2	2003.1
交易情况				0	0	0
房地产状况因素	地域因素	配套设施情况		−2	+2	+3
		地理位置		−3	−1	0
		交通出行便利情况		−2	+1	+1
		环境、社区状况		0	0	0
	个别因素	用途		0	0	0
		容积率		−1	+2	−1
		建筑形式		−1	0	+2
		房屋内装修情况		+1	+2	+3

注：表中房地产状况因素是以估价对象为基准给出的，正（负）值表示可比实例的房地产状况优（劣）于估价对象的房地产状况导致的价格差异幅度。

当地 2003 年 1～8 月房地产价格定基指数为：1060、1062、1064、1065、1048、1046、1050、1051。

比准价格计算：

1. 交易日期修正系数

$$K_A=99.7\%$$
$$K_B=99.0\%$$
$$K_C=99.2\%$$

2. 求取比准价格

比准价格 A=6000×99.7%×100/100×100/98×100/97×100/98×100/100×100/100×100/99×100/99×101/100=6617（元/m^2）

比准价格 B=6800×99.0%×100/100×100/102×100/99×100/101×100/100×100/100×100/102×100/100×100/100=6344（元/m^2）

比准价格 C=6900×99.2%×100/100×100/103×100/100×100/101×100/100×100/100×100/101×100/102×100/103=6201（元/m^2）

比准价格计算结果：

(6617+6344+6201)/3=6387（元/m^2）

【解】(1) K_A 计算错，应为 1051/1048=100.3%。

(2) 比准价格 A，房屋内装修情况修正系数错误，应为：100/101。

比准价格 A=6000×99.7%×100/100×100/98×100/97×100/98×100/100×100/100×100/99×100/99×100/101−6487（元/m^2）

(3) 比准价格 C，容积率修正系数错误，应为：100/99。

比准价格 C=6900×99.2%×100/100×100/103×100/100×100/101×100/100×100/100×100/99×100/102×100/103=6326（元/m^2）

思 考 题

1. 在市场法选择可比实例的过程中，可比实例的规模应与估价对象的规模相当，选取的可比实例规模一般应在估价对象规模的多大范围之内？

2. 运用市场法时，估价人员根据基本要求选取可比实例后，需要建立价格可比基础，主要包括哪些？

3. 市场比较法的理论依据是什么？

4. 用市场比较法评估房地产价格时，通常要对比较实例价格进行哪些因素修正？

5. 选用市场比较法评估的条件是什么？

4 收益还原法

4.1 收益还原法的基本原理

4.1.1 概念

收益还原法（income approach），又称收益资本化法、收益现值法，是将房地产预期未来各年的正常纯收益以适当的资本化率折现求和（资本化），求取待估房地产在一定时点、一定产权状态下价格的一种估价方法。

采用收益还原法求得的试算价格，称收益价格。

收益还原法是房地产估价中最常用的方法之一，它也是对土地、房屋、不动产或其他具备收益性质资产进行估价的基本方法。此方法用于房地产估价时，把购买房地产作为一种投资，房地产价格作为购买未来若干年房地产收益而投入的资本。因此，收益还原法是在估算房地产在未来每年预期纯收益的基础上，以一定的还原率，将待估房地产在未来每年的纯收益折算为评估时日收益总和的一种方法。

4.1.2 理论依据

收益还原法的理论依据是房地产价格形成的预期收益原理。为方便理解，假设某投资者拥有一宗房地产，每年能产生 10 万元的纯收益；同时，此投资者拥有 100 万元的资本金，将其存入银行，银行的年利率是 10%，则此投资者每年可得 10 万元的资本利息额。对该投资者而言，这宗房地产产生的纯收益与 100 万元的资本金获得的利息是等价的。可以认为，该房地产的价值是 100 万元。又如：假设有一宗土地，每平方米每年可产生 1000 元的纯收益，土地所有人对此房地产的纯收益能以 5%的资本年利率还原即满意，那么该房地产收益价格应该是每平方米 20000 元，即地价＝土地年纯收益/土地还原率。再假设此人另以 20000 元货币以年利率 5%存入银行，此人每年得到的利息（货币纯收益）与上述的一平方米土地的收益是等额的。因此，对该土地所有者来讲，一平方米土地与 20000 元货币，其资本价值相等。

上述例子反映了房地产价格形成的预期收益原理，即房地产的价格是由房地产未来能给权利人带来的全部经济收益的现值来决定的。这是因为，房地产具有使用的长期性特点。对于购买房地产商品的投资者而言，其目的是为了获得该房地产将来较长时间内所能带来的利益（收益）。例如，某投资者购买一商业店铺，用于出租，并从中获得相应的租金收益；购买一套住房，用于自住，不能产生直接的收益，但可省去他租房所花费的机会成本（费用）。由于房地产使用的长期性，并由此带来收益的长久性，在预期的房地产使用年期内，这种收益将源源不断地产生。为了获得这种收益的权利，投资者该支付多少费用呢？显然，对于购买人而言，其所支付的价格不能超过该房地产在他所购买的权利期限内将产生的所有收益的现值之和，否则，对他而言，是不经济的。同样，对于出售方而言，如果该房地产某项权利出售的价格低于该项权利将来所能产生的全部收益的现值之和，则他宁愿自己享受这项权利。这样，在理性经济行为下，双方都能接受的价格便是该房地产在权利期限内所产生的全部收益的现值之和。

综上所述，由于房地产具有固定性、不增性、个别性、永久性等特性，使用者在占有某块土地时，房地产不仅能提供现时的纯收益，而且还能在未来源源不断地继续提供收益。当将此项随时间延续而能不断取得的纯收益，以适当的还原利率折算为现在价值的总额（称为收益价值或资本价值）时，它即表现为该房地产的实质价值，也是适当的客观交换价值，这就是收益还原法的原理。

4.1.3 基本公式

根据上述基本概念及理论依据，可用现金流（见图 4-1）分析收益还原法的基本估价公式。

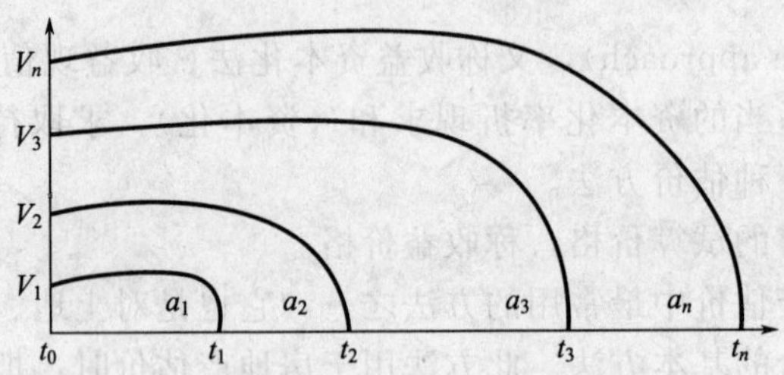

图 4-1 收益还原法现金流量示意图

设某房地产的估价时点是 t_0，该房地产未来第 i 年的纯收益为 a_i，未来第 i 年的收益现值为 V_i，相应时期的贴现率（利率）为 r_i，收益年期为 n 年，$i=1,2,\cdots,n$，房地产价格为 V。则由图 4-1 可知：

第一年纯收益的收益现值为

$$V_1=\frac{a_1}{1+r_1} \tag{4-1}$$

第二年纯收益的收益现值为

$$V_2=\frac{a_2}{(1+r_1)(1+r_2)} \tag{4-2}$$

其余类推，可知第 i 年纯收益的收益现值为

$$V_i=\frac{a_i}{(1+r_1)(1+r_2)\cdots(1+r_i)} \tag{4-3}$$

则该房地产的价格为：

$$V=\frac{a_1}{1+r_1}+\frac{a_2}{(1+r_1)(1+r_2)}+\cdots+\frac{a_n}{(1+r_i)(1+r_2)\cdots(1+r_n)} \tag{4-4}$$

式（4-4）即为收益还原法的基本公式，收益还原法的其他应用估价公式均在一定的假定条件下，由这一公式导出。式（4-4）尽管是基本的估算公式，但在形式上相对复杂，且要逐年测定未来各年的纯收益与相应的贴现率，这几乎是不可能的。因此，这一基本估价公式本身并没有估价实务意义。

收益还原法中常用的估算公式可由下列假定得出。假设：①房地产未来各年的纯收益相等，$a_1=a_2=\cdots=a_i=a$；②房地产未来各年的资本化率相等，即 $r_1=r_2=\cdots=r_i=r>0$，则上式转化为：

$$V=\frac{a}{r}\left[1-\frac{1}{(1+r)^n}\right] \tag{4-5}$$

当收益年期 n 趋于∞时，有

$$V=\frac{a}{r} \tag{4-6}$$

式（4-5）和式（4-6）是收益还原法中常用且形式简单的估价公式，其中，式（4-5）是一定使用年期的收益还原法估价公式，相当于使用权价格；式（4-6）是无限年期的收益还原法估价公式，相当于所有权价格。

除上述基本公式外，根据房地产未来收益的实际情况，有各种不同的变形，如纯收益在前若干年有变化的情况、预知未来若干年后房地产价格的情况、纯收益按一定等差或一定比率变化的情况等。对于这些实际情况，均可从公式（4-4）导出相应的估价公式。

4.1.4 方法特点与适用范围

（1）方法特点

① 理论性强。收益本身就是价值的一种反映，收益还原法从房地产收益角度估算房地产价格，不仅反映了其价格之大小，而且说明了价格的来源和依据。

② 方法中收益与价格的关系反映了房地产市场租金与售价的关系。因此，运用收益还原法评估房地产租赁收益（租金）与评估房地产价格同样重要。

③ 收益还原法评估结果的正确性依赖于未来纯收益与资本化率两个参数，而更主要地取决于资本化率选择的正确与否。这是因为，资本化率本身是一个小量（相对于纯收益），其数值的较小变化将导致评估结果的较大差异（包括绝对值和相对值）。所以，资本化率是收益还原法，也是所有房地产估价方法中最重要的参数，合理确定这一参数是收益还原法能否成功的关键，也是该方法运用的重点和难点。

（2）适用范围

收益还原法的适用范围是有收益或潜在收益的房地产。因为，如果某房地产无收益，则无从谈及资本化，也无收益价格可言。当然，从广义而言，所有的房地产都是有收益的，否则就不可能继续存在下去。因此，这里所说的收益是指可以用货币来度量的收益。

因此，那些出于自用而购买的房地产，如一些公益性房地产，如政府机关办公楼、学校、公园、寺庙、教堂等，不宜采用此方法。

4.2 收益还原法的估价步骤

现行的《中华人民共和国国家标准房地产估价规范》和《城镇土地估价规程》分别规范房地产估价和土地估价，两者对于收益还原法的规定有所不同，现分别论述。

4.2.1 应用收益还原法的房地产估价步骤

4.2.1.1 估价程序

根据房地产估价规范规定运用收益法估价一般分为下列 7 个步骤进行：①搜集有关收入和费用的资料；②估算潜在毛收入；③估算有效毛收入；④估算运营费用；⑤估算净收益；⑥选用适当的资本化率；⑦选用适宜的计算公式求出收益价格。

潜在毛收入、有效毛收入、运营费用、净收益均以年度计。潜在毛收入，是假定房地产在充分利用、无空置状态下可获得的收入。有效毛收入，是由潜在毛收入扣除正常的空置、拖欠租金以及其他原因造成的收入损失后所得到的收入。运营费用，是维持房地产正常生产、经营或使用必须支出的费用及归属于其他资本或经营的收益。净收益，是由有效毛收入扣除合理运营费用后得到的归属于房地产的收益。资本化率，是估计正常投资者投资获取净收益而要求的收益率。

4.2.1.2 收益法的计算公式

（1）最一般的公式

$$V=\sum_{i=1}^{n}\frac{a_i}{(1+r)^i}$$

式中，V 为收益价格；i 为年份；n 为收益年限；a_i 为未来第 i 年的净收益；r 为资本化率。

该公式实际上是收益法基本原理的公式化，当公式中的 a_i 有规律变化及 n 为有限年或无限年等的情况下，可以导出后述各公式。该公式在实际估价中难以操作，除非收益年限短。

(2) 收益年限为无限年，其他因素不变的公式

$$V=\frac{a}{r}$$

此公式的假设前提是：①收益年限 n 为无限年；②净收益每年不变，为 a；③资本化率大于零，为 r。

【例 1】 有一房地产，利用该宗房地产正常情况下每年所获得的总收益为 20 万元，每年所需支出的总费用为 12 万元，该类房地产的资本化率为 8.5%，则该宗房地产的价格为：

$$V=\frac{a}{r}=\frac{20-12}{8.5\%}=94.1\text{（万元）}$$

(3) 收益年限为有限年，其他因素不变的公式

$$V=\frac{a}{r}\left[1-\frac{1}{(1+r)^n}\right]$$

此公式的假设前提是：①收益年限有限，为 n；②净收益每年不变，为 a；③资本化率不等于零，为 r。

此公式有下列用途：

① 直接用于计算价格；

② 不同年限价格的换算；

③ 比较不同年限价格的高低；

④ 用于比较法中土地使用年限修正；

⑤ 其他，如可以用来说明在不同资本化率下土地使用年限长到何时，有限年的土地使用权价格接近无限年的土地所有权价格。通过计算可以发现，资本化率越高，接近无限年的价格越快。

【例 2】 有一房地产，利用该宗房地产正常情况下每年所获得的总收益为 20 万元，每年所需支出的总费用为 8 万元，该类房地产的资本化率为 8%，另外，该宗房地产是在政府有偿出让土地使用权的地块上建造的，当时获得的土地使用权年限为 50 年，现已使用了 10 年，则该宗房地产的价格为：

$$V=\frac{a}{r}\left[1-\frac{1}{(1+r)^n}\right]=\frac{20-8}{8\%}\left(1-\frac{1}{(1+8\%)^{50-10}}\right)=143\text{（万元）}$$

(4) 净收益在未来的前若干年有变化的公式

① 收益年限为无限年的公式：

$$V=\sum_{i=1}^{n}\frac{a_i}{(1+r)^i}+\frac{a}{r(1+r)^t}$$

式中，t 为净收益有变化的年限。

此公式的假设前提是：a. 净收益在未来的前 t 年（含第 t 年）有变化，在 t 年以后无变化，为 a；b. 资本化率大于零，为 r；c. 收益年限 n 为无限年。

② 收益年限为有限年的公式：

$$V=\sum_{i=1}^{n}\frac{a_i}{(1+r)^i}+\frac{a}{r(1+r)^t}\left[1-\frac{1}{(1+r)^{n-t}}\right]$$

此公式的假设前提是：a. 净收益在未来的前 t 年（含第 t 年）有变化，在 t 年以后无变化；b. 资本化率 r 不等于零；c. 收益年限 n 有限。

（5）净收益按一定数额额递增的公式

① 收益年限为无限年的公式

$$V=\frac{a}{r}+\frac{b}{r^2}$$

式中，b 为净收益逐年递增的数额。

此公式的假设前提是：a. 净收益按一定数额递增；b. 资本化率 r 大于零；c. 收益年限 n 为无限年。

② 收益年限为有限年的公式：

$$V=\left(\frac{a}{r}+\frac{b}{r^2}\right)\left[1-\frac{1}{(1+r)^{n-t}}\right]-\frac{b}{r}\times\frac{n}{(1+r)^n}$$

此公式的假设前提是：a. 净收益按一定数额递增；b. 资本化率 r 不等于零；c. 收益年限 n 有限。

（6）净收益按一定数额递减的公式

净收益按一定数额递减的公式只有收益年限有限一种：

$$V=\left(\frac{a}{r}-\frac{b}{r^2}\right)\left[1-\frac{1}{(1+r)^{n-t}}\right]+\frac{b}{r}\times\frac{n}{(1+r)^n}$$

式中，b 为净收益逐年递减的数额。

此公式的假设前提是：a. 净收益按一定数额递减；b. 资本化率 r 不等于零；c. 收益年限 n 有限，且 $n\leqslant a/b$。

（7）净收益按一定比例递增的公式

① 收益年限为无限年的公式：

$$V=\frac{a}{r-g}$$

式中，g 为净收益逐年递增的比率。

此公式的假设前提是：a. 净收益按一定比例递增；b. 资本化率 r 大于净收益逐年递增的比率 g；c. 收益年限 n 为无限年。

② 收益年限为有限年的公式：

$$V=\frac{a}{r-g}\left[1-\left(\frac{1+g}{1+r}\right)^n\right]$$

此公式的假设前提是：a. 净收益按一定比例递增；b. 资本化率 r 不等于净收益逐年递增的比率 g；c. 收益年限 n 有限。

（8）净收益按一定比率递减的公式

① 收益年限为无限年的公式：

$$V=\frac{a}{r+g}$$

式中，g 为净收益逐年递减的比率。

此公式的假设前提是：a. 净收益按一定比例递减；b. 资本化率 r 大于零；c. 收益年限 n 为无限年。

如果有效毛收入与运营费用逐年递增或递减的比率不等，设 A 表示有效毛收入，C 表示运营费用，收益年限为无限年。

- A 逐年递增的比率为 g_1，C 逐年递增的比率为 g_2，则

$$V=\frac{A}{r-g_1}-\frac{C}{r-g_2}$$

- A 逐年递减的比率为 g_1，C 逐年递减的比率为 g_2，则

$$V=\frac{A}{r+g_1}-\frac{C}{r+g_2}$$

- A 逐年递增的比率为 g_1，C 逐年递减的比率为 g_2，则

$$V=\frac{A}{r-g_1}-\frac{C}{r+g_2}$$

- A 逐年递减的比率为 g_1，C 逐年递增的比率为 g_2，则

$$V=\frac{A}{r+g_1}-\frac{C}{r-g_2}$$

② 收益年限有限年的公式：

$$V=\frac{a}{r+g}\left[1-\left(\frac{1-g}{1+r}\right)^n\right]$$

此公式的假设前提是：a. 净收益按一定比例递减；b. 资本化率 r 不等于零；c. 收益年限 n 有限。

(9) 预知未来若干年的净收益及若干年后的价格的公式

$$V=\sum_{i=1}^{n}\frac{a_i}{(1+r)^i}+\frac{V_t}{(1+r)^t}$$

此公式的假设前提是；a. 已知房地产在未来第 t 年末的价格为 V_t；b. 已知房地产未来 t 年（含 t 年）的净收益。

如果 a_i 每年相等，均为 a，则上述公式变为：

$$V=\frac{a}{r}\left[1-\frac{1}{(1+r)^t}\right]+\frac{V_t}{r(1+r)^t}$$

4.2.1.3 净收益的求取

(1) 净收益的计算公式

净收益＝潜在毛收入－空置等造成的收入损失－运营费用＝有效毛收入－运营费用

潜在毛收入、有效毛收入、运营费用、净收益均以年度计。

潜在毛收入：假定房地产在充分利用、无空置状态下可获得的收入。

有效毛收入：由潜在毛收入扣除正常的空置、拖欠租金以及其他原因造成的收入损失后所得到的收入。

运营费用是维持房地产正常生产、经营或使用必须支出的费用及归属于其他资本或经营的收益（运营费用与会计上的成本费用有所不同，如不包含所得税、抵押贷款偿还额、建筑物折旧费、土地摊提费、房地产改扩建费用等，而包含其他资本或经营的收益，如商业、餐饮、工业、农业等经营者的正常利润）。

净收益：由有效毛收入扣除合理运营费用后得到的归属于房地产的收益

(2) 不同收益性房地产的净收益求取

① 出租型房地产的净收益求取。出租型房地产应根据租赁资料计算净收益：

净收益＝租赁收入－维修费－管理费－保险费－房地产税－租赁代理费

租赁收入：包括有效毛租金收入和租赁保证金、押金等的利息收入。

② 直接经营型房地产的净收益求取。直接经营型房地产应根据经营资料计算净收益：

净收益＝商品销售收入－商品销售成本－经营费用－商品销售税金及附加－管理费用－财务费用－商业利润

③ 自用或尚未使用房地产的净收益求取。可以比照同一市场上有收益的类似房地产的有关资料按上述相应的方式计算净收益，或直接比较得出净收益。

房地产的收益可分为实际收益和客观收益（费用也如此）。

实际收益是在现状下实际取得的收益，一般来说它不能用于估价，因为个别人或个别企业的经营能力等影响实际收益很大，若以实际收益为基础进行资本化，会得到不切实际的结果。如城市中有一块空地，目前不做任何使用，实际收益为零，甚至还为负数（因为要缴纳各种税费），但如此并不表示这块空地无价值。再如某企业占用一块交通便利的土地，但由于经营不善，由总收益减去总费用所得的结果可能为负数，这也不意味着这块土地无价值。

客观收益是排除了实际收益中属于特殊的、偶然的因素后所能得到的一般正常收益，它才能作为估价的依据。

房地产的收益也有有形收益和无形收益，在估计收益时不仅要包括有形收益，还要包括各种无形收益。至于净收益的具体求取要因房地产的情况不同而异。例如，以收益为目的而出租的房地产，其净收益是由该租赁收入扣除维修费、管理费、税金、保险费、租赁中介费等后的余额。但实际求取时还要看租金的支付条件，如果保证安全、合理、正常地使用所需的费用均由出租方承担，则是上述求取方法；如果水电、清洁、维修、保安等均由承租方负担，则承租方支付的租金就接近于净收益，因此扣除的项目要减少。

4.2.1.4 资本化率的求取

(1) 土地还原率的概念

在运用收益还原法评估不动产的价格时，按照待估房地产的不同（单纯的土地估价、建筑物的估价或房地产的估价），可以将还原率分为以下三类。

综合还原率：是求取土地及其地上建筑物合为一体的价格时所使用的还原率。即如果运用收益还原法评估的是土地及建筑物合为一体的价格，所使用的纯收益必须是土地及建筑物合为一体所产生的纯收益，同时，所选用的还原率，必须是土地及建筑物合为一体的还原率，即综合还原率。

建筑物还原率：是求取单纯建筑物价格时所使用的还原率。这时所对应的纯收益是建筑物本身所产生的纯收益，不包括土地产生的纯收益，因此选用的还原率，也应是建筑物还原率。

土地还原率：是用以将土地纯收益还原成为土地价格的比率。在采用收益还原法评估土地价格时确定适当的还原率，是准确计算土地价格的非常关键的问题，是求取纯土地价格时，所应使用的还原率。这时对应的纯收益，是由土地所产生的纯收益，这个纯收益不应包括其他方面带来的部分。所选用的还原率，是相应的土地的还原率。一般情况下，土地还原率比建筑物还原率低 2～3 个百分点。

综合还原率、建筑物还原率、土地还原率三者虽有严格区分，但又是相互联系的。若知道其中两个还原率，便可求出另一个还原率，计算公式如下：

$$r=\frac{r_1L+r_2B}{L+B}$$

$$r=\frac{r_1L+r_2(L+d)B}{L+B}$$

式中，r 为综合还原率；r_1 为土地还原率；r_2 为建筑物还原率；L 为地价；B 为建筑物价格；d 为建筑物折旧率。

上面第一个公式适用于建筑物折旧后的纯收益的情况；第二个公式适用于建筑物折旧前的纯收益的情况。

(2) 求取还原率的几种观点

利用收益还原法评估土地或房地产的价格，影响评估结果最大的一个因素是还原率。还原率随房地产的种类不同而不同，对投资风险大的房地产，其还原率高，反之，风险愈小，还原率愈低。选择的还原率不同，评估出的收益价格就会发生很大的差别。如表 4-1 所示，对于纯收益同是 5 万元的土地，当选取的还原率为 2%时，评估额为 250.00 万元；当选取的还原率为 6%时，评估额为 83.33 万元。因此还原率确定的准确与否对估价结果的准确性有着非常重要的影响。

表 4-1　产生定额纯收益的房地产在不同还原率下的评估价格

纯收益/万元	还原率/%	房地产价格/万元	纯收益/万元	还原率/%	房地产价格/万元
5	2	250.00	5	6	83.33
5	3	166.67	5	8	62.50
5	4	125.00	5	10	50.00
5	5	100.00	5	12	41.67

以下是有关还原率的主要观点：

① 马克思对地租资本化中的利息率有一些论述。关于地租资本化中的利息率，马克思在《资本论》中同时提到 5 种利息率的可能性：a. 平均利息率；b. 资本投在有息证券上的利息率；c. 借贷资本的利息率（即贷款利息率）；d. 普通利息率；e. 资本增值率。同时，马克思还提到，地租资本化的利息率比长期投资的利息率要低。

② 中国台湾的林英彦提出，收益还原法中的还原率应采用实质利率。所谓实质利率，是以银行一年期定期存款利率为基础，并用物价指数调整以后，再扣除一成的所得税得到的比率，这个比率可直接作为土地还原率。

③ 中国台湾的柯傅义在其编译的资料中，介绍了西方选择还原率所使用的方法：a. 市场投资品质比较法；b. 投资组合法；c. 银行家利率选择法；d. 重叠法。

④ 日本杉木正幸著的《不动产价格》一书中，总结了以往学说上关于决定还原率的种种主张。主要有：a. 地方的一般利率说；b. 地方的习惯利率说；c. 地方的土地利率说；d. 普通一般利率说；e. 长期投资利率说；f. 相当于抵押贷款利率与剩余贷款利率的复合利率说；g. 相当于纯粹利息与风险贴补金的复合利率说。

⑤ 美国雷利·巴洛维教授在《土地资源经济学——不动产经济学》一书中指出，确定还原率主要采用 3 种方法：a. 加总法；b. “投资分段理论”；c. 对比选择法。另外，他补充提到了第四种方法，即银行家利率选择法。雷利·巴洛维的加总法与柯傅义的重叠法是一回事，“投资分段理论”与投资组合法是一回事，对比选择法与市场投资品质比较法是一回事，仅是由于翻译的不同。

⑥ 日本及中国台湾有关不动产估价法规中规定了求取还原率的方法。日本《不动产鉴定评价基准》规定；还原率应以最具一般性的投资利润率为标准。中国台湾《地价调查估计规则》规定：还原率采用通行投资年利率。

⑦ 其他有关文献也有一些不同主张，如：a. 银行存款利率；b. 产业平均获利率；c. 政府统计的经济增长率；d. 安全利率加上风险调整值，其中的安全利率一般可以用银行的定期存款利率（在美国为长期债券利率），风险调整值则根据当时影响地价的社会经济环境决

定；e. 房地产的租价比，即还原率=租金/价格。

收益还原法中采用的还原率，从纯理论上讲，应等于与获取纯收益具有同等风险和资本的获利率。因此，采用安全利率加上风险调整值比较合适；同时，采用租金与价格的比率是比较实用的。

（3）还原率的确定方法

纯收益与价格比率法：即采用市场上相同或相似不动产的纯收益与价格的比率。为避免偶然性，常常需要考察多宗不动产（一般至少三宗以上），求其纯收益与价格的平均值。具体方法是：选择3宗以上最近发生的，且在类型、性质上都与待估房地产具有相似特点的交易案例，以案例的纯收益与其价格的比率的均值作为还原率。

安全利率加风险调整值法：即还原率=安全利率+风险调整值。所谓安全利率是指无风险的资本投资利润率，可以选用同一时期的一年期国债年利率或一年期的银行定期存款利率为安全利率。风险调整值应根据估价对象所处地区的社会经济发展和土地市场等状况对其影响程度而确定。

投资风险与投资收益率综合排序插入法：具体的方法是，将社会上各种类型的投资（如银行存款、贷款、国债、债券、股票等）收益率按其大小从低到高排序，然后根据经验判断所要评估的不动产的投资收益率与风险应该落在哪个范围，从而确定所要求取的还原率的具体数值。

4.2.2 应用收益还原法的土地估价步骤

4.2.2.1 估价程序

① 计算总收益。总收益是指以收益为目的的土地及与此有关的设施、劳力及经营等要素相结合而产生的总收益。计算总收益首先要分析可能产生的各种收益，然后按客观、持续及稳定等原则来确定土地的总收益。

② 计算总费用和折旧费、房屋收益或其他资产的收益等。总费用是指为创造收益所投入的直接必要的劳动费用与资本费用。总费用在不同情况下，所包含的项目也有所不同。因此，计算总费用，首先要分析可能的各种费用支出，然后在全面分析的基础上，计算总的一般正常合理的必要年支出，即得总费用。

③ 计算土地纯收益。从总收益中扣除总费用和房屋折旧费、房屋收益等，即为纯收益。

④ 确定合适的还原率。还原率是影响地价高低的重要因素，必须慎重选择。一般首先要通过各种途径，确定各种可能的还原率，然后再经过综合分析、比较，确定可采用的还原率。

⑤ 选择公式求算地价。根据待估土地和评估目的等条件，选用相应的计算公式，将纯收益用相应的还原率进行还原，即得土地收益价格。

4.2.2.2 总收益计算方法

土地收益可以分为实际收益和客观收益。实际收益是在现状下实际取得的收益。由于个人的经营能力等因素对实际收益影响很大，依据土地估价的性质和特点，不能用它作为评估的依据。客观收益是指排除了土地实际收益中属于特殊的、偶然的要素后所能得到的一般正常收益，它可以直接用于评估。

土地的收益也可以分为有形收益和无形收益。有形收益是可以用货币形式表现的收益，无形收益则难以用货币形式表现。

在计算收益价格时，应根据一定原则全面分析各种收益，确定合理的客观收益。确定客观收益一般要考虑以下条件。

① 从客观上看，土地的总收益是由具备良好素质及正常使用能力者使用而产生的收益。

② 收益必须是持续且有规律地产生的收益，即采用长期可以固定取得的收益。

③ 收益是安全可靠的收益，是指必须符合国家规定和批准的经营项目所产生的收益，那些未经批准的，甚至是违法的经营项目收益不能作为计算客观收益的依据。

根据土地参与生产经营过程的形式和业主以土地取得收益的方式不同，总收益产生的形式有以下几种情况。

① 土地租金。是指直接通过土地出租，每年获得租金收入，包括在土地租赁过程中承租方所交纳的押金或担保金的利息。

② 房地出租的租金。是指房地一起出租过程中，出租方从承租方取得的租金及有关收益。一般根据实际的租赁合同金额和当地的房地产租赁市场状况，确定客观收益水平。

③ 企业经营收益。是指企业在正常的经营管理水平下每年所获得的客观总收益。在分析企业经营的客观收益时，首先可以根据企业的财务报表进行分析，客观的财务报表是企业经营状况的基本反映，但是由于企业在经营过程中往往会受到经营管理水平、不合理的人为干预等偶然因素的影响，造成企业财务报表不能客观地反映企业经营状况和土地及有关资产的收益能力，因此在利用企业财务报表进行企业经营收益分析时，应进行适当调整，调整为正常经营管理水平下的客观收益；其次还可以根据企业的经营项目，按照其生产的产品或提供的服务项目及其相应的市场价格，分析计算其客观总收益。

在计算总收益时，还应准确分析测算由待估房地产所引起的其他衍生收益，如租赁过程中承租方所支付押金的利息收益、企业经营生产过程中的副产品销售收益等，确定的原则是只要由待估房地产所产生的并为其产权主体所取得的收益均应计入总收益之中。

另外，还应充分考虑收益的损失，如出租房屋的闲置（即房屋未租出去），一般以出租率或空房损失率折算总收益。

4.2.2.3 总费用的计算

总费用是指业主为取得总收益而必须支付的有关费用。根据总收益的产生形式不同，总费用的计算也分为以下几种情况。

（1）土地租赁中总费用的计算。一般这种单纯的土地租赁，发生的总费用包括以下几项：

① 土地税。指因土地使用和租赁发生的，由评估土地负担的税赋，如我国的城镇土地使用税等。

② 管理费。指管理人员的薪水及其他费用，一般以年租金额的3%计算。

③ 维护费。指维护土地使用所发生的费用，如给排水及道路的修缮费等。

（2）房地出租中总费用的计算

依据房地出租中租金的构成因素分析，计算土地纯收益时的总费用包括以下几项。

① 管理费。指对出租房屋进行的必要管理所需的费用，分为两部分：一是出租经营过程中消耗品价值的货币支出；二是管理人员工资的支出。管理费的计算有两种方法：一是依管理面积平均计算；二是依租金的一定比例计算，通常以年租金的2%～5%计。

② 维修费。指为保证房屋正常使用每年需支付的修缮费：它的计算方法比较复杂，一般有造价比例法、定期轮修法、经验估计法等，为计算方便，通常可按建筑物重置价的1.5%～2%计算。

③ 保险费。指房产所有人为使自己的房产避免意外损失而向保险公司支付的费用。一般可按房屋重置价或现值乘以保险费率计算。我国房屋的保险费率是0.15%～0.2%。

④ 税金。指房产所有人按有关规定向税务机关缴纳的房产税和营业税等。关于税收标

准，国家及各城市均有规定。一般月租金在120元以下者只缴纳12%的房产税。月租金在120元以上者除缴纳房产税外，还要按租金额缴纳营业税5%、附加城建税0.35%、教育税0.05%等。

⑤ 计算房屋折旧费。折旧费是指房屋在使用过程中因损耗而在租金中补偿的那部分价值。其计算公式为：

$$年折旧费=\frac{房屋重置价-残价}{耐用年限}=\frac{房屋重置价\times(1-残值率)}{耐用年限}$$

式中，房屋重置价、耐用年限和残价是随房屋结构及等级不同而变化的，一般各城市均有规定标准。

如果房屋耐用年限超过了出让的土地使用权年限，即土地使用者可使用土地的年期小于房屋耐用年限，根据《城市房地产管理法》和国务院（1990）55号令的规定，土地使用期满而使用者未申请续期的，土地使用权由国家无偿收回，关于地上建筑物的处置，《城市房地产管理法》未做具体规定，而国务院（1990）55号令则规定由国家无偿取得。因此，土地使用者使用房屋和土地的年限不能超过土地使用权出让年限。这样，当房屋耐用年限超过土地使用权出让年期时，按土地使用权出让年限调整确定房屋可使用年限，在计算年折旧费时点不应考虑残价。相应的计算公式为：

$$年折旧费=\frac{房屋重置价}{房屋可使用年限}$$

$$房屋可使用年限=土地出让前房屋已使用年限+土地使用权出让年限$$

(3) 企业经营费用的计算

企业经营费用是指在企业经营过程中为获取经营收益而必须支付的一切费用，通常包括原料费、运输费、折旧费、工资、税金、应摊提费用以及其他应扣除的费用。

根据企业生产经营的方式不同，一般可分为经营性企业（如宾馆、饭店、商场等商业服务业企业）和生产性企业（如工厂、矿山等工业企业）两大类。经营性企业在经营过程中的总费用主要包括销售成本、销售费用、经营管理费、销售税金、财务费用和经营利润等；生产性企业在经营过程中的总费用主要包括生产成本（包括原材料费、人工费、运输费等）、产品销售费、产品销售税金及附加、财务费用、管理费用等。

企业生产经营费用的计算通常有以下两种方法。

① 根据企业的财务报表进行分析调整计算。客观的企业财务报表是企业生产经营过程的基本反映，因此可根据企业财务报表中的损益表及有关财务资料分析计算企业经营总费用，但需要详细分析企业生产经营和管理的整个过程，扣除不正常的生产经营和管理费用，计算客观的生产经营费用。

② 根据企业生产经营或服务的项目计算企业经营费用。如工业企业可根据其生产的各种产品的平均成本计算总成本，采用这种方式计算总费用需要详细了解企业的生产经营过程和各种成本费用的支出状况。

4.2.2.4 计算土地纯收益

土地纯收益的计算可以根据具体待估房地产的不同和总收益、总费用的计算方式不同采用不同的计算方法。

① 土地租赁中的土地纯收益求取

$$土地纯收益=年租金总收入-年总收入$$

② 房地出租中的土地纯收益求取

$$土地纯收益=房地纯收益-房屋纯收益$$

房地纯收益＝房地出租年总收入－房地出租年总费用

房屋纯收益＝房屋现价×建筑物还原率

房屋现价＝房屋重置价×房屋成新度＝房屋总置价－房屋总折旧

房屋重置价也称房屋重置成本，是指根据估价期日的人工和建筑材料价格，并按照目前的材料、标准与设计，建造功能相同的建筑物所需的建造成本，一般根据当地同类建筑物的建造成本进行分析计算；房屋成新度是指房屋建筑物在估价期日的新旧状况；房屋总折旧是指房屋建筑物在已使用年限内由于物理、经济和功能等因素引起的房屋折旧总额，通常采用平均折旧法计算，其计算公式如下：

房屋总折旧额＝房屋年折旧额×已使用年限

③ 企业经营中的土地纯收益求取

企业经营纯收益＝年经营总收入－年经营总费用

土地纯收益＝企业经营纯收益－非土地资产纯收益

④ 自用土地或待开发土地的纯收益求取。自用土地或待开发土地的纯收益可采用比较法求取，即比照类似地区或相邻地区有收益的相似土地的纯收益，经过区域因素、个别因素的比较修正，求得其土地纯收益。

4.2.2.5　土地还原率的确定

参照 4.2.1 中的计算。

4.2.2.6　土地价格确定

在土地纯收益确定以后，可以根据收益变化状况和土地使用权年期等条件，选择适当的土地还原率和公式，即可计算得到土地的试算收益价格。

若要用收益还原法评估不动产价格，则应选用综合还原率对房地产纯收益进行还原而求取。

通常选取多个可行的还原率，计算得到几个价格，并从中比较分析确定可能的价格水平。同时，也应根据具体情况，在可能的条件下，采用其他的估价方法，例如采取市场比较法试算地价作为评估结果的验证。

4.3　应用案例

【例 3】 六年前甲公司提供一宗 $1hm^2$、土地使用年限为 50 年的土地，乙公司出资 300 万元人民币，合作建设 $9000m^2$ 建筑面积的房屋。房屋建设期为 2 年，建成后，其中 $3000m^2$ 建筑面积归甲公司所有，$6000m^2$ 建筑面积由乙公司使用 20 年，期满后无偿归甲公司所有。现今，乙公司有意将使用期满后的剩余年限购买下来，甲公司也乐意出售。但双方对价格把握不准并有争议，协商请一家专业房地产估价机构进行评估。

据调查得知，现时该类房地产每平方米建筑面积的月租金为 120 元，出租率为 85%，年运营费用约占年租赁有效毛收入的 35%，报酬率为 12%。

【解】 据题意本题的估价对象是未来 16 年后的 28 年的土地使用权和房屋所有权在今天的价值。这里采用收益还原法进行估价。

求取未来 44 年的净收益的现值之和：

年净收益＝120×6000×85%×(1－35%)×12＝477.36 万元

$$V_{44}=\frac{a}{r}\left[1-\frac{1}{(1+r)^{n}}\right]=\frac{477.36}{12\%}\left[1-\frac{1}{(1+12\%)^{44}}\right]=3950.83\text{ 万元}$$

求取未来 16 年的净收益的现值之和：

$$年净收益=120\times6000\times85\%\times(1-35\%)\times12=477.36\text{ 万元}$$

$$V_{16}=\frac{a}{r}\left[1-\frac{1}{(1+r)^n}\right]=\frac{477.36}{12\%}\left[1-\frac{1}{(1+12\%)^{16}}\right]=3329.10\text{ 万元}$$

求取未来16年后28年的土地使用权和房屋所有权在今天的价值：

$$V_{28}=V_{44}-V_{16}=3950.83-3329.10=621.73\text{ 万元}$$

【例4】 估价对象为一出租写字楼，土地总面积7000m²，建筑总面积5600m²，建筑结构为钢筋混凝土结构，地上36层，地下2层，土地使用年限为50年，从1999年9月30日取得土地使用权起计，建设期3年。需要评估出该宗房地产2004年9月30日的买卖价格。有关资料为：该写字楼使用面积是建筑面积的65%，月租金为使用面积150元/m²，空置率平均为15%，建筑物原值为22000万元，耐用年限60年，残值率0，家具设备原值8000万元，耐用年限12年，残值率4%。经常费每月100万元，房产税为租金的12%，营业税等为6%，报酬率为8%。

【解】（1）运用收益还原法有限年公式求取房地产价格，其公式为：

$$V=\frac{a}{r}\left[1-\frac{1}{(1+r)^n}\right]$$

（2）年总收益=56000×65%×150×12×(1−15%)=5569.2万元

（3）计算年总费用：

① 年家具设备的折旧费=8000×(1−4%)/12=640万元

② 年经常费=100×12=1200万元

③ 年房产税=5569.2×12%=668.3万元

④ 营业税等=5569.2×6%=334.15万元

年总费用=640+1200+668.3+334.15=2842.45万元

（4）计算年净收益=5569.2−2842.45=2726.75万元

（5）计算房地产价格

$$V=\frac{a}{r}\left[1-\frac{1}{(1+r)^n}\right]=\frac{2726.75}{8\%}\left[1-\frac{1}{(1+8\%)^{50-5}}\right]=33016.58\text{ 万元}$$

【例5】 某宾馆共有400个标准间和100个套间，标准间每个每天200元，套间每个每天350元，年平均空房率25%。餐饮收益为客房收益的30%，客房运营费用为35%，餐饮运营费用为55%。康体娱乐等方面的净收益为每年200万元。土地使用年限不限。收集同类宾馆的价格和收益如下表所示：

可比房地产	价格/万元	净收益/(万元/年)	可比房地产	价格/万元	净收益/(万元/年)
A	25200	3000	*C*	23800	2800
B	29400	3500	*D*	16600	2000

试根据上述资料估计该宾馆的现时价格。

【解】（1）按收益还原法无限年公式求取该宾馆的价格，其公式为：

$$V=a/r$$

（2）计算客房与餐饮年总收益：

① 客房年总收益=(400×200+100×350)×365×(1−25%)=3148.13万元

② 餐饮年总收益=3148.13×13%=944.44万元

（3）计算客房与餐饮年总费用：

① 客房年总费用=3148.13×35%=1101.85万元

② 餐饮年总费用＝944.44×55％＝519.44 万元

(4) 年净收益＝3148.13＋944.44－1101.85－519.44＋200＝2671.28 万元

(5) 由所给的资料计算报酬率

可比房地产的报酬率：　A＝3000/25200＝11.90％

B＝3500/29400＝11.90％

C＝2800/23800＝11.76％

D＝2000/16600＝12.05％

以其平均数作为估价对象的报酬率：

(11.9％＋11.9％＋11.76％＋12.05％)/4＝11.90％

(6) 从公式求得该宾馆价格为：

V＝a/r＝2671.28/11.90％＝22447.73 万元

【例 6】 超规划建筑面积补缴土地使用权出让金价格评估报告（收益还原法）

项目名称：西城区×××路×××号综合楼使用权价格评估

受托估价单位：北京 ZD 不动产评估有限公司

土地估价技术报告编号：（北京）ZD［2006］（技）字第 006 号

提交估价报告日期：二 OO 六年三月二日

1. 估价对象描述

(1) 土地登记状况

北京×××房地产开发有限公司委托评估的土地是位于北京市西城区×××路×××号的综合楼用地（现门牌更改为北京市西城区×××胡同×××号），地块名称、宗地位置、用途、面积、四至、土地等级、土地权属性质等土地登记状况详见表 4-2。

表 4-2　估价对象土地登记状况表

宗地名称	宗地位置	用途	使用年限/年	规划建筑面积/m²	四至				地价区类	评估期日的土地权属性质	土地登记证号
					东	南	西	北			
×××路××号综合楼	北京市西城区×××路×××号	综合	44	13785	×××股份有限公司	×××青年宫	××××大酒楼	××××胡同	综合二级	出让	京西国用（2001出）字第×××号

(2) 土地权利状况

估价对象的土地所有权属于国家，土地使用权由×××房地产开发有限公司以出让方式取得。×××房地产开发有限公司于 1999 年 12 月与北京市房屋土地管理局签订了×××路×××号综合楼用地《北京市国有土地使用权出让合同》（房地出［合］字（99）第×××号），并取得《国有土地使用证》京西国用（2001 出）字第×××号。登记用途为综合，使用权终止日期为 2049 年 12 月 21 日。由于地上规划建筑面积进行了调整，待估宗地需经评估后，补办土地使用权出让手续。

(3) 土地利用状况

待估宗地位于西城区×××路×××号（现门牌变更为北京市西城区×××胡同×××号），已建成综合楼及地下车库。规划总建筑面积为 13785m²，其中地上规划建筑面积为 11856m²，地下规划建筑面积为 1929m²。竣工验收实测建筑总面积为 16643.77m²，其中地上建筑面积为 15716.62m²（地上建筑面积比规划增加了 3860.62m²），地下建筑面积 927.15m^2。

2. 估价过程（收益还原法）

（1）确定房地年总收益

由于待估宗地连同其上建筑物和构筑物可出租经营，其年总收益为年租金。为了获取待估宗地的年房地出租客观收益，土地估价师调查了与待估宗地区位条件、个别条件相近的房地产出租经营案例，并向当地土地、房产部门等业内人士进行咨询了解，大致估算出该区域房地产出租的一般价格水平为月租金 90 元/m^2，有效出租面积率 72%，出租率 80%。

房地出租年总收入＝90×80%×72%×3860.62×12＝240.16 万元

（2）房地出租年总费用

① 管理费用。指对出租房屋进行的必要管理所需的费用，按年租金的 2%计算。

管理费用＝年租金×2%＝240.16×2%＝4.8 万元

② 维修费。指为保障房屋正常使用每年需支付的修缮费，按建筑物重置价的 1.5%计算。

维修费＝建筑物重置价×1.5%＝2500×3860.62×1.5%＝14.48 万元

③ 保险费。指房产所有人为使自己的房产避免意外损失而向保险公司支付的费用。按房屋重置价乘以保险费率 1.5‰计算。

保险费＝建筑物重置价×1.5‰＝2500×3860.62×1.5‰＝1.45 万元

④ 税金。指房产所有人按有关规定向税务机关缴纳的房产税、营业税、城市维护建设税和教育费附加等。

房产税：依据税法及当地税务部门的规定，房产税税金按房地产月租金的 12%计算。

房产税＝240.16×12%＝28.82 万元

营业税：依据税法及当地税务部门的规定，营业税税金按月租金的 5%计算。

营业税＝240.16×5%＝12 万元

城市维护建设税：城市维护建设税市区按营业税税额的 7%计算。

城市维护建设税＝12×7%＝0.84 万元

教育费附加：教育费附加按营业税税额的 1.5%计算。

教育费附加＝12×1.5%＝0.18 万元

税金：税金＝房产税＋营业税＋城市维护建设税＋教育费附加＝41.84 万元

⑤ 房屋年折旧费。指房屋在使用过程中因损耗而在租金中补偿的那部分价值。

$$年折旧费=\frac{房屋重置价}{房屋可使用年限}=\frac{2500\times3860.62}{50}=19.30\ 万元$$

房地出租年总费用＝管理费＋维修费＋保险费＋税金＋房屋年折旧费

＝4.8＋14.48＋1.45＋41.84＋19.30＝81.87 万元

（3）房地年纯收益

房地年纯收益＝房地年总收益－房地出租年总费用

＝240.16－81.87＝158.3 万元

（4）房屋年纯收益

房屋总折旧＝年折旧额×房屋已使用年限

＝19.30×6＝115.8 万元

房屋现值＝房屋重置价－房屋总折旧

＝2500×3860.62－1158000＝849.36 万元

房屋年纯收益＝房屋现值×房屋还原率＝849.36×8%＝67.95 万元

通常情况下土地还原率比房屋还原率要低2%～3%，考虑我国目前的实际情况，房屋还原率比土地还原率大约高出2%，即此次评估房屋还原率确定为8%，

(5) 土地年纯收益

土地年纯收益＝房地年纯收益－房屋年纯收益＝158.3－67.95＝90.35万元

(6) 计算待估宗地使用权价格

① 楼面熟地价$=\dfrac{土地年纯收益}{r\left[1-\dfrac{1}{(1+r)^n}\right]}=\dfrac{90.35}{6\%\times\left[1-\dfrac{1}{(1+6\%)^{44}}\right]}=1389.87$万元

式中，r为土地还原率，为6%；n为待估宗地土地使用年期。

② 单位楼面熟地价$=\dfrac{总地价}{建筑面积}=\dfrac{13898700}{3860.62}=3600$元/$m^2$

(7) 计算待估宗地单位毛地价

单位楼面毛地价＝3600－1900＝1700元/m^2

【例7】营业房地产估价报告（收益还原法）

1. 估价对象

估价对象为坐落于南京市GJ路××－××号1～4层裙楼房地产（总建筑面积为6550.19m^2，分摊土地使用权面积为1086.6m^2）。

2. 估价方法选用

委估对象GJ路××－××号1～4层裙楼现状为商业用房，具有明显的收益的特点，拟选用收益还原法进行评估。收益还原法的原理是：由于房地产具有连续性，使用期相对较长，其生产的纯收益能够在未来连续获得，将房地产的纯收益按一定的资本化率折现，可以求出房地产收益价值总额。考虑其收益每年基本不变，具体步骤如下。

(1) 确定资本化率

根据待估房地产的特点以及类似房地产的经营情况，并参照南京市该类房地产平均投资收益率与风险水平及通货膨胀、市场前景预期等因素，综合分析确定卡拉OK俱乐部部分资本化率为15%，咖啡店部分资本化率为14%。

(2) 确定收益年期

该待估房地产为综合用地，根据有关规定，确定收益年限为39.33年。

(3) 确定年净收益

① 卡拉OK俱乐部部分

a. 有效毛收入：估价师调查了目前类似行业的经营情况，综合确定委估标的年有效毛收入为1420万元。详见表4-3。

表4-3 卡拉OK俱乐部部分收入表

项目	单价/(元/小时)	空置率/%	优惠折扣	数量/套	年收入/万元
小包间	80	45	4折	18	148
中包间	100	45	4折	76	782
大包间	120	55	4折	6	61
特包间	140	55	4折	6	71
小计					1062
其他收入	主要指各种酒水、饮料、食品等				358
合计					1420

本次测算，估价师根据同档次物业经营情况，综合确定该委估对象营业时间为 13 个小时（13:00～02:00），各种包间优惠折扣综合确定为 4 折，其他收入为包间收入的 33.7%。

b. 运营费用：运营费用包括运营成本、经营费用、管理费用、财务费用、商业利润、各项税费。经调查分析，综合确定其运营费用为有效毛收入的 45%，则：1420×45%=639 万元。

c. 年净收益：

年净收益=有效毛收入-运营费用=1420-639=781 万元

② 咖啡店部分

a. 有效毛收入：估价师调查了目前类似行业的经营情况，综合确定委估对象的年有效毛收入为 410 万元。

b. 运营费用：经调查，确定其运营费用为有效毛收入的 58%，则运营费用为 410×58%=237.8 万元。

d. 年净收益：年净收益=年有效毛收入-运营费用=410-237.8=172.2 万元

房地产的收益价格如下。

卡拉 OK 俱乐部部分：$\dfrac{781}{15\%\times\left[1-\dfrac{1}{(1+15\%)^{39.33}}\right]}$=5185.32 万元

咖啡店部分：$172.2/14\%\times\left[1-\dfrac{1}{(1+15\%)^{39.33}}\right]$=1222.89 万元

该房地产的收益价格为：5185.32+1222.89=6408.21 万元

【例 8】 改错题（2001 年房地产估价师考试试题）

某酒店土地总面积 3000m^2，土地使用年限 40 年，从 1998 年 10 月 8 日起计；总建筑面积 10000m^2，共 5 层，每层建筑面积 2000m^2，首层有 500m^2 建筑面积的大堂，其余出租为咖啡厅，当地正常月租金为每平方米建筑面积 100 元，正常出租率 80%，其他楼层均为客房，共 200 间，当地同档次酒店客房的价格为每天 200 元，年平均入住率 80%。该酒店正常经营每月总费用占客房收入的 40%，其中出租费为每月 2 万元。经调查得知附近商业用地同样使用年限的楼面地价为 3000 元/m^2，土地资本化率为 8%，建筑物资本化率为 10%，酒店欲投保，请评估其 2001 年 10 月 8 日的保险价值。

估价计算如下：

(1) 有效毛收入=2000×100×12×80%+200×200×365×80%=13600000 元

(2) 总费用=200×200×365×40%=5840000 元

(3) 酒店总净收益=有效毛收入-总费用=13600000-5840000=7760000 元

(4) 酒店土地净收益=10000×3000×8%=2400000 元

(5) 酒店建筑物净收益=7760000-2400000=5360000 元

(6) 酒店建筑物价值=$\dfrac{5360000}{8\%\times\left[1-\dfrac{1}{(1+8\%)^{37}}\right]}$=63114957 元

该酒店 2001 年 10 月 8 日的保险价值为 63114957 元。

【解】(1) 有效毛收入计算有错

应为：1500×100×12×80%+200×200×365×80%=13120000 元

(2) 总费用计算有错

应为：200×200×365×80%×40%=4672000 元

(3) 酒店土地净收益计算有错

应为：$10000\times3000\times8\%/[1-1/(1+8\%)^{37}]=2547732$ 元

(4) 酒店建筑物价值计算有错

应选用建筑物资本化率10%。

思考题

1. 收益法估价的适用范围是什么？
2. 用收益法评估某公园是否合适？为什么？
3. 收益法的理论依据是什么？
4. 收益还原率的确定方法有哪些？

5 成 本 法

5.1 成本法的基本原理

5.1.1 概念

成本法（cost approach），是以待估房地产开发所需的必要而正常的成本为基础估算待估房地产在一定时点、一定产权状况下价格的一种估价方法。

这里的成本是经济学中的成本概念，与会计中的成本概念是不同的，主要表现为：①会计成本是显性的（explicit），即是企业会计账目上作为成本项目计入的费用，而成本法中的成本是全部的（entire），不仅包括显性成本，而且包括隐性成本（implicit cost），即企业自己提供资源所必须支付的费用，如企业投入自有资金的利息、劳务工资、正常利润等；②成本法中的成本是必要而正常的成本，并不是房地产开发企业在开发房地产过程中实际发生的成本，因此，这一成本是客观的（objective），是一般社会生产方式下发生的社会成本，它可以高于、低于或等于房地产开发所发生的实际成本；③成本法中的成本，在时点上是指现在的（present），即估价时点时的成本，而不是会计账目上记载的建造时所发生的历史成本。因此，成本法中的成本并不是一般理解的成本或费用，而是具有价格的含义，是待估房地产在估价时点的价格的一种反映。

采用成本法求得的试算价格称积算价格。

5.1.2 理论依据

成本法的理论依据是经济学中的生产费用价值论。根据经济理性主义的假定，房地产购买者愿意支付的价格，必不能高于他所预计的在当时市场条件下重新开发或建造相同房地产所需花费的正常而必需的全部成本。如果高于这一市场成本，购买者将不会从市场上直接购买这一房地产，而代之以自行开发或建造。因此，房地产开发的社会成本是需求方愿意支付的价格上限。另一方面，从房地产开发商而言，开发的房地产的价格必不能低于其开发过程中发生的全部成本，即各项费用及正常的利润和税金。如果低于这一全部成本，他就要亏本，这是开发商所不能接受的。因此，房地产开发的社会成本是开发商所能接受的价格下限。经过市场这一“看不见的手”的约束，房地产开发的社会成本是供需双方均能接受的价格。这一价格即为估价所求。

5.1.3 基本公式

根据成本法基本概念和房地产开发程度，成本法估价公式分三种不同情况：①新开发土地；②新开发房地产；③旧有房地产。

（1）新开发土地

所谓新开发土地是指将未经“三通一平”等开发，不能直接作为城市土地利用的新征用土地（生地），或城市旧城区待拆迁改造的土地（毛地）开发为可以直接利用的城市建设用地（熟地）。这一种情况所用方法在地产评估中称成本逼近法。其估价公式为：

土地价格＝土地取得成本＋土地开发成本＋正常利税＋土地增值收益

这里，土地价格是指开发完成后的熟地价格。

土地取得成本是土地使用权获取费用，主要包括征地费、拆迁安置补偿费、城市建设配套费等。

土地开发成本是指将生地或毛地开发成直接为城市土地利用的熟地所发生的费用，俗称“三通一平”费或“七通一平”费，主要包括勘察设计和前期工程费、基础设施建设费、公共配套设施建设费及有关税费。

正常利税是指正常的利息、利润和税费。

土地增值收益，或称土地所有权收益，是指土地在经过开发改造及周围环境改善后，土地性能得以改善，土地经济价值得以提高，土地收益得以增加，产生增值地租。这个增值地租，即增值收益，主要是由于土地周围环境，如基础设施的改善而产生的，并不完全由土地投资者对该土地的直接投资而产生，故由土地周围环境而产生的增值收益应归土地所有者，即国家所有。

(2) 新开发房地产

新开发房地产是指在土地开发基础上建造建筑物的情况。其估价公式为

房地产价格＝土地价格＋建筑物建造成本＋正常利税

新建房地产价格＝土地取得成本＋土地开发成本＋建筑物建造成本＋管理费用＋投资利息＋销售税费＋开发利润

这里，土地价格分两种情况：①开发商购买生地或毛地的价格，即相当于新开发土地情况下的土地取得成本，这种情况下，开发商需自行开发土地，进行“三通一平”或“七通一平”；②开发商购买已经开发完成的熟地（土地使用权转让），即相当于新开发土地情况下的土地价格，这种情况下，其价格已包含了土地开发成本、正常利税和土地增值部分，实际上是一类土地使用权转让价格。

由于房地产开发一般投资大、周期长，而市场变化因素又较多，不易把握。因此，房地产开发商，尤其是国外或港台等投资商多愿意购买已开发完成的熟地，以缩短开发周期，规避投资风险。许多地方政府通常先将农用地征为城市建设土地，并进行基本的开发，以此为外商提供良好的投资环境。这种吸引外资的方式俗称“筑巢引凤”。

在新建建筑物情况下的公式：

新建建筑物价格＝建筑物建造成本＋管理费用＋投资利息＋销售税费＋开发利润

(3) 旧有房地产

旧有房地产是指现已存在的房地产类型。其估价公式为：

房地产价格＝土地价格＋建筑物现值

＝土地价格＋建筑物建造价格＋累计折旧

＝土地价格＋建筑物建造价格×成新度

这里，土地价格是指土地在现有条件下的重新取得价格。由于该土地的开发可能是较早期发生的，其成本不能作为现时价格测算的依据，故这一土地价格宜采用成本法以外的其他方法测算，如比较法、基准地价修正法。

旧有房地产的估价通常称之为重置成本法。

5.1.4 特点与适用范围

(1) 方法特点

① 成本不等于价格。尽管成本法中的成本是全部的、客观的和现时的，具有价格的含义，但并不等于价格。在一定条件下，成本增加，并不能增加房地产的效用，增加价值，反而出现相反的情况。房地产价格受许多成本以外的因素的影响，如人们的投资消费心理、当

时当地的市场行情等。

② 不一定符合最有效使用原则。采用成本法进行房地产估价，一般将土地与建筑物分离评估后相加。若土地与建筑物是相互协调均衡的，符合最有效使用原则，则所发生的成本能基本反映其价格；若土地与建筑物不相互协调和均衡，则所发生的成本不能客观反映其价格水平。在这种情况下，房地产价格可以采用成本法进行测算，但已不是估价本义上的估价了。

(2) 适用范围

所有房地产的开发建设，均需发生一定的成本或费用。因此，从理论上而言，各种房地产均可从成本或费用角度进行评估。从这一点而言，成本法的适用范围较比较法和收益还原法为广。

另一方面，由于成本不等于市场价格。因此，那些收益性房地产、具有丰富市场资料的房地产，一般不采用成本法，即使采用，也只是一种辅助方法。这并不意味着成本法没有用。事实上，新开发土地或新建房地产的评估较适合于成本法；对于那些既没有或极少有市场比较资料，又没有收益或潜在收益的房地产，如行政办公楼、教学用房地产、宗教用房地产等，成本法常常是唯一可选的方法；而在房地产市场发育之初，市场资料较少且透明度不高的情况下，也常采用成本法进行评估。

5.2 应用成本法的房地产估价步骤

5.2.1 房地产价格构成

(1) 土地取得成本

根据房地产开发取得土地的途径分为下列 3 种。

① 通过征用农地取得。土地取得成本包括农地征用费和土地使用权出让金等。

② 通过在城市中进行房屋征收取得。土地取得成本包括城市房屋征收安置补偿费和土地使用权出让金等。

③ 通过在市场上“购买”(熟地）取得。土地取得成本包括购买土地的价款和应由买方缴纳的税费（如交易手续费、契税)。

(2) 开发成本

① 勘察设计和前期工程费。

② 基础设施建设费。

③ 建筑安装工程费。

④ 公共配套设施建设费。

⑤ 开发过程中的税费。

(3) 管理费用

管理费用包括开发商的人员工资、办公费、差旅费等，通常按土地取得成本和开发成本的一定比率来估算。

(4) 投资利息

包括土地取得成本、开发成本和管理费用的利息，无论是借贷还是自有资金，都应计算利息。开发商自有资金应得的利息也要与其应获的利润分开，不能算作利润。

(5) 销售税费

① 销售费用，包括销售广告宣传费、委托销售代理费等。

② 销售税金及附加，包括营业税、城市维护建设税、教育费附加。

③ 其他销售税费，包括应当由卖方负担的交易手续费等。

销售税费通常按售价的一定比例来估算。

(6) 开发利润

估算开发利润应掌握以下几点：

① 开发利润是所得税前的，即开发利润＝开发完成后的房地产价值－土地取得成本－开发成本－管理费用－投资利息－销售税费。

② 开发利润是在正常条件下开发商所能获得的平均利润，而不是个别开发商的实际利润，也不是个别开发商期望获得的利润。

③ 开发利润是按一定基数乘以同一市场上类似房地产开发项目所要求的相应平均利润率来计算，利润率有：

直接成本利润率＝开发利润/(土地取得成本＋开发成本)

投资利润率＝开发利润/(土地取得成本＋开发成本＋管理费用)

成本利润率＝开发利润/(土地取得成本＋开发成本＋管理费用＋销售费用)

销售利润率＝开发利润/开发完成后的房地产价值

5.2.2 重新购建价格的确定

(1) 概念

重新购建价格是假设在估价时点重新取得或重新开发、重新建造全新状况的估价对象所需的一切合理、必要的费用、税金和应得的利润之和。

其要点：

① 重新购建价格是估价时点时的；

② 重新购建价格是客观的；

③ 建筑物的重新购建价格是全新状况下的价格，未扣除折旧。土地的重新购建价格(具体为重新取得价格或重新开发成本) 是在估价时点状况下的价格。

(2) 重新购建价格的求取思路

① 求房地的重新购建价格。先求土地的重新取得价格或重新开发成本，再求建筑物的重新购建价格，然后相加。

② 求土地的重新购建价格。先假设土地上建筑物不存在，再采用比较法、基准地价修正法等求取其重新取得价格；也可采用成本法求取其重新开发成本。

③ 求建筑物的重新购建价格。是假设所在土地已经取得为一空地，然后在此空地上重新建造与旧建筑物完全相同或具有同等效用的新建筑物所需的一切合理、必要的费用、税金和正常利润。

(3) 建筑物重新购建价格的求取方式

① 重置价格 (重置成本)。采用估价时点的建筑材料、建筑构配件、设备和建筑技术，按估价时点的价格水平，重新建造与估价对象建筑物具有同等效用的新建筑物的正常价格。

② 重建价格 (重建成本)。采用与估价对象建筑物相同的建筑材料、建筑构配件、设备和建筑技术等，按估价时点的价格水平，重新建造与估价对象建筑物完全相同的新建筑物的正常价格。

重置价格适用于一般建筑物，及因年代久远，已缺乏与旧建筑物相同的建筑材料、建筑构配件和设备，或因建筑技术和建筑标准改变等，使旧建筑物复原建造有困难的建筑物的估价。

重建价格适用于有特殊保护价值的建筑物的估价。

通常重置价格都比重建价格低。

(4) 建筑物重新购建价格的求取方法

① 单位比较法。单位面积法：根据当地近期建成的类似建筑物的单位面积造价，对其做适当的调整修正，然后乘以估价对象建筑物的面积来估算。这是一种常用、简便迅速的方法，但比较粗略。

单位体积法：根据当地近期建成的类似建筑物的单位体积造价，对其做适当的调整修正，然后乘以估价对象建筑物的体积来估算。这种方法适用于成本与体积关系较大的建筑物。

② 分部分项法。以建筑物的各个独立构件或工程的单位价格或成本为基础来估算建筑物重新购建价格的方法。即先估算各个独立构件或工程的数量，然后乘以相应的单位价格或成本，再相加。

③ 工料测量法。先估算建筑物所需各种材料、设备的数量和人工时数，然后逐一乘以估价时点时相应的单价和人工费标准，再将其相加。这种方法的优点是翔实，缺点是费时费力并需有建筑专家的参与，它主要用于具有历史价值的建筑物估价。

④ 指数调整法。运用建筑成本（造价）指数或变动率，将估价对象建筑物的原始成本调整到估价时点时的现行成本来估算。这种方法主要用于检验其他方法的估算结果。

5.2.3 建筑物折旧

5.2.3.1 建筑物折旧概述

建筑物折旧，是指建筑物的价值减损。建筑物的价值减损是由物质因素、功能因素和经济因素共同造成的。因此，在实际估价中，考虑建筑物的折旧时，必须同时考虑各因素。

① 物质折旧。物质折旧又称物质磨损、有形损耗，是建筑物在实体方面的损耗所造成的其价值损失。进一步可以归纳为下列 4 个方面：自然经过的老朽；正常使用的磨损；意外的破坏损毁；延迟维修的损坏残存。

② 功能折旧。又称精神磨损、无形损耗，是指由于消费观念变更、规划设计更新、技术进步等原因导致建筑物在功能方面的相对残缺、落后或不适用所造成的价值损失。

③ 经济折旧。经济折旧是指建筑物以外的各种不利因素所造成的建筑物价值的损失，如一个高级住宅的附近建设一个工厂，该高级住宅价值会降低。

5.2.3.2 建筑物折旧的求取方法

建筑物折旧的求取方法很多，主要分为耐用年限法、实际观察法、成新折扣法。

(1) 耐用年限法

耐用年限法是把建筑物的折旧建立在建筑物的寿命、经过年数或剩余寿命之间关系的基础上。

建筑物的寿命有自然寿命和经济寿命之分。前者是指建筑物从建成之日起到不堪使用时的年数，后者是指建筑物从建成之日起预期产生的收入大于运营费用的持续年数。建筑物的经济寿命短于其自然寿命。

建筑物的经过年数分为实际经过年数和有效经过年数。实际经过年数是指建筑物从建成之日起到估价时点时的日历年数。有效经过年数可能短于也可能长于实际经过年数。建筑物的维修保养属于正常的，有效经过年数与实际经过年数相当；建筑物的维修保养比正常维修保养好或经过更新改造的，有效经过年数短于实际经过年数，剩余经济寿命相应较长；建筑物的维修保养比正常维修保养差的，有效经过年数长于实际经过年数，剩余经济寿命相应较短。

在成本法求取折旧中，建筑物的寿命应为经济寿命，经过年数应为有效经过年数，剩余寿命应为剩余经济寿命。

运用耐用年限法求取建筑物折旧的方法有直线折旧法、余额递减折旧法、年金法、年数合计法、偿债基金法等。

① 直线折旧法。直线折旧法是最简单的和应用最普遍的一种折旧方法，简称为直线法。它以建筑物的经济寿命期间每年的折旧额相等为基础。直线折旧法的年折旧额的计算公式为：

$$D_i=D=\frac{C-S}{N}=\frac{C(1-R)}{N}$$

式中，D_i为第i年的折旧额，或称做第i年的折旧，在直线折旧法的情况下，每年的折旧额D_i是一个常数D；C为建筑物的重新购建价格；S为预计的建筑物的净残值，简称残值，是预计的建筑物达到经济寿命，不宜继续使用，经拆除后可以收回的残余价值减去拆除清理费用后的数额；N为建筑物的经济寿命；R为预计的建筑物的残值率，是净残值与重新购建价格的比率，即：$R=\frac{S}{C}\times100\%$。

另外，$C-S$称为折旧基数；每年的折旧额与重新购建价格的比率称为折旧率，如果用d来表示，则

$$d=\frac{D}{C}\times100\%=\frac{C-S}{C\times N}\times100\%=\frac{1-R}{N}\times100\%$$

有效经过年数为t年的建筑物折旧总额的计算公式为：

$$E_i=D\times t=(C-S)\frac{t}{N}=C(1-R)\frac{t}{N}$$

式中，E_i为建筑物的折旧总额。

采用直线法折旧下的建筑物现值的计算公式为：

$$V=C-E_i=C-(C-S)\frac{t}{N}=C\left[1-(1-R)\ \frac{t}{N}\right]$$

式中，V为建筑物的现值。

【例 1】 有一建筑物，建筑总面积为 500m^2，已使用 10 年，重置价为 600 元/m^2，耐用年限为 40 年，残值率为 5%。试用直线折旧法计算其年折旧额，并估算其现值。

【解】 已知 $t=10$ 年，$N=40$ 年，$R=5\%$，$C=600\times500=300000$ 元。

则年折旧额 $D=(C-S)/N=(300000-300000\times5\%)/40=7125$ 元

折旧总额 $E_{10}=D\times t=7125\times10=71250$ 元

现值 $V=C-E_{10}=300000-71250=228750$ 元

② 年金法。年金法就是应用资金等值中的年金现值公式来确定建筑物的年折旧额的方法。虽然这种方法每年的折旧数额也相同，但它与直线折旧法方法并不相同，直线折旧法不考虑资金的时间价值，而年金法则考虑资金的时间价值。因此，在年金法中，各年数值相等折旧额对于分摊建筑物的重新建造成本的意义却是不同的。

根据资金等值的概念，年折旧额的现值之和应等于建筑物的重新建造成本减去残值。因此，有如下等式成立：

$$C-S=D\,\frac{(1+i)^N-1}{i(1+i)^N}$$

式中，i为折现率。

经变换即可得出年折旧额D的计算公式：

$$D=(C-S)\frac{i(1+i)^N}{(1+i)^N-1}$$

建筑物的现值应等于成本 C 减去 t 年的折旧额现值，即：

$$V=C-D\frac{(1+i)^N-1}{i(1+i)^N}$$

【例 2】 还是上例建筑物，若按年金法折旧，则其年折旧额、折旧总额以及建筑物的现值为多少？(假设折现率 $i=10\%$)。

【解】 已知：$t=10$ 年，$N=40$ 年，$R=5\%$，$C=600\times500=300000$ 元，$S=C\times R=15000$ 元，假设 $i=10\%$。

则年折旧额 $D=(C-S)\dfrac{i(1+i)^N}{(1+i)^N-1}=29144$ 元

折旧总额 $=D\times\dfrac{(1+i)^N-1}{i(1+i)^N}=179077$ 元

建筑物现值 $V=C-D\times\dfrac{(1+i)^N-1}{i(1+i)^N}=120923$ 元

(2) 实际观察法

实际观察法不是直接以建筑物的有关年限（特别是实际经过年数）来求取建筑物的折旧，而是注重建筑物的实际损耗程度。因为早建成的建筑物未必损坏严重，从而价值未必低；而新建造的建筑物未必维护良好，特别是施工质量、设计等方面存在缺陷，从而价值未必高。这样，实际观察法是由估价人员亲临现场，直接观察、估算建筑物在物质、功能及经济等方面的折旧因素所造成的折旧总额。

利用实际观察法也可判定建筑物的成新率，或推测其有效经过年数、剩余经济寿命，在此基础上再利用其他方法计算建筑物的折旧或计算建筑物的现值。

(3) 成新折旧法

成新折旧法是根据建筑物的建成年代、新旧程度等，确定建筑物的成新率，直接求取建筑物的现值。其计算公式为：

$$V=C\times q$$

式中，q 为建筑物的成新率，%。

成新折旧法适用于同时需要对大量建筑物进行估价的场合，尤其是进行建筑物现值调查统计，但比较粗略。

在实际估价中，成新率是一个综合指标，其求取可以采用“先定量，后定性，再定量”的方式进行。

用年限法计算成新率。如用直线法计算成新率的公式为：

$$q=\left[1-(1-R)\frac{t}{N}\right]\times100\%=\left[1-(1-R)\frac{N-n}{N}\right]\times100\%=\left[1-(1-R)\frac{t}{t+n}\right]\times100\%$$

当 $R=0$ 时

$$q=\left(1-\frac{t}{N}\right)\times100\%=\frac{n}{N}\times100\%=\frac{n}{t+n}\times100\%$$

式中，n 为建筑物剩余经济寿命。

【例 3】 有一座 10 年前建成交付使用的建筑物，经估价人员实地观察判定其剩余经济寿命为 30 年，该建筑物的残值率为 0。试用直线法计算建筑物的成新率。

【解】 已知 $t=10$ 年，$N=30$ 年，$R=0$。

则：建筑物的成新率 $=\dfrac{n}{t+n}\times100\%=\dfrac{30}{10+30}\times100\%=75\%$

根据建筑物的建成年代对上述计算结果做初步判断，看是否吻合。

采用实际观察法对上述结果做进一步的调整修正，并说明上下调整修正的理由。当建筑物的维护保养属于正常的，实际成新率与直线法计算出的成新率相当；当建筑物的维护保养好或经过更新改造的，实际成新率应大于直线法计算出的成新率；当建筑物的维护保养差的，实际成新率应小于直线法计算出的成新率。

(4) 综合法

针对以上各种折旧方法所存在的优缺点，估价人员有时间同时采用几种折旧方法确实建筑物的折旧额。对于采用不同方法所得出的折旧结果，通过简单算术平均或加权平均等综合出一个统筹兼顾的结果，并以此作为陈旧贬值的最后判定，这就是综合法。

在估价实务上往往采用综合法，即先以耐用年限为基准计算折旧额，然后再以实际观察法进行修正，从而确定出折旧额。通过这样的综合方法，能有效地克服各种方法所存在的缺陷，并使之优点得到发挥。

求取建筑物折旧的方法，还可以分为综合折旧法、分类折旧加总法和个别折旧加总法，这三种方法从粗到细。在估价实务上，宜先将建筑物区分为可修复项目和不可修复项目。对于可修复项目，估计其修复费用为折旧额；对于不可修复项目，再将其分为短寿命项目和长寿命项目，如将建筑物分为结构、设备和装修，因为它们的寿命，如基础、屋顶、地板、空调、电梯之间的寿命不同，然后采用年限法或成新折旧法分别计算其折旧额。最后将修复费用、短寿命项目折旧额和长寿命项目折旧额相加，便得到建筑物的折旧总额。

【例 4】 某建筑物的重置价格为 180 万元，经济寿命为 50 年，有效经过年数为 10 年。其中，门窗等损坏的修复费用为 2 万元；装修的重置价格为 30 万元，平均寿命为 5 年，已使用 3 年；设备重置价格为 60 万元，平均寿命为 15 年，已使用 10 年。残值率假设为 0。试求其折旧总额。

【解】 其折旧总额计算如下：

门窗等损坏的折旧额＝其修复费用＝2 万元

装修的折旧额＝30×1/5×3＝18 万元

设备的折旧额＝60×1/15×10＝40 万元

长寿命项目折旧额＝(180－2－30－60)×1/50×10＝17.6 万元

该建筑物的折旧总额为：2＋18＋40＋17.6＝77.6 万元

5.2.3.3 求取建筑物折旧应注意的事项

(1) 估价折旧与会计折旧的区别

① 估价上的折旧注意的是市场价值的真实减损，科学地说不是折旧，而是“减价修正”；会计上的折旧注重的是原始价值的分摊、补偿或回收。

② 在会计折旧上，C 为资产原值，不随时间的变化而变化；在估价折旧上，C 为重新购建价格，而且是估价时点时的。因此，估价时点不同，C 值也不同。

③ 在房地产估价中，并非所有的建筑物折旧总量都是估价上的折旧，如在收益法中需要扣除的建筑物折旧费和土地摊提费就属于会计上的折旧。

(2) 土地使用年限对建筑物经济寿命的影响

① 建筑物经济寿命应从建筑物竣工验收合格之日起计，建造期不应计入。

② 建筑物经济寿命早于土地使用年限而结束的，应按建筑物经济寿命计算折旧。

③ 建筑物经济寿命晚于土地使用年限而结束的，应按建筑物的实际经过年数加上土地使用权的剩余年限计算折旧。

5.2.4 房屋完损等级评定与建筑物的耐用年限

（1）现行房屋完损等级评定

现行房屋完损等级是用来检查房屋维修保养情况的一个标准，是确定房屋实际新旧程度和估算陈旧贬值额的重要依据。房屋的完损等级是根据房屋的结构、设备、装修三个组成部分的完好、损坏程度来划分的。我国现行的房屋完损等级分为如下五类。

① 完好房。结构构件完好，基础未出现不均匀沉降；装修和设备齐全、完好，正常使用。或虽个别分项有轻微损坏，但经过小修就能修复的。

② 基本完好房。结构基本完好，少量构件有轻微损坏，基础出现不均匀沉降但已稳定；装修基本完好，油漆缺乏保养；设备、管道现状基本良好，能正常使用。

③ 一般损坏房。结构一般损坏，部分构件有损坏或变形，屋面局部漏雨，装修局部损坏，油漆老化；设备、管道不够畅通，水卫、电照管线、器具和零件有部分老化、损坏或残缺。这类房屋，需要进行中修或局部大修，更换部件。

④ 严重损坏房。房屋年久失修，结构有明显变形或损坏，屋面严重漏雨，装修严重损坏，油漆老化见底；设备陈旧不全、管道严重堵塞，水卫、电照管线、器具和零件残缺或严重损坏。这类房屋，需要进行大修或翻修、改建。

⑤ 危险房。承重构件已属危险构件，结构丧失稳定或承载能力，随时有倒塌可能，这类房屋，不能确保住用安全。

房屋完损等级对应成新率，完好房的成新率为十成、九成、八成；基本完好房的成新率为七成、六成；一般损坏房的成新率为五成、四成；严重损坏房或危险房的成新率为三成以下。

（2）现行建筑物的耐用年限及残值率

建筑物的耐用年限有自然耐用年限和经济耐用年限。在房地产估价上，所采用的耐用年限应为经济耐用年限。

建筑物残值是指建筑物达到使用年限，不能继续使用，经拆除后的旧料价值；该价值减去拆除清理费用即为净残值；净残值与建筑物重新购建价格的比率为残值率。房屋评估中经常遇到的建筑物的耐用年限和残值率见表 5-1 和表 5-2。

表 5-1　房屋耐用年限和残值率

类别等级	使用情况	耐用年限/年	残值率/%
钢筋混凝土	非生产用房	60	0
	生产用房	50	
	一般腐蚀性生产用房	35	
	强腐蚀性生产用房	15	
砖混一等	非生产用房	50	2
	生产用房	40	
	一般腐蚀性生产用房	30	
	强腐蚀性生产用房	15	
砖混二等	非生产用房	50	2
	生产用房	40	
	一般腐蚀性生产用房	30	
	强腐蚀性生产用房	15	

续表

类别等级	使用情况	耐用年限/年	残值率/%
砖木一等	非生产用房	40	6
	生产用房	30	
	一般腐蚀性生产用房	20	
	强腐蚀性生产用房		
砖木二等	非生产用房	40	4
	生产用房	30	
	一般腐蚀性生产用房	20	
	强腐蚀性生产用房		
砖木三等	非生产用房	40	3
	生产用房	30	
	一般腐蚀性生产用房	20	
	强腐蚀性生产用房		
简易结构		10	0

表 5-2 部分建筑物耐用年限表

名称	耐用年限/年	名称	耐用年限/年
管道	30	露天库	20
冷却塔	30	冷藏库	30
蓄水池	30	储油缸	20
污水池	20	大坝	60
水井	30	其他	30

5.3 成本逼近法评估地价的步骤

5.3.1 计算土地取得的费用

凡使用现状为集体建设用地的，首先需获得土地，或征地或征收。关于征地费用各项标准，《土地管理法》有明确规定：征用耕地的补偿费，为该耕地被征用前 3 年平均产值的6～10 倍；征用耕地的安置补助费，按照需要安置的农业人口数计算。需要安置的农业人口数，按照被征用的耕地数量除以征地前被征用单位平均每人占有耕地的数量计算。每一个需要安置的农业人口的安置补助费标准，为该耕地被征前 3 年平均年产值的 4～6 倍。但是，每公顷被征用耕地的安置补助费，最高不得超过被征用前 3 年平均年产值的 15 倍。被征用土地上的附着物和青苗的补偿标准和征用其他土地的土地补偿费和安置补助费标准，由省、自治区、直辖市人民政府规定。征用城市郊区的菜地，用地单位应当按照国家有关规定缴纳新菜地开发建设基金。

按照上述标准支付土地补偿费和安置补助费，尚不能使需要安置的农民保持原有生活水平的，经省级人民政府批准，可以增加安置补助费。但是，土地补偿费和安置补助费的总和不得超过土地被应用前三年平均年产值的 30 倍。

对于占用耕地的，还应按照《土地管理法》第三十一条规定的“占多少，垦多少”原则，计算耕地开垦费。耕地开垦费的计算，一般可按占用耕地的面积、质量及新开垦耕地的难易程度进行确定。当地有缴纳耕地开垦费标准规定的，应当依据其规定标准进行确定。

对于市内国有土地拆迁情况，关键是搞清当地拆迁费用项目和标准。成本的增加并不一定提高效用和价值，尤其是对单宗地而言，征地、拆迁等土地取得费用是对原土地使用者失去原土地收益的补偿，而不是依据新土地用途和未来土地收益的高低确定的，征地、拆迁等土地取得费用高低并不表明该宗地的效用和价格高低。因此，征地、拆迁等取得土地的费用资料应从测算待估宗地所在区域平均土地取得费用入手进行计算。

土地取得费用应按当地正在执行的征地补偿费和安置补助费的有关规定标准计算。

5.3.2 计算土地开发费用

获得土地后，对其开发的费用有三种：基础设施配套费、公共事业建设配套费和小区开发配套费。

① 基础设施配套费。对于基础设施配套常常概括为“三通一平”和“七通一平”。“三通一平”指：通水、通路、通电，平整地面。“七通一平”指：通水、排水、通电、通讯、通气、通热、通路，平整地面。作为工业用地，“三通一平”只是最基本的条件，还不能立即上工业项目，只有搞好“七通一平”，项目才能正常进行。因此，作为基础设施配套费应以“七通一平”为标准计算。

② 公共事业建设配套费用。这与项目大小、用地规模有关，各地情况不一，不便作统一规定，各地视实际情况而定。

③ 小区开发配套费。同公共事业建设配套费类似，各地根据用地情况确定合理的项目标准。

在计算土地开发费过程中，首先必须准确确定土地开发程度。所谓土地开发程度，是指土地的基础设施建设和开发的状况，一般包括道路、供电、供水、通讯、排水、通气、供暖和场地是否平整等，这就是通常所说的“七通一平”。“七通一平”的说法实际上最早来源于房地产开发和土地开发区的开发，比如在开发区的开发建设过程中，政府或开发商通常应实现开发区内的“三通一平”、“五通一平”或“七通一平”等，但这种开发程度对开发区来说，是指区内的“通”和“平”，而具体对于开发区内某一块地（宗地）来说，各种设施一般只建设到宗地红线外，而宗地内若还没有建成房屋等建筑物的话，一般来说是不通的，但通常应达到平整。这是指在正式的开发区内，土地开发程度一般来说比较容易分析，而在一般地区，尤其是独立工矿区的土地开发程度设定通常就比较困难了。在实践中确定土地开发程度，主要应注意如下两方面问题。

(1) 应准确区分宗地内和宗地外的开发程度

对于一般地区来说，由于有关土地开发设施不是由专门的开发商进行开发建设的，因此，许多开发设施并没有真正建设到宗地红线，有的可能距离几十米，有的距离几千米、十几千米，甚至几十千米，在这种情况下，一般企业要进行生产和建设，通常由企业自行将这部分没有到达宗地红线的设施建设到红线及红线内。在这种情况下，一般可以根据投资主体的不同区分宗地内外的设施状况，由市政投资建设的应属于宗地外，由企业投资建设的应属于宗地内。

(2) 宗地红线内外的开发程度不一致

由于在土地估价中设定土地开发程度应区分宗地红线内外，因此经常出现宗地红线内外开发程度不一致的现象，尤其是独立工业（矿）区。通常有以下几种情况。

① 红线外开发程度比红线内低。这种情况主要是由于有的设施是企业自建，如供水设施为企业自建的水井，而宗地所处区域又没有供水设施，这就使宗地内有供水，而宗地外无供水。

② 红线外开发程度比红线内高。这主要是宗地所处区域（红线外）有各种设施，但该宗地内没有用，如煤矿的矸石山，其红线外可能有通讯、供水设施，但矸石山不用，内部也没建设。

③ 某种设施红线内有，红线外也有，但宗地内的设施并不是依赖于红线外的设施建设的。如某北方城市市中心区的大酒店，该酒店为了满足经营的需要，其供暖设施是企业自建的，而该宗地所处区域也有市政供暖设施，可是红线内外就是不搭界，在这种情况下，按照客观估价的原则，应确定宗地红线内外均有该设施。

确定了土地开发程度后，应根据土地开发程度状况和当地有关土地开发费用标准，合理确定土地开发费。

这里需要注意的是土地开发费用的分摊问题。如道路不是只让某个项目使用，其他行业可能也会受益，绿地、公园是周围的单位和个人共同受益，因此要根据实际受益程度作必需的费用分摊。分摊的基本原理为：应分摊费用＝受益程度×设施总费用。

5.3.3 税费的计算

税费是指在土地取得和土地开发过程中所必须支付的有关税收和费用；根据有关法律规定，在土地取得和开发过程中税费主要有耕地占用税、新菜地开发建设基金、土地管理费等，耕地占用税只对占用耕地征收，新菜地开发建设基金只对占用城市郊区的蔬菜基地征收。另外，部分省、市、自治区还规定收取教育费附加、南水北调费等。在估价过程中，税费项目和标准的确定，应依据国家和地方的有关规定进行，应有明确的法律和文件依据。

5.3.4 计算投资利息

计算投资利息就是在评估土地或不动产时要考虑资金的时间价值。资金的时间价值，简单的理解就是将资金存入银行，经过一段时间会产生利息，或者将资金投向某行业，经过资金周转循环，最后产生利润。资金经过一段时间的周转产生了增值。这一增值就是资金的时间价值。在土地评估中，投资者贷款，需要向银行偿还贷款利息，利息应计入成本；投资者利用自有资金投入，等于将自己的银行存款取出，损失了利息，从这种意义上看，也属投入，也应计入成本。

成本逼近法中，投资包括土地取得费、土地开发费和有关税费。由于各部分资金的投入时间和占用时间不同，土地取得费及其税费在土地开发动工前即要全部付清，经历整个开发期，在开发完成销售后方能收回；土地开发费及其税费在开发过程中逐步投入，销售后方能收回。因此各部分投入的时间价值也不同。具体各部分资金的时间价值分析和计算可参见本书下一章节剩余法中利息计算的有关分析。目前常见做法是：土地取得费及其税费利息是以整个取得费为基数，计息期为整个开发期；土地开发费及其税费利息可采用两种方法计算：一是以整个开发费为基数，计息期为开发期（或资金投入期）的一半，二是以开发费一半为基数，计息期为整个开发期。

另外，如果土地开发费是以当地收取的基础设施配套费标准计算的，由于基础设施配套费一般需在土地开发前一次性支付，因此这一部分开发费的计息期也应是整个开发期。

土地开发周期一般根据开发土地的面积规模和开发的难易程度确定；利息率可选用评估期日的银行贷款利息率。如果土地开发周期超过一年，通常还应考虑计算复利。

5.3.5 计算投资利润

投资的目的是为了获取相应的利润，作为投资的回报，对土地投资，当然也要获取相应的利润。成本逼近法中利润计算的基数包括土地取得费和土地开发费，利润计算的关键是确定利润率或投资回报率。投资回报率的确定通常考虑以下三方面因素：一是开发土地的利用类型，一般商业用地开发利润率较高，住宅用地开发次之，工业用地开发利润率最低，因此，如果是某一个宗地的单一利用类型的开发，应考虑该利用类型的投资回报率状况，如果是区域性的开发，有多种利用类型，应综合考虑各种利用类型的投资回报率状况，确定一个综合的回报率；二是开发周期的长短，一般开发周期越长，占用资金时间也就越久，总的投资回报率也就应该高一些；三是开发土地所处地区的政治经济环境，一般经济发达地区的投资回报率较高，有地区性特殊优惠政策的土地开发投资回报率也较高。在确定土地开发投资回报率时，可综合考虑上述三方面因素适当确定。

投资利润的计算公式为：

投资利润=(土地取得费+土地开发费+税费)×投资回报率

5.3.6 土地增值收益确定

一般情况下，政府出让土地除收回成本外，同时要使国家土地所有权在经济上得到实现，即获取一定的增值收益。根据成本逼近法的计算公式，前四项之和为成本价格，成本价格乘以土地增值收益率即为土地增值收益。土地增值收益率理论上应等于增值地租在总地价的比例，或出让价格与成本价格差值占成本价格的比例。

土地增值收益计算公式如下：

土地增值收益=(土地取得费+土地开发费+税费+利息+利润)×土地增值收益率

5.3.7 计算、修正和确定估价结果

根据上述各步的计算结果，采用下列公式计算土地价格：

土地价格=土地取得费+土地开发费+税费+利息+利润+土地增值收益

通过上述步骤计算的土地价格，还应根据待估宗地的具体情况和评估目的，考虑是否进行以下几方面的修正，最终确定估价结果：

① 根据待估宗地在区域内的位置和宗地条件，进行个别因素修正。

② 成本逼近法求取有限年期的土地使用权价格时，应进行土地使用权年期修正。其年期修正公式为：

$$K=1-\frac{1}{(1+r)^n}$$

式中，K 为年期修正系数；r 为土地还原率；n 为土地使用权年期。

是否进行年期修正要具体分析：

• 当土地增值收益是以有限年期的市场价格与成本价格的差额确定时，年期修正已在增值收益中体现，不再另行修正。

• 当土地增值收益是以无限年期的市场价格与成本价格的差额确定时，土地增值收益与成本价格一道进行年期修正。

• 当待估宗地为出让土地时，应进行剩余使用权年期修正。

③ 如果采用成本逼近法测算的是某一小区（或开发区）的平均土地价格，还应考虑小区的土地利用率或可出让土地的比率，进行公共设施的占地面积和公用面积的分摊，因为这些公共设施的占地面积（如道路、公共绿地等）是不能卖出去的，其上地价格和有关上地丌发的投资成本应分摊到出让的土地中。计算公式如下：

$$\text{可出让土地的平均单价}=\text{土地总平均单价}\times\frac{\text{总土地面积}}{\text{可出让的土地面积}}$$

④ 宗地成熟度修正。由于土地开发程度通常设定为宗地红线外的开发程度，而对宗地

红线内的开发状况没有考虑，因此对于宗地内的开发和建设状况也应进行适当修正。当然，这种宗地内的开发和建设，对于出让土地来说，应是由出让方的开发和建设引起的宗地开发程度的改善。

根据上述各步的修正调整后，最终确定成本逼近法的评估结果。

需注意的是，这种方法算出的地价是从土地所有者的角度得到的，而土地使用者（受让人）能否接受此价格，需要土地使用者分析预期的土地收益或同已发生的交易价格比较后，确定自己对宗地价格的认同标准。因此，成本逼近法计算出价格后，还需通过市场资料进行比较修正，使其接近实际水平。

5.4 应用案例

【例 5】 某公司于 5 年前以出让的方式取得一宗面积 $2000m^2$ 的 40 年使用权的土地，于 3 年前建成物业投入使用，总建筑面积为 $5000m^2$，现时重新取得 40 年使用权的出让价格为 2000 元/m^2，重新建造建筑物的建造成本为 600 万元（建设期为 2 年，第一年投入 40%，第二年投入 60%，可视为年中集中投入），管理费用为建安成本的 3%，年利率为 6%，销售税费为 90 万元，开发利润为 120 万元。门窗、墙面等损坏的修复费用为 8 万元；装修的重置价格为 140 万元，平均寿命为 5 年；设备的重置价格为 100 万元，平均寿命为 10 年；假设残值率均为零。试计算该宗房地产现时的价格。（土地资本化率为 8%）（2002 年房地产估价师考试试题）

【解】（1）运用成本法计算公式为：

房地产价格＝土地重新取得价格＋建筑物重新购建价格－建筑物的折旧

（2）求土地的重新取得价格：

因该土地使用权为 40 年，已过去 5 年，故要求土地使用权为 35 年的价格为：

$$V_{35}=V_{40}\times\frac{K_{35}}{K_{40}}=2000\times2000\times\frac{(1+8\%)^{40-35}[(1+8\%)^{35}-1]}{(1+8\%)^{40}-1}$$

$=390.94$ 万元

（3）计算建筑物的重新购建价格：

建造成本＝600 万元

管理费用＝600×3%＝18 万元

投资利息＝$(600+18)\times40\%\times[(1+6\%)^{1.5}-1]+$
$(600+18)\times60\%\times[(1+6\%)^{0.5}-1]=33.54$ 万元

销售税费＝90 万元

开发利润＝120 万元

建筑物的重新购建价格＝600＋18＋33.54＋90＋120＝861.54 万元

（4）计算建筑物的折旧额：

① 门窗、墙面等损坏的折旧额＝8 万元

② 装修部分的折旧额＝140×1/5×3＝84 万元

③ 设备部分的折旧额＝100×1/10×3＝30 万元

④ 长寿命项目的折旧额＝(861.54－8－140－100)×1/38×3＝48.44 万元

建筑物的折旧总额＝8＋84＋30＋48.44＝170.44 万元

（5）该宗房地产的现时价格＝390.94＋861.54－170.44＝1082.04 万元

【例 6】 某建筑物为钢筋混凝土结构，经济寿命为 50 年，有效经过年数为 8 年。经调查测算，现在重新建造全新状态的该建筑物的建造成本为800万元（建设期为2年，假定第一年投入建造成本的60%，第二年投入40%，均为均匀投入），管理费用为建造成本的3%，年利率为6%，销售税费为50万元，开发利润为120万元。又知其中该建筑物的墙、地面等损坏的修复费用为18万元，装修的重置价格为200万元，平均寿命为5年，已使用2年；设备的重置价格为110万元，平均寿命为10年，已使用8年。假设残值率均为0，试计算该建筑物的折旧总额。(2001年房地产估价师考试试题)

【解】(1) 计算建筑物的重置价格：

建造成本＝800万元

管理费用＝800×3%＝24万元

投资利息＝$(800+24)\times60\%\times[(1+6\%)^{1.5}-1]+(800+24)\times40\%\times[(1+6\%)^{0.5}-1]$＝54.90万元

建筑物的重置价格＝800＋24＋54.90＋50＋120＝1048.9万元

(2) 计算建筑物的折旧额：

① 墙、地面等损坏的折旧额＝18万元

② 装修部分的折旧额＝200×1/5×2＝80万元

③ 设备部分的折旧额＝110×1/10×8＝88万元

④ 长寿命项目的折旧额＝(1048.9－18－200－110)×1/50×8＝115.34万元

⑤ 该建筑物的折旧总额＝18＋80＋88＋115.34＝301.34万元

【例7】某工业区土地开发完成后需要通过评估确定出让土地的底价。该开发区土地开发程度已达到“五通一平”(通路、通水、通讯、通电、排水，场地平整)，可供出让的土地面积占开发区总土地面积的80%，土地出让年限为50年。

下而是估价调查所获得的其他资料。

征地补偿资料：该开发区周边地区近3年农作物的年平均亩产值为2000元，根据当地规定，征地时土地补偿费和安置补助费的总和取法律规定的最高值，青苗及地上物补偿费按当地农作物一年的产值计算。

征地过程中发生的相关税费：征地管理费，按照征地费总额的4%征收；耕地占用税，按5元/m^2征收；耕地开垦费，按10元/m^2计收。土地开发成本及费用：开发区土地开发程度达到“五通一平”的开发费平均为90元/m^2

假定土地开发周期为1.5年，开发费在开发周期内均匀投入；开发的投资回报率为15%，年贷款利率为8%，土地还原率为6%，50年期工业用地土地市场价格与成本价格的比率为120%，请根据上述资料计算土地单价。

【解】(1) 解题思路与方法选用　根据题意，估价对象为新开发土地，且已给定征地成本、土地开发费用等资料，适宜选用成本逼近法进行评估。

(2) 解题步骤

① 计算土地取得费及税费　土地补偿费和安置补助费的法定最高补偿标准为年产值的30倍，即为：

a. 最高补偿标准＝2000×30/666.67＝60000/666.67＝90元/m^2

b. 青苗补偿及地上附着物补偿＝2000/666.67＝3.0元/m^2

c. 征地费合计＝90＋3.0＝93.0元/m^2

d. 征地管理费：93.0×4%＝3.72元/m^2

e. 耕地占用税＝5元/m^2

f. 耕地开垦费＝10元/m^2

g. 土地取得费及税费＝93.0＋3.72＋5＋10＝111.72 元/m²

② 土地开发费

$$土地开发费＝90\ 元/m^2$$

③ 投资利息

$$投资利息＝111.72×[(1+8\%)^{1.5}-1]+90×[(1+8\%)^{0.75}-1]$$
$$＝19.02\ 元/m^2$$

④ 投资利润

$$投资利润＝(111.72+90)×15\%＝30.26\ 元/m^2$$

⑤ 计算土地成本价格

$$成本价格＝111.72+90+19.02+30.26＝251.0\ 元/m^2$$

⑥ 计算土地增值

根据题意，这里土地增值率取 20%，则：

$$土地增值＝251×20\%＝50.2\ 元/m^2$$

⑦ 计算全开发区土地单位面积地价

$$全开发区土地单位面积地价＝251.0+50.2＝301.2\ 元/m^2$$

⑧ 计算可出让土地单位面积地价

可出让土地单位面积地价＝301.2/80%＝376.5 元/m²，即开发区 50 年期工业用地可出让土地使用权价格为 376.5 元/m²。

【例 8】 办公用房价格评估报告（成本法）

1. 估价对象

委估对象为××实业总公司所属的房地产，该房地产位于通州市金沙镇××路××号，东临××轧花厂，南、西临金沙横河，北至通道。根据委估方提供的《国有土地使用证》[通州国用（2002）字第××号]、房屋所有权证（通金字第××号），××实业总公司拥有该待估房地产的合法土地使用权。该房产为××实业总公司所有，总建筑面积 4227.50m²。

土地使用证编号：通州国用（2002）字第××号，综合用地，面积 7422m²，使用期限：2051 年 4 月 24 日。

建筑结构：7 栋综合楼均为砖混结构。

估价时点：2002 年 5 月 39 日。

2. 房产估价部分

因待估房地产已建成，故采用成本法，得到委估建筑物估价时点的重置价格。

成本法公式：

委估建筑物重置价格＝建安成本＋配套费用＋前期工程费＋资金成本＋管理费、税费及开发商利润

（1）确定重置价格

委估标的结构形式为砖混结构，基本无装修，因此可以得出建筑物的重置价格。

① 确定重置成本价：根据通政发［98］16 号文、江苏省建筑工程预算定额、通州市建筑材料市场价格行情并参考类似工程实例，得出砖混结构重置成本为 620 元/m²。

② 配套费用：根据通政综（2000）54 号文，本项目基础设施建设费、公共设施配套费等总计为 137.30 元/m²。

③ 前期工程费：根据通州市目前市场状况，相应的前期费、设计费等取重置成本的 8%，即 49.60 元/m²。

④ 资金成本：主要为投资利息，按中国人民银行颁布的流动资金贷款利率取 1 年期利

率5.85%；配套费用、前期工程费及土地取得费均按一次性投入计算，建安成本在建设期内均衡投入；计息期：根据目前通州市框架结构办公用房建筑项目的建设情况及正常的工期定额，本项目按12个月计算建设期；则资金成本为：(137.30＋49.60)×5.85%＋620×5.85%×0.5＝29.07元/m²。

⑤ 管理费、税费及开发商利润：管理费、税费及开发商利润分别为土地取得费与①～④项总和的2%、5.55%、6%，则：(620＋137.30＋49.60＋29.07)×(2%＋5.55%＋6%)＝113.27元/m²。

将以上①～⑤项相加，得出该委估建筑物在评估时点的重置价格为949.24元/m²

(2) 确定成新率

根据现场勘查结果，该房屋目前状况较劣，结构构件有损坏和变形，管道畅通，维修后可正常使用，结合建筑物实际情况，确定成新率为30%。

(3) 确定评估值

委估建筑物评估价格＝重置价格×成新率＝949.24×30%＝284.77元/m²

整个建筑物评估价格＝284.77元/m²×4227.50m²＝1203865.18元

【例9】出让土地使用权抵押价值评估（成本法）

项目名称：朝阳区×××住宅小区国有出让土地使用权抵押价值评估

受托估价单位：北京SJ房地产评估有限公司

土地估价报告编号：（京）首评地（2007）（估）字第1304号

提交估价报告日期：二零零七年五月二十二日

1. 估价对象

估价对象位于朝阳区×××住宅小区，估价基准日为2007年4月18日，估价对象土地面积为39649.34m²，规划总建筑面积为104200.07m²（其中含人防建筑面积7014m²），评估设定土地用途为住宅、配套、地下车库，至估价基准日，土地使用权剩余使用年限设定为住宅67.4年、配套37.4年、地下车库47.4年，土地开发程度为宗地红线外“七通”（即通路、通电、通水、排水、通讯、通热、通气）及宗地红线内“场地平整”条件下的土地。

2. 运用成本逼近法求取估价对象土地使用权楼面熟地价

估价对象位于朝阳区×××住宅小区，通过调查估价对象所在区域周边的土地开发状况，并结合该项目的实际情况，运用成本逼近法测算其宗地价值，其基本计算公式为：

$$V=E_a+E_d+T+R_1+R_2+R_3=V_E+R_3$$

式中，V为土地价值；E_a为土地取得费；E_d为土地开发费；T为税费；R_1为利息；R_2为利润；R_3为土地增值；V_E为土地成本价值。

对于有限年期的土地使用权，需要进行土地使用年期的修正，其公式为：

$$K=1-1/(1+r)^n$$

式中，K为年期修正系数；r为土地还原利率；n为土地使用年期。

其各项费用如下：

(1) 土地取得费

估价对象位于朝阳区××××，土地取得费是指取得估价对象所在区域同类土地所需支付的平均费用及相关税费（一般包括房屋拆迁过程中所发生的税费，如评估服务费、拆迁服务费以及政府规定的其他有关税费等）。

根据委托方对该宗地土地取得情况的介绍，该宗地为××公司办公用途房地产原址，属于非住宅拆迁。根据《北京市非住宅房屋拆迁评估技术标准》，确定其区位级别为非住宅六类。根据对估价对象周边地区的土地利用情况和市场资料的调查以及在该区域内我公司曾承接的拆迁项目情况，根据估价对象土地的特点及项目本身的实际状况，依据北京市现行的拆迁政策及拆迁评估标准进行测算，该项目土地取得费主要由房屋拆迁补偿价款、评估服务费、拆迁服务费、拆除及渣土清运费、不可预见及其他费用五部分组成，具体测算见表 5-3。

表 5-3 土地取得费测算表

序号	项目名称	单价或系数	备 注
1	区位价格/(元/m^2)	4000	根据《北京市非住宅房屋拆迁评估技术标准》，确定其区位级别为非住宅六类，然后根据估价对象所处区位确定其拆迁房屋建筑面积区位价格
2	容积率调整系数 K_1	1.14	按该区位同类拆迁项目平均容积率 0.8 测算。然后查阅"非住宅作价容积率调整系数表"确定 K_1
3	房屋用途调整系数 K_2	0.9	估价对象为××公司办公用途房地产原址，查阅"非住宅拆迁作价房屋原用途调整系数表"确定 K_2
4	规划用途调整系数 K_3	1	由于估价对象非市政府重点工程，因此取为 1
5	区位补偿价/(元/m^2)	4104	第 1～4 项之和
6	地上补偿价/(元/m^2)	1200	包括房屋、附属物及拆除后无法使用的设备补偿价，按各类项目一般标准估算
7	停产停业综合补助费/(元/m^2)	1400	根据《关于北京市城市房屋拆迁补助费有关规定的批复》规定的取费区间并结合项目所在区域一般标准确定
8	搬家补助费/(元/m^2)	25	根据《关于北京市城市房屋拆迁补助费有关规定的批复》的相关规定收费
9	房屋拆迁补偿款/(元/m^2)	6729	第 5～8 项之和
10	评估服务费/(元/m^2)	80	支付给负责拆迁评估的评估公司，按第 5 项与第 6 项的 1.5%计算
11	拆迁服务费/(元/m^2)	101	支付给拆迁公司，按第 9 项的 1.5%计算
12	拆除及弃土清运费/(元/m^2)	60	根据北京市市场行情综合确定
13	小计/(元/m^2)	6970	第 9～13 项之和
14	不可预见及其他费用/(元/m^2)	697	包括办理土地出让手续的税费、办理土地证及道路红线测绘费、规划编制及其他项目前期费用及拆迁过程中为推动项目进展所需支付其他费用等，综合按小计的 10%计算
15	土地补偿价格/(元/m^2)	6134	第 14 与 15 项之和乘以宗地拆迁的平均容积率 0.8
16	估价对象露面土地取得费/(元/m^2)	2504	第 16 项除以估价对象项目规划收益容积率 2.45

根据上述测算结果并取整，本次评估土地取得费楼面单价取 2500 元/m^2。

(2) 土地开发费

土地开发费包括道路费、基础设施配套费、公用设施配套费和小区开发费等。根据对该区域基础设施情况的调查和土地开发成本的测算，该项目在现状规划条件下，市政基础设施基本达到宗地红线外"七通"(即通路、通电、通水、排水、通讯、通热、通气)时，其楼面土地开发费取 350 元/m^2。

(3) 税费

在土地开发过程中所涉及的税费一般包括征地过程中发生的税费，或房屋拆迁过程中所发生的税费，本次评估已将由于土地开发所应缴纳的该部分税费计入土地取得费，故在此不再单独取值。

(4) 投资利息

根据估价对象的规模及项目占地的特点，调查确定该项目土地开发周期为1年，建筑物建设周期为2年，项目总建设周期为3年，至估价基准日为1年，投资利息率按2007年3月18日调整利率后的中国人民银行公布的1年贷款基准利息率6.39%计（不考虑上下浮动因素），假设土地取得费在土地开发周期开始时一次性投入，土地开发费在土地开发周期内为分期投入，这里土地开发费按平均投入计算，以单利计息，则：

投资利息＝2500×6.39%×1＋350×6.39%×1÷2＝171元/m^2

(5) 投资利润

投资利润是把土地作为一种生产要素，以固定资产方式投入运营并发挥作用，因此投资利润应与同行业投资回报相一致，同类土地开发投资应获得相应的投资回报，考虑区域同类用途土地开发投资利润率及估价对象项目的实际情况，以20%作为本次住宅用途土地的投资利润率，以40%作为本次配套用途土地的投资利润率，该利润率的取值符合现时同类房地产市场的客观水平。则：

住宅投资利润＝(土地取得费＋土地开发费)×利润率＝(2500＋350)×20%
＝570元/m^2

配套投资利润＝(土地取得费＋土地开发费)×利润率＝(2500＋350)×40%
＝1140元/m^2

(6) 土地成本费用

土地成本费用＝土地取得费＋土地开发费＋税费＋投资利息＋投资利润

住宅土地成本费用＝2500＋350＋171＋570＝3591元/m^2

配套土地成本费用＝2500＋350＋171＋1140＝4161元/m^2

(7) 土地增值

土地增值是估价对象由于进行土地开发，达到建设用地的某种利用条件而发生的价值增加，是土地开发后市场价格与成本价格之间的差额。根据周边同类房地产开发项目的客观情况，并考虑该项目的实际规划条件，住宅用途土地增值取土地成本费用的15%，配套用途土地增值取土地成本费用的30%，则：

住宅土地增值＝3591×15%＝539元/m^2

配套土地增值＝4161×30%＝1248元/m^2

(8) 估价对象土地价位确定

依据成本逼近法测算地价公式：

土地价值＝(土地取得费＋土地开发费＋税费＋投资利息＋
投资利润＋土地增值)×年期修正系数

住宅用途土地年期修正系数＝$1-1/(1+r)^n$＝0.9895

配套用途土地年期修正系数＝$1-1/(1+r)^n$＝0.9204

式中，r为土地还原率，本次主要采用安全利率加风险调整值法计算，是以安全利率为基础，再加上风险调整值作为基准折现率。安全利率按目前中国人民银行的一年定期存款利息率2.79%确定。风险调整值按风险累加法进行估算，由行业风险报酬率、经营风险报酬率、财务风险报酬率和其他风险报酬率组成。综合分析以上各方面因素，本次土地还原率取

7%；根据《国有土地使用证》京朝国用（2007出）第0082号，土地使用权终止日期分别为住宅2074年8月29日、配套2044年8月29日，至估价基准日，剩余使用年限分别为67.4年、37.4年。

住宅用途67.4年期楼面熟地价＝(2500＋350＋171＋570＋539)×0.9895
＝4087元/m^2

配套用途37.4年期楼面熟地价＝(2500＋350＋171＋1140＋1248)×0.9204
＝4978元/m^2

【例10】改错题

某房地产开发商于2000年12月通过出让方式，以1200元/m^2的价格取得1000m^2的国有土地使用权，土地用途住宅，土地使用年限自2001年1月1日至2070年12月31日，规定房屋建筑面积12000m^2；该项目享受应上缴政府部门的市政配套设施费等合计300元/m^2减免30%的政策优惠；项目全部以房地产开发商的资本投入并自行销售。估价人员掌握如下与本次估价相关的估价时点的资料与参数，并拟以成本法评估项目竣工日2003年12月31日该房地产的市场价值。(2004年房地产估价师考试试题)

资料与参数表

名 称	参数值	名 称	参数值
契税税率	4%	该区域同类住宅用地招标拍卖的平均出让价格	1600元/m^2
营业税、城市维护建设税和教育费附加	5.5%	同类建筑物重置价格	1000元/m^2
专业费用率	建筑物建筑成本的6%	土地报酬率	5%
一年期贷款年利率	6%	管理费用	30元/m^2
直接成本利润率	20%	销售费用率	2.5%

评估测算如下（节选）：

(1) 土地年期修正系数K

$$K=[1-1/(1+5\%)^{67}][1-1/(1+5\%)^{70}]$$

(2) 土地取得成本

10000×1600×0.9946＝15913600元

(3) 开发成本

① 12000×1000＝12000000元

② 12000000×6%＝720000元

③ 上缴市政配套设施费等：12000×300×(1－3%)＝252000元

④ 开发成本小计：12000000＋720000＋252000＝15240000元

(4) 管理费用

12000×30＝360000元

(5) 投资利息　正常建设期为1年，土地取得成本设定在建设期初一次性投入，开发成本和管理费用在建设期内均匀投入，资本金视同借入资金，则投资利息为：

$15913600\times[(1+6\%)-1]+(15240000+360000)\times[(1+6\%)^{0.5}-1]=1415999$元

(6) 开发利润

(15913600＋15240000)×20%＝6230720元

(7) 销售税费

(15913600＋15240000＋360000＋1415999＋6230720)×8％＝3132826 元

(8) 评估价值

总价值＝(39160319＋3132826)×(1＋4％)＝43984871 元

单位价值＝43984871/12000≈3665 元/m^2

【解】(1) 土地取得成本

10000×1600×0.9946×1.04＝16550144 元

(2) 配套费用

12000×300＝3600000 元

(3) 销售税费

(15913600＋15240000＋360000＋1415999＋6230720)×8％/(1－8％)＝3405245 元

(4) 评估价值

15913600＋15240000＋360000＋1415999＋6230720＋3132826＝42293145 元

思考题

1. 成本法的适用范围是什么？
2. 成本法计算中，土地开发费和土地取得费的计息周期如何确定？
3. 成本法中投资利息的计算基数包括哪些内容？
4. 成本法中的成本与经济学中的成本有什么区别？

6 假设开发法（剩余法）

6.1 假设开发法的基本原理

6.1.1 概念

假设开发法（hypothetical development method），又称剩余法，是根据待开发房地产的预期开发价值，扣除全部开发成本以求取待估房地产在估价时点的价格的一种估价方法。

上述概念可由房地产开发商为取得某土地使用权而确定投标金额时的思路来理解。假设有一地块，预计具有良好的开发和增值潜力，政府拟将该土地使用权出让，出让方式为公开招标。对于某房地产开发商而言，如果他想取得该土地之使用权，需首先考虑该土地所在的区位条件（如交通条件、商服繁华程度等）和本身条件（如面积、形状、规划允许容积率、覆盖率等）；然后拟定最佳的房地产开发类型（是商业楼，还是写字楼，或是住宅楼，是单一楼，还是综合楼，如何布局）和合理的出售价格或出租租金（开发价值）；在此基础上，还需估算开发这样的房地产所需的开发周期和全部成本（如建安工程费、专业费、正常利税、销售费、管理费等），以确定能支付该土地使用权出让金的最大数额，作为投标的标底。显然，如果该开发商没有准确把握该出让地块的实际情况，不能确定最佳的房地产开发类型和开发完成后的开发价值，则他所确定的标底必然较低，在竞投中处于不利地位，无法获取待开发土地；如果开发商在合理确定开发类型和开发完成后的价值的前提下，确定的利润率低于正常的平均利润率，则不符合投资者的投资期望，达到利润最大化；相反，如果他确定的利润率较高，必将降低其土地使用权投标底价，在竞投过程中处于不利地位，可能让其他开发商获得待开发土地，这一点也是该竞投开发商所不愿意的。因此，开发商只有在准确把握出让地块的实际情况，并合理确定最佳的房地产开发类型、开发完成后的价值、必要而正常的成本和利润的情况下，才有可能确定合理的投标底价，在竞投中处于有利地位，获得待开发土地。至于最后的投标金额的确定，在投标底价确定的前提下，还须考虑价格本身以外的因素，如社会影响度、竞投对方可能的实力甚至人为干预等。

6.1.2 理论依据

假设开发法的理论依据与收益还原法相同，是预期收益原理。

由于假设开发法最初主要应用于待开发土地的估价，而土地价格本身实际是地租的体现，因此，假设开发法的理论依据可以用地租原理来解释。

亚当·斯密在《国民财富的性质和原因的研究》中写道：“作为租用土地的代价的地租，自然是租地人按照土地实际情况所支付的最高价格，在决定租约条件时，地主都设法使租地人所得的土地生产物份额，仅足以补偿他用以提供种子、支付工资、购置和维持耕畜与其他农具的农业资本，并提供当地农业资本的利润，这一数额，显然是租地人在不亏本的条件下所愿意接受的最小份额，而地主绝不会多留给他。生产物中分给租地人的那一部分，要是多于这一数额，换言之，生产物中分给租地人的那一部分的价格，要是多于这一数额的价格，地主自然要设法把超过额留给已有，作为地租。因此，地租显然是租地人按照土地实际情况所能缴纳的最高额。诚然，有时由于心善，更经常是由于无知，地主接受比这一数额略低的地租；同样，有时也由于无知（但比较少），租地人缴纳比这一数额略高的地租，即甘愿接受比当地农业资本普通利润略低的利润，但这一数额，仍可视为土地的自然地租，而所谓自然地租，当然是大部分出租土地应得的地租。”

区位论创始人杜能在《孤立国》中也提及了假设开发法的基本思想：“有一田庄，庄上全部房屋树木、垣篱都遇焚毁，凡想购置这一田庄的人，在估值时总首先考虑，田庄建设完备之后，这块土地的纯收益是多少，然后扣除建造房屋等投资与利息，根据剩余之数确定买价。”

6.1.3 基本公式

（1）待开发房地产价值计算公式

根据假设开发法的基本原理，假设开发法的基本公式为：

待开发房地产价值＝待开发房地产的预期开发价值－开发成本－管理费用－投资利息－销售税费－开发利润－投资者购买待开发房地产应负担的税费 (6-1)

其中：

管理费用＝开发成本×正常管理费率；投资利息＝(待开发房地产价格＋开发成本＋管理费用)×正常利息率开发利润＝(待开发房地产价格＋开发成本＋管理费用)×正常利润率

（2）地价计算公式

根据假设开发法的基本概念和理论依据，可知其估价公式为：

地价＝房地产开发价值－开发成本－开发利润 (6-2)

式中，房地产开发价值是指待估房地产在开发完成后的市场价值或租金收益，一般称为楼价；开发成本是指开发房地产所需投入的全部资金，主要包括建安工程费、专业费（如勘测设计费、律师费、可行性研究费、评估费等）、销售费、管理费、税费和投资利息等，不同的开发基础（如生地与熟地，征用土地与旧城拆迁改造土地），其开发成本也会有所差异，需视实际情况确定；开发利润是指项目开发投资全部预付资本的利润总额。对于典型的待开发土地而言，开发投资的全部预付资本，包括土地取得成本和建安工程费（包括专业费）两部分。

从假设开发法估价公式可以看出，这一公式与成本法中新开发房地产的估价公式是一致的，只是等式两边的项目有所变化。实际上，假设开发法估价公式是成本法估价公式的倒算，俗称倒算法，是一种常用的估价方法。

6.1.4 特点与适用范围

假设开发法的方法特点主要表现为：

① 预期性估价房地产估价对象有三种类型，旧有房地产、新建房地产和预期房地产。假设开发法属于预期房地产估价。这类房地产估价需预测未来的各种价格与费用，是估价中的难点，必须慎重与仔细。

② 价格与费用不在同一时间点。预期性估价中的各种价格与费用不在同一时间点。如未来楼价、建筑物建造费用等，分属不同的投资时间，估价时应注意资金的时间价值。

③ 尽管假设开发法的应用较普遍和广泛，但只是一种应用估价方法，不是基本估价方法。该方法是成本法的应用。

假设开发法早期主要用于待开发土地的估价，目前已广泛应用于其他类型房地产及正在开发的房地产的估价。主要适用于：

① 待开发土地（生地、毛地、熟地）建成房屋的估价；

② 生地或毛地开发成熟地的估价，此时公式中的开发成本应是拆迁安置费用；

③ 在建工程续建成房屋的估价；

④ 假设开发法实际上是现金流量法的一种简化，常用于房地产开发项目的可行性研究中。

要成功运用假设开发法，须注意下列估价要求和外部环境。

(1) 估价要求

① 坚持最有效使用原则，合理确定土地的最佳开发利用方式。

② 根据房地产市场行情与供求关系，正确判断房地产开发完成后的市场价值。

③ 正确估测开发费用与利润率。

显然，上述估价要求需要下面外部环境条件支撑。

(2) 外部环境

① 比较发育的房地产市场，投资开发按市场机制运行。

② 稳定而明朗的房地产产业政策。

③ 公开、稳定的土地供应计划。

④ 统一、健全的房地产法规。

⑤ 稳定而清晰的各种房地产投资与交易税费。

⑥ 透明、公开和完整的房地产资料。

6.2 假设开发法的估价步骤

根据假设开发法的概念、理论依据、估价公式及方法运用条件，可知运用假设开发法主要有下列估价步骤。

6.2.1 调查并掌握待估房地产基本情况

其基本目的是为合理确定待开发房地产的最佳开发利用方式、预测未来房地产开发价值与费用等奠定基础。调查的基本情况主要有以下几项。

① 土地区位　包括：a. 土地所在城市的性质与功能，如大城市、中心城市、功能型城市；b. 土地在城市内的区位，是商业区、住宅区，还是工业区？是新城区，还是旧城区？c. 土地的具体坐落，如临街状况，是一面临街，还是两面临街？

② 土地实体状况　包括：面积、形状、平整程度（自然坡度）、地基承载力、基础设施条件及其他设施情况。

③ 土地权属状况　包括：土地使用权取得方式，土地使用权年期，土地使用权的再处置条件，如对续期、转让、出租、抵押等的限制。

④ 规划限制　包括规划用途、允许容积率、建筑覆盖率、建筑高度上限以及其他行政管制或要求。

⑤ 土地与房地产市场　包括土地供应计划、各类房地产市场情况（如供需情况、收益率、空置率）与近几年拟开发的房地产类型、档次、数量、交付时间等。

6.2.2 确定最佳开发利用方式

根据对待开发土地的基本情况、土地房地产市场行情的了解，确定待开发土地在规划允许范围内的最佳开发利用方式。如开发什么类型的房地产，是住宅楼、写字楼，还是宾馆、商场？是单独利用形式，还是综合利用形式？在房地产开发类型确定的情况下，进一步确定建筑物及外围布局、绿地率、建筑结构、建筑面积、建筑高度、建筑层数、建筑式样、装修档次等，并进一步拟定尽可能详细的利用形式。

最佳开发利用方式的确定是投资商在竞投过程中重要的环节，也是假设开发法能否成功运用的关键。

6.2.3 估算开发周期

房地产开发一般是强度大、周期长的投资项目，从立项到开发完成一般要经过一年或数年的时间，而房地产市场是一个动态的市场，房地产价格也因市场的动态性而呈动态变化；另一方面，假设开发法中的各项价格（如售价与租金）、成本多是未来的情况，存在一定的不确定性。因此，开发周期的长短直接影响着房地产开发完成后的市场价值和开发过程中的财务费用。合理估算房地产的开发周期显得十分重要。

开发周期的估算一般可采用比较的方法，即通过市场上同类型、同规模房地产正常开发所需的时间来判断。开发周期的估算应注意或考虑一些可能出现的特殊情况给开发时间带来的影响，如筹措的资金不能及时到位、灾害性天气的干扰、某些建筑材料的临时短缺、经济乃至政治形势的突发性变化、行政管理部门的办事拖拉、劳资纠纷、特殊地下埋藏物（如文物）的发现等，都将影响建设进度，延长开发周期。因此，在估算房地产开发周期时，宜在实际开发时间的基础上，加设一定的延长时间。

6.2.4 预测房地产开发完成后的市场价值

由于房地产开发完成后的价值是未来的而不是估价时点的价值，因此需要进行预测。预测的价格通常是单价，再由此计算总价。预测的方法可以很多，如趋势法、统计法、灰色预测法等，但不管何种预测方法，必须有一定的基础价格资料，这一基础价格资料，即目前的和以前的房地产市场上同类型房地产的价格或收益资料。在有收益资料的情况下，可根据收益还原法将收益还原成价格。

尽管预测方法较多，但房地产市场的动态性、房地产价格影响因素的多样性和复杂性决定了任何一种预测方法都有其一定的缺陷。因此，在房地产市场价值预测的基础上，应根据实际情况和估价人员的判断进行适当的调整，使预测价值尽可能符合未来的实际。

6.2.5 估算开发成本和开发利润

对于开发成本，由于项目相对较多，应分项估算。

① 建安工程费　可通过当地同类建筑物当前的建筑费用的平均水平来估算，或采用成本法中重置价格的估算方法。

② 专业费　一般以建安工程费的一定比率来计算，如取建安工程费的6%。

③ 销售费　按可以开发价值的一定比率来计算。

④ 税费　按国家有关法规对开发项目应计税种所规定的计税方法来计算，一般包括销售税费和购买待开发土地应负担的税费两项。销售税费是开发商销售开发完成后的房地产时作为卖方应负担的税费，通常按开发完成后房地产价值的一定比率来估算；购买待开发土地应负担的税费是开发商作为买方应负担的税费，如契税、交易手续费等，一般按待开发土地价值的一定比率来估算。

⑤ 投资利息　参见成本法中利息的计算方法。利息的计算涉及投资强度、利息率、计息周期数和计息方式，其中投资强度为房地产开发投资的全部预付资本，包括土地取得成本和建安工程费。如果注意到投资利息的计算不仅与投资强度、利息率有关，还与计息周期数和计息方式有关，则可发现，早期一些书籍中建议的在不考虑楼价及各项费用所发生的时间因素的情况下所导出的估价公式是不正确的；计算时，暂不考虑地价款的利息，在初步计算

地价后再行贴现的计算方法也是有问题的，除非假定不同年期的年利息率均相同。

⑥ 开发商利润　一般以房地产开发投资的全部预付资本（土地成本＋建筑物建造费用）的一定比率，或以开发完成后的市场价值的一定比率计算。直接投资的一定比率即为利润率，或投资回报率、投资收益率。

6.2.6 计算试算价格、确定估价额

根据前面所估算、预测或计算的各项价格或费用参数，代入估价公式，即可计算出待开发土地的试算价格。在具体计算时，应注意到由于假设开发法中的各项价格、成本发生的时间不在同一时点上，因此在计算时有两种方法，即：①静态法，不考虑各项价格或费用的时间差异，即不将各项价格与费用统一到同一时点上，此时，与成本法计算一样，需详细计算各项投资的利息；②动态法，将各项价格或费用统一到同一时点（估价时点）上，即进行贴现时，由于各项价格或成本均在同一时点上，故利息项实际为零，这是因为，在各项投资的时间已统一到同一时点后，计息周期数为零，故利息为零；实际上，进行贴现后，各项投资的利息已隐含在贴现计算中。

6.3 应用案例

【例 1】某在建工程开工于 2001 年 3 月 1 日，用地总面积 2000m^2，建筑容积率为 5.1，用途为公寓。土地使用年限为 50 年，从 2001 年 3 月 1 日起计。土地取得费用为楼面地价每平方米 1000 元，该公寓正常建设期为 2 年，建设费用为每平方米建筑面积 2500 元，至 2001 年 9 月 1 日已完成主体封顶，已投入了建设费用的 45%。估计该公寓可按期建成，建成后即可出租。可出租面积的月租金为 80 元/m^2，可出租面积为建筑面积的 65%，正常出租率为 80%，出租期间运营费用率为 30%。又知当地购买在建工程应缴纳的税费为购买价格的 5%。试利用上述资料采用现金流量折现法估算该在建工程于 2001 年 9 月 1 日的正常购买总价和按建成后的建筑面积折算的单价。假定资本化率为 8%，折现率为 14%。（2001 年房地产估价师考试试题）

【解】(1) 设该在建工程的正常购买总价为 V。

(2) 计算该在建工程续建完成后的总价值：

① 总建筑面积＝2000×5.1＝10200m^2

② 续建完成后的总价值计算公式：

$$\frac{a}{r}\left[1-\frac{1}{(1+r)^{n}}\right]\times\frac{1}{(1+r_{d})^{t}}$$

③ 续建完成后的总价值：

$$\frac{80\times12\times10200\times65\%\times80\%\times(1-30\%)}{8\%}\left[1-\frac{1}{(1+8\%)^{50-2}}\right]\times\frac{1}{(1+14\%)^{1.5}}$$

＝3569.34 万元

(3) 续建总费用：

$$\text{续建总费用}=\frac{2500\times10200\times55\%}{(1+14\%)^{0.75}}=1271.23\text{ 万元}$$

(4) 购买该在建工程的税费总额＝V×5%＝0.05V

(5) 该在建工程的正常购买总价 V＝3569.34－1271.23－0.05V，V＝2188.68 万元

(6) 该在建工程的正常购买单价＝2188.68/1.0200＝2146 元/m^2

【例 2】需要评估一宗“七通一平”熟地于 2004 年 9 月的价值。获知该宗地土地面积为 $5000m^2$，土地剩余使用年限为 65 年，容积率为 2，适宜建造某种类型的商品住宅；预计取得该宗土地后建造该类型商品住宅的开发期为 2 年，建筑安装工程费为每平方米建筑面积 800 元，勘察设计等专业费用及管理费为建筑安装工程费的 12%，第一年需要投入 60%建筑安装工程费、专业费用及管理费，第二年需要投入 40%建筑安装工程费、专业费用及管理费；销售商品住宅时的广告宣传费用为其销售价的 2%，房地产交易中卖方需要缴纳的营业税等为交易价格的 6%，买方需要缴纳的契税等为交易价格的 3%；预计该商品住宅在建成时可全部售出，售出时的平均价格为每平方米 2000 元。试利用所给资料用现金流量折现法测算该宗土地 2004 年 9 月的总价、单价及楼面地价（折现率为 12%）。

【解】设该宗土地的总价为 V，则

开发完成后的总价值 $=(2000\times5000\times2)/(1+12\%)^2=1594.39$ 万元

建筑安装工程费等的总额 $=800\times(1+12\%)\times5000\times2\times[60\%/(1+12\%)^{0.5}+40\%(1+12\%)^{1.5}]=810.36$ 万元

建筑安装工程费、专业费用及管理费在各年的投入实际上是覆盖全年的，但为了折现计算的方便起见，假设各年的投入是集中在各年的年中，这样，就有了上述计算中的折现年数分别是 0.5 和 1.5 的情况。

销售费用和销售税费总额 $=1594.39\times(2\%+6\%)=127.55$ 万元

购买该宗土地的税费总额 $=V\times3\%=0.03V$ 万元

$$V=1594.39-810.36-127.55-0.03V$$

$$V=637.36\text{ 万元}$$

故：

土地总价 $=637.36$ 万元

土地单价 $=1274.72$ 元/m^2

楼面地价 $=637.36$ 元/m^2

【例 3】司法鉴定处置价值评估

项目名称：北京市××商业用地土地使用权价格评估

受托估价单位：北京 HX 房地产评估有限公司

土地估价报告编号：HX 评字［2007］××号

土地估价技术报告编号：HX 评技字［2007］××号

提交估价报告日期：二零零七年五月三十日

一、估价对象

估价对象在 2007 年 1 月 29 日，土地使用者为北京××房地产开发有限公司，土地使用权面积为 $14504.35m^2$，土地实际用途为商业，土地使用权性质为出让，剩余使用年限为 35.9 年，规划总建筑面积 $60531m^2$，土地实际开发程度为宗地红线外“六通”（即通路、通电、通信、通水、排水、通热），宗地红线内场地平整；评估设定土地用途为商业，土地剩余使用年限为 35.9 年，土地开发程度为宗地红线外“六通”和宗地红线内场地平整，上述条件下的国有出让用地土地使用权现状市场价格。

二、估价过程

采用假设开发法。

1. 开发价值

估价对象土地用途为商业，经延庆县规划局批准，宗地上将建设“××酒店”，审批建筑面积为 $60531m^2$。

(1) 测算年总收益。由于无法确定拟建“××酒店”的物业档次及主要收入来源渠道，本次评估估价人员设定拟建“××酒店”以客房出租为主要来源的中档酒店。估价人员对周边类似物业进行了调查，同档次房地产的正常租金水平为标准间150元/(间·d)，空置率为35%，标准间客房的建筑面积为40m^2/间，则：

$$年总收益=150\times(1-35\%)\times365/40=889.69元/m^2$$

(2) 测算年总费用

① 管理费用。管理费用指企业运营过程中为获得经营收益而必须支付的费用，包括原料费、运输费、折旧费、员工工资、设备维护及更新费等。根据周边同类物业情况按年总收益的15%计取：

$$889.69\times15\%=133.45元/m^2$$

② 税费。税费是指房产所有人按照有关规定向税务机关缴纳的房产税和营业税及附加等。估价对象的税费主要包括12%的房产税及5.5%的营业税、城市建设维护税和教育费附加等，税率为17.5%，基数为总收益，则税费为：

$$889.69\times17.5\%=155.7元/m^2$$

③ 保险费。估价对象保险费应为建筑物建安造价的0.15%，本次评估估价对象建筑物建安造价取每建筑平方米2600元，则保险费为：

$$2600\times0.15\%=3.9元/m^2$$

④ 年总费用

$$133.45+155.7+3.9=293.05元/m^2$$

(3) 年纯收益

$$889.69-293.05=596.64元/m^2$$

(4) 房地产价格　根据下面公式计算房地产价格；

$$P=a[1-1/(1+r)^n]/r$$

式中，P为房地产价格；a为年纯收益；r为房地产还原率（依据安全利率加风险调整值的方法来确定本次估价还原率，安全利率以中国人民银行现行的一年期银行定期存款利率2.52%为准；影响估价对象的风险因素主要包括建筑物质量风险、市场风险、政策风险等，根据前述分析认为风险不大，故在安全利率2.52%的基础上略作上浮，以8%作为本次估价的还原率）；n为房地产剩余使用年限35.9年。

则房地产价格

$$P=6987.34元/m^2$$

本次评估取估价对象可实现的开发价值为7000元/m^2。

2. 成本费用

① 建造成本　按北京市现行建筑工程概（预）算标准测算，同时参照北京市统计局公布的物业建安成本统计值推算，取估价对象类似建筑物平均建安费用为每建筑平方米2600元（其中包括直接工程费、间接工程费、建筑承包商利润及管理费等费用等）。红线内市政费用取建安费用的10%，即260元/m^2。建设配套费用取建安费用的10%，即260元/m^2。建造成本合计为3120元/m^2。

② 不可预见费　按建安费用的5%计，即130元/m^2。

③ 专业人士费　包括建筑师的建筑设计费、预算师的工程概预算费、评估费等费用，按建造成本的10%计，即为312元/m^2。

④ 贷款利息　取以上三项合计款为基数，利息率取2006年8月19日公布执行的一至三年期人民币贷款利率6.3%，开发周期为两年，成本费用在开发周期内均匀投入，则：

$$贷款利息=(3120+130+312)\times 6.3\%\times \frac{1}{2}\times 2+地价\times 6.3\%\times 2$$
$$=224.41+0.126\times 地价$$

⑤ 成本费用

$$成本费用=建造成本+不可预见费+专业人士费+贷款利息$$
$$=3786.41+0.126\times 地价$$

3. 销售税费

包括两税一费（营业税、城建税、教育费附加），代理及广告宣传费等合计取可实现开发总价值的10%，则销售税费为每建筑平方米700元。

4. 合理利润

开发周期为2年，合理利润取投资额的30%：

$$合理利润=(3120+130+312)\times 30\%+30\%\times 地价=1068.6+0.3\times 地价$$

5. 土地价格

根据剩余法测算公式：

$$楼面熟地价=开发价值-成本费用-销售税费-合理利润$$
$$=7000-(3786.41+0.126\times 地价)-700-(1068.6+0.3\times 地价)$$

经整理后得到：

$$142.6\%\times 地价=1444.99元/m^2$$

所以，楼面熟地价为1013.32元/m^2。

【例4】 买卖交易价值咨询评估

项目名称：东城区××街××号××公寓2号楼土地使用权及地上建筑物（停建）房地产价格咨询

委托单位：×××

咨询单位：北京市ZHY房地产评估有限责任公司

估价师：

咨询作业日期：二○○六年四月二十七日至二○○六年六月一日

咨询报告编号：ZHY（2006）评字第027号

1. 咨询对象

×××委托咨询的咨询对象是指位于北京市东城区××街××号的××公寓2号楼土地使用权及地上建筑物（停建）（见表6-1）。

表6-1　咨询对象状况一览表

项目名称	××公寓2号楼
项目位置	东城区××街××号
建筑结构	框架剪力墙
楼层	地上12层，无地下
土地使用权类型	出让
土地使用权用途	公寓
土地使用面积/m^2	5550
土地使用权终止日期	2065年10月30日
总建筑面积/m^2	15032.27（主体14805.48，锅炉房226.79）
建筑年代	1995～1998年由旧厂房改造为现状，尚未完工闲置多年
国有土地使用权证	市东涉外国用(99)字××号
房屋所有权人及土地使用权人	××公司

2. 假设开发法测算咨询对象市场价格

(1) 建筑安装工程费 根据北京市建筑工程概预算定额标准以及原设计方案，咨询对象的继续建安装修工程费为 1000 元/m^2。

(2) 红线内市政工程费 红线内市政包括供暖、给水、排水、弱电、道路、绿化等，参考目前市政工程建设标准，类似于咨询对象的红线内市政工程费大约为建筑安装工程费的10%，由此可测算红线内市政工程费：

$$1000\times10\%=100\text{ 元/m}^2$$

(3) 专业人士费 包括工程的工程设计、勘查、可行性研究等以及不可预见费，该费用约占建筑安装工程费及红线内市政工程费的 10%，即：

$$(1000+100)\times10\%=110\text{ 元/m}^2$$

(4) 管理费 管理费是指在建设施工过程中发生的人员工资、福利等，该项费用占建筑安装工程费和红线内市政工程费的 8%，则管理费为：

$$(1000+100)\times8\%=88\text{ 元/m}^2$$

上述 4 项费用合计为 1298 元/m^2

(5) 投资利息 利率按年贷款利率的 6.03%计算。类似于咨询对象的正常继续建造装修期为 1 年，各项费用均匀投入，则投资利息为：

$$1298\times[(1+6.03\%)^{1/2}-1]=35.56\text{ 元/m}^2$$

(6) 投资利润 根据北京市同类房地产投资的平均利润率水平状况及咨询对象的实际情况，设定咨询对象整个建设周期的客观开发利润，以上述土地使用权价格、建安工程费、红线内市政工程费、专业人士费及管理费之和为基数，利润率取 10%，投资利润为：

$$1298\times10\%=129.80\text{ 元/m}^2$$

(7) 咨询对象续建费用 咨询对象续建费用单价：

$$1298+38.56+129.80=1466\text{ 元/m}^2$$

(8) 咨询对象价格

咨询对象价格＝改建完成后的公寓价值－改建费用

咨询对象单价＝11919－1466＝10453 元/m^2

咨询对象总价＝10453×15032.27＋10000＝15713 万元

【例 5】 改错题（1999 年房地产估价师考试试题）

某开发项目，规划用途为单身公寓，土地使用权年限为 1997 年 3 月 1 日至 2067 年 2 月 28 日，土地使用权出让金已全部交清。规划建筑面积 5000m^2，预计售价 3000 元/m^2。

该项目于 1997 年 7 月 1 日开工，原定工期 9 个月，建筑费为 1200 元/m^2，管理费为建筑费的 5%。建筑费和相应的管理费投入时间为：开工的第一季度投入 30%，第二季度投入 40%，第三季度投入 30%。假定都在每季度中间投入，年利率 6.66%，销售税率和销售费用分别为售价的 6%和 3%。开工后第一季度结束时，已有 1000m^2 建筑面积按 3000 元/m^2 预售。开工后第二季度结束时，项目的原开发商拟将项目以合作开发的方式转让，转让方式为：一次性付给一笔转让费，用于补偿已投入的土地使用权出让金和建筑费等投资，已预售的 1000m^2 的净销售收入在销售结束时由原开发商返还给合作方。现合作方委托估算该项目在 1998 年 1 月 1 日的价格。

采用假设开发法估价。预计项目在完工时可全部售出，投资利润按 20%，季度利润为 1.665%。设项目在 1998 年 1 月 1 日的价格为 V，估算如下。

(1) 计算开发完成后的价值

$$3000\times5000\div(1+1.665\%)=14754340\text{ 元}$$

（2）计算建筑费

$$1200\times5000\times30\%\div(1+1.665\%)^{0.5}=2641102\text{ 元}$$

（3）计算管理费

$$2641102\times5\%\div(1+1.665\%)^{0.5}=130969\text{ 元}$$

（4）计算销售税和销售费用

$$14754340\times(6\%+3\%)\div(1+1.665\%)=1306143\text{ 元}$$

（5）计算利润

$$(V+2641102+130969+1306143)\times20\%=0.2V+815643\text{ 元}$$

（6）计算项目价格

V＝开发完成后的价值－建筑费－管理费－销售税和销售费用－利润

$=14754340-2641102-130969-1306143-0.2V-815643$

$V=8217069$ 元

【解】（1）计算管理费错，应为 $2641102\times5\%=132055$ 元。

（2）计算销售税和销售费用错，应为 $14754340\times(6\%+3\%)=1327891$ 元。

（3）计算利润错，应为：$(V+2641102+132055)\times20\%=0.2V+549231$ 元。

思 考 题

1. 假设开发法的适用范围有哪些？
2. 在假设开发法估价计算中，关于利润计算应当注意哪些问题？
3. 假设开发法的理论依据是什么？
4. 假设开发法的估价步骤有哪些？

7　基准地价系数修正法

7.1　基准地价系数修正法的基本原理

7.1.1　概念

基准地价系数修正法是通过对待估宗地地价影响因素的分析，对各城市已公布的同类用途同级同区段土地基准地价进行修正，估算宗地客观价格的方法。

基准地价系数修正法，是我国土地估价的方法之一。它是利用城镇基准地价和基准地价修正系数表等评估成果，按照替代原则，就待估宗地的区域条件和个别条件等与其所处区域的平均条件相比较，并对照修正系数表选取相应的修正系数对基准地价进行修正，进而求取待估宗地在估价期日价格的一种估价方法。

基准地价是指在宗地估价的基础上，评估出的各个级别或各个区段土地的平均价格。它包括城镇用地基准地价和农用地基准地价。

现行城镇用地基准地价包括区段基准地价与级别基准地价，原则上只建立区段基准地价体系，级别基准地价只作为政府掌握地价水平的参考。

区段基准地价是指城市某用途（商业、住宅、工业等）某一区段在评估基准日，开发程度设定为区段平均开发程度，使用年期设定为该用途法定最高出让年期，容积率设为区段平均容积率时的出让国有土地使用权价格。基准日默认为每年的 1 月 1 日。

地价区段系指城市基础设施、公共设施、公用设施、环境条件一致，土地用途大致趋同，地价水平相当（原则上商业与住宅用地最高值与最低值相差不超过 30%，工业用地不超过 10%）的封闭区间。

7.1.2　理论依据

基准地价系数修正法的基本原理是替代原理，即在正常的市场条件下，具有相似土地条件和使用价值的土地，在交易双方具有同等市场信息的基础上，应当具有相似的价格。基准地价，是某一级别或均质地域内分用途的土地使用权平均价格，该级别或均质地域内该类用地的其他宗地价格在基准地价上下波动。基准地价相对应的土地条件，是土地级别或均质地域内该类用途土地的一般条件。因此，通过待估宗地条件与级别或区域内同类用地一般条件的比较，并根据二者在区域条件、个别条件、使用年期和估价期日等方面的差异大小，对照因素修正系数表选取适宜的修正系数，对基准地价进行修正，即可得到待估宗地地价。

7.1.3　基本公式

利用区段（或级别）基准地价评估宗地地价时，基准地价系数修正法是通过对待估宗地地价影响因素的分析，利用宗地地价修正系数，对各城镇已公布的同用途同区段（或级别）土地基准地价进行修正，估算待估宗地客观价格的方法。其基本公式如下：

$$V=V_{1b}\times(1\pm\sum K_i)\times K_j \tag{7-1}$$

式中，V 为土地价格；V_{1b}为某一用途土地在某一区段（或级别）上的基准地价；K_i 为宗地地价修正系数；K_j 为估价期日、容积率、土地使用年期等其他修正系数。

即：

$$宗地地价=待估宗地对应的基准地价\times(1+\sum_{i=1}^{n}K_i)\times年期修正系数\times期日修正系数\times容积率修正系数$$

7.1.4　特点与适用范围

基准地价系数修正法适用于：

① 完成基准地价评估城镇中的土地估价，即具备基准地价和相应修正体系成果的城镇中的土地估价。特别适用于土地出让底价、土地抵押价格、课税地价和国有企业兼并等行为中的土地资产评估。

② 基准地价系数修正法，是对一般市场比较法变形、量化及系统化后的一种估价方法，是在短时间内大批量进行宗地评估的有效手段，可快速方便地评估多宗土地的价格。

③ 基准地价系数修正法估价的精度与基准地价及其修正体系的精度密切相关。

7.2　基准地价系数修正法的估价步骤

① 收集、整理当地最新的基准地价成果资料。基准地价成果资料是采用基准地价系数修正法估价的基础。基准地价成果一般每 3 年更新一次，并由政府对外公布。在估价前必须收集当地最新基准地价成果的成果资料，主要包括：区段基准地价图、区段划分表、基准地价表、基准地价因素修正系数表和相应的因素条件说明表等，并根据估价的需要加以整理，作为宗地估价的基础。

② 确定待估宗地所处的土地区段（或级别）、对应的区段（或级别）基准地价、相应的修正系数表和该区段（或级别）基准地价对应的地价内涵和土地开发程度等。根据待估宗地的位置、用途，对照前面所收集的区段基准地价图表等，确定待估宗地所处的土地区段（或级别）、基准地价和相应的因素条件说明表、因素修正系数表、该区段（或级别）土地平均开发程度和基准地价内涵，以确定地价修正的基准和需要调查的影响因素项目。

③ 调查宗地地价影响因素的指标条件。按照与待估宗地所处区段和用途的对应的基准地价修正系数表和因素条件说明表中所要求的因素条件，确定宗地条件的调查项目，调查项目应与修正系数表中的因素一致，并明确待估地价的内涵和相应的土地开发程度。宗地因素指标的调查，应充分利用已收集的资料和土地登记资料及有关图件，不能满足需要的，应进行野外实地调查，在调查基础上，确定宗地地价因素指标数据。

④ 土地开发程度差异修正。比较待估宗地价格定义与基准地价内涵，当二者内涵一致、开发程度相同时，则不必进行土地开发程度差异修正，当二者不一致时，则要进行土地开发程度差异修正，例如某市某工业用地区段基准地价为 500 元/m^2，对应的土地开发程度为四通一平（通路、通电、排水、通水和场地平整），而待估宗地价定义为三通一平（通路、通电、通水和场地平整）条件下的工业用地地价，二者开发程度不一致，需进行修正，据调查，该区段土地排水开发费用为 40 元/m^2。则该级别三通一平条件下的基准地价应为500－40＝460 元/m^2，以此作为下一步宗地地价评估的基准。

⑤ 确定宗地地价评估的修正系数。按调查结果，首先根据每个因素的指标值，查对各用途土地的基准地价影响因素指标说明表，确定因素指标对应的优劣状况；按优劣状况再查对基准地价修正系数表，得到该因素的修正系数。对所有影响宗地地价的因素都同样处理，即得到宗地的全部因素修正系数。某一宗地的总修正系数按下式计算：

$$K = \sum_{i=1}^{n} K_i \tag{7-2}$$

式中，K 为某宗地所有地价影响因素总修正值；K_i 为宗地在第 i 个因素下的修正系数；n 为修正因素个数。

⑥ 确定待估宗地使用年期修正系数。基准地价对应的使用年期，是各用途土地使用权的最高出让年期，而具体宗地的使用年期可能各不相同，因此必须进行年期修正。系数可按下式计算：

$$y = \frac{1-\left(\frac{1}{1+r}\right)^m}{1-\left(\frac{1}{1+r}\right)^n} \tag{7-3}$$

式中，y 为宗地使用年期修正系数；r 为土地还原率；m 为待估宗地可使用年期；n 为该用途土地法定最高出让年期。

⑦ 确定期日修正系数。基准地价对应的是基准地价评估期日的地价水平，随时间迁移，土地市场的地价水平会有所变化，因此必须进行期日修正，把基准地价对应的地价水平修正到宗地地价评估期日。期日修正一般根据地价指数的变动幅度进行，期日修正系数可按下式计算：

$$T = \frac{\text{宗地估价基准日的地价指数}}{\text{基准地价估价基准日的地价指数}} \tag{7-4}$$

⑧ 确定容积率修正系数，基准地价对应的是该用途土地在该级别或均质地域内的平均容积率，各宗地的容积率可能各不相同，同时由于容积率对地价的影响极大，难以在编制基准地价因素修正系数表时考虑进去，因此若在因素修正系数表中未考虑容积率影响，则必须进一步进行修正，将平均容积率修正到宗地实际容积率水平。容积率修正系数按下式计算：

$$K_{ij} = k_i / k_j \tag{7-5}$$

式中，K_{ij} 为容积率修正系数；k_i 为待估宗地容积率对应的地价水平指数；k_j 为级别或均质地域内该类用地平均容积率对应的地价水平指数。

⑨ 确定待估宗地地价。根据前面所求得的各项修正系数，对待估宗地对应的基准地价进行修正，即可求得宗地地价。系数修正公式为

$$P_i = p \times (1 \pm K) \times y \times T \times K_{ij} \tag{7-6}$$

式中，P_i 为待估宗地地价；p 为待估宗地对应的基准地价；K、y、T、K_{ij} 含义同前。

7.3　应用案例

【例 1】某公司在 S 市开发区拥有一块工业用地，拟在 2006 年 7 月 1 日通过土地使用权抵押贷款，试根据下面的资料估算该宗地于贷款日期的单位价格和总价格。

土地情况为：该土地通过征用后出让获得，当时征用时包括代征的 500m^2 的绿化用地在内总面积共计 5500m^2。土地出让手续于 2002 年 7 月 1 日办理，当时获得的使用年期为 50 年，允许的建筑面积为 6000m^2，红线外基础设施条件为“五通”（通水、排水、通路、通电、通讯），红线内基础设施条件为“五通一平”（通水、排水、通路、通电、通讯、场地平整）。由于市政建设需要，该地块红线内靠近绿地有 2m 宽、60m 长的地带下埋有高压电缆，土地出让时已经按照长每米 500 元在出让价中扣减（该扣减数额是当地同类问题补偿标准，近几年未进行调整）。

其他有关资料：

(1) 以2003年7月1日为基期，该市工业用地价格在2003年7月1日至2006年7月1日期间，平均每月上涨0.5%。

(2) 该市2005年7月1日公布并执行国有土地基准地价的更新成果。基准地价的估价期日为2005年1月1日；基准地价为各类用途在法定最高出让年期，各级别土地平均容积率和平均开发程度下的土地使用权区域平均价格。

(3) 根据基准地价更新成果，得知该宗地位于五级工业地价区，基准地价水平为500元/m^2，土地开发程度设定为红线外“五通”（通水、排水、通路、通电、通讯）、红线内“场地平整”；红线内每增加一通，土地开发费平均增加10元/m^2。

(4) 根据基准地价因素条件说明表和优劣度表，计算得到该宗地地价影响因素总修正幅度为5%。

(5) 该市五级工业用地的平均容积率为1.0，对应的地价水平指数为100。根据容积率修正系数表，平均容积率修正系数为1.0，容积率每增高或降低0.1，均向上修正2个百分点。

(6) 土地还原率为6%。

(7) 基准地价系数修正法公式为：

待估宗地地价＝宗地对应的基准地价×(1＋影响因素修正幅度)×年期修正系数×期日修正系数×容积率修正系数＋土地开发程度修正

(2006年全国土地估价师考试试题)

【解】 1. 解题思路与方法选用

根据题意，估价对象处于基准地价覆盖区域，且有较完整的基准地价系数修正体系，适宜选用基准地价系数修正法评估。

2. 解题步骤

(1) 确定宗地所在土地级别及基准地价水平　该宗地处于五级工业地价区，基准地价水平为500元/m^2。

(2) 确定宗地影响因素修正系数　根据本题所提供的资料，得知该宗地地价影响因素总修正幅度为5%。

(3) 确定年期修正系数　评估基准日为2006年7月1日，该宗地2002年7月1日办理土地出让手续，出让年期为50年，于估价期日的土地剩余使用年期为46年，工业用地法定最高出让年期为50年，土地还原率为6%，则使用年期修正系数为：

$$y=[1-1/(1+6\%)^{46}]/[1-1/(1+6\%)^{50}]=0.9849$$

(4) 确定期日修正系数　该市工业用地价格在2003年7月1日至2006年7月1日期间，平均每月上涨0.5%。基准地价的估价期日为2005年1月1日，宗地估价期日为2006年7月1日，则

$$期日修正系数=(1+0.5\%)^{18}=1.0939$$

(5) 确定容积率修正系数　根据本题所提供的资料，五级工业用地的平均容积率为1.0，对应的容积率修正系数为1，以此为基准容积率，每增高或降低0.1，均向上修正2个百分点。

$$待估宗地容积率=建筑面积/土地面积=6000/5000=1.2$$

$$容积率修正系数=1+(1.2-1.0)\times 2=1.04$$

(6) 土地开发程度修正　该宗土地开发程度为红线外“五通”，红线内“五通一平”，与基准地价内涵不一致，需进行宗地开发程度修正。

$$开发程度修正额=10\times 5=50\ 元/m^2$$

(7) 计算宗地价格

待估宗地单位地价＝宗地对应的基准地价×(1＋影响因素修正幅度)×年期修正系数×

期日修正系数×容积率修正系数+土地开发程度修正

=500×(1+5%)×0.9849×1.0939×1.04+50

=638 元/m^2

宗地总价=638×(5500−500)/1000=319 万元

(8) 地下电缆减价修正

地下电缆减价=500×60=3 万元

最后地价=319−3=316 万元

【例 2】安徽××公司拟与其他单位共同发起、组建股份公司并上市公开发行股票。该公司拟以其生产性土地资产投资入股，需评估其土地资产的价值。该公司生产性用地位于××市城西路 399 号，地块面积 42164m^2，属一级工业用地。估价对象在估价期日（2000 年 12 月 31 日）设定开发程度为“五通一平”，设定土地处置方式为出让，使用年限为 50 年。基准地价系数修正法是该地块评估的方法之一，其评估过程如下。

1. 收集估价对象所在地的基准地价及其相应的宗地地价修正系数体系

估价对象为××市一级工业用地，其基准地价为 500 元/m^2，相应的宗地地价系数修正表及其说明表分别见表 7-1 和表 7-2。

表 7-1 ××市一级工业用地宗地地价系数修正表

影响因素		优/%	较优/%	一般/%	较劣/%	劣/%
区域因素	距主干道距离	44.00	22.00	0	−2.00	−4.00
	基础设施完善度	39.60	19.80	0	−1.80	−3.60
	出入道路级别	26.40	13.20	0	−1.20	−2.40
	环境质量状况	19.80	9.90	0	−0.90	−1.80
	工业类型	13.20	6.60	0	−0.60	−1.20
个别因素	面积	24.20	12.10	0	−1.10	−2.20
	形状	17.60	8.80	0	−0.80	−1.60
	地势与地质状况	13.20	6.60	0	−0.60	−1.20
宗地外部条件	周围土地利用类型	13.20	6.60	0	−0.60	−1.20
	未来土地规划用途	8.80	4.40	0	−0.40	−0.80

表 7-2 ××市一级工业用地宗地地价系数说明表

影响因素		优	较优	一般	较劣	劣
区域因素	距主干道距离	小于 50m	50～150m	150～250m	250～350m	大于 350m
	基础设施完善度	供水、供电、通讯保证率 95%以上，排污排水好	供水、供电、通讯保证率 90%，排污排水较好	供水、供电、通讯保证率 80%，排污排水一般	供水、供电、通讯保证率 75%，排污排水较差	供水、供电、通讯保证率 70%，排污排水差
	出入道路级别	路宽大于 20m，水泥路面	路宽大于 20～16m，水泥路面	路宽大于 16～12m，水泥路面	路宽大于 12～8m，水泥路面	路宽小于 8m，水泥路面
	环境质量状况	没污染，环境质量好	轻度污染，环境质量较好	有污染，环境质量一般	中度污染，环境质量较差	严重污染，环境质量差
	工业类型	纸箱、服装、鞋厂	陶瓷、编织、家具、制药	修理、印刷、食品加工、饲料	木器加工	石棉

续表

影响因素		优	较优	一般	较劣	劣
个别因素	面积	适宜	较适宜	一般	不太适宜	不适宜
	形状	规则	较规则	一般	不太规则	不规则
	地势与地质状况	地势高、较平坦,地质状况好	地势高、较平坦,地质状况较好	一般	地势较低、不太平坦,地质状况较差	地势低、不平坦,地质状况差
宗地外部条件	周围土地利用类型	工业	行政、事业	住宅	旅游、园林	商业
	未来土地规划用途	工业	行政、事业	住宅	旅游、园林	商业

2. 确定估价对象宗地价格影响因素的修正系数

根据评估人员的实地勘查，得到估价对象宗地价格的各影响因素条件，并与表 7-2 进行比较，从而得到估价对象宗地价格影响因素的修正系数及总修正系数，见表 7-3。

表 7-3 估价对象宗地价格影响因素的条件及修正系数表

影响因素(权重)		估价对象宗地条件	优劣程度	修正系数/%
区域因素	距主干道距离(20%)	130m	较优	22.00
	基础设施完善度(18%)	供水保证率 100%,供电 95%,通讯容量大,排污排水条件好	优	39.60
	出入道路级别(12%)	路宽 6.5m,水泥路面	劣	−2.40
	环境质量状况(9%)	轻度污染,环境质量较好	较优	9.90
	工业类型(6%)	食品加工	一般	0
个别因素	面积(11%)	面积 42164m², 适宜于工业用途	优	24.20
	形状(8%)	不规则	劣	−1.60
	地势与地质状况(6%)	地势高、较平坦,地质状况好	优	13.20
宗地外部条件	周围土地利用类型(6%)	工业	优	13.20
	未来土地规划用途(4%)	工业	优	8.80
总修正系数				16.60

3. 采用基准地价系数修正法求取估价对象宗地的价格

估价对象在基准地价评估时点的地价为：

$$500\times(1+16.60\%)=583.00\ 元/m^2$$

【例 3】 工业用房房地产抵押价值评估

估价项目名称：××区××路××号工业用房房地产价格评估

委托方：北京××有限公司

估价方：DM 房地产评估（北京）有限公司

估价作业日期：二〇〇七年六月二十日至二〇〇七年六月二十六日

估价报告编号：××××

一、估价对象

估价对象为北京××有限公司（以下简称委托方）所拥有的位于××区××路××号的

工业用房房地产，即建筑面积为 $11707.72m^2$ 的房屋所有权及 $17426.80m^2$ 的国有出让土地使用权。

1. 区位状况

区位状况包括估价对象所处的位置（坐落）、交通、环境（景观）等。

（1）坐落　估价对象坐落在××区××路××号，东临××路，南临××建设用地，西临××建设用地，北临××路。

（2）交通　估价对象北临××路，西距××路1000m，附近有××路、××路、××路等多条公交线路通过并设站，交通十分便捷。

（3）环境　估价对象位于北京××开发区，周围已完全具备工业用地条件，周围有××公司、××物业等，配套设施齐全。

2. 权益状况

根据北京××有限公司提供的资料，估价对象的权属情况如下：

（1）土地权益

《国有土地使用证》

证号：顺外企国用（99 出）字第××号；

土地使用者：北京××有限公司；

坐落：××区××路××号；

用途：工业；

使用权类型：出让；

使用权面积：$17426.80m^2$；

使用期限：50 年（自 1999 年 5 月 26 日至 2049 年 5 月 25 日）。

（2）房屋权益

《房屋所有权证》

证号：京房权证顺港澳台更字第××号；

房屋所有权人：北京××有限公司；

房屋坐落：××区××路××号；

用途：工业。

二、估价测算过程

采用基准地价系数修正法求取土地使用权价值，运用基准地价系数修正法对估价对象中土地价值进行测算，是在政府确定公布了基准地价的基础上，结合估价对象的实际情况，通过区位、土地使用年限、土地形状、临街状况等比较，调整得出估价对象在估价时点的客观合理价格或价值的方法。根据《北京市人民政府关于调整本市出让国有土地使用权基准地价的通知》（京政发［2002］32 号），根据《关于公布本市出让国有土地使用权基准地价应用方法的通知》（京国土房管出［2002］1121 号），估价对象土地为工业用地，宗地容积率<1，土地取得成本即宗地地面熟地价的计算公式为：

宗地地面熟地价＝适用的基准地价（楼面熟地价）×期日修正系数×年期修正系数×因素修正系数

（1）土地基准地价的确定　根据北京市基准地价文件、北京市基准地价使用说明中的有关规定（表 7-4），并结合周边类似用地的土地开发情况和项目的现状情况，估价对象位于××开发区，根据《北京市基准地价级别范围》，估价对象属工业六级地价区，楼面熟地价为 310～510 元/m^2，本报告中估价对象适用的工业楼面熟地价取平均值 410 元/m^2。

表 7-4 北京市基准地价表 单位：元/m^2

土地用途	价格类型	土地级别									
		一级	二级	三级	四级	五级	六级	七级	八级	九级	十级
商业	基准地价	7210～9750	5680～7680	4530～6130	3720～5090	2720～4000	1970～2900	1150～1980	530～1180	250～540	140～260
	楼面毛地价	2660～4900	1680～3120	1500～2420	1240～1860	970～1450	720～1090	500～740	360～540	180～380	90～190
综合	基准地价	5540～8250	4440～6000	3620～4940	2650～3900	1960～2790	1290～2080	880～1320	430～900	200～450	140～260
	楼面毛地价	1640～4500	1450～2200	1130～1690	880～1320	660～990	500～740	400～600	250～470	140～260	90～150
居住	基准地价	4740～7000	3800～5760	2730～4590	2090～3600	1500～2790	1060～1820	630～1080	330～650	180～370	140～260
	楼面毛地价	1710～3000	900～2100	550～1300	400～930	300～680	190～430	150～350	120～280	100～220	90～150
工业	基准地价	1200～1800	1000～1220	850～1050	600～900	420～680	310～510	220～330	150～240	100～170	
	楼面毛地价	420～850	430～530	340～530	270～360	195～300	135～225	100～160	60～100	20～60	

表 7-5 北京市基准地价因素修正系数说明表（工业） 单位：%

影响因素	土地级别								
	一级	二级	三级	四级	五级	六级	七级	八级	九级
产业集聚程度	－2.0～2.0	－2.0～2.0	－2.0～2.0	－4.0～4.0	－4.8～4.8	－5.0～4.8	－4.0～4.0	－4.6～4.6	－5.2～5.2
交通便捷度	－3.2～3.2	－3.2～3.2	－3.2～3.2	－6.4～6.4	－7.68～7.68	－8.0～7.68	－6.4～6.4	－7.36～7.36	－8.32～8.32
区域土地利用方向	－1.0～1.0	－1.0～1.0	－1.0～1.0	－2.0～2.0	－2.4～2.4	－2.5～2.4	－2.0～2.0	－2.3～2.3	－2.6～2.6
临路状况	－0.8～0.8	－0.8～0.8	－0.8～0.8	－1.6～1.6	－1.92～1.92	－2.0～1.92	－1.6～1.6	－1.84～1.84	－2.08～2.08
宗地形状可利用程度	－1.2～1.2	－1.2～1.2	－1.2～1.2	－2.4～2.4	－2.88～2.88	－3.0～2.88	－2.4～2.4	－2.76～2.76	－3.12～3.12
基础设施状况	－1.0～1.0	－1.0～1.0	－1.0～1.0	－2.0～2.0	－2.4～2.4	－2.5～2.4	－2.0～2.0	－2.3～2.3	－2.6～2.6
环境状况	－0.8～0.8	－0.8～0.8	－0.8～0.8	－1.6～1.6	－1.92～1.92	－2～1.92	－1.6～1.6	－1.84～1.84	－2.08～2.08

(2) 期日修正系数 K_1 的确定　根据北京市的地价指数，采用如下公式测算估价对象宗地的期日修正系数：

期日修正系数＝宗地估价基准日地价指数/基准地价估价基准日地价指数

北京市基准地价基准期日为2002年1月1日，本次评估的基准日为2007年6月20日。结合北京市地价指数，以2002年工业用地地价指数为100，估价时点地价指数为113，则确定期日修正系数为1.13。

(3) 年期修正系数 K_2 的确定

$$年期修正系数=[1-1/(1+r)^n]/[1-1/(1+r)^m]$$

式中，r 为土地还原率（取一年期贷款利率6.57%）；n 为宗地剩余使用年限（工业41.92年）；m 为法定最高出让年限（工业50年）。

经计算，估价对象宗地的年期修正系数为0.9709。

(4) 因素修正系数的确定（见表7-5）　估价对象位于工业六级地地区，参照北京市基准地价因素修正系数说明表，根据宗地各种因素情况确定每种因素的修正系数，使用下面公式测算宗地因素修正系数（见表7-6）：

$$因素修正系数=1+\sum K_i$$

表7-6　工业用地因素修正系数

影响因素	修正范围	影响因素情况	估价对象因素修正系数/%
产业集聚程度	−5.0～4.8	位于××开发区，产业集聚度较高	3
交通便捷度	−8.0～7.68	两面临路，距××路1km，周边有多条公交线路	4
区域土地利用方向	−2.5～2.4	所在区域土地利用方向以工业为主	2
临路状况	−2.0～1.92	东临××路，北临××路，临路状况好	1
宗地形状与可利用程度	−3.0～2.88	规则四边形，可利用程度高	2
基础设施状况	−2.5～2.4	基础设施达到"五通"，基础设施状况好	2
环境状况	−2.0～1.92	环境污染小，距污染源较远	1
$\sum K_i$			15
因素修正系数$(1+\sum K_i)$			1.15

即估价对象宗地因素修正系数为1.15。

(5) 宗地地面熟地价的确定　综上所述，估价对象的宗地地面熟地价为：

宗地地面熟地价＝适用的基准地价（楼面熟地价）×期日修正系数×年期修正系数×因素修正系数＝410×1.13×0.9709×115＝517元/m^2

则　　熟地总价＝宗地地面熟地价×土地面积＝517×17426.80÷10000＝900.97万元

【例4】 司法鉴定处置价值评估

项目名称：北京市××商业用地土地使用权价格评估

受托估价单位：北京HX房地产评估有限公司

土地估价报告编号：HX评字［2007］××号

土地估价技术报告编号：HX评技字［2007］××号

提交估价报告日期：二〇〇七年五月三十日

一、估价对象

估价对象土地使用者为北京HX房地产开发有限公司，土地使用权面积为14504.35m^2，土地实际用途为商业，土地使用权性质为出让，剩余使用年限为35.9年，规划总建筑面积60531m^2，土地实际开发程度为宗地红线外“六通”（即通路、通电、通讯、通水、排水、通热），宗地红线内场地平整；评估设定土地用途为商业，土地剩余使用年限为35.9年，土地开发程度为宗地红线外“六通”和宗地红线内场地平整。

二、估价过程

基准地价系数修正法

1. 北京市基准地价概述

北京市目前执行的基准地价是以2002年12月5日由北京市政府发布的《北京市人民政府关于调整本市出让国有土地使用权基准地价的通知》（京政发［2002］32号）为依据。

基准地价是指各土地级别内，土地开发程度为宗地外通路、通电、通讯、通水、排水、通气、通热及宗地内土地平整（以下简称“七通一平”），或宗地外通路、通电、通讯、通水、排水及宗地内土地平整（以下简称“五通一平”），在平均容积率条件下，同一用途的完整土地使用权的平均价格。基准地价的表示形式为楼面熟地价，同时公布楼面毛地价。楼面熟地价是指各土地级别内，完成通平的土地在平均容积率条件下，每平方米建筑面积分摊的完整土地使用权的平均价格。楼面毛地价是指各土地级别内，在平均容积率条件下，政府收取的某种用途法定最高出让年期内的土地出让金、市政基础设施配套建设费的平均楼面价格。基准地价土地用途划分为商业、综合、居住、工业四类。

（1）商业类　包括商业服务业用地（含商场、购物中心、专卖店、加油站、超级市场、各种商业网点、批发市场等用地）、旅游业用地（含饭店、酒店、度假村、游乐园、旅馆、旅游附属设施等用地）、金融保险业用地（含银行、信托、证券、保险机构等用地）、餐饮娱乐业用地（含酒楼、饭庄、快餐店、俱乐部、康乐中心、歌舞厅、高尔夫球场、赛车场、赛马场等用地）。

（2）综合类　包括办公科研用地（含写字楼、会展中心、普通办公楼、科工贸一体化办公楼、科研和勘测设计机构、停车场、停车楼等用地）、文体教育用地（含各种学校、体育场馆、文化馆、博物馆、图书馆、影剧院等用地）、医疗卫生用地（含医疗、保健、卫生、防疫、康复和急救设施等用地）。

（3）居住类　包括居住小区、居住街坊、居住组团和单位生活区等各种居住类型用地。

（4）工业类　包括工业用地（含工业生产及其相应附属设施用地、高新技术产业研发与展示中心）、仓储用地（含用于物资储备、中转的场所及相应附属设施用地）、交通运输用地（含用于运输通行的地面线路、场站等用地，包括民用机场、地面运输管道和居民点道路及其相应附属设施用地）。其他未列入上述范围的用地，其用途类别可参照相关或相近用地的用途类别确定。

根据不同用途土地的特点及相应地价水平，将四类用地的基准地价由高至低，由城区至远郊区分别划分为若干个级别。其中，商业、综合和居住用地的基准地价分为十个级别，工业用地的基准地价分为九个级别。本次基准地价基准期日为2002年1月1日。

各类基准地价级别土地开发程度：商业、综合、居住用地，一至六级的开发程度为“七通一平”，七至十级的开发程度为“五通一平”；工业用地，一至五级的开发程度为“七通一平”，六至九级的开发程度为“五通一平”。

各类基准地价级别土地的平均容积率：商业、综合、居住用地，一至六级的平均容积率为2，七至十级的平均容积率为1，工业用地的平均容积率为1。北京市基准地价具体内容见表7-4。

2. 基准地价的选取

估价对象位于北京市延庆县××大街××号，土地用途为商业用途。依据北京市基准地价表使用说明，该地区属于北京市八级地价区、商业类用途。

根据北京市基准地价表及其使用说明进行具体测算过程如下。

宗地楼面熟地价的计算公式为：

宗地楼面熟地价＝适用的基准地价（楼面熟地价）×期日修正系数×年期修正系数×容积率修正系数×因素修正系数×其他因素修正系数

估价对象地面熟地价格测算中有关参数的选取：

(1) 宗地用途类别的确定　对照“北京市基准地价用途分类表”，该宗地属于商业用途。

(2) 宗地地价区级别的确定　参照“北京市基准地价级别范围文字说明”，该宗地属于北京市八级地价区。

(3) 宗地基准地价水平的确定。参照“北京市基准地价表”，估价对象位于北京市延庆县××大街××号，处于北京市基准地价商业类八级地价区。商业用途基准地价楼面熟地价标准为530～1180元/m^2，按照北京市基准地价的规定“基准地价（楼面熟地价）参照‘北京市基准地价表’，取相应地价区级别高低限的算术平均值”，故估价对象楼面熟地价取855元/m^2，在具体测算时，再进行期日、年期和因素修正。

(4) 期日修正系数的确定　根据城市地价动态检测系统公布的数据，估价师对该区域地价水平进行了测算，由测算结果知期日修正系数可定为1.25。

(5) 年期修正系数的确定　当土地使用年限小于法定的出让最高年限时，按照下列公式进行修正：

$$K=[1-1/(1+r)^n]/[1-1/(1+r)^m]$$

式中，K为年期修正系数；m为法定最高出让年限；n为宗地剩余使用年限；r为土地还原率（考虑北京市日前的经济水平、物价水平、通货膨胀及土地投资的风险等因素，土地还原率为一年期银行定期存款年利率2.52%与风险系数之和，取7%）。

根据委托方提供的《国有土地使用证》，估价对象使用权期限至2042年12月25日，至估价基准日剩余使用年限为35.9年，故估价对象年期修正系数为0.977。

(6) 容积率修正系数的确定　根据《××酒店总平面图》(1∶500) 的经济技术指标中标明的容积率，估价对象规划容积率为6，查相应的“容积率修正系数表”（表7-7）确定容积率修正系数为0.66。

表7-7　北京市基准地价容积率修正系数表

容积率	修正系数			容积率	修正系数			容积率	修正系数		
	商业	综合	居住		商业	综合	居住		商业	综合	居住
4.1	0.739	0.893	0.928	4.6	0.72	0.879	0.917	5.1	0.702	0.865	0.906
4.2	0.735	0.89	0.926	4.7	0.717	0.876	0.915	5.2	0.698	0.862	0.904
4.3	0.732	0.887	0.924	4.8	0.713	0.874	0.913	5.3	0.694	0.86	0.902
4.4	0.728	0.885	0.922	4.9	0.709	0.871	0.911	5.4	0.691	0.857	0.9
4.5	0.724	0.882	0.919	5	0.705	0.868	0.909	5.5	0.687	0.854	0.898

续表

容积率	修正系数			容积率	修正系数			容积率	修正系数		
	商业	综合	居住		商业	综合	居住		商业	综合	居住
5.6	0.685	0.851	0.895	7.1	0.627	0.81	0.863	8.6	0.571	0.768	0.83
5.7	0.679	0.849	0.893	7.2	0.623	0.807	0.86	8.7	0.567	0.765	0.827
5.8	0.676	0.846	0.891	7.3	0.62	0.804	0.858	8.8	0.564	0.762	0.825
5.9	0.672	0.843	0.889	7.4	0.616	0.801	0.856	8.9	0.56	0.76	0.823
6	0.660	0.84	0.887	7.5	0.612	0.799	0.854	9	0.556	0.757	0.821
6.1	0.664	0.837	0.884	7.6	0.609	0.796	0.852	9.1	0.553	0.754	0.819
6.2	0.661	0.835	0.882	7.7	0.605	0.793	0.849	9.2	0.549	0.751	0.817
6.3	0.657	0.832	0.88	7.8	0.601	0.79	0.847	9.3	0.545	0.748	0.814
6.4	0.653	0.829	0.878	7.9	0.597	0.787	0.845	9.4	0.541	0.746	0.812
6.5	0.65	0.826	0.876	8	0.594	0.785	0.843	9.5	0.538	0.743	0.81
6.6	0.646	0.824	0.873	8.1	0.59	0.782	0.841	9.6	0.534	0.74	0.808
6.7	0.642	0.821	0.871	8.2	0.586	0.779	0.838	9.7	0.53	0.737	0.806
6.8	0.638	0.818	0.869	8.3	0.582	0.776	0.836	9.8	0.526	0.735	0.803
6.9	0.635	0.815	0.867	8.4	0.579	0.773	0.834	9.9	0.523	0.732	0.801
7	0.631	0.812	0.865	8.5	0.575	0.771	0.832	10	0.519	0.729	0.799

(7) 因素修正系数的确定　因素修正系数是指除容积率、期日等的综合修正系数。参照“北京市基准地价因素修正系数说明表”的修正系数，见表7-8。

表7-8　待估宗地因素修正系数表

影响因素	修正范围/%	宗地情况	修正系数/%
商业繁华度	−11.4～11.1	较好	4
交通便捷度	−5.7～5.55	较好	2
区域土地利用方向	−3.8～3.7	较一致	1.5
临路宽度和深度	−7.6～7.4	好	7.4
临街道路状况	−3.8～3.7	临主干路	3.7
宗地形状与可利用程度	−3.04～2.96	好	2.96
基础设施状况	−2.66～2.59	较好	1
合计			22.56

待估宗地的因素修正系数＝1＋22.56％＝1.2256

(8) 其他情况修正系数　根据北京市基准地价关于“各类基准地价级别土地开发程度”的说明，商业用地七至十级的开发程度为“五通一平”。本宗地宗地红线外为“六通”，宗地红线内场地平整，因此对估价对象进行其他情况修正，通过对该区域市场情况的调查，综合确定其他情况修正系数为1.03。

(9) 估价对象楼面熟地价　计算公式如下：

宗地楼面熟地价＝适用的基准地价（楼面熟地价）×期日修正系数×年期修正系数×容积率修正系数×因素修正系数×其他情况修正系数

$$=855\times1.25\times0.977\times0.66\times1.2256\times1.03=869.96\text{ 元}/\text{m}^2$$

思考题

1. 基准地价系数修正法的理论依据是什么？
2. 基准地价系数修正法的适用情况有哪些？
3. 采用城镇基准地价系数修正法估价时的步骤有哪些？

8 其他估价方法

8.1 路线价法

8.1.1 路线价法的基本原理

(1) 路线价法的概念

路线价法（unit foot appraisal method）是在特定的街道上设定标准临街深度，从中选取若干标准临街宗地求其平均价格，将此平均价格称为路线价，然后利用临街深度修正率或其他价格修正率来测算该街道其他临街土地价值的一种方法。

要明确这一方法，首先要明白什么叫路线价，路线价是指对临街特定街道、使用价值相等的市街地，设定标准深度（也就是离道路距离远近的一个标准），求取在该深度上多宗土地的平均单价，并附设于特定街道上，即得到该街道的路线价。路线价指的是这条街道上的价格，而不是标准深度土地的价格。

路线价法就是依据路线价，配合深度指数和其他修正系数（宽度、容积率、朝向、宽深比率等修正系数），用数学方法算出其他宗地地价的方法。

(2) 路线价法的基本原理

路线价估价法是在各样点宗地价格的基础上，分析宗地地价与影响地价的临街深度等因素的相关关系，进而据此估算其他宗地地价的。路线价估价法认为城市内各宗地土地（以商业用地为主）价格的高低，随其距离道路的远近程度即临街深度的增加而递减；宗地越接近道路者利用价值越大，地价也越高；距离道路越远，利用价值越小，地价也越低。因此，路线价估价法与市场比较法类似，只不过以路线价取代了市场比较法中的比较实例价格，以深度等差异修正取代了区域因素和个别因素等的修正，所以，可以说路线价法实质上是一种市场法，是市场法的派生方法，其基本原理是替代原理和区位论的具体运用。

在路线价法中，“标准临街宗地”可视为市场法中的“可比实例”；“路线价”是若干“标准临街宗地”的平均价格，可视为市场法中经过交易情况修正、市场状况调整后的“可比实例价格”；该街道其他临街土地的价值，是以路线价为基准，考虑该土地的临街深度、形状（如矩形、三角形、平行四边形、梯形、不规则形）、临街状况、临街宽度等，进行适当调整求得。这些调整，可视为“房地产状况调整”。

路线价法与一般的市场法主要有以下 3 点不同：①不做“交易情况修正”和“市场状况调整”；②先对多个“可比实例价格”进行综合，然后再进行“房地产状况调整”；而不是先分别对每个“可比实例价格”进行有关修正、调整，然后再进行综合；③利用相同的“可比实例价格”——路线价，同时评估出许多“估价对象”——该街道其他临街土地的价值；而不是仅评估出一个“估价对象”的价值。

在路线价法中不做“交易情况修正”和“市场状况调整”的原因是：①求得的路线价——若干标准临街宗地的平均价格，已是正常价格；②求得的路线价所对应的日期，与欲求取的其他临街土地价值的日期一致，都是估价时点时的，即“交易情况修正”和“市场状况调整”已提前在求取路线价中进行了。

城镇街道两侧的商业用地，如图 8-1 (a)、(b)、(c)、(d) 所示，即使它们的位置相邻、形状相同、面积相等，但由于临街状况不同，例如长方形土地是长的一边临街还是短的一边临街，梯形土地是宽的一边临街还是窄的一边临街，三角形土地是一边临街还是一顶点临街，以及是一面临街还是前后两面临街、街角地等，价值会有所不同，而且差异可能很大。人们凭直觉一般就可做出以下判断：在图 8-1（a）中，地块 A 的价值大于地块 B 的价值；在图 8-1（b）中，地块 C 的价值大于地块 D 的价值；在图 8-1（c）中，地块 E 的价值大于地块 F 的价值；在图 8-1（d）中，地块 G 的价值大于地块 H 的价值。如果需要同时、快速地评估出城镇街道两侧所有商业用地的价值，则可以采用路线价法。

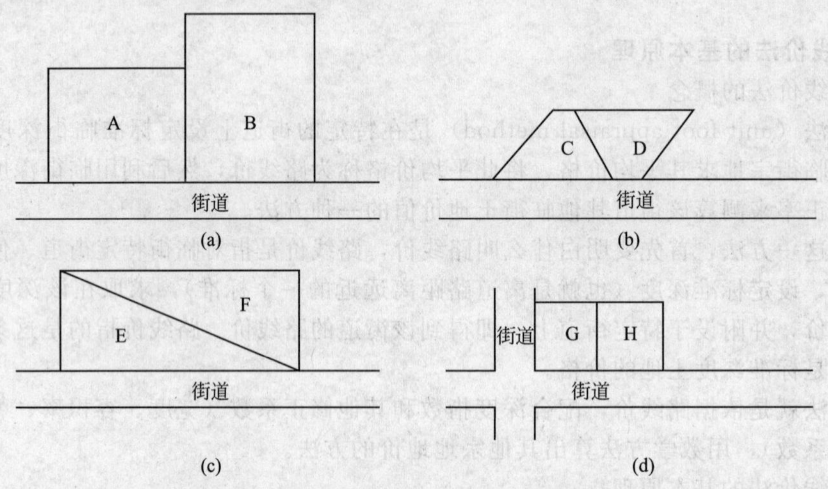

图 8-1 不同临街状况土地价值高低的比较

（3）路线价法的基本计算公式

路线价法的一般公式为：

地价＝路线价×深度百分率×其他修正系数×宗地面积

对于一般条件的宗地，如形状比较规则，其他因素对土地效用的影响小，此时使用公式：

宗地地价＝路线价×深度百分率×宗地面积

路线价法，在英国、美国早已实行，常用于课税标准价格的评定上，尤其在美国，这种估价技术已十分完善。日本在 1923 年开始使用这种方法，在关东大地震后为复兴城市办理市地重划事业时，用于确定科学的补偿标准，以后主要用于课税额的评价，在方法的应用上并不完全与英美相同，且另具特色。

（4）路线价法的特点与适用范围

① 路线价法的实质是一种土地的市场比较法，路线价是标准宗地的单位地价，而面临同一街道的各宗地土地的单位地价，是以路线价为基础，结合考虑地块的面积、深度、形状、位置、宽度等具体情况，进行各种适当修正的结果，评估结果的正确性取决于路线价、深度指数及各种修正率的正确运用。

② 路线价法主要适用于城市商业街道两侧土地的估价，一般的土地估价方法主要适用于单宗土地的估价，而且需要花费较长的时间，而路线价法被认为是一种快速，相对公平合理，能节省人力、财力，可以同时对大量土地进行估价的方法，特别适用于房地产税收、市地重划（城市土地整理）、城市房屋拆迁补偿或者其他需要在大范围内同时对土地进行的估价。

③ 路线价法估计的前提条件是，有可供使用的科学合理的深度指数表和其他各种修正

率；有完善的城市规划；街道系统较规整，临街各宗土地的排列较整齐。

④ 路线价法适用于市街地，主要适用于商业繁华区域土地价格的估算，对道路系统完整、道路两旁的宗地排列整齐的区域和城市，效果更佳。

⑤ 路线价法需要较多的交易案例，并且房地产市场比较规范，能够正常运转。否则，路线价的计算结果将会存在误差，影响土地价格评估的精度。

⑥ 路线价法的精度与路线价及其修正体系密切相关。路线价的估算是先设定标准深度，求得宗地评价价格，然后用深度指数表等途径进行修正，因此，它的估价精度取决于路线价和修正体系。

8.1.2 路线价法的估价步骤

运用路线估价法估价一般分为以下 6 个步骤进行。

（1）划分路线价区段

路线价区段是沿着街道两侧呈带状分布的。一个路线价区段是指具有同一个路线价的地段。因此，在划分路线价区段时，应将可及性相当、地块相连的土地划分为同一个路线价区段。两个路线价区段的分界线，原则上是地价有显著差异的地点，一般是从十字路或丁字路中心处划分，两个路口之间的地段为一个路线价区段。但较长的繁华街道，有时需要将两个路口之间的地段划分为两个以上的路线价区段，分别附设不同的路线价。而某些不很繁华的街道，同一个路线价区段可延长至数个路口。另外，在同一条街道上，如果两侧的繁华程度、地价水平有着显著差异，应以街道中心为分界线，将该街道的两侧各自视为一个路线价区段，分别附设不同的路线价。

（2）设定标准深度

从理论上讲，标准深度是街道对地价影响的转折点：由此接近街道的方向，地价受街道的影响而逐渐升高；由此远离街道的方向，地价可视为基本不变，但在实际估价中，设定的标准深度通常是路线价区段内临街各宗土地的临街深度的众数。

例如，某个路线价区段内临街土地的临街深度大多为 18m，则标准深度应设定为 18m；如果临街深度普遍为 25m，则标准深度应设定为 25m。如此才能使路线价的计算达到简化的目的。因此如果不以众数的深度为标准深度，由此制作的深度指数表将使以后数宗地的地价计算都要有深度指数加以修正，这不仅增加计算工作量，而且会使设定的路线价失去其代表性，降低评估精度。

（3）选取标准宗地

标准宗地是路线价区段内具有代表性的宗地。选取标准宗地的具体要求是：①一面临街；②土地形状为矩形；③临街深度为标准深度；④临街宽度为标准宽度（可为同一路线价区段内临街各宗土地的临街宽度众数）；⑤临街宽度与临街深度比例适当；⑥用途为所在路线价区段具有代表性的用途；⑦容积率为所在路线价区段具有代表性的容积率（可为同一路线价区段内临街各宗土地的容积率的众数）；⑧其他方面，如土地使用年限、土地生熟程度等也应具有代表性。

（4）调查评估路线价

路线价是附设在街道上的若干标准宗地的平均价格。通常在同一路线价区段内选择一定数量以上的标准宗地，运用收益还原法（通常是其中的土地剩余技术）、市场法等，分别求其的单位价格或楼面地价，然后求这些标准宗地的单位价格或楼面地价的简单算术平均数或加权算术平均数、中位数、众数，即得该路线价区段的路线价。路线价通常为土地单价，也可为楼面地价；可用货币表示，也可用相对数表示。

例如用点数来表示，将一个城市中路线价最高的路线价区段以1000点表示，其他路线价区段的点数依此确定。以货币表示的路线价比较容易理解，直观性强，便于测算，可避免由于币值波动而引起的麻烦。

（5）制作价格修正率表

价格修正率表有深度价格修正率表和其他价格修正率表。深度价格修正率表又称深度百分率表，是基于深度价格递减率制作出来的。深度价格递减率又是基于临街土地中各部分的价值随远离街道而有递减现象，或者说，距街道深度愈深，可及性愈差，价值也就愈低。如将临街土地划分为许多与街道平行的细条，由于越接近街道的细条的利用价值越大，越远离街道的细条的利用价值越小，则接近街道的细条的价值高于远离街道的细条的价值。

在同一路线价区段内，虽然临接同一街道，但因各宗地的宽度、形状、面积、位置等不同，需要在深度修正的基础上，进行其他因素修正。

① 宽度修正。对临街商业用地来说，地块临街宽度不同，其地价是不相等的。由于临街商业店铺面的宽窄不一，商店对顾客的吸引力会有所差异，进而影响到商店营业额，所以在路线价估价中，必须考虑宽度修正。其计算方法是同一路线价区段中进深相等的样本，考虑在不同宽度情况下反映在土地价格上的变动情况，最后确定修正系数。

② 宽深比例修正。一般情况下，大型的商业建筑物，进深较大，地价会随着地块深度的增加，土地价值逐步降低。但是，由于商店大，铺面宽度宽，外观醒目，同样会增加对顾客的吸引力，所以对大型商店单独采用铺面宽度和深度修正，不太实际，而且也难于操作，因此，应采用商店的宽度与深度比（即宽深比例系数）来反映这种地价的修正情况。

③ 容积率修正。按照地价定义，路线价只是代表一定容积率水平下的地价，随着容积率增加，地价一般会上升。因此，在同一区段中，抽查不同容积率水平下的平均地价，可得到容积率修正系数。

④ 出让、转让年期修正。土地出让是国家将一定年期内的土地使用权让与土地使用者，土地转让是土地使用者将土地使用权再转让的行为。可根据下述地价计算公式计算出宗地的出让、转让年期修正系数。

$$P=\frac{a}{r}\left[1-\frac{1}{(1+r)^{n}}\right]$$

式中，P为地价；a为土地年地净收益；r为资本化率；n为出让、出租或者转让、转租年期。

⑤ 朝向修正。建筑物的朝向不同决定了房屋的坐落不同，房屋的坐落、朝向又会对房屋的销售价格产生影响。那么从房屋售价中扣除成本后剩余的地价，也因朝向不同而有所差异，需进行地块环境条件影响修正。

⑥ 地价分配率修正。地价分配率是将土地单价（或平面价格）调整、分摊到各楼层的比率。一般来看，随着楼层数的增高，地价分配呈递减趋势，当趋于某一临界值后，地价分配又会呈现增加的势头。为了评估需要，必须制定一个统一的地价分配率以反映依据楼层高低、楼面地价在地块总价格中所占的比例。

（6）计算临街各宗地价格

① 以标准临街宗地的总价作为路线价时，应采用累计深度价格修正率。

• 估价对象土地临街宽度与标准临街宗地宽度相同：

$$V(\text{总价})=\text{标准临街宗地总价}\times\sum\text{单独深度价格修正率}$$

V(单价)$=V$(总价)/估价对象土地面积

• 估价对象土地临街宽度与标准临街宗地宽度不同：

V(总价)＝标准临街宗地总价×∑单独深度价格修正率×临街宽度/标准宽度

② 当以单位宽度的标准临街宗地的总价为路线价时，应采用累计深度价格修正率：

V(总价)＝路线价×累计深度价格修正率×临街宽度

V(单价)＝路线价×累计深度价格修正率/临街深度

③ 当以标准临街宗地单价作为路线价时，应采用平均深度价格修正率：

V(单价)＝路线价×平均深度价格修正率

V(总价)＝路线价×平均深度价格修正率×临街宽度×临街深度

用路线价法计算临街土地的价值，需要搞清楚路线价的含义、临界深度价格修正率的含义、标准临街宗地的条件，并结合需要计算价值的临界土地的形状和临街状况。采用不同的临街深度价格修正率，路线价法的计算公式有所不同。

8.2 补地价

8.2.1 补地价的基本理论

（1）补地价的概念

补地价是指建设用地使用权人因改变国有建设用地使用权出让合同约定的土地使用条件等而应向国家缴纳的土地使用权出让金、土地出让价款、租金、土地收益等。

（2）补地价的适用范围

需要补地价的情形可分为以下3类：①改变土地用途、容积率等规划条件，具体有国有建设用地使用权出让之后变更用途、变更容积率，既变更用途又变更容积率等情形；②延长土地使用期限（包括国有建设用地使用权期限届满后续期）；③转让、出租、抵押以划拨方式取得建设用地使用权的房地产。

（3）补地价的计算公式

对于改变土地用途、容积率、建筑高度等城市规划限制条件的，补地价的数额理论上等于改变后的地价与改变前的地价之差，即

补地价＝改变后的地价－改变前的地价

其中，对于单纯提高容积率或改变土地用途并提高容积率的补地价来说，如果将提高后的容积率称为现容积率，提高前的容积率为原容积率，则补地价的数额为：

补地价（单价）＝现楼面地价×现容积率－原楼面地价×原容积率

补地价（总价）＝补地价（单价）×土地总面积

如果楼面地价不随容积率的改变而改变，即：

补地价（单价）＝原楼面地价×(现容积率－原容积率)

补地价广泛应用在中国香港的新界土地转让上或房屋署的“居者有其屋计划”内。若卖家要将这些物业卖出，他必须将物业先补地价，拿到补地价之后，才可将物业卖出，现时买卖情况，亦可以容许卖方收到买方的楼款才补地价。

8.2.2 补地价方法的实例计算

【例1】某宗地的土地面积为1000m^2，容积率为3，相应的土地单价为150元/m^2，现允许将容积率提高到5，楼面地价不变。试计算应补地价的数额。

【解】应补地价的数额计算如下：

$$补地价（单价）=450\times\frac{5-3}{3}=300\ 元/m^2$$

$$补地价（总价）=300\times1000=300000=30\ 万元$$

【例 2】 某宗土地面积为 $3000m^2$ 的工业用地，容积率为 0.8，相应的楼面地价为 760 元/m^2，按现城市规划拟变更为商业用地，容积率为 5.0，相应的楼面地价为 960 元/m^2。试计算应补地价的数额。

【解】 应补地价的数额计算如下：

$$补地价(单价)=960\times5.0-700\times0.8=4240\ 元/m^2$$

$$补地价(总价)=4240\times3000=1272\ 万元$$

实际中的补地价数额取决于政府的政策。例如，已购公有住房和经济适用住房的建筑用地使用权一般属于划拨性质，其上市出售从理论上将应缴纳较高的出让金等费用，但政府为了促进房地产市场发展和存量住房流通，满足居民改善居住条件的需要，鼓励已购公有住房和经济适用房上市出售，可能只要求缴纳较低的出让金等费用，如为房价的 1%～3%。

8.3 高层建筑地价分摊

8.3.1 高层建筑地价分摊的意义

在现代城市中，由于土地越来越稀缺、地价越来越高，以及建筑技术的日益发展，多层、高层建筑物越来越多。办公楼、商店，以及住宅、厂房等，都出现了多层或高层化。此外，人们的活动还向地下发展，出现了地下商场、地下停车场、地下仓库等。在城市中心商业区，建筑物不仅多层、高层化，而且建筑物的用途出现了立体化。典型的一幢大厦的立体用途是：地下一至二层为停车场、会所或设备用房，地面一至三层为商店，四至五层为餐饮，往上可能是写字楼或公寓。

与此同时，随着房地产交易活动的日益发展和产权多元化，一幢建筑物只有一个所有者的格局被打破了，出现了同一幢建筑物内同时存在着多个所有者的情况，他们分别拥有该幢建筑物的某一部分，例如，甲拥有地下一层，乙拥有地面一层，丙拥有地上一层。特别是多层、高层住宅或公寓，一户居民通常只拥有其中的某一套，整幢住宅或公寓为十几户、几十户居民“区分所有”。

但是，整幢建筑物占用的土地只是一块，在实物形态上不可分割。当这幢建筑物的房地产开发商售出其中的某一部分之后，该块土地的使用权的一个相应份额也就随之转移，最后是购得这幢建筑物的众多所有者按份共有该块土地的使用权，但大家在其中的份额各是多少就成了一个需要解决的现实问题。

拥有一块土地，不仅享有该块土地的一定权利，而且要承担相应的义务。例如，在建筑物寿命结束时或者建筑物被火灾烧毁后，大家决定不再重建而是将该块土地出售，但售出后的地价收益如何分配；在建筑物使用过程中，政府要根据该块土地的价值或等级、位置征收土地税费，该土地税费在建筑物各个所有者之间应如何分摊。要解决这些问题，就需要解决在建筑物建成后地价如何合理分摊的问题，以此确定建筑物各个所有者占有的土地份额。知道了建筑物每个所有者占有的土地份额之后，无论是他们在土地中的权利还是义务，就都可以通过其土地份额顺利得到解决。

可见，通过高层建筑地价分摊可以解决：①各部分占有的土地份额；②各部分分摊的土地面积；③各部分分摊的地价数额。

8.3.2 高层建筑地价分摊的类型

对高层建筑地价分摊，简单实用、可操作性强的方法主要有：按建筑面积分摊、按房地价值分摊和按照土地价值进行分摊三种。

(1) 按建筑面积分摊

按建筑面积分摊，就是以各方拥有的建筑面积占高层建筑总建筑面积的比例作为其占有的土地份额，享有或承担该份额相应的权利和义务。按建筑面积分摊高层建筑地价，用公式可表示为：

$$\text{某方占有的土地份额}=\frac{\text{某方拥有的建筑面积}}{\text{建筑总面积}}$$

$$\begin{aligned}\text{某方分摊的土地面积}&=\text{土地总面积}\times\text{某方占有的土地份额}\\&=\text{土地总面积}\times\frac{\text{某方拥有的建筑面积}}{\text{建筑总面积}}\end{aligned}$$

$$\begin{aligned}\text{某方分摊的地价数额}&=\text{土地总价值}\times\frac{\text{某方拥有的建筑面积}}{\text{建筑总面积}}\\&=\text{楼面地价}\times\text{该方的建筑面积}\end{aligned}$$

【例 3】 某楼房的土地总面积 500m^2，总建筑面积 1000m^2，某人拥有其中的 80m^2 的建筑面积。如按建筑面积分摊方法计算该人占有的土地份额和土地数量分别为：

$$\text{该人占有的土地份额}=\frac{80}{1000}=8\%$$

$$\text{该人分摊的土地面积}=500\times8\%=40\text{m}^2$$

即该人享有或承担土地 8%的（40m^2）权利和义务。

这种地价分摊方法在中国香港地区曾经使用过，但后来随着情况的变化出现了一些问题：中国香港过去主要采用的是英国的法律，根据英国法律，一项财产的共同占有人不得分割财产，只能分配在其中占用的份额，但却没有规定按何种方法来分配这种份额。20 世纪 60 年代以前最流行的方式是每个单位分配相同的份额，例如，某栋大厦有 100 个单位，则每个单位在土地中拥有的份额就是 1/100。那时这种专断的份额分配方法并不影响业主的实际权益。然而在 20 世纪 70 年代初期，当许多为期 75 年的地契在 1973 年就要到期时，当时的中国香港地区政府决定再批出另一个 75 年的租期，并需要补地价，这时这种专断的份额分配方法的问题就突出了。从上例来看，如果再批租需要缴纳 10 万美元的地价，那么这 10 万美元的地价分摊给各在土地中拥有 1/100 份额的 100 个业主，最自然的做法是每个业主应该负担地价的 1/100，即 1000 美元。但是，如果这 100 个单位中有 10 个是处在楼底的商店，而在中国香港，商店的价值占了大厦价值的大部分，这就引起了对这些商店的业主应该负担比他们在土地中拥有的份额要大的地价份额的争论。

在现实生活中，经常也会遇到这样一个问题，即同一个大厦内各个业主为了再开发而希望集体卖出整个大厦，但如何处理这些名义上的土地份额，也会引起同样的争论。底层商业用房的收益能力远远大于住宅，应缴纳的土地的税费也应高于住宅。按建筑面积分摊地价，底层商业用房分摊的地价份额等同于同样面积的住宅分摊的地价份额，对底层商业用房来说，获得较多的土地收益能力却只需缴纳较少的土地税费，对住宅用户来说，取得较少的土地收益能力却需要支付较多的土地税费，权利和义务不相当，这显然有失公平，不尽合理。

对不同用途的房地产所有者或者使用者来说，由于不同楼层的通达便捷程度、舒适性以及景观效果等不同，其效用肯定不同，房地产效用随楼层的变化而变动。对土地的立体利用来说，由于土地价值的空间分布不同，各部分应分摊的地价份额也应不同。建筑面积对建筑物价值有一定的决定作用，但并不能正确地反映土地价值不同空间的分别情况，简单地用建筑面积来分摊地价，和用建筑物价值来分摊地价一样，抹杀了土地价值空间分布的差异，等同于将土地价值视为在不同的空间均匀分布，缺乏理论依据和现实意义。但对单一用途的高层建筑，如其土地价值的空间分布差异不大，对分摊地价份额精度要求不高，则按建筑面积分摊地价份额，也不失为一种简单可行的方法。因为按建筑面积分摊地价份额，收集的资料仅是建筑物总面积和某方拥有的建筑面积，资料的获取比较容易。

综上所述，按照建筑面积进行分摊的优点，是简便、可操作性强，但存在的问题也是显而易见的，它主要适用于各层用途相同且价格差异不大的建筑物，如单一的住宅楼、办公楼。

(2) 按照房地价值分摊

为了克服按照建筑面积分摊出现的不同部分的价值不同，但却分摊了等量的地价的情况，可以根据各部分房地价值进行分摊。

按房地价值分摊，是以各方拥有的房地价值占高层建筑房地总价值的比例作为其占有的土地份额，享有或承担该份额相应的权利和义务，即某方占用的土地份额为该方的房地价值除以房地总价值。按房地价值分摊高层建筑地价，用公式可表示为：

$$某方占用的土地份额=\frac{某方拥有的房地价值}{房地总价值}$$

$$某方分摊的土地面积=土地总面积\times\frac{某方拥有的房地价值}{房地总价值}$$

$$某方分摊的地价数额=土地总价值\times\frac{某方拥有的房地价值}{房地总价值}$$

【例 4】 某大厦的房地总价值为 5000 万元，地价为 2000 万元，甲公司拥有其中的商业部分，此部分的房地价值为 1000 万元；乙公司拥有其中的写字楼部分，价值为 500 万。则按房地价值分摊方法计算甲乙公司占有的土地份额和地价分别为：

$$甲公司占有的土地份额=\frac{1000}{5000}=20\%$$

$$甲公司分摊的地价数额=2000\times20\%=400\ 万元$$

$$乙公司占有的土地份额=\frac{500}{5000}=10\%$$

$$乙公司分摊的地价数额=2000\times10\%=200\ 万元$$

按房地价值分摊地价较按建筑面积分摊地价有所改进，因为房地价值包括土地价值和建筑物价值，土地价值的立体分布不同，则高层建筑不同楼层的房地价格水平也会不同，并且现实中的房价也是如此变化的。现实中的房价其实已包含地价，或者说，地价要通过房价来实现，效用不同的楼层，其房价自然不同，如商住楼中底层商业用房的房价一定比住宅的房价要高得多，房地价值部分地反映了土地价值不同的空间分布情况，用房地价值来分摊地价，一定程度上体现了土地价值的空间分布差异，具有一定的理论依据和较强的现实说服力。但是，按房地价值分摊地价仍有一些缺陷，因为建筑物的价值主要由建筑成本决定，和土地价值无直接关系，而房地价值中包含了建筑物的价值，用房地价值来分摊地价，其中与土地无直接关系的建筑物价值也直接参与了地价的分摊，这将会影响地价分摊的准确性，难以准确反映地价分布的空间差异。另外，假如撇开各个楼层的具体装饰装修不谈，一般来说，各楼层的建筑造价基本接近，各楼层建筑物价格水平无明显差异。但用这种方法对地价进行分摊后，从各楼层房地价值中减去分摊的地价，剩余的各楼层建筑物价格水平却可能相差较大，不合情理。如对分摊地价份额精度要求不是很高，则按房地价值分摊地价份额是一种简单有效的方法，现实中房地的价值往往非常明确，资料易于收集。

综上所述，按照房地价值进行分摊比按照建筑面积进行分摊要复杂一些，但更符合实际情况，主要适用于各部分的房地价值（单价）有差异但差异不是很大建筑物。

(3) 按照土地价值进行分摊

按照房地价值进行分摊的方法，当中国香港地区按照建筑面积进行分摊遇到困难时也被提出来过，但它仍然存在上述的假设用途、面积、空间布局、装饰装修等相同，仅房地价值不同的各层所分摊的建筑物价值不相等这个理论缺陷，因此，需要进一步寻找更为合理的分摊方法。

更为合理的分摊方法就是根据各部分的土地价值进行分摊。这种分摊方法具体地说，是根据建筑各部分的土地价值占土地价值的比例，来推断其占有的土地份额。即某部分占有的土地份额为该部分的土地价值除以土地总价值。具体公式为：

$$\text{某部分占有的土地份额}=\frac{\text{该部分的房地价值}-\text{该部分的建筑物价值}}{\text{房地总价值}-\text{建筑物总价值}}$$

$$\text{某部分分摊的土地面积}=\text{土地总面积}\times\text{该部分占有的土地份额}$$

$$\begin{aligned}\text{某部分分摊的地价数额}&=\text{土地总价值}\times\text{该部分占有的土地份额}\\&=\text{该部分的房地价值}-\text{该部分的建筑物价值}\end{aligned}$$

【例 5】 某大厦的房地总价值为 5000 万元，其中建筑总价值为 2000 万。某人拥有大厦一部分，该部分的房地价值为 100 万，该部分的建筑物价值为 40 万。则按土地价值分摊方法计算该人占有的土地份额为：

$$\text{该人占有的土地份额}=\frac{100-40}{5000-2000}=2\%$$

现实中，高层建筑的房地总价值和土地总价值以及某部分的房地价值一般是客观存在的，其资料较易收集；但建筑物总价值和该部分的建筑物价值往往不被人们所关注，数据难以取得，上述公式的应用有一定的困难。因建筑物的造价一般主要由建筑面积所决定，我们可以根据某部分的建筑面积占建筑总面积的比例来推算该部分应分摊的建筑物价值；对建筑物总价值，可应用剩余技术，由房地总价值减去土地总价值求得，所以，按土地价值进行分摊高层建筑地价，更适用的公式可表示为：

$$\text{某方占用土地份额}=\frac{\text{某方拥有房地价值}-\dfrac{\text{房地总价值}-\text{土地总价值}}{\text{建筑总面积}}\times\text{该部分建筑面积}}{\text{土地总价值}}$$

$$\begin{aligned}\text{某方分摊的地价数额}&=\text{土地总价值}\times\text{某方占有的土地份额}\\&=\text{某方拥有的房地价值}-\frac{\text{房地总价值}-\text{土地总价值}}{\text{建筑总面积}}\times\\&\quad\text{该部分建筑面积}\end{aligned}$$

这种地价分摊方法说来也是较简单的，只要知道了建筑物各部分的房地价值和土地总价值，就可以进行。在现实中这两个价值一般都是已知的。

由于未来的房地价值是不断变动的，土地价值也是不断变动的，所以，按照房地价值进行分摊的方法和按照土地价值进行分摊的方法，从理论上讲要求地价分摊不断地进行，但这在实际中不可行，因为进行分摊所需的费用可能很高，另外，土地占有份额一旦被确定下来就不宜经常变动。而如果间隔一定的年数进行分摊，这种间隔期多长合适也是值得研究的。

按地价进行分摊高层建筑地价，是用剩余技术求出土地价值，直接用土地价值来确定应分摊的土地份额，在三种高层建筑地价分摊方法中，应该说是理论上最为完善的。

上述讨论的分摊方法不仅适用于多层、高层建筑物的地价分摊，而且适用于同一层或平房的不同部位分别为不同人所有，房地价值不相等的地价分摊。例如，在繁华地段，沿街部分的房屋比里面的房屋价值高，在这同一房屋分别为两人或者两人以上所有的情况下，就需要进行地价分摊，确定各自的土地占有份额。

8.4 房地产损害赔偿估价

我国进入改革开放以来，随着市场经济的深入发展，各地城市建设步伐的不断加快，房地产投资及城市基础设施投资已构成我国固定资产投资的主要力量。然而随着大规模的固定资产投资的实施，发生财产损害的事件呈加速上升的态势。房屋施工质量缺陷，规划修改引起采光、日照的重大变化，道路建设引起房屋沉降，山体爆破引起房屋基础受损，环境污染导致房屋贬值，此等事例在各地均有存在，不胜枚举。

近年来，国家立法机构及政府相关主管部门也修订与颁布了一些保护私有财产的法律法规，例如，其中就有 2007 年开始实施的《物权法》等，社会与公民保护自身财产的维权意识也不断加强。与此相应的，房地产损害赔偿的诉讼在近年来逐步增多，房地产估价机构已开始涉足损害赔偿估价领域。

8.4.1 房地产估价机构承担损害赔偿估价的必然性

大约 10 年前，在具体实施损害赔偿的仲裁与司法实践中，涉及到具体的赔偿时，如何确定房地产的具体赔偿金额成了很大的难题。由于引起损害的原因各种各样，受损情况表现出多样性的特点：表现在房屋实体方面，如裂缝、沉降、倾斜等；表现在相邻建筑物遮挡而引起的日照变化等；表现在规划修改引起小区公共设施重大变化，如车位、公共绿地等；表现在权利受限引起权益价值贬损等。上述情况发生时，因为难以找到合适的机构与人员对具体受损金额进行估值，从而导致司法与仲裁工作难以顺利展开。

近年来，随着房地产估价机构在房地产估价领域业务的不断扩大，社会影响也逐步扩大与加强。部分房地产估价机构受政府、司法部门或开发商委托，已经在损害赔偿、房屋贬值方面开展了估价工作，实践中已经积累了部分的经验。

而《房地产估价规范》中明确了该项估价类别的规定：“其他目的的房地产估价，包括房地产损害赔偿估价等。房地产损害赔偿估价，应把握被损害房地产在损害发生前后的状态，对于其中可修复部分，宜估算其修复所需的费用作为损害赔偿价值。”可见，《房地产估价规范》虽对损害赔偿估价没有作进一步详细的阐述，但估价类别中说明损害赔偿估价属于房地产估价的业务领域与范围。

从损害赔偿估价的业务特点看，尽管引起损害的原因千差万别，但终点归结为房地产（而不是动产）价值变动的确定。因此从估价的实践看目前房屋损害赔偿估价已明确交付给房地产估价机构评估，其他如资产评估、造价审价、会计等中介行业则基本未涉足该领域；从估价的规范文件看，《房地产估价规范》给予了房地产损害赔偿估价的理论支持与指导。

综合上述两方面，我们认为损害赔偿估价由房地产估价机构及估价师承担具有现实与理论的必然性。其原因如下：

① 房地产是最主要、最广泛、最重要，也是人们最看重的财产之一，一般占社会总财富的 50%～70%。保守估计，中国城镇居民住房资产占家庭总资产的比重超过 50%，这是世界银行提供的数据。

② 2007年《物权法》出台，“十七大”提出的“创造条件让更多群众拥有财产性收入”，使人们的财产保护意识越来越强。

③ 由于房地产的不可移动、相互影响等特性，房地产受到损害的情况不可避免。比如政府修路，不可避免地影响房屋的通行等。

④ 损害会造成房地产价值减损或相关经济损失，当事人通常会请求损害赔偿。在这样的情况下，一般是采取和解、调解、仲裁等方式，这些途径也主要是讨论赔偿的金额。目前的机制还不完善，没有专业意见作为参考依据，赔偿金额的确定随意性大。

⑤ 房地产估价师作为房地产价值评估专业人士，不仅有能力，而且有公信力，可以为在和解、调解、仲裁和诉讼中确定赔偿金额提供参考依据。实践中，一些当事人、法官等，他们也需要专业上的帮助，房地产估价师可以做这方面的工作。

8.4.2 房地产损害赔偿估价的意义

① 可以促进社会和谐。科学、有公信力、有规则的房地产估价，有利于争议解决，化解矛盾，减少不和谐因素。一些问题解决方法如果随意性很大，就会助长攀比，当前解决的问题很有可能就是下一步的祸根隐患。

② 可以拓展估价业务。目前房地产估价业务较单一，主要集中在抵押估价、征收估价和法院拍卖估价上。特别是目前的房地产市场，成交量明显萎缩，估价业务的萎缩也越来越厉害。损害赔偿估价是我们恰逢其时应当拓展的业务。

③ 可以提高社会形象。目前某些房地产估价人员给社会的感觉是专业知识不够好，技术含量不够高，主要是为了完成必要手续，没有解决人们真正需要的问题。

8.4.3 房地产损害赔偿的种类及损失分析

(1) 房地产损害赔偿的种类

① 因规划修改给房地产权利人等的合法权益造成损失的。《城乡规划法》第五十条规定：“在选址意见书、建设用地规划许可证、建设工程规划许可证或者乡村建设规划许可证发放后，因依法修改城乡规划给被许可人合法权益造成损失的，应当依法给予补偿。经依法审定的修建性详细规划、建设工程设计方案的总平面图不得随意修改；确需修改的，城乡规划主管部门应当采取听证会等形式，听取利害关系人的意见；因修改给利害关系人合法权益造成损失的，应当依法给予补偿。”

② 在自己的土地上建造建筑物妨碍了相邻建筑物的通风、采光和日照等，造成相邻房地产价值损失的。《民法通则》第八十三条规定：“不动产的相邻各方，应当按照有利生产、方便生活、团结互助、公平合理的精神，正确处理截水、排水、通行、通风、采光等方面的相邻关系。给相邻方造成妨碍或者损失的，应当停止侵害，排除妨碍，赔偿损失。”

③ 使他人房地产受到污染，造成他人房地产价值损失的。例如，建一座桥，特别是高架桥，修一条道路，建一座机场，房地产受到噪声、辐射污染，房地产上的水、土壤、空气也受到污染，房地产还会经常受到振动的影响等。

④ 因施工中挖基础不慎使邻近建筑物受损，造成邻近房地产价值损失的。

⑤ 因工程质量缺陷造成房地产价值损失的。例如，预售的商品房在交付使用后发现存在工程质量问题（如墙体开裂、室内空气质量不符合国家标准），对购房人造成损失的。

⑥ 因未能履约（如未按合同约定如期供货、供款等）使他人工程停缓建，对他人造成损失的。

⑦ 因对房地产权利行使不当限制，例如错误查封对房地产权利人造成损失的。

⑧ 因异议登记不当，造成房地产权利人损害的。《物权法》第十九条规定：“异议登记不当，造成权利人损害的，权利人可以向申请人请求损害赔偿。”

⑨ 因非法批准征收、使用土地，对当事人造成损失的。《土地管理法》第七十八条规定：“无权批准征收、使用土地的单位或者个人非法批准占用土地的，超越批准权限非法批准占用土地的，不按照土地利用总体规划确定的用途批准用地的，或者违反法律规定的程序批准占用、征收土地的，其批准文件无效”，“非法批准征收、使用土地，对当事人造成损失的，依法应当承担赔偿责任”。

⑩ 其他房地产损害赔偿。例如，《物权法》第九十二条规定：“不动产权利人因用水、排水、通行、铺设管线等利用相邻不动产的，应当尽量避免对相邻的不动产权利人造成损害；造成损害的，应当给予赔偿。”

(2) 房地产损害赔偿的损失分析

房地产损害的分类，按受损部位分类：实物损害，具体又可分为实体损害和功能损害；权益损害；还有区位损害，也可称为环境损害。可修复的损害和不可修复的损害，如修复费用小于或者等于修复所能带来的房地产增值额的，是可修复的；反之，是不可修复的。暂时性的损害和永久性的损害，如施工过程中一些有害气体，它可以自动消除，这就是暂时性的损害。

现实中，一个损害赔偿估价里面，可能是综合性的，既有实物方面的损害，也有其他方面的损害。

房地产损害造成的损失分析可以分为两部分：价值减损和相关经济损失。相关经济损失分为直接经济损失和间接经济损失。直接经济损失有修复期间的租金损失、停产停业损失、搬迁费、周转费等。

损害的赔偿金额，如何量化？对于可修复的损害，赔偿金额为修复费用加上相关经济损失；对于不可修复的损害，赔偿的金额为房地产价值的减损额，损害前的房地产价值减去损害后的房地产价值；对于可在一定程度上修复，但不能完全恢复房地产价值的损害，赔偿金额为部分修复费用＋房地产价值减损额＋相关经济损失；如果是造成不可挽回损失的，赔偿金额为重置成本。

8.4.4 房地产损害赔偿估价的方法与特点

(1) 房地产损害赔偿估价的方法

修复费用法：也可称为成本法，预计采用最合理的修复方案予以修复的必要费用，包括正常的成本、费用、税金和利润等。

损失资本化法：简称资本化法，预计未来各期损失的现值之和。例如，因损害造成的未来租金下降额的现值之和。

损害前后价差法：简称价差法，损害前的房地产状况的市场价值与损害后的房地产状况的市场价值之差。包括通常的“补地价”计算的反过程。

赔偿实例比较法：简称比较法，通过类似房地产损害的实际赔偿金额的比较和调整，得出估价对象房地产损害的赔偿金额。

(2) 房地产损害赔偿估价的特点

房地产损害赔偿估价相对于一般价值评估，主要特点有：①正价值评估与负价值评估；②不仅包括负价值评估，通常还包括相关经济损失评估，因为不同规模、不同行业周转的期限是不同的，造成的损失也是不同的；③独一无二性更强，难以寻找到类似损害的赔偿实例；④对建筑等专业知识要求更高，大量需要专业帮助，需要损害程度方面的鉴定；⑤损害当事人双方对估价结果都很关注，要求估价更加精确，说服力更强；⑥通常需要出庭作证，作为专家证人，要求较强的语言表达能力。

8.4.5　房地产损害赔偿估价的特殊性

（1）损害赔偿估价委托程序中的委托主体

一般而言，损害赔偿估价的委托主体有下面几个类型。

① 个别业主或企业。由受损害的业主或企业委托。

② 业主管理委员会。由受损害的业主所在的业主管理委员会委托。

③ 损害实施方。由实施损害的开发商或城市建设部门委托。

④ 第三方。由法院或仲裁委员会委托。

在估价实践中，除由第三方委托外，估价机构应建议最好由受损方及实施损害方共同委托。双方委托可以使估价机构更好地倾听双方对损害理由及引起损害表现的说明，有助于估价机构对损害赔偿有更深入的了解与判断，此外在双方委托的情况下，委托人能较好配合估价机构进行现场勘察，提高现场勘察的深入性、全面性。此外由双方对勘察表进行现场签字确认，利于估价工作的下一步开展。

（2）损害赔偿估价的前置程序

损害赔偿估价是技术性很强的估价活动，在某些受环境污染或施工质量缺陷导致的房地产损害赔偿估价中，需要深入了解损害的成因、影响程度方面，某些损害影响程度可能仍在动态发展过程中，在这种情况下，进行估价前需要委托方完成某些前置程序。这些前置程序可能包括质量检验报告书、环境质量报告书、动态监测数据的报告、修复方案报告等。

上述前置程序中的报告需要由相关的监测部门出具，估价机构只有掌握了上述的监测报告后，才能进行下一步的估价工作。

（3）损害赔偿估价技术要与具体赔偿案例相结合

普通的估价业务，具有大量性、重复性等特点，房地产估价机构及估价师已经能够完全熟练掌握。对于损害赔偿估价而言，则呈现出个别性、差异性的特点。要做好该项工作，可借鉴的方面较少，需要在针对每个损害的案例进行具体分析的基础上确定不同的估价思路与估价技术路线和方法，从而使估价技术过程呈现出更大的灵活性。

损害赔偿估价的主要技术方法原则上源于房地产估价的几大方法，但在实践中又需要灵活运用。

① 结合具体案例采用传统的估价方法。例如，一般对于施工质量缺陷引起的房地产贬值，如果属于可修复的情形，可以采用成本法的思路，根据按照修复方案进行造价及相关费用的估价确定估价结果，其估价结果依赖于具体的修复方案。

对于无法完全修复的赔偿案例估价，可采用不同的估价技术处理。依赖于处理方案的有两种估价方案：一种是进行必要的修复程序，根据修复的方案进行计算，还需要计算修复后状态下的贬值，另一种是未进行该修复程序，从而直接计算损害现状下的贬值。在上述两种方案中，可能要借助其他的方法例如市场比较法进行，或者根据非估价传统主流方法的其他方法如支付意愿法等进行。

② 通过基本公式的逆向或其他方式的综合运用，求取赔偿金额。例如小区规划变化、业委会提出的房屋容积率上升，引起绿化率下降的损害赔偿案例则可以从开发商减少绿化的造价以及多建房屋的开发利润所得进行求取，在此过程中，绿化造价采用成本法进行求取，开发利润通过变形的假设开发法进行求取。

③ 非传统估价方法的应用。例如环境质量引起的房地产贬值估价，需要通过对消费者的市场调查问卷，结合专家会议法、支付意愿函数的建立等多渠道进行，从方法的意义而言，已超出传统的估价方法，但从估价结果看，最终仍回归到房地产估价的范畴。

(4) 损害赔偿估价中参数的选择

损害赔偿估价中技术方法最大的问题是某些很简单的修正没有经验参数可供选择，使估价人员陷于选择修正参数无足够理由的困境。在处理类似的损害赔偿估价时，估价人员需要对此做出一些变通措施进行处理。

① 尽量借助传统的修正系数。通过借助一些传统的修正参数进行修正，例如处理日照受影响时，可以类比朝南与朝北修正系数的差异（例如差异为 6%），分析日照受影响后的日照时间与受影响前的日照时间，通过两者之间的比例关系，据此进行大致修正。

② 转化为等量参数的求取。某些财产损害的案例，可能直接对房屋的经济寿命造成影响，但如何确定寿命的减少，可转化为房屋理论成新率与实际成新率（例如采用样表确定，见表 8-1）的差异，近似利用成新率差异与房屋重置价的乘积，从而确定损害赔偿的金额。

表 8-1 样表

序号	分部名称	分项名称	基本完好房评定标准	现状情况	分项修正
1	结构部分	地基基础			
2		承重构件			
3		非承重构件			
4		屋面			
5		楼地面			
6	装饰部分	门窗			
7		内外墙抹灰			
8		顶棚			
9	设备部分	水卫			
10		电照			
总计					

③ 进行市场案例调查，采用市场比较法确定修正系数。某些修正系数虽然无法从经验或规范修正系数中取得，但可以从市场案例比较而获得，例如在确定对景观阻挡的因素系数时，可以采用类似的楼盘案例中有景观及无景观的价格进行规范性比较后，确定其不同的修正系数，以此作为比较案例，将不同的案例的修正系数进行市场比较修正，得到所需的修正系数。

④ 借助定性转为定量的方法确定系数。在确实难以进行量化修正的参数时，可以采用专家分析法、Delphi 法等方法进行。

(5) 损害赔偿估价技术服务于估价结果，验证后的结果推动估价技术完善

在损害赔偿估价中，估价技术的选择与完善最终应服务于估价结果，因为，损害赔偿估价的最终目的是为损害赔偿的双方确定一个比较客观的价值，供双方进行谈判乃至作为损害赔偿的最终依据。

当然一般估价结果可能与最终的赔偿结果会有所差异，这些差异可能源于赔偿双方的谈判地位、信息掌握程度、预期因素、急于达成协议等多方面因素的限制，这些因素与公开市场价值的假设前提有不一致的地方。估价人员应对最终的损害赔偿结果进行跟踪分析，比较

损害赔偿最终结果与估价报告最终结果的差异。

进行上述估价后的分析类似于后评价工作，有利于估价人员了解损害赔偿估价中是否缺项，某些取值是否合理，估价方法是否应该改进创新等；有利于完善估价的技术，有利于今后损害赔偿估价的顺利开展。

8.4.6 损害赔偿估价对估价人员多学科知识及协调能力要求

损害赔偿估价对于估价人员提出了更高的要求，主要体现在以下两个方面。

(1) 多学科相关知识的学习

损害赔偿估价需要具备估价、造价、规划、环境、材料等多学科知识，此外还需要掌握传统估价方法外的数学、经济学的实用分析方法。作为从事损害赔偿估价的估价师而言，掌握更多的学科知识与实用的方法意味着在估价过程中能以最优的方法区别处理，从纷繁复杂的事件中作出更加专业的判断，作出高质量水平的估价报告。

(2) 综合协调能力

估价人员多学科知识的学习并不意味着能精通其他学科，因此在损害赔偿估价过程中往往需要其他不同学科或不同领域的专家协助完成整个估价过程。在估价中，房地产估价师需要具备综合协调能力，使不同领域或学科的专家在一个组织框架下实现组织目标，综合协调能力是对估价师更高的要求。

损害赔偿估价作为一项比较新的估价业务，体现出与传统意义估价不同特点的特殊性。目前，损害赔偿估价还难以成为估价业务新的增长点，但其重大意义在于有利于社会财产保护制度的建立与完善，促进了社会和谐进步的局面。基于此，估价机构应勇于承担损害赔偿估价的社会责任，为社会的进步作出更大的努力与贡献。

8.5 应用案例

【例 6】计算图 8-2 中的宗地单价。

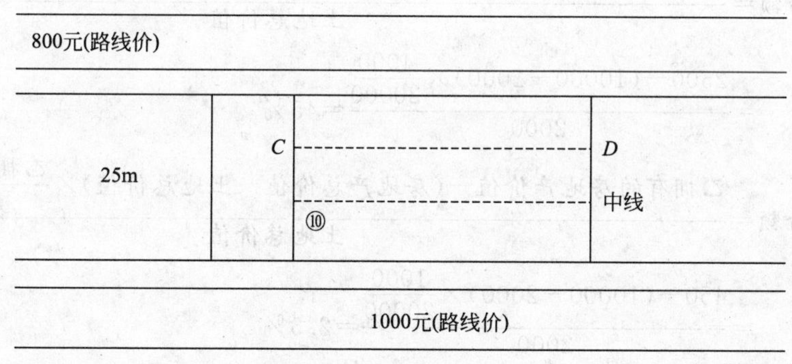

图 8-2 双面临街地实例图

【解】解法一：

宗地⑩双面临街，总深度 25m，以其中线分为前后两部分，临街深度均为 12.5m，则深度指数均为 110%，该宗地单价为：

$$1000\times1.1\times1/2+800\times1.1\times1/2=990\ 元/m^2$$

解法二：

采用“重叠价值估价法”，即首先找出高价与低价街影响范围的分界线 CD

$$高价街影响深度=1000/(1000+800)\times25=13.89m$$

低价街影响深度＝25－13.89＝11.11m

宗地单价＝1000×1.1×13.89/25＋800×1.2×11.11/25＝1037.78 元/m^2

【例 7】 某块宗地总面积 2000m^2，容积率为 2，相应的土地单价为 500 元/m^2，现允许将容积率提高到 4，楼面地价不变。试计算应补地价的数额。

【解】 应补地价的数额计算如下：

补地价(单价)＝500×[(4－2)/2]＝250 元/m^2

补地价(总价)＝250×2000＝50 万元

【例 8】 某建筑面积为 20000m^2 的综合楼，集停车场、仓库、商场、餐饮、娱乐、办公、居住多功能于一体，房地产总价值为 10000 万元，其中土地总价值 2000 万元。甲拥有该综合楼中的商场，建筑面积为 4000m^2，房地产价值为 2500 万元；乙拥有该综合楼中建筑面积为 1000m^2 的住宅，房地产价值 450 万元，试按房地产价值分摊方法计算甲乙各应分摊多少地价。

【解】 (1) 按建筑面积分摊

甲分摊的地价份额＝甲拥有的建筑面积/建筑总面积＝4000/20000＝20%

乙分摊的地价份额＝乙拥有的建筑面积/建筑总面积＝1000/20000＝5%

故　甲分摊的地价＝土地总价值×甲分摊的地价份额＝2000×20%＝400 万元

乙分摊的地价＝土地总价值×乙分摊的地价份额＝2000×5%＝100 万元

(2) 按房地价值分摊

甲分摊的地价份额＝甲拥有的房地产价值/房地产总价值＝2500/10000＝25%

乙分摊的地价份额＝乙拥有的房地产价值/房地产总价值＝450/10000＝4.5%

故　甲分摊的地价＝土地总价值×甲分摊的地价份额＝2000×25%＝500 万元

乙分摊的地价＝土地总价值×乙分摊的地价份额＝2000×4.5%＝90 万元

(3) 按土地价值分摊

$$\text{甲分摊的土地份额}=\frac{\text{甲拥有的房地产价值}-(\text{房地产总价值}-\text{土地总价值})\times\dfrac{\text{甲拥有的建筑面积}}{\text{建筑总面积}}}{\text{土地总价值}}$$

$$=\frac{2500-(10000-2000)\times\dfrac{4000}{20000}}{2000}=45\%$$

$$\text{乙分摊的土地份额}=\frac{\text{乙拥有的房地产价值}-(\text{房地产总价值}-\text{土地总价值})\times\dfrac{\text{乙拥有的建筑面积}}{\text{建筑总面积}}}{\text{土地总价值}}$$

$$=\frac{450-(10000-2000)\times\dfrac{1000}{20000}}{2000}=2.5\%$$

故　甲分摊的地价＝土地总价值×甲分摊的地价份额＝2000×45%＝900 万元

乙分摊的地价＝土地总价值×乙分摊的地价份额＝2000×2.5%＝50 万元

思考题

1. 什么是路线价和路线价法？
2. 路线价法的特点有哪些？
3. 路线价法的估价步骤有哪些？
4. 补地价法的适用范围是什么？
5. 高层建筑面积分摊方法有哪些？
6. 谈谈你对房地产损害赔偿估价的认识。

9 国有土地上房屋征收评估

9.1 国有土地上房屋征收评估的含义

国有土地上房屋征收评估，是指在国有土地上实施的房屋征收，为确定被征收房屋货币补偿金额，根据被征收房屋的区位、用途、建筑面积等因素，对其房地产市场价格的评估。2011 年 1 月实施的《国有土地上房屋征收与补偿条例》规定：为了公共利益的需要，征收国有土地上单位、个人的房屋，应当对被征收房屋所有权人给予公平补偿；对被征收房屋价值的补偿，不得低于房屋征收决定公告之日被征收房屋类似房地产的市场价格；被征收房屋的价值，由具有相应资质的房地产价格评估机构按照房屋征收评估办法评估确定。目前多为城市旧城改造，包括改善居住条件、改善城市生态环境、城市基础设施建设以及退二进三等进行的房屋征收估价。

2011 年 6 月住宅与城乡建设部发布的《国有土地上房屋征收评估办法》第十一条明确规定：被征收房屋价值是指被征收房屋及其占用范围内的土地使用权在正常交易情况下，由熟悉情况的交易双方以公平交易方式在评估时点自愿进行交易的金额，但不考虑被征收房屋租赁、抵押、查封等因素的影响。不考虑租赁因素的影响，是指评估被征收房屋无租约限制的价值；不考虑抵押、查封因素的影响，是指评估价值中不扣除被征收房屋已抵押担保的债权数额、拖欠的建设工程价款和其他法定优先受偿款。第十二条规定：房地产价格评估机构应当安排注册房地产估价师对被征收房屋进行实地查勘，调查被征收房屋状况，拍摄反映被征收房屋内外部状况的照片等影像资料，做好实地查勘记录，并妥善保管。被征收人应当协助注册房地产估价师对被征收房屋进行实地查勘，提供或者协助搜集被征收房屋价值评估所必需的情况和资料。房屋征收部门、被征收人和注册房地产估价师应当在实地查勘记录上签字或者盖章确认。被征收人拒绝在实地查勘记录上签字或者盖章的，应当由房屋征收部门、注册房地产估价师和无利害关系的第三人见证，有关情况应当在评估报告中说明。

9.2 征收评估依据的法律、政策和评估技术规范

征收评估是一项政策性很强的评估业务，受土地和房地产相关法律、法规的影响非常大，或者说，征收评估必须依据法律法规的规定进行。因此征收评估首先要掌握相关的法律、政策规定，依据征收评估技术规范进行评估。

(1)《中华人民共和国城市房地产管理法》

《中华人民共和国城市房地产管理法》第三十四条规定："国家实行房地产价格评估制度。房地产价格评估，应当遵循公正、公平、公开的原则，按照国家规定的技术标准和评估程序，以基准地价、标定地价和各类房屋的重置价格为基础，参照当地的市场价格进行评估。"这条法律从法律上界定了房地产估价是一项国家行业制度，受到相关法律的约束。第六条规定："为了公共利益的需要，国家可以征收国有土地上单位和个人的房屋，并依法给予征收补偿，维护被征收人的合法权益；征收个人住宅的，还应当保障被征收人的居住条件。具体办法由国务院规定。"

(2)《国有土地上房屋征收与补偿条例》

2001年6月国务院通过《城市房屋征收管理条例》，并于2001年11月1日起实施。为了进一步规范国有土地上房屋征收与补偿活动，维护公共利益，保障被征收人的合法权益，根据《物权法》和《全国人民代表大会常务委员会关于修改〈中华人民共和国城市房地产管理法〉的决定》，2011年1月19日国务院第141次常务会议通过《国有土地上房屋征收与补偿条例》，并于2011年1月21日，由国务院总理温家宝签署国务院第590号令，公布并施行。

该条例对国有土地上房屋征收管理工作做出了全面的规定，包括总则、征收决定、补偿、法律责任和附则五部分，共三十五条。第三章补偿是关于征收补偿与安置的具体规定，其中第十九条规定："对被征收房屋价值的补偿，不得低于房屋征收决定公告之日被征收房屋类似房地产的市场价格。被征收房屋的价值，由具有相应资质的房地产价格评估机构按照房屋征收评估办法评估确定。对评估确定的被征收房屋价值有异议的，可以向房地产价格评估机构申请复核评估。对复核结果有异议的，可以向房地产价格评估专家委员会申请鉴定。房屋征收评估办法由国务院住房城乡建设主管部门制定，制定过程中，应当向社会公开征求意见。"因此，估价师在接受估价委托任务时，必须要明确所评估的房地产是否属于补偿的范围，而且应该向委托方明确这个估价问题。第二十一条规定："被征收人可以选择货币补偿，也可以选择房屋产权调换。被征收人选择房屋产权调换的，市、县级人民政府应当提供用于产权调换的房屋，并与被征收人计算、结清被征收房屋价值与用于产权调换房屋价值的差价。因旧城区改建征收个人住宅，被征收人选择在改建地段进行房屋产权调换的，做出房屋征收决定的市、县级人民政府应当提供改建地段或者就近地段的房屋。"第二十二条规定："因征收房屋造成搬迁的，房屋征收部门应当向被征收人支付搬迁费；选择房屋产权调换的，产权调换房屋交付前，房屋征收部门应当向被征收人支付临时安置费或者提供周转用房。"第二十三条规定："对因征收房屋造成停产停业损失的补偿，根据房屋被征收前的效益、停产停业期限等因素确定。具体办法由省、自治区、直辖市制定。"第二十四条规定："市、县级人民政府及其有关部门应当依法加强对建设活动的监督管理，对违反城乡规划进行建设的，依法予以处理。市、县级人民政府作出房屋征收决定前，应当组织有关部门依法对征收范围内未经登记的建筑进行调查、认定和处理。对认定为合法建筑和未超过批准期限的临时建筑的，应当给予补偿；对认定为违法建筑和超过批准期限的临时建筑的，不予补偿。"

(3)《国有土地上房屋征收评估办法》

为规范城市房屋拆迁估价行为，维护征收当事人的合法权益，依据《中华人民共和国城市房地产管理法》、《城市房屋拆迁管理条例》的有关规定和国家标准《房地产估价规范》，建设部制定了《城市房屋拆迁估价指导意见》(2004年1月1日起实施)(以下简称《意见》)。《城市房屋拆迁估价指导意见》共二十九条，对拆迁评价价格标准、评价方法、评估机构和人员资质、房屋征收估价复核等问题都作出了详细规定。可以说，《城市房屋拆迁估价指导意见》是城市房屋拆迁估价的主要指导标准。这个指导意见出台后，一些省市也纷纷制定了相应的房屋拆迁估价技术标准和方法。

为了规范国有土地上房屋征收评估行为，保证房屋征收评估客观公平，根据《国有土地上房屋征收与补偿条例》、《房地产估价规范》，住建部制定了《国有土地上房屋征收评估办法(征求意见稿)》。《国有土地上房屋征收评估办法》共二十三条，对征收评价价格标准、评价方法、评估机构和人员资质、房屋征收估价复核等问题都作出了详细规定。

(4)地方规定或实施细则

各地区根据国务院相关条例的精神，结合地区的有关法规、政策以及地区的实际情况制定了地区房屋征收评估规定及实施细则，对城市房屋征收中的房地产评估方法作出了不同的规定，例如省级的《江苏省城市房屋拆迁管理条例》、《上海市城市房屋拆迁评估技术规范（试行）》、《重庆市城市房屋拆迁评估规定》等。市级的如江苏省淮安市颁布的地方房屋拆迁估价细则，如《淮安市城市房屋拆迁补偿估价技术细则》、《淮安市市区集体土地房屋拆迁补偿估价技术细则》。地方法规与规范的出台和实施为房屋征收评估提供了法律准则和详细的技术标准，有效地保证了房屋征收工作的顺利进行。

《国有土地上房屋征收与补偿条例》实施后，各地正在加紧研究新的国有土地上房屋征收评估的技术规范。地方规范正在编制中。

(5)《房地产估价规范》

《房地产估价规范》是我国从事房地产估价活动必须遵守的国家技术标准，在这个技术规范中的第 6 章第 7 节对征地和房屋征收补偿估价问题做了规定和说明。具体规定如下。

征地和房屋征收补偿估价，分为征用农村集体所有的土地的补偿估价（简称征地估价）和征收城市国有土地上的房屋及其附属物的补偿估价（简称房屋征收估价）。

征地估价，应依据《中华人民共和国土地管理法》以及当地制定的实施方法和其他有关规定进行。

房屋拆迁估价，应根据《城市房屋拆迁管理条例》以及当地规定的实施细则和其他有关规定进行。

依照规则，拆除违章建筑、超过批准期限的临时建筑不予补偿；拆除未超过批准期限的临时建筑给予补偿。

实行作价补偿，可根据当地政府确定公布的房屋重置价格扣除土地价格后结合建筑物成新估价。

依法以有偿出让、转让方式取得的土地使用权，根据社会公共利益需要征收其地上房屋时，对该土地使用权如果视为提前收回处理，则应在征收补偿估价中包括土地使用权的补偿估价。此时土地使用权补偿估价，应根据该土地使用权的剩余年限所对应的正常市场价格进行。

上述六条规定指明了房屋征收估价应该针对具体情况依照相应的法律、法规和规定去实施。

9.3 房屋征收评估的内涵和特点

9.3.1 房屋征收评估的内涵

房屋征收估价是指依据《国有土地上房屋征收与补偿条例》的有关规定，按照《房地产估价规范》和《国有土地上房屋征收评估办法》及各地颁布的具体房屋征收估价技术规定，为确定被征收房屋货币补偿金额，根据被征收房屋的区位、用途、建筑面积等因素，由房地产估价机构对被征收房屋的房地产市场价格进行的评估。

根据《国有土地上房屋征收与补偿条例》，被征收房屋价值是指被征收的建筑物及其占用范围内的建设用地使用权和其他不动产的价值。因征收房屋造成的搬迁费、临时安置费、停产停业损失以及市、县级人民政府规定的其他补贴和补助费用等应在征收补偿方案中明确。其他不动产是指不可移动的围墙、假山、水井、烟囱、水塔、苗木等。

9.3.2 房屋征收评估的特点

城市房屋征收评估不同于一般房地产的市场价格评估，一般房地产的市场价格评估通常是数量有限、单个或数个房地产的估价，涉及面窄，相互关联性小。房屋征收估价的特点主要表现在以下几个方面。

(1) 征收户数多、估价量大

城市房屋征收城市征收往往是由于旧城改造、新建和改建城市道路交通、新建大型基础设施等而引起的，随着我国城市建设的不断加快，必不可少地发生大规模城市房屋征收。由于征收数量大，待征收的户数多，由此带来房屋征收估价数量很大，少则一两栋，多则成片乃至一个或多个小区。

(2) 房屋征收估价涉及面广、社会影响大

征收房屋既有居民个人住宅，也有企事业单位的房屋；既有住宅用房，也有商业用房、办公用房、生产用房。从企事业单位来说，征收不仅涉及企事业单位财产的补偿问题，还涉及企事业单位的生存和职工家庭的生活问题。对大多数居民个人来说，房屋是其最大的财产，而房屋征收估价又是征收补偿的主要依据。因此，房屋征收估价的公平真实与否关系到千家万户的切身利益，所产生的社会影响很大。

(3) 房屋征收估价对象复杂

相对于其他目的的估价，房屋征收估价的对象比较复杂，一个征收项目往往包括住宅、商办公楼、车库、建筑物等不同类型物业，导致估价方法的选择存在较大难度。同时，一次估价中还会面对大量的房屋，面对征收人和众多的被征收人，由于各自对自身利益的维护，会出现不同的意见，导致估价的重要工作之一是协调各种利益关系。

(4) 房屋征收估价结果关联性强

在同一城市，虽然征收时间、房地产所处地段、房地产类型等或许不同，但其房屋征收估价结果却存在很强的关联性。如果忽视了这种关联性，可能引起征收冲突。

(5) 房屋征收估价选用的方法须简便易操作

不宜简单地选用某种估价方法，造成评估结果的差异较大。同时也不宜选用复杂难行的估价方法，因为房屋征收估价的估价量一般较大，选用复杂的估价方法，很难保证估价进度。

9.4 房屋征收评估的原则

实施征收评估除了需要遵循一般性的估价原则之外，还要特别强调这些原则对征收评估的特殊性，注意实施征收评估必须遵循的原则。

根据《物权法》、《房地产估价规范》、《国有土地上房屋征收评估办法》、《国有土地上房屋征收与补偿条例》等法律法规，城市房屋征收估价应遵循相应的估价原则，以保证征收当事人的根本利益。

(1) 独立原则

独立原则是指房屋征收估价时不应受到外界不合理因素的干扰和影响。要求估价机构在房屋征收估价过程中不能受到任何组织和个人非正常压力的影响和干扰，以确保估价结果更加客观合理。

(2) 客观原则

客观原则是房屋征收估价时尽可能减少估价人员的主观意志对估价过程和估价结论的影响。房屋征收估价并非由估价人员主观确定市场价格，而是客观反映市场价格的形成过程和结果。房屋征收估价应客观、准确、合理地模拟市场价格形成过程，将估价对象的客观合理

价格和价值反映出来。估价人员在估价时应遵循客观事实，以被征收房屋客观情况为依据进行估价。

（3）公正原则

公正原则要求估价人员在房屋征收估价中必须站在中立的立场上，不偏袒任何一方，特别是有意无意偏向委托方，同一征收范围内同一估价标准，正确反映房屋应有的价值。房屋征收估价时，估价人员在面对征收人的压力甚至威胁时，应遵循公正原则，不能以损坏被征收人的利益为代价。

（4）合法原则

合法原则是指房屋征收估价必须以房地产的合法产权、合法使用及合法处分为前提。合法原则要求估价过程中涉及的各方主体及估价对象以及估价机构均要符合国家法律、法规的规定。

对房屋征收估价委托人的合法性来说，征收房屋的单位取得房屋征收许可证后，方可实施征收。只有取得征收许可证的征收人或具有完全民事行为能力的被征收人（含其法定监护人）才可成为房屋征收估价委托人。

房屋征收估价对象的合法性，主要指征收范围和估价对象要符合相关法规规定。征收范围确定后，若征收范围内的单位和个人进行新建、扩建、改建房屋，改变房屋和土地用途，租赁房屋的行为，应视为估价对象不合法。

评估机构的合法性，是指估价机构必须具有有关规章制度所要求的资质，同时，估价机构的确定也要符合规定。

9.5　房屋征收评估的方法选用

2011 年 6 月住宅与城乡建设部发布的《国有土地上房屋征收评估办法》第十三条规定：注册房地产估价师应当根据评估对象和当地房地产市场状况，对市场法、收益法、成本法、假设开发法等评估方法进行适用性分析后，选用其中一种或者多种方法对被征收房屋价值进行评估。被征收房屋的类似房地产有交易的，应当选用市场法评估；被征收房屋或者其类似房地产有经济收益的，应当选用收益法评估；被征收房屋是在建工程的，应当选用假设开发法评估。可以同时选用两种以上评估方法评估的，应当选用两种以上评估方法评估，并对各种评估方法的测算结果进行校核和比较分析后，合理确定评估结果。因此，房屋征收评估的具体估价方法有以下四种。

（1）市场比较法

市场比较法是指依据市场销售资料，将待估房地产同能与其形成替代关系的类似房地产进行比较，以后者已知的价格为参照，修正得出待估房地产最可能实现的合理价格的一种估价方法。应用市场比较法的基本步骤是：①搜集交易实例；②选取可比实例；③建立价格可比基础；④进行交易情况修正；⑤进行交易日期修正；⑥进行区域因素修正；⑦进行个别因素修正；⑧求出比准价格。

市场比较法的计算公式为：

委估房地产评估价格＝可比房地产实际售价×交易情况修正系数×交易时间修正系数×区域因素修正系数×个别因素修正系数

通过上述各种修正之后，将得出的各个比较实例价格进行简单算术平均或加权算术平均，据此确定估价对象的价格。

市场比较法的适用及局限性：市场比较法是最能体现房地产估价的基本原理，是最直观、适应性最广、被普遍采用的一种估价方法。市场比较法适用于房地产市场比较发达、交易实例资料比较丰富的征收估价。

当市场交易不活跃、市场交易数量不足时，市场比较法的应用将受到限制。在征收估价中要使用市场比较法，必须在同一区域或邻近地区或同一供求圈内，找到与被征收房屋相同特征的可比实例。对于旧城区的危旧房显然没人愿意购买，因此缺乏可比实例，市场比较法在评估危旧房时就不能得到很有效的应用。

(2) 收益还原法

收益还原法又称收益资本化法、收益现值法，是将估价对象的预期未来各年的正常纯收益以适当的资本化率折现求和（资本化），求取估价对象在一定估价时点、一定产权状态下价格的一种估价方法。运用收益还原法的基本步骤为：①搜集有关收入和费用的资料；②估算潜在毛收入；③估算有效毛收入；④估算运营费用；⑤估算净收益；⑥选用适当的资本化率；⑦选用适宜的计算公式求出收益价格。收益还原法的计算公式主要有以下两种。

① 直接资本化法。直接资本化法是根据反映房地产收益与价格之间数学关系的某些参数，如完全资本化率、组合资本化率、收益倍数等，直接将待估房地产的纯收益乘以或除以这些参数来求取待估房地产价格的资本化方法。

计算公式为：

$$P=\frac{a}{r}$$

式中，P 为估价对象的收益现值；a 为待估房地产在年末的纯收益；r 为待估房地产的贴现率（即利息率）。

② 收益流资本化法。收益流资本化法是一种贴现法，它将待估房地产在未来持有期内所有的纯收益以及房地产在持有期末转售时的价格，按贴现率全部贴现到估价时点，以全部贴现值之和作为待估房地产在估价时点的价格。

计算公式为：

$$P=\frac{a}{r}\left[1-\frac{1}{(1+r)^n}\right]$$

式中，P 为估价对象的收益现值；a 为待估房地产在年末的纯收益；r 为待估房地产的贴现率（即利息率）；n 为待估房地产的持有期年数。

收益还原法的适用及局限：收益还原法适用的对象是有收益或有潜在收益的房地产，如出租的住宅、写字楼、旅馆、商店、厂房等。它不限于估价对象本身现在是否有收益，只要估价对象所属的这一类房地产有获取收益的能力即可。而且，运用收益还原法的另一个条件是房地产未来的收益和风险都可以量化。

征收估价时运用收益还原法的局限性为：对于行政办公楼、学校、公园、教堂等不产生收益也没有潜在收益的征收房屋，都无法采用收益还原法。

(3) 成本法

成本法是分别求出估价对象在估价时点的重新购建价格和折旧，然后将重新构建价格减去折旧来求取估价对象价值的估价方法。从运用上看，成本法将求取房地产价格的问题化解为分别求取土地成本和建筑成本的问题。

成本法的运用有四个基本步骤：①搜集有关成本、税费、开发利润等资料；②估算重置价格或重建价格；③估算折旧；④求出积算价格。

成本法的基本公式为：

$$P=L+C-D$$

式中，P 为委估式中，房地产在估价时点的积算价格；L 为待估房地产在估价时点的土地价格；C 为建筑在估价时点的重新建造成本；D 为建筑在估价时点的减价修正额，又可称为累计折旧。

成本法的适用范围及局限：成本法估价比较费时费力，测算重新购置价格和折旧也有相当难度，主要适用于新的或者比较新的房地产，特别适用于那些既无收益又很少发生交易的房地产，如学校、医院、体育场馆、行政办公楼等。在征收估价时，假如交易实例很难找到，例如土木结构房屋，通常会选择成本法进行估价。

在征收估价中运用成本法时，由于地方政府公布的基础数据往往存在时滞性，往往导致评估结果偏低，从而偏离市场价格，不能体现被征收房屋的价值。

(4) 假设开发法

假设开发法，又称剩余法，是通过预测估价对象未来开发完成后的价值，然后减去预测的未来开发成本、税金和利润等来求取估价对象价值的一种方法。

假设开发法的基本步骤是：①调查待开发房地产的基本情况；②选择最佳开发利用方式；③估计开发建设期：④预测开发完成后的房地产价值；⑤估算开发成本、管理费用、投资利息、销售税费、开发利润、投资者购买待开发房地产应负担的税费；⑥进行具体计算，得到估算价格。

假设开发法的基本公式是：

委估房地产的价格＝总开发价值－开发费用－开发利润

式中，“总开发价值”是指待估房地产经开发后上市出售时的市场价格，如物业开发完成后的“总楼价”、生地开发成熟地后的熟地出售价；“开发费用”指除了待估房地产的购买价格外，对待估房地产进行开发所需要投入的全部资金，其具体项目则因待估房地产类型的不同而不同；“开发利润”指按正常利润率计算的该项目开发总投资应得的利润总额。

假设开发法的适用范围及局限：假设开发法适用于具有投资开发价值和再开发潜力的房地产估价，例如待开发的土地、在建工程、可装饰装修改造或可改变用途的旧房。当估价对象具有潜在的开发价值时，假设开发法几乎是唯一适用的估价方法。

征收估价时运用假设开发法，不同估价人员对最高最佳使用原则的理解和把握不同，估价结果相差会很大，这样容易引起纠纷。

9.6 房屋征收批量评估方法与模式

《国有土地上房屋征收与补偿条例》第十九条规定：“对被征收房屋价值的补偿，不得低于房屋征收决定公告之日被征收房屋类似房地产的市场价格。”

许多地方正在结合本地实际情况，以估价原则、估价理论和方法为基础，制定各自具体的房屋征收估价办法。例如：南京市政府根据被征收房屋的不同用途、不同结构、不同区位制定了住宅平房、简易楼房、单元成套楼房和非住宅房屋等不同房屋征收估价标准。估价人员进行房屋征收估价应执行当地政府及有关部门制定的估价标准。

9.6.1 房屋征收评估方法

目前常用的房屋征收估价方法除了常用的对每个估价对象单独评估外，主要还有两类，一类是基于市场比较法的批量估价方法，一类是区位指导价市场价格评估方法。

9.6.1.1 基于市场比较法的批量估价方法

房屋征收一般多为成片区征收，片区内往往同类型房屋集中在一起，有住宅、商业、工业等，征收户数多，时间紧，房屋征收估价任务很重。为了提高估价效率，目前国内各地对这类征收评估，一般是采用了批量估价作业的方式。具体方法是根据同类用途房屋分类，选取典型的样本，用市场比较法或其他方法评估出样本的价格，然后根据其修正参数，把每个房屋征收估价对象和样本价格一一比较修正得出比准价格，以“标本房屋”和“典型房屋”市场价格评估法为代表。

(1)“标本房屋”市场价格评估技术路线

城市旧城改造往往会涉及成片小区的征收，征收的数量大，估价工作量也十分巨大，为提高估价效率，对这类征收评估，可先评估出在征收片区内有代表性的“标本房屋”的市场价格，以此为基准评估出其他征收房屋的市场价格，即在一个征收片区中按房屋使用类型（居住用房、商业用房、办公用房、工业用房等）各选取一处有代表性的房屋作为评估标本，运用市场法或其他方法评估出该“标本房屋”的市场价格。具体思路如下。

① 确定“标本房屋”的基本条件。“标本房屋”的基本条件可从以下几个方面作出限定：a. 建筑类型，当征收片区存在多种类型的房屋时，应选择所占比重大的作为“标本房屋”，例如某征收片区的居住用房有高层、多层、平房等，且以多层居多，则应选择多层住宅作为居住用房的“标本房屋”；b. 建造年代，根据不同房屋的建造年代，确定平均使用年限，选择平均使用年限的房屋作为“标本房屋”，例如某征收片区内多层住宅的平均使用年限为 15 年，则应以使用年限 15 年左右（或七成新）的房屋作为“标本房屋”；c. 建筑结构，根据不同建筑结构类型，选择所占比重大的结构类型房屋作为“标本房屋”，例如某征收片区内多层住宅大多为砖混结构，则以砖混结构的房屋作为“标本房屋”；d. 楼层、户型、朝向、面积、装修等，如果征收片区内多层住宅大多为两室一厅，一般都有朝南的房间，面积一般为 $60m^2$ 左右，装修情况差异较大，则可选择位于中间层次（非顶层和底层），两室一厅至少有一间朝南，面积一般为 $60m^2$ 左右，一般装修的房屋作为“标本房屋”。

② 选择“标本房屋”。根据上述“标本房屋”的基本条件，在每一征收片区内一般选择一套“标本房屋”。如果征收片区跨越两个或多个征收区位等级（或土地级别），则所跨的每一征收区位等级（或土地级别）都应选择一套“标本房屋”，作为相应征收区位等级（或土地级别）内各征收房屋的比较基准。

③ 评估“标本房屋”的市场价格。可采用市场法或其他方法评估出“标本房屋”的市场价格。运用市场法评估时，对可比实例的选取应作出具体的规定，其一般要求为：a. 可比实例与“标本房屋”所处的地区相同，应与“标本房屋”是同一征收区位等级（或土地级别）的房屋；b. 可比实例与“标本房屋”的用途相同，不仅要求大类用途相同，而且尽可能做到小类用途也相同，如“标本房屋”是居住用房中的普通住宅，则可比实例也应选取普通住宅；c. 可比实例应与“标本房屋”的建筑结构和建筑类类型相同，如“标本房屋”是砖混结构的多层住宅，则可比实例也应选取砖混结构的多层住宅；d. 可比实例应与“标本房屋”的规模相当，如“标本房屋”是 $60m^2$ 的普通住宅，则可比实例也应选取差不多面积的普通住宅；e. 可比实例应与“标本房屋”的权利性质相同，如“标本房屋”是房屋所有权和国有土地使用权性质，则可比实例也应选取相同权利性质的房屋；f. 可比实例的交易类型应选取一般买卖的二手房交易实例作为可比实例；g. 可比实例的成交日期与估价时点相隔时间在一年以内；h. 可比实例的成交价格应是正常市场价格成交价格，或可修正为正常成交价格。为防止修正系数对价格的影响过大，可限定修正系数的调整范围。比

如规定每项修正对可比实例成交价格的系数调整不得超过10%，综合系数调整不得超过30%。

④ 评估确定其他征收房屋的市场价格。以“标本房屋”的市场价格为基础，分别评估确定其他征收房屋的市场价格。将各被征收房屋分别与“标本房屋”进行比较修正，得出各被征收房屋的市场价格。

(2)“典型房屋”市场价格评估技术路线

“典型房屋”市场价格评估法与“标本房屋”房屋市场价格评估法类似，但是它更具体、更细致。它首先将征收片区的全部征收房屋按房屋使用类型进行分类，然后按照每一类房屋的建筑类型、建筑年代、建筑结构、设备、房屋户型以及功能的完整性等因素划分房屋类别，再在同一房屋类别内确定“典型”房屋，运用市场法或其他方法评估出该“典型房屋”的市场价格，然后以“典型房屋”的价格为基准，修正得出各征收房屋的补偿价格。具体操作步骤如下。

① 对征收房屋按房屋使用类型分为居住用房、商业用房、办公用房、工业用房等。

② 对同用途类型房屋按建筑类型、建筑年代、建筑结构等因素进一步划分不同房屋类别。如居住用房按建筑类型可分为高层、多层、平房等类别；按建筑年代可分为10年以内、10～20年、20～30年、30年以上等类别；按建筑结构可分为钢混、砖混、砖木、简易等类别。

③ 在同一房屋类别内选取一个“典型房屋”。选取的“典型房屋”应具有概括性，要能概括和反映同一房屋类别内的其他房屋的情况。比如在居住用房类型中的平房类别中确定“典型房屋”，以其结构、成新率、户型、朝向、面积、装修等作为标准。

④ 评估“典型房屋”的市场价格。可采用市场法或其他方法评估出“典型房屋”的市场价格。

⑤ 评估确定其他征收房屋的市场价格。以“典型房屋”的市场价格为基础，分别评估确定其他征收房屋的市场价格。将各被征收房屋分别与“典型房屋”进行比较，通过房地产状况修正得出各被征收房屋的市场价格。

9.6.1.2 区位指导价市场价格评估方法

这种评估思路是以区位指导价为基础，将补偿价格分为区位补偿价和房屋重置价。区位指导价一般是依据当地的土地级别由政府制定公布，区位指导价在征收补偿价格评估中起指导作用，估价机构根据区位指导价结合市场因素进行修正后评估出区位补偿价。房屋重置价，一般是由房屋建设综合费用和建筑安装工程费用组成。在此基础上，还要考虑房屋成新率、层次、朝向等因素对房屋价格的影响。房屋建设综合费和建筑安装工程费可由政府制定公布指导价，也可由估价机构根据市场价格评估得出。单项调整价格、住宅层次调整系数和住宅朝向调整系数等可由政府部门作出统一的规定。

在运用此方法时，应注意以下几个问题：一是土地级别要尽可能反映市场及客观情况的变化，如果市场及客观情况的变化与原规定的土地级别差距较大，应对土地级别作必要的调整；二是区位补偿价和房屋重置价应反映和体现市场地价水平和建筑物重置价水平，政府或者其授权的部门制定和公布的区位指导价和房屋重置价应根据市场实际价格水平，对区位指导价和房屋重置价进行及时调整；二是建筑物的折旧，应综合考虑使用年限和成新率，以实际观测的成新率为主计算折旧。

9.6.2 房屋征收评估模式

以上的评估方法中按照评估方法侧重原则的不同，主要可以划分为两种模式：一是与市场接轨，按市场比较法来确定被征收房屋的评估价格，即市场比较征收评估模式；二是由政府制定征收评估指导价，再根据被征收房屋的状况，来确定被征收房屋的评估价格，即政府指导征收评估模式。

市场比较征收评估模式，主要由房地产评估机构按照《房地产估价规范》对被征收房屋进行价值评估；在价值评估基础上，为了保障被征收人中部分弱势群体的利益，政府给予一定的补贴。这种方法是为了使政府行为和市场评估行为分开，使其按照各自职能运作。采用这种方法的有上海、江苏、天津、重庆等地。

政府指导征收评估模式，主要参照市场评估办法，结合政府对被征收中部分弱势群体的保障政策，对市场评估办法进行具体规定，以提高征收房屋的市场评估价格，也就是说，政府的保障政策通过房地产评估机构的评估来实现。采用这种方法的有北京、浙江等地。

9.7 房屋征收评估程序

房屋征收评估同样需要遵循一定的估价程序，具体如下。

（1）确定估价目的与估价时点

根据《意见》的规定，房屋征收估价目的统一表述为“为确定征收房屋货币补偿金额而评估其房地产市场价格”。

房屋征收估价时点一般为房屋征收许可证颁发之日。征收规模大、分期分段实施的，以当期（段）房屋征收实施之日为估价时点。

上述估价目的和估价时点的规定都是房屋征收估价必须要遵守的，不允许改变。

（2）明确估价对象

征收当事人应当明确征收房屋的性质（包括用途）和面积。确定被征收房屋性质和面积的方法主要有：

① 被征收房屋的性质和面积一般以房屋权属证书及权属档案的记载为准。

② 各地对征收房屋的性质和面积的认定有特别规定的，从其规定。

③ 征收人与被征收人对被征收房屋的性质或面积协商一致的，可以按照协商结果进行评估。

④ 对被征收房屋的性质不能协商一致的，应当向城市规划行政主管部门申请确认。

⑤ 对被征收房屋的面积不能协商一致的，可以向依照《房产测绘管理办法》设立的房屋面积鉴定机构申请鉴定；没有设立房屋面积鉴定机构的，可以委托具有房产测绘资格的测绘单位测算。

因为对被征收房屋性质和面积的确定直接关系到征收人各方的利益，是未来征收工作顺利进行和补偿公正合理的基础和前提，因此，明确估价对象有特别重要的意义。

（3）实地查勘和证据保全

在进行征收评估时，对估价对象进行实地查勘，并对勘察时采集到的证据进行保全，这对未来处理可能产生的征收评估纠纷、征收补偿纠纷等问题非常重要。具体要求如下。

① 房屋征收估价人员应当对被征收房屋进行实地查勘，做好实地查勘记录，拍摄反映被征收房屋外观和内部状况的影像资料。在实地查勘过程中，应对被征收人提供和事先收集的有关被征收房屋自身的建筑状况、使用状况、附属物状况、权属状况、区位条件及周围环境等资料进行核实，认真做好实地查勘记录。

实地查勘记录由实地查勘的估价人员、征收人、被征收人签字认可。因被征收人的原因不能对被征收房屋进行实地查勘、拍摄影像资料或者被征收人不同意在实地查勘记录上签字的，应当由除征收人和估价机构以外的无利害关系的第三人见证，并在估价报告中作出相应说明。这些规定也是为解决未来可能出现的纠纷做准备。

② 征收产权不明确的房屋，征收人应当提出补偿安置方案，报房屋征收管理部门审核同意后实施征收。征收前，征收人应当就被征收房屋的有关事项向公证机关办理证据保全。"证据保全"指对可能灭失或者以后难以取得的，证明一切法律行为或事件的证据，依法收集保管和固定，以保持其真实性和证明力的一种措施。

(4) 进行评估并指出具估价报告

实地查勘后，根据由征收当事人提供的以及实地查勘所获得的估价对象资料，遵循独立、客观、公正、合法的原则，选择适宜的估计方法，对估价对象的征收补偿价格进行评估，并出具估价报告。

① 评估方法《国有土地上房屋征收评估办法》第十三条规定："注册房地产估价师应当根据评估对象和当地房地产市场状况，对市场法、收益法、成本法、假设开发法等评估方法进行适用性分析后，选用其中一种或者多种方法对被征收房屋价值进行评估。被征收房屋的类似房地产有交易的，应当选用市场法评估；被征收房屋或者其类似房地产有经济收益的，应当选用收益法评估；被征收房屋是在建工程的，应当选用假设开发法评估。可以同时选用两种以上评估方法评估的，应当选用两种以上评估方法评估，并对各种评估方法的测算结果进行校核和比较分析后，合理确定评估结果。"

征收评估价格应当以人民币为计价货币，精确到元。尽管评估存在可以被容忍和接受的误差，但是作为货币补偿依据的评价结果对补偿人来说是很重要的，因此，评估结果需要保留到整数，也就是人民币单位元。而不能像其他评估一样，可以根据评估标的物价值量的大小，对评估结果做相应的取舍。这一点在征收评估中必须注意。

② 估价报告　估价机构应按《房地产估价规范》的规定出具评估报告。其中，关于出具居住房屋的征收评估报告，估价机构还应按房地产权证、租用公房凭证或房屋租赁合同出具分户评估报告。评估报告和分户评估报告应经注册房地产估价师签名并加盖估价机构公章。

采用基准价格修正法评估时应提供估价结果汇总表。估价结果汇总表应包含分户估价对象坐落、产权人、建筑面积、基准价格、修正系数、评估单价等内容。

(5) 评估结果公示

与其他一般性估价不同，房屋征收估价的结果需要公示，估价机构应当将分户的初步估价结果向被征收人公示，并进行现场说明，听取有关意见。公示期满后，估价机构应当向委托人提供委托范围内被征收房屋的整体估价报告和分户估价报告。委托人应当向被征收人转交分户估价报告。

(6) 评估结果争议处理

① 疑问及异议处理。征收人或被征收人对估价报告有疑问的，可以向估价机构咨询。估价机构应当向其解释房屋征收估价的依据、原则、方法、参数选取和估价结果产生的过程。

征收当事人对估价结果有异议的，自收到估价报告之日起 10 日内，可以向原估价机构书面申请复核估价，也可以另行委托估价机构评估。

征收当事人向原估价机构申请复核估价的，该估价机构应当自收到书面复核估价申请之日起 5 日内给予答复。估价结果改变的，应当重新出具估价报告；估价结果没有改变的，出具书面通知。

征收当事人另行委托估价机构评估的，受托估价机构应当在10日之内出具估价报告。

② 估价技术鉴定。征收当事人对原估价机构的复核结果有异议，或者另行委托估价的结果与原估价结果有差异，且达不成一致意见的，自收到复核结果或者另行委托估价机构出具的估价报告之日起10日内，可以向被征收房屋所在地的房地产价格评价专家委员会申请技术鉴定。

房地产价格评价专家委员会应当自收到申请之日起10日内，对申请鉴定的估价报告的估价依据、估价技术路线、估价方法选用、参数选取、估价结果确定方式等估价技术问题出具书面鉴定意见。受理房屋征收估价技术鉴定后，房地产价格评价专家委员会应当指派3人以上（含3人）单数成员组成鉴定组，处理房屋征收估价技术鉴定事宜。专家委员会成员人数为3人及以上的单数的原因，是为了保证在投票决定鉴定结果的时候能够有明确的表决结果。

估价报告不存在技术问题的，应维持估价报告；估价报告存在技术问题的，估价机构应当改正错误，重新出具估价报告。

如果征收当事人对估价专家委员会的最终裁决依然不满意，还可以依据《中华人民共和国行政诉讼法》依法提起行政诉讼。

（7）评估资料存档

估价机构应当将下列资料与估价报告（含技术报告）共同整理存档：

① 评估委托合同；

② 征收许可证，或者建设用地规划许可，或者有关批准文件；

③ 评估对象的产权证明材料及有关基本情况的证明材料；

④ 评估对象的实地查看记录、照片等资料；

⑤ 可比实例的实地查看记录、照片等资料；

⑥ 确定评价结果的有关系数、参数等证明材料；

⑦ 其他涉及评估项目的一切必要资料。

评估报告及有关资料至少应保留十年。之所以要把估价资料存档，是为了针对可能出现的评估或者征收纠纷，十年的保存期也主要是为了在一定时期内发生纠纷时，可以查询和检验当时的评估资料和过程。

9.8 应用案例

9.8.1 案例一：基于市场比较法的基准价格修正法评估住宅征收补偿价格

9.8.1.1 案例概况

因×××工程项目建设需要，需对该项目建设用地范围内的房屋进行征收，××市建设局已于2009年4月1日发布房屋征收通告。项目征收范围：东至××、南至××、西至××（具体以规划红线图为准）。范围内共有住宅房屋建筑面积总计××m^2，共×户，以1～2层砖混或砖木结构房屋为主。征收补偿估价依据《××市城市房屋征收补偿估价技术细则》。

9.8.1.2 估价对象

估价对象位于该征收项目范围内××街道××号，为2层砖混结构房屋住宅，建于2000年。建筑面积计200m^2，南北朝向，砖砌条形基础，240mm实心砖墙，部分圈梁，预制砼楼板，木桁条、屋面板、红瓦坡屋顶，平均层高3m，内墙涂料粉刷，外墙水泥混合砂浆，地砖地面，较好的木门窗，上下水、供电齐全。

9.8.1.3 **征收评估工作流程**

① 根据征收许可证和征收公告接受征收评估委托，签订评估委托合同，明确估价基本事项。

② 根据合同和项目情况成立征收项目评估工作组，拟订估价作业方案，编制征收评估计划表。

③ 组织市场调查人员收集评估资料。

④ 组织征收项目评估工作组对征收范围内房地产进行勘察，详细登记评估调查表，对估价对象记录影像和图片资料。

⑤ 现场调查结束后，进行估价项目分析计算，确定评估结果。

⑥ 准备相关项目分析资料报当地征收主管部门进行价格论证。

⑦ 将论证通过后的估价结果进行公示。

⑧ 组织人员进行价格公示后的现场解释和来访登记工作。

⑨ 公示结束后，撰写分户评估报告。经复核后出具评估报告。

⑩ 撰写项目总结，评估资料归档。

9.8.1.4 **估价目的**

为确定被征收房屋货币补偿金额而评估其房地产市场价格。

9.8.1.5 **估价时点**

2009 年 4 月 1 日（发布房屋征收通告时间）。

9.8.1.6 **估价方法**

依据《××市城市房屋征收补偿估价技术细则》采用基于市场比较法的基准价格修正法进行评估。具体方法步骤是先确定样本住宅的基准价格，然后用估价对象和样本住宅根据其修正系数进行修正得出估价结果。

9.8.1.7 **估价过程**

（1）基于市场比较法的基准价格修正法确定样本住宅基准价格

① 标准样本住宅的设定。标准样本住宅是根据征收范围内被征收房屋的综合典型特征而设定的，符合下述条件：

成套的具有被征收房屋代表性特征的在用房屋，功能齐全并具备使用条件。

多层住宅中卧室至少一间朝南、一般装修（水泥砂浆地面、普通涂料墙面及平顶）的成套房屋。

房屋为砖混二等八成新，平均层高 2.8m，砖基础，240mm 实心砖墙，层层圈梁，现浇或多孔板，有较好的木桁条、屋面板，内墙涂料，外墙混合砂浆，水泥地面，较好的木门窗，有水电。

② 估价方法选用。估价人员在认真分析所掌握的资料并进行现场勘察之后，根据估价对象的特点和实际情况，依据《××市城市房屋征收补偿估价技术细则》采用基于市场比较法的基准价格修正法估价。

其计算公式为：

基准价格
$$V_o=\frac{1}{n}\sum_{i=1}^{n}V_{si}\times\frac{100}{K_{i1}}\times\frac{K_{i2}}{100}\times\frac{100}{K_{i31}}\times\frac{100}{K_{i32}} \tag{9-1}$$

式中，V_{si} 为可比实例价格；n 为可比实例的个数；K_{i1} 为交易情况修正系数，由于采用买卖的正常交易实例为可比实例，因此该系数取 100；K_{i2} 为交易日期修正系数，该系数由估价机构根据房地产市场情形和评估中的具体情况定；K_{i31} 为可比实例实体因素情况修正为标准样本住宅实体因素情况的修正系数；K_{i32} 为可比实例区位因素情况修正为标准样本住宅区位因素情况的修正系数。

③ 估价测算过程

a. 选择可比实例。根据可比实例选择要求，选择 A、B、C 三个成交的交易实例作为可比交易实例。

表 9-1 可比实例及标准样本住宅概况表

项目名称 \ 可比实例	A	B	C	标准样本住宅
坐落	A 小区 18 幢 404 室（共 6 层）	B 小区 4 幢 405 室（共 6 层）	C 小区 9 号楼 103 室（共 6 层）	样本住宅
基本情况	砖混结构，等级为一等，外墙涂料，内墙普通粉刷，水泥地面，塑钢窗，两卧朝南	砖混结构，等级为一等，外墙涂料，内墙普通粉刷，地砖地面，塑钢窗，两卧朝南	砖混结构，等级为一等，外墙涂料，内墙普通粉刷，地砖地面，塑钢窗，两卧朝南	砖混结构楼房，等级二等，八成新，外墙涂料，内墙普通粉刷，水泥地面，普通门窗，两卧朝南
成交价格	457082 元	348000 元	243000 元	—
成交时间	2009 年 3 月 20 日	2009 年 3 月 9 日	2009 年 3 月 10 日	2009 年 4 月 1 日
面积	124.45m^2	87.11m^2	61.15m^2	—
单价	3672.81 元/m^2	3994.95 元/m^2	3973.83 元/m^2	
测算均价	单价/楼层系数 3566.00 元/m^2	单价/楼层系数 3586.00 元/m^2	单价/楼层系数 3674.00 元/m^2	待估

注：1. 可比实例 A，建筑层数 6 层，所处 4 层，楼层系数 1.03，修正后为 3672.81/1.03＝3566.00 元/m^2。

2. 可比实例 B，建筑层数 6 层，所处 4 层，楼层系数 1.03，扣除车库 17570.00 元和简单装潢扣除 8711.00 元，则修正后为 3693.25/1.03＝3586.00 元/m^2。

3. 可比实例 C，建筑层数 6 层，所处 1 层，扣除装潢 18345.00 元，则修正后为 3674.00 元/m^2。

b. 列表对可比实例与标准样本住宅的比较因素进行比较并最终确定各比较因素的修正系数，见表 9-2。

c. 列表计算标准样本住宅单价，见表 9-3。

计算公式见式 (9-1)。

d. 估价结果确定。标准样本住宅房在估价时点最可能达成的公开市场价格（人民币）为：2991 元/m^2。

(2) 由样本住宅基准价格确定估价对象价格

① 估价对象概况

a. 权属状况。略。

b. 区域状况。略

c. 估价对象实体状况。见以上估价对象概况。

② 估价分析和计算

a. 估价方法选用。依据《××市城市房屋征收补偿估价技术细则》采用基于市场比较法的基准价格修正方式估价，其基本公式为：

$$被征收住宅房屋评估价格\ V=V_o\times K$$

式中，V_o为基准价格，即按文件规定设定的标准样本住宅的市场评估价格；K 为实体修正综合系数。

b. 征收补偿评估价格测算的技术路线：

• 确立评估基准。在征收项目范围内设定“标准样本住宅”作为评估基准。

表 9-2 比较因素条件等级分值比较说明表

影响因素		交易实例/条件说明	A	B	C	标准样本住宅
交易情况			正常交易，取值100	正常交易，取值100	正常交易，取值100	正常交易，取值100
交易日期			2009年3月20日，取值100	2009年3月9日，取值100	2009年3月10日，取值100	2009年4月1日，取值100
实体因素	结构因素 P_1		砖混一等，取值120	砖混一等，取值120	砖混一等，取值120	砖混二等，取值100
实体因素	层高因素 P_2		标准层高2.8m，取值100	标准层高2.8m，取值100	标准层高2.8m，取值100	标准层高2.8m，取值100
实体因素	成套因素 P_3		具备采光、日照、通风功能及内部布局的相对独立，取值102	具备采光、日照、通风功能及内部布局的相对独立，取值102	具备采光、日照、通风功能及内部布局的相对独立，取值102	具备采光、日照、通风功能及内部布局的相对独立，取值102
实体因素	成新因素 P_4		十成新，取值108	九成新以上，取值106	九成新以上，取值102	八成新，取值100
实体因素	朝向因素 P_5		两间卧室朝南，取值101	两间卧室朝南，取值101	两间卧室朝南，取值101	两间卧室朝南，取值101
实体因素	层次因素 P_6		标准层，取值100	标准层，取值100	标准层，取值100	标准层，取值100
区域因素	自然环境	自然景光风向	自然环境良好，二等，取值8	自然环境良好，二等，取值8	自然环境良好，二等，取值8	紧临××河绿化带，自然环境良好，二等，取值8
区域因素	自然环境	空气、噪声、水文	空气良好，少量污染，二等，取值8	空气良好，少量污染，二等，取值8	空气良好，少量污染，二等，取值8	空气良好，少量污染，二等，取值8
区域因素	交通条件	离主干道距离	距离主干道100m以内，一等，取值12	距离淮海西路250～400m之间，三等，取值8	距离主干道100m以内，一等，取值12	距离人民路、漕运西路100m以内，一等，取值12
区域因素	交通条件	公交线路	距离公交站点200～400m，只有一条公交线路，四等，取值7	距离公交站点200～400m内，有三条公交线路，四等，取值7	距离公交站点50m内，至少有四条公交线路，一等，取值13	距离公交站点200～400m内，至少有一条人民路公交线路，四等，取值7
区域因素	教育医疗设施	所在学区	1km内有区级重点小学（石塔湖小学、淮海路小学、永宁小学），三等，取值9	1km内有区级重点小学（石塔湖小学、淮海路小学、永宁小学），三等，取值9	1km内有区级重点小学（石塔湖小学、淮海路小学、永宁小学），三等，取值9	1km内有市、区级重点小学（实验小学、石塔湖小学、淮海路小学、永宁小学），二等，取值11
区域因素	教育医疗设施	医院分布	距离第二人民医院1500～2500m，四等，取值7	距离第二人民医院1500～2500m，四等，取值7	距离第二人民医院1500～2500m，四等，取值7	距离市保健医院500～1000m，二等，取值11
区域因素	商业配套设施		在800m范围内有零散商业网点，基本满足生活需求，三等，取值20	在800m范围内有零散商业网点，基本满足生活需求，三等，取值20	在800m范围内有零散商业网点，基本满足生活需求，三等，取值20	在800m范围内有零散分布的商业网点，基本满足商业需求，三等，取值20

续表

影响因素	条件说明 \ 交易实例	A	B	C	标准样本住宅
规划设计	小区布局、外形等	布局合理，外形美观，满足通风、日照等要求，一等，取值 18	布局合理，外形美观，满足通风、日照等要求，一等，取值 18	布局合理，外形美观，满足通风、日照等要求，一等，取值 18	布局一般，外形整齐，满足通风、日照等健康要求，二等，取值 13.5
	建筑密度	建筑密度 40%以下，一等，取值 9	建筑密度 40%以下，一等，取值 9	建筑密度 40%以下，一等，取值 9	建筑密度 40%以下，一等，取值 9
	绿化及活动空间	绿地率 30%以上，公共活动空间丰富，一等，取值 18	绿地率 30%以上，公共活动空间丰富，一等，取值 18	绿地率 30%以上，公共活动空间丰富，一等，取值 18	绿地率 30%以下，部分绿地和绿树公共活动空间较小，二等，取值 13.5
物业管理		半封闭物业管理，二等，取值 14	半封闭物业管理，二等，取值 14	半封闭物业管理，二等，取值 14	无物业管理，四等，取值 6
住宅区配套设施		在住宅区内具备小区智能化、供热、宽带网、有线电视、燃气管道、上下水管道、污水管道和小区道路等配套设施，一等，取值 15	在住宅区内具备小区智能化、宽带网、有线电视、燃气管道、上下水管道、污水管道和小区道路等配套设施，二等，取值 12	在住宅区内具备小区智能化、宽带网、有线电视、燃气管道、上下水管道、污水管道和小区道路等配套设施，二等，取值 12	在住宅区内具备宽带网、有线电视、上下水管道和住宅区道路等配套设施，四等，取值 6

表 9-3 标准样本住宅单价测算表

	修正系数	A	B	C	标准样本住宅
	成交价格	3566.00	3586.00	3674.00	—
	交易情况 K_{i1}	100	100	100	—
	交易日期 K_{i2}	100	100	100	—
实体因素	结构因素 P_1	120	120	120	100
	层高因素 P_2	100	100	100	100
	成套因素 P_3	102	102	102	102
	成新因素 P_4	108	106	102	100
	朝向因素 P_5	101	101	101	101
	层次因素 P_6	100	100	100	100
	F_o 或 F_k	53100	52900	52500	50300
	K_{i31}	105.57	105.17	104.37	—
区位因素	自然环境(a_{11-12})	16	16	16	16
	交通条件(a_{21-22})	19	15	25	19
	教育医疗设施(a_{31-32})	16	16	16	22
	商业配套设施(a_{41})	20	20	20	20
	规划设计(a_{51-53})	45	45	45	36
	物业管理(a_{61})	14	14	14	6
	住宅区配套设施(a_{71})	15	12	12	6
	Q_s 或 Q_o	145	138	148	125
	K_{i32}	116.00	110.40	118.40	—
	比准价格	2912.04	3088.54	2973.01	2991.20

注：1. 在计算估价对象价格时分别赋予实例 A、B、C 比准价格各 1/3 的权重，最终单价取整为 2991 元/m^2。

2. 表中 F_o 为标准样本住宅实体因素调节系数，F_k 为可比实例实体因素调节系数，被拆迁房屋实体因素调节系数为 F_b，标准样本住宅实体因素修正系数 $K_{i31}=100F_k/F_o$，被拆迁住宅实体因素修正系数 $K_{i31}=100F_b/F_o$。Q_s 为可比实例区位因素调节系数，Q_o 为标准样本区位因素调节系数，可比实例修正为标准样本住宅区位状况修正系数 $K_{i32}=100Q_s/Q_o$。

• 测算基准价格。按《房地产估价规范》规定的方式，选择符合规定条件的交易实例采用市场比较法评估出"标准样本住宅"的基准价格，基准价格按比准价格的算术平均值确定。其计算公式见式（9-1）。

• 确定评估价格。各被征收房屋分别与"标准样本住宅"进行房地产实体状况因素比较，按比较法原理修正基准价格得出各被征收住宅房屋的评估价格。

其计算公式为：

$$被拆迁住宅评估价格\ V_i=标准样本住宅基准价格\ V_o\times\frac{K'_{i31}}{100}$$

式中，K'_{i31}为标准样本住宅实体因素情况修正为被征收房屋实体因素情况修正系数。

c. 估价测算过程。标准样本住宅基准价格 V_o（2991 元/m^2）及标准样本住宅实体因数调节系数 F_o（50300）的估价测算过程详见本征收项目的标准样本住宅的估价报告。

各系数取值及计算见表 9-4。

表 9-4 测算系数表

房号	P_1	P_2	P_3	P_4	P_5	P_6	V_o	F_o	F_b	K'_{i31}	V_i
1	112	106	102	105	101	100	2991	50300	52600	1.0457	3128

注：1. 标准样本住宅基准价格 V_o 及被征收住宅评估价格 V_i 均为单价，单位为元/m^2。

2. F_b 为被拆迁房屋实体因素调节系数。

d. 估价结果确定。估价对象总价为 3128 元/m^2×200m^2＝625600 元（62.56 万元）。

9.8.1.8 估价结果

估价人员根据估价目的，遵循估价原则，按照估价程序，依据《房地产估价规范》（GB/T 50291—1999）、《××市城市房屋征收补偿估价技术细则》选择估价方法，并在认真分析现有资料的基础上，经过计算，结合估价经验，形成客观、公正、合理的意见和结论：

估价对象在估价时点的房屋征收补偿单价为 3128 元/m^2，总价为 62.56 万元。

9.8.2 案例二：综合评估案例

9.8.2.1 估价对象概述

估价对象位于 A 市 B 区主干道，东南两面均临区域次主干道，西临空地，北临民宅，交通比较便利，但道路状况特别是排水状况较差，周边有两个大型商场和建设银行、工商银行等分理处，医疗设施有该市第×医院、第一职工医院等，休闲娱乐设施有 B 区公园等，教育配套设施有小学、中学。

房屋征收许可证号为：×规征收许字［2007］第×号。征收总建筑面积 2995m^2，占地面积 2501m^2。其中非住宅建筑面积 1996m^2（至估价基准日，已经征收完毕），住宅建筑面积 999m^2，本次评估范围为住宅部分，为一栋 2 层住宅楼（1 楼部分住宅现状用途为商业门面），南北朝向。该房屋建成于 20 世纪 50 年代，整体外观比较陈旧，基础无不均匀沉降，墙体有少量细微裂纹，外墙空鼓、起砂、剥落严重，有渗水现象；预制屋板，红瓦坡屋顶，局部渗漏；普通木门窗，油漆剥落，风化，腐朽；单跑楼梯，水泥踏板，局部破损；电线局部老化，上、下管道锈蚀。房屋内部一般为水泥地面，少数铺 300mm×300mm 地板砖，磨损较大；内墙为一般刷白，空鼓、起砂、剥落严重，少数 1.2m 油漆墙裙，局部剥落；楼板一般刷白，少数简单塑料扣板吊顶；卫生间为共用，一般铺 300mm×300mm 地板砖、瓷砖墙裙，少数水泥地面、普通内墙。

9.8.2.2 **估价目的**

为确定被征收房屋货币补偿金额而评估其房地产价格。

9.8.2.3 **估价时点**

2007 年 6 月 3 日。

9.8.2.4 **区域因素分析**

估价对象所在的 B 区交通状况较好，现有城区道路网以及区内拥有的铁路站点、长途汽车客运站、客运码头等，形成了良好的对外、对内交通连接。区内基础设施完备，给排水系统、供电系统、通信系统完善。此外，区内空气质量优良，绿化率较高。

9.8.2.5 **估价方法的选用**

《城市房屋征收估价指导意见》明确要求征收房地产价值评估首选市场法，同时，通过分析有关估计对象的各种资料，结合估价人员的实地查勘察情况及有关市场资料分析结果，估价对象周边区域二手住宅交易市场较为活跃，交易案例容易搜集，故住宅房地产区位价格采用市场比较法评估。对于商业房地产，因类似物业市场不活跃，可比实例难以收集，不宜采用市场比较法。估价对象周边区域商业门面出租较多，租金资料容易调查和收集，客观租金数据可通过市场调查获悉，故商业房地产采用收益法进行评估。该地房屋重置成本文件资料比较齐备，故房屋重置价格采用成本法评估。最终确定综合采用市场法、收益法和成本法进行征收评估。

9.8.2.6 **估价技术路线**

通过市场调查，选取 5 个与拟征收住宅房地产类似的可比实例，用市场法的模型测算一个典型的住宅房地产价格，扣除设定的典型商业房地产的重置价格，得出本片区位住宅地产的区位价；通过市场调查，对拟征收片区内商业房地产一般租金进行分析推算，用收益法的模型测算一个典型的商业房地产价格，扣除设定的典型商业房地产的房屋重置价格，得出本片区商业房地产的土地价格；房屋重置价格采用成本法进行估价，并进行楼层和朝向修正。各个房地产评估综合单价等于该房地产土地价格与房屋重置价格之和，评估总价等于评估综合单价与建筑面积的乘积。

9.8.2.7 **估计过程**

(1) 市场法评估征收房屋住宅区位价的测算过程

① 搜集交易实例。通过对估价对象同一供求圈内类似房地产交易市场的调查和分析，搜集与估价对象相类似的房地产交易实例，通过比较和筛选，选取 5 宗相邻地块住宅房地产一般交易实例作为可比实例，可比实例详细资料见表 9-5。

② 交易情况修正。所选可比实例均为正常交易情况下实例，所以交易情况不做修正，可比实例的交易情况修正系数均为 100/100。

③ 交易时间修正。所选可比实例的交易单价均为市场交易价格，与估价时点较近，交易时间不做修正，则可比实例交易时间修正系数均为 100/100。

表 9-5 可比实例资料

可比实例项目	A	B	C	D	E
房屋用途	住宅	住宅	住宅	住宅	住宅
地段等级	住宅四级	住宅四级	住宅四级	住宅四级	住宅四级
交易目的	转让	转让	转让	转让	转让
交易情况	正常	正常	正常	正常	正常
交易单价	2030 元/m^2	1650 元/m^2	1500 元/m^2	1520 元/m^2	1940 元/m^2

续表

可比实例项目	A	B	C	D	E
交易时间	近期	近期	近期	近期	近期
建筑结构	砖混一等	砖混一等	砖混一等	砖混一等	砖混一等
建筑成新率	90%	70%	60%	60%	85%
基础设施	水、电、卫	水、电、卫	水、电、卫	水、电、卫	水、电、卫
配套设施	齐全	齐全	齐全	齐全	齐全

注：1. 房屋重置单价依据该市房屋重置价格标准制定。

2. 区位价格＝修正后交易单价－重置价格×成新率。

④ 区位价格的确定。区位价格的确定根据房地产的交易价格扣除房屋的价格，房屋价格的确定根据房屋的重置价格、楼层成新率等综合确定，具体详见表 9-6。

表 9-6 建筑物价格修正表

项目 \ 估价对象与可比实例		估价对象	A	B	C	D	E
繁华程度	距市区商业中心距离	100	102	98	98	100	102
交通便捷	主要道路距离	100	102	100	98	98	100
	公交车站网	100	102	100	100	98	102
环境状况	环境污染	100	100	100	100	100	100
	卫生状况	100	100	100	100	100	100
景观	自然环境	100	102	102	98	98	102
	人文景观	100	100	100	100	100	100
配套设施	基础设施	100	100	100	100	100	100
	公共服务配套	100	100	100	100	100	100
	小区内配套设施	100	102	100	98	99	100
各可比实例区域因素修正系数			0.9057	1.0004	1.0732	1.0625	0.9423

⑤ 比准价格计算

A：1391×0.9057＝1259.83 元/m^2

B：1251×1.0004＝1251.50 元/m^2

C：1158×1.0732＝1242.77 元/m^2

D：1130×1.0625＝1200.63 元/m^2

E：1336.5×0.9423＝1259.38 元/m^2

比准区位价格＝(1259.83＋1251.50＋1242.77＋1200.63＋1259.38)/5

＝1242.82≈1243 元/m^2

(2) 成本法评估征收房屋重置价格的测算过程

① 房屋重置基准价的确定。待征收房屋建筑结构共分为钢混、砖混、砖木及简易四大类。其重置基准价根据本市有关部门公布的房屋重置价格标准确定。重置价格标准见表 9-7。

表 9-7　房屋重置价格标准表

结构类型	等级	重置价格/(元/m^2)
钢混	一等	1150
	二等	990
	三等	830
砖混	一等	710
	二等	650
	三等	570
砖木	一等	680
	二等	520
	三等	420
简易		340

估价对象是一栋2层砖混结构建筑物，根据定级标准及估价对象的实际情况，综合确定其房屋结构等级为砖混三等。

② 成新率的确定。成新率的确立可根据观察法测算，或对建筑物的结构、初装修和设施等组成部分的完好程度进行鉴定评分，对各部分的评分进行加权平均，最终确定估价对象房屋的成新率。

本评估中估价对象的成新率确定为53%。

③ 待征收房屋楼层调节稀疏的确定。待征收房屋为2层建筑物，根据本市《城市征收评估操作技术规范》规定，3层以下（含3层）房屋不做楼层调节修正，故估价对象不做楼层调节修正。

④ 建筑朝向修正。估价对象建筑物均为南北朝向，不做朝向修正。

⑤ 估价对象建筑物现值的确定。

估价对象建筑物现值＝房屋重置价×成新率×(1＋楼层调节系数)×(1＋朝向调节系数)

＝570×53.0%＝302.10≈302 元/m^2

(3) 收益法评估征收房屋商业区位价的测算过程

① 年有效租金收入的测算。经估价人员实地调查，估价对象1楼门面（建筑面积29.94m^2）招租价为每月450～500元/m^2，但是承租人全部都是将所租房屋前半部分用于门面经营，后半部分用于居住；估价对象周边商业门面租金在每月30元/m^2左右；参考本市有关部门发布的房屋租赁参考租金和估价对象周边同类房地产的租赁情况，综合确定估价对象所处区域砖混三等三成新商业门面的平均租金为每月30元/m^2，由房屋重置价格测算得平均成新单价为302元/m^2，租金损失率和空置率取12%，则：

年有效租金收入＝30×12×(1－12%)＝316.8 元/m^2

② 求取年总费用。年总费用，亦即租赁经营总成本，包括管理费、维修费、保险费、税费等。

a. 管理费。对出租房屋进行的必要管理所需的费用，按年有效租金收入（即年总收益）的2%计算。

管理费＝年总收益×2%＝316.8×2%＝6.34 元/m^2

b. 维修费。为保障房屋正常使用每年需支付的修缮费，按房屋重置价的2%计算。

维修费＝房屋重置价×2%＝570×2%＝11.4 元/m^2

c. 保险费。房产所有人为使自己的房产避免意外损失而向保险公司支付的费用，按房屋现值的0.5%计算。

保险费＝房屋重置价×成新率×0.5%＝1.51元/m^2

d. 税费。房地产应缴纳房地产税、营业税、城市建设维护税、教育费附加等有关税费，取综合税费率为年总收益的17.8%。

年税费＝年总收益×17.8%＝316.8×17.8%＝56.39元/m^2

年总费用＝管理费＋维修费＋保险费＋税费

＝6.34＋11.4＋1.51＋56.39＝75.64元/m^2

③ 年净收益。

年净收益＝年总收益－年总费用＝316.8－75.64＝241.16元/m^2

④ 确定收益还原率。采用安全利率加上风险调整值作为收益还原率。安全利率可选用同一时期国债年利率或中国人民银行近期公布的一年定期存款年利率；风险调整值应根据估价对象所在地区的经济现状及未来预测、估价对象的用途及新旧程度等确定。本项估价的还原率取一年期存款率（1.98%）和风险报酬率之和，综合取定为8.0%。

⑤ 计算估价对象房地产价值。估价对象土地使用权类型为划拨，本次评估先设定估价对象土地使用权类型为出让，出让年限为商业用地法定最高年限40年，然后扣除出让金得出估价对象房地产评估价格。

收益法计算公式为：

$$P=a/r\times[1-1/(1+r)^n]$$

式中，P为房地产收益价格；a为年净收益；r为收益还原率，取8%；n为收益期，设定为40年。

房地产单价＝241.16÷8%×[1－1/(1＋8%)^{40}]＝2875.77元/m^2

根据《×市市区商业用地级别与基准地价图》得知，估价对象商业用途级别为Ⅶ级，查《×市毛地批租楼面地价表》得知，商业Ⅶ级楼面毛地地价为120元/m^2，故需扣除出让金120元/m^2。

扣除出让金后房地产单价＝2875.77－120＝2755.77元/m^2

⑥ 计算估价对象区位价。征收房地产区位价值（土地价值部分）为征收房地产的市场评估单价扣除房屋建筑重置单价后的剩余部分。由房屋重置价格测算得平均成新单价为302元/m^2。

商业门面房地产区位价＝2755.77－302＝2453.77≈2450元/m^2

(4) 估价结果确定

根据以上分析测算，采用市场法测算的估价对象住宅区位价（土地价值部分）为1243元/m^2，采用成本法测算的估价对象房屋重置价格为302元/m^2，采用收益法测算的估价对象商业区位价（土地价值部分）为2450元/m^2。经过综合分析，以上结果作为最终评估结果，不做调整。

思 考 题

1. 国有房屋征收的内涵？
2. 房屋征收估价的程序有哪些？
3. 房屋征收估价最常用的方法有哪些？

10　基准地价更新与地价动态监测

10.1　基准地价更新

地价是土地的某种权益在某一时点下的价格，它具有实效性。反映城乡地价总体水平及其空间分布规律的基准地价，同样具有时效性。随着市场经济的发展、城乡基础设施建设的加快和土地市场的逐步规范，基准地价必然会发生相应的变化。为了保持基准地价的现势性，每隔一段时间必须对基准地价做相应的调整。因此，基准地价更新是基准地价的内在要求，是基准地价评估的延续。

所谓基准地价更新指在土地定级或划分均质区域的基础上，用土地收益、市场地价或地价指数等来全面或局部调整基准地价的过程。下面就将简要地说明基准地价更新的技术路线(或者程序)、思路和方法。

10.1.1　基准地价更新的必要性

(1) 由土地市场的动态性决定

由于土地供给的无弹性，地产随着社会经济的发展和土地市场的发育不断增值，土地的效用、相对稀缺性和有效需求等多项价格因素经常处于高速变化之中，地价水平会逐步提高。因此，为了使估价成果符合地产市场的客观实际，保持基准地价的时效性，必须对地价进行重新评估，及时更新基准地价。在我国房地产市场稳步发展时期，各种房地产价格变化都比较大，而基准地价虽然具有相对的稳定性，但也会随着整体水平的变化而变化。如不适时进行修正和变更，就会脱离市场经济的客观实际和城市现行的地价水平。

(2) 发挥政府对地价的调控和导向作用

我国经济高速发展，城市化水平不断提高，城市规模不断扩大，使城市土地市场变化很快，影响土地价格的各种因素都在迅速变化，地价常常处于变动之中。政府定期评估、及时更新并公布城镇的基准地价，可以使土地投资者了解各区域不同用途土地的地价水平和利用价值，对其选择投资方向、地点都有很大帮助，同时也有利于增强政府办事透明度和改善投资环境，更充分地发挥地价的经济导向作用，充分挖掘地产利用潜力。另一方面，地价起伏涨落会对经济发展产生很大的影响。地价上涨过高，造成工商业成本增加，从而阻碍经济发展，影响人民居住条件的改善，形成所谓的“泡沫经济”；地价过低，会刺激人们对土地的不适当消费，造成土地资源的浪费和国有资产的流失。因此，地价是调控土地市场的重要手段，政府可以通过控制土地供应量、制定地价政策，来调控土地市场，以保证国有资产收益，改善人们的居住条件，促进社会的稳定。

(3) 优化城市土地配置，提高土地综合效益

基准地价更新可以通过显化城市土地质量的地域分异规律，来体现城市要素对城市土地利用效益的影响，以城市土地的级差收益为杠杆，来促进城市土地资源的合理配置，引导政府运用地价政策，改变原有的不合理的城市用地格局，提高城市土地的利用效益。一方面，由于土地使用者对土地的需求量是建立在对土地价格有支付能力的基础上的，这样通过不断地更新基准地价，对不同性质、不同用途的土地采取不同的地价政策，就可以使不同部门土

地需求结构趋向于土地利用规划所规定的土地使用结构或适应于社会经济发展对土地使用结构的新要求；另一方面，通过对基准地价的更新评估，利用地价杠杆的调节作用，改善土地空间布局的混乱现象，提高土地利用集约度，使各种功能的土地获得最佳区位效益，达到土地空间布局的优化配置。

（4）促进国有土地资产保值增值

及时更新基准地价可以很好地防止国有土地资产的流失，各区域的基准地价和落实到具体地块的宗地地价，可以使各部门、土地使用者能及时地了解地价高低和分布状况。由于土地供给总量的相对有限性，土地需求的日益增加，土地效用的不断增大，使土地资产具有保值、增值的特性。而基准地价主要是依据土地当时的现实收益来确定的，因此它不能反映地价的动态变化。为此，根据土地市场的变化适时更新基准地价，为土地使用权的出让、转让、入股等地价评估提供及时的、反映现时收益的基准地价标准，以促进国有土地资产的保值增值。

10.1.2 基准地价更新的原则

为了确保基准地价更新成果的客观性、实用性，在基准地价更新时应坚持以下原则。

（1）现势性原则

基准地价是一定时期内反映该时期土地市场特征的土地使用权平均价格。不同时期土地市场的特征不同，为了使基准地价成为该城市土地价格水平的综合反映，并且能够和宏观经济发展态势、城市发展趋势相协调一致，就必须及时、动态地更新基准地价，在城镇基准地价更新中坚持现势性原则。

（2）科学性原则

科学性原则是基准地价更新成果客观、正确的保证。城镇基准地价更新应当按照科学的土地估价和房地产估价原则和方法来开展。土地价格是各种地价形成因素相互作用的结果。在更新评估基准地价时，必须要科学地分析不同土地类型的个别因素、一般因素以及区域因素，科学地收集交易资料、测算地价、确定基准地价更新的最终结果。在估价方法上应当采取多种方法同时运用，使不同方法计算得出的土地价格评估结果可以得到相互印证、相互检验，从而保证更新的基准地价的准确性。

（3）连续性原则

城镇基准地价更新是以原基准地价为基础，根据土地市场、土地质量分异的变化加以更新的，它必须和现行的地价体系相连接，与原来的地价成果保持一定的连续性。另一方面，连续性原则也包括与以后的基准地价相关联，即承前启后。更新评估基准地价不仅要了解过去该土地的收益状况以及原基准地价形成时的土地收益依据，而且还应对土地市场发展趋势进行科学预测，因城市规划对城市土地基准地价动态变化起引导作用，所以要适度考虑城市总体发展战略中较远期的变化对地价的影响。

（4）应用性原则

城镇基准地价更新所确定的基准地价应当具有可操作性与使用性，这也是进行基准地价更新的最终目的。更新后的基准地价应当能够为政府和土地使用者所接受，使之能方便地应用，进行土地的宏观调控和制定相应的地价政策与法规。在基准地价更新中要坚持应用性原则，最大地发挥基准地价的作用。

10.1.3 基准地价更新的技术路线

目前，我国城市基准地价评估主要有以下三个技术路线：①在以土地条件划分均质地域的基础上，利用房地产市场交易资料直接评估各均质地域的地价，根据地价的高低划分土地级别，进而得出级别基准地价；②采用多因素分值加权求和法划分土地级别，在土地定级的基础上，利用房地产交易资料直接评估各级别的基准地价；③采用多因素分值加权求和法划分土地级别，在土地定级的基础上，利用房地产市场交易资料和企业用地效益资料，综合评估各级别的基准地价。不论采用哪一个技术路线来评估基准地价，都要花费大量的人力、物力和财力，而且耗时多，简单地照搬基准地价评估的方法来更新基准地价是行不通的。因此，应建立一种操作上简便、技术上合理、经济上可行的技术方法，才能达到预期的目的。

目前，根据部分城市进行基准地价变更的经验，基准地价更新的技术思路主要有以下两种：一是利用原土地定级估价成果进行基准地价的更新；二是通过编制地价指数，并以低价指数为依据，逐年调整或修改基准地价。第一种思路适用于已完成土地定级估价，但房地产市场尚不发育、交易案例有限的城镇；第二种思路适合于房地产市场比较发育，房地产交易数量较多的城镇。所以，基准地价的更新，要根据城镇房地产市场的发育条件，选择某一种技术路线，也可以综合运用以上几种思路，达到提高修订精度的目的。

10.1.4 基准地价更新的思路

基准地价评估应按照同一市场供需圈内，土地使用价值相同、等级一致的土地，具有同样的市场价格的原理进行。首先将城市土地按照影响土地使用价值优劣的土地条件和区位优劣，划分为土地条件均一或土地使用价值相等的区域或级别，并进行不同区域归类。然后在同一土地级别或类型区域中，从土地使用者已取得的土地超额利润、土地交易中成交的地租和市场交易价入手，测算出不同行业用地在不同土地级别或土地条件均质区域上形成的土地收益或地价，进而评估出基准地价。

对以土地级别为基础进行基准地价评估的，先分别计算商业、住宅、工业用地在不同级别上的土地收益、地价等，评估出各级内土地利用类型的基准地价，然后以各种土地利用的最佳用地类型的基准地价，作为各级土地的基准地价。在此基础上，再综合估算出城市的基准地价。

10.1.5 基准地价更新的方法

在基准地价更新途径与方法方面，许多专家学者或研究人员从不同角度出发提出了不同的观点。在这里主要将不同的方法进行汇总阐述。

(1) 利用土地级差收益重新计算基准地价

在城镇土地定级或均质地域划分以及样点数据检验完成的基础上，运用多因素综合评价方法和级差地租测算模型求得城镇土地的绝对地租和级差地租，再将所求得的地租还原为地价。在《城镇土地估价规程》(以下简称《规程》) 中列举了四种土地收益测算模型。由于实际情况的限制，在估价中应用最广的为下面的计算模型：

$$I_{ni}=A(1+r)^{X_{1n}}$$

式中，I_{ni}为某一用途土地在第 n 级或第 n 个均质地域土地上样点单位面积的土地收益；X_{1n}为某一用途土地在第 n 级土地或第 n 个均质地域级别指数或单元土地质量指数；A 为常数即绝对地租；r 为利润级差系数。

基准地价计算的公式为：

$$P_{1b}=(I_{ni}/r_1)\left[1-\frac{1}{(1+r_1)^n}\right]$$

式中，P_{1b}为某一用途土地在某一土地级或均质地域上的基准地价；r_1 为某一用途土地的土地还原率；n 为基准地价评估年期；其他符号意义同前。

（2）利用市场交易地价资料依据更新基准地价

以土地定级或均质地域为基础，对区域或级别内不同用途交易样点的地价进行交易情况修正、评估期日修正、容积率修正、基础设施配套修正、出让年期修正等，修正完成后对样点数据进行检验和处理，最后计算修正后的标准地价的平均值，作为该级别或均质地域的基准地价。计算公式为：

$$P=\left(\sum_{i=1}^{n}P_i\times S_i\right)\Big/\sum_{i=1}^{n}S_i$$

式中，P 为某区域或级别某类用地基准地价；P_i 为土地交易样点价格修正后的标准地价或标准宗地地价；S_i 代表土地交易样点或标准地块的土地面积；n 是某区域或级别某类用地土地定级单元或者均质单元区域面积内的土地交易样点或标准宗地的总个数。

（3）抽样调查分析法

抽样调查是根据随机原则从原先样本点地价中抽取部分样本进行观察，并根据抽取样本的实际数据，对总体样本的数量特征做出具有可靠程度的估计和判断。抽样调查分析的中心问题是根据已知的部分资料来推断未知的总体情况。这一方法的操作模型为：

$$\text{待估区片基准地价}=\text{已估区片基准地价}\times\frac{\sum X/N(\text{现样本点平均地价})}{\sum X_0/N(\text{原样本点平均地价})}$$

采用抽样调查分析法必须注意：①比较样本点的调查必须在同一区片内；②同一用途相同点位必须进行比较。

（4）地价动态分析指数法

地价指数是反映某一区域内土地交易量和价格变动水平的一种比例或指标，是以原基准地价评估的时间为基期，基期的指数为100，然后用各期平均值与基期平均值相比，即得出各期的地价指数。根据本地实际情况，地价指数主要分为以下4类：商业用地平均指数；住宅用地平均指数；工业用地平均指数；综合用地平均指数。这一方法的操作模型为：

待估区片基准地价＝已估区片基准地价×地价指数

采用这一方法需要注意的问题：①各个年度、各个时点有不同的地价指数，要采用相应的地价指数；②区片的分类地价要选取相应分类的地价指数；③地价指数的计算要根据本地的经济发展水平，在不同用地类型中选择具有代表性的用地类型作为计算对象。

（5）模糊综合评估法

模糊综合评估法是应用模糊数学的原理，在均质地域内，选取若干宗地，分析被估宗地相关各个因素并对其做出综合评估，据此对相应区域的基准地价进行调整。这里评估的着眼点是所要考虑的各个影响宗地地价的相关因素。在影响宗地地价因素确定后，模糊综合评估宗地地价的数学模型建立如下：

设各评估系统 A_i（第一层因素）评估结果为 $P(A_i)$（$i=1,2,3,\cdots,n$），综合评估结果 $P(Q)$：

$$P(Q)=K_1P(A_1)+K_2P(A_2)+K_3P(A_3)+\cdots+K_nP(A_n)$$

其中

$$P(A_i)=\sum K_{ij}P(B_{ij})$$

$$P(B_{ij})=\sum K_{ijk}P(C_{ijk})$$

式中，A_i为评估系统（第一层因素）；B_{ij}为评估类别（第二层因素），C_{ijk}为评估详细项目（第三层因素）；K_{ij}，K_{ijk}为权重。

这里要说明的是：抽样调查分析法和地价动态分析指数法比较适用于级别基准地价的调整；模糊综合评估法比较适用于区片价和路线价的调整，缺点是计算过于繁琐和工作量偏大。

(6) 重新计算基准地价

具体做法是：在对城镇区域范围内的土地进行定级的基础上，进行不同土地利用类型的划分，计算土地级别内的单元土地质量指数，进行行业或类别资本效益折算系数、规模资本效益折算系数、企业标准资本折算额、合理工资量的测算，在此基础上，选择有关经济计量模型，测算出各级土地的级差收益，再通过对级差收益的还原，测算出各级土地分用途的综合基准地价。这种方法比较科学，其优点是调查资料翔实、丰富，涉及面广，级别界线精确，地价准确；缺点是周期长，时效性差，极耗损人力物力。

(7) 基准地价更新

在土地交易案例多，且交易宗地分布均匀的条件下，可以充分运用市场交易资料，直接通过样点宗地地价划分地价均质区域，测算地价均质区域的各类用地的基准地价。这种方法的优点是快速、高效；缺点是地价区片划分的准确性难以保证，资料本身的准确性也有问题，另外资料不全面，可能只有房地出租、出售、土地出让等方面的数据，而没有转让、企业改制等方面的数据，空间分布可能不理想。测算公式为：

$$P = \sum_{i=1}^{n} P_i / N$$

式中，P 为基准地价；P_i 为土地交易样点价格修正后的标准地价或者标准宗地地价；N 是城市土地定级单元或者均质单元区域范围的土地交易样点或标准宗地的总个数。如果 P_i 为城市土地的区片价格，那么 N 就是城市土地定级单元内所包括的地价区片数量。

(8) 利用地价指数进行基准地价更新

以城市土地定级或者均质区域的划分为基础，利用标准宗地价格（标定地价）和地价指数进行基准地价更新。实际工作中这种方法周期短、时效性强，可以节省大量的人力物力，但是这种方法是以标定地价测算地价指数的，所以必须保证标定地价的区域代表性和准确无误。其计算公式为：

$$P = P_0 \times K / K_0$$

式中，P 为更新后基准地价；P_0 为更新前基准地价；K_0 和 K 分别为基准地价更新前、后的地价指数。这种方法没有说明具体的地价指数是如何测算的。

(9) 以动态监测体系更新基准地价

当测算地价监测点的地价时所采用的地价内涵和基准地价测算时所采用的地价内涵是一致的，而且地价指数是根据地价监测点的地价变化测算的时候，测算的地价指数和基准地价的测算范围两者所反映地价的角度和两者的内涵是完全一致的。这样更新前后的基准地价是完全具有可比性的。基本步骤如下。

① 通过地价监测体系分析土地市场地价变化特征。主要通过专家咨询及典型样本调查，了解土地市场的变化特征，明确地价的总体变动特征、分类变动特征及区域变动特征。

② 更新地价监测体系。对缺少监测点的区域补充设置新的监测点，并保证监测点分布的均匀性和代表性。在和原基准地价内涵统一的情况下更新每一个地价监测点的地价，进而更新地价监测体系。

③ 确定采用的地价指数类型。根据土地市场特征的分析结果，依据综合地价指数调整法、分类地价指数调整法及区域分类地价指数调整法的适用范围，选择相对最佳的地价指数更新类型。

④ 划分均质区域或地价变更的幅度区。均质区域可以用土地定级的成果代替，但是当同一土地级别内的土地利用条件发生不均匀变化时，应根据实际情况作相应调整。基准地价变更幅度区可根据土地市场特征进行综合划分或分类划分。分类划分时原则上每个用地类型

划分3～5个调整幅度区，即地价高度发展区、次高度发展区、中度发展区、次低度发展区、低度发展区。

⑤ 利用均质区域内的地价监测点测算地价指数或确定地价变更的幅度。地价指数确定的方法可利用专家咨询或利用与地价指数相关的社会经济指标，用经济模型或多因素赋权加和法计算出总体变更幅度。地价变更幅度的确定有利于从客观上把握城镇地价更新水平。

⑥ 区域分类地价指数计算。为了能有效地利用标准样本的估价成果来推断相近区域的地价指数，标准样本必须遵循用途多样性、空间分布均匀性、时间接近性、交易类型多样性等原则。

⑦ 进行基准地价更新。在更新级别基准地价时，要用当地土地市场交易资料和市场交易样点的地价进行验证。

目前江苏省国土资源厅出台的《江苏省城镇地价动态监测与基准地价更新技术规范(2007年版)》就是采用这一方法。

10.2 地价动态监测

这里所讲的地价动态监测是指城镇地价的动态监测。城镇地价动态监测体系是以城镇内具体宗地（包括地价监测点和房地产市场交易样点）为监测对象，形成从地价监测点的设立，地价监测资料采集、汇总和整理到地价分析、地价监测资料应用以及体系维护与更新的地价动态监测系统。其实质是在城市土地定级或者地价区片划分的基础上，选择能够代表整个均质区域土地利用特征、土地质量和地价水平的宗地作为标准宗地，然后由政府委托的地价评估机构的专门估价人员定期评估该地块的价格后加以公布，作为其周围地段（均质区域内）土地价格水平衡量和评估的基准和依据。

10.2.1 地价动态监测技术路线

地价动态监测的技术路线为以城镇土地定级估价成果为基础，合理划分商业、住宅、工业等用途地价区段，布设地价动态监测点并测算其地价，确定区段地价与地价指数，见图10-1。地价动态监测按季度进行。

建立城市地价动态监测体系的基本思路是：按照地价监测点设立标准在城市各区域设立地价监测点，实现对城市地价的跟踪监测；根据地价资料的内容和格式要求对地价数据进行采集、整理和分析，建立地价资料库；利用地价数据编制地价指数；了解和掌握城市的地价分布、地价水平及其动态变化，实行地价数据的社会化服务；调整和更新基准地价；为政府进行地价管理和地价调控提供决策依据。

(1) 资料的收集阶段

这一阶段的工作主要是为整个工作的开展作好准备，收集的资料应包括城市的经济发展状况资料、基准地价成果、土地市场交易资料等。

(2) 地价监测点的设立

建立城市地价动态监测体系的基础和关键是在城市不同区域内设立若干地价监测点。地价监测点是指在城镇一定土地级别、一定土地区段、一定土地用途的特定区域内设置的，其地价水平、宗地形状、面积、临街状况、土地利用状况、土地开发程度等方面能代表该区域一般水平（或平均水平）的宗地。对整个城市地价的动态监测主要是通过对监测点的监测来实现。

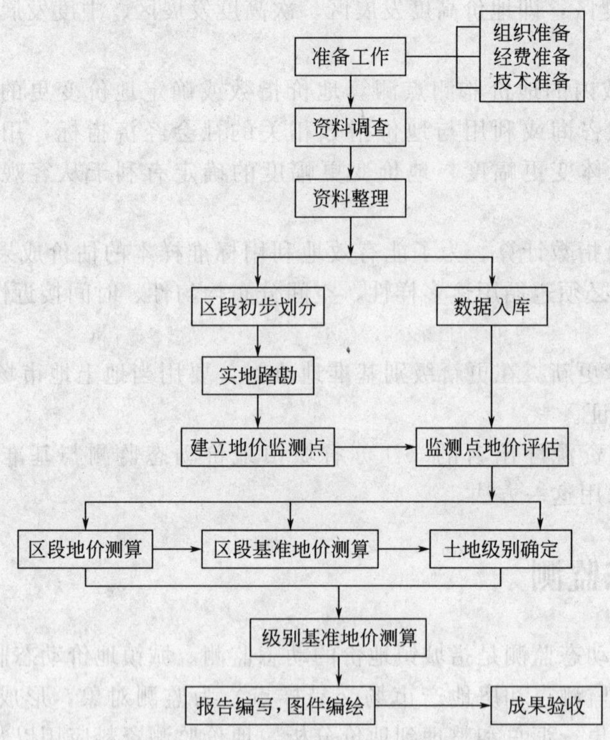

图 10-1 地价动态监测技术路线图

(3) 城市地价动态监测体系的应用

建立城市地价动态监测体系的最终目的在于应用。监测体系建立起来以后，应该应用在哪几个方面，如何应用以及如何针对这种应用的需求来完善、维护和更新该体系，也是地价动态监测体系在建立中应该研究的重要问题。

城市地价动态监测体系的功能主要在于两个方面，一是为城市土地投资者和交易者提供决策依据，二是为政府进行地价管理提供依据、标准和有关地价变动的基础数据。

(4) 地价动态监测体系的维护与更新

城市地价监测体系的建立与应用应该是一个动态的过程。由于在城市的经济发展和城市建设过程中，地价监测体系会有所变化，为了保持监测点地价的现势性，就需要进行维护和定期更新。地价监测体系的更新与维护主要是地价监测点的更新与维护，重点是其价格的更新。在体系的维护与更新中，笔者借鉴日本的做法，形成了这样一个思路：将这一工作交给城市土地估价委员会去负责，由委员会将所有地价监测点分配给估价师；每个估价师负责几个监测点，其职责是对所负责的监测点的相关的因素变动情况作动态记载，并每年都对监测点的价格进行重新评估。

10.2.2 地价区段划分

(1) 地价区段划分的原则

地价区段系指城市基础设施、公共设施、公用设施、环境条件一致，土地用途大致趋同，地价水平相当（原则上商业与住宅用地最高值与最低值相差不超过30%，工业用地不超过10%）的封闭区间。

① 与城市规划衔接原则。所划分的地价区段，其土地用途应与城镇规划所确定的功能保持一致。

② 面积适中原则。所划分的地价区段，其面积大小应保持适中。各地可根据地价管理的需要及地价变化的区间具体确定地价区段面积的大小。

③ 与行政辖区相适应原则。在划分地价区段时，不打破已有行政辖区界线，原则上地价区段不跨街道。

④ 保持宗地完整性原则。在划分地价区段时，应保持地价区段内宗地的完整性。

(2) 地价区段的划分要求

地价区段应按商业、住宅、工业三种用途划分，若有需要，也可按特定用途划分。

各类用途地价区段允许重叠，不一定要求覆盖整个基准地价更新范围，但评价范围内任一宗地应保证至少有一种用途地价区段覆盖。

地价区段在已有城镇土地级别的基础上划分，以保持土地定级估价成果的延续性。

开发区应单独划分地价区段，但原则上不超过 2 个区段。一般只需划分工业地价区段，若有必要也可划分其他用途地价区段。

(3) 地价区段的划分程序

① 地价区段初步划分。地价区段初步划分可选用经验判别法或地价等值线法，在工作底图上进行。

• 经验判别法。依据地价管理者的经验，结合各类用途地价分布规律划分地价区段。其主要步骤为：邀请熟悉情况的专家，以现有城市地价动态监测成果为基础，根据土地市场变动状况与影响土地价格的各因素变化情况作出综合判断，在工作底图上勾勒出各用途地价区段的边界。

• 地价等值线法。以监测点地价和市场交易样点地价为基础绘制地价等值线，结合各用途用地类型分布特点划分地价区段。其主要步骤为：以城镇地价动态监测样点地价与交易样本地价为依据，用克里金插值等方法在工作底图上绘制若干条具有控制性的地价等值线，再以宗地界线、街区道路、河流及其他线状地物为依据，勾勒出地价区段的边界。

② 实地踏勘。对内业划分的地价区段进行实地踏勘，调整、重划不合理的地价区段边界。

③ 面积量算。量算各区段的土地总面积、各用途实际土地面积等，并填写地价区段登记表。各用途实际土地面积根据城镇地籍资料数据计算。

10.2.3 地价监测点布设与审核

(1) 地价监测点的设立原则

① 代表性原则。所选择的地价监测点在利用条件、利用状况、开发程度等方面应具有所在地价区段的代表性。

② 稳定性原则。所选择的地价监测点应在较长时间内不会发生灭失、重建、用途变化等情况。

③ 标识性原则。所选择的地价监测点应易于观测。

(2) 地价监测点数量要求

① 地价监测点总数省会城市和省辖市不应低于 120 个，其他城市总数不应低于 60 个。其中：商业、住宅地价监测点分布密度应达到不少于 1 个/km^2。工业用地地价监测点总数省会城市和省辖市不少于 20 个，其他城市不少于 10 个。

② 商业与住宅用地地价区段应达到每区段各用途至少有 2 个地价监测点；工业用地地价区段应达到每区段至少有 1 个地价监测点。

（3）地价监测点布设

① 地价监测点以地价区段为单元布设，同时应与已有城镇地价动态监测成果相衔接，并填写地价监测点登记表，拍摄宗地照片。

② 地价监测点必须是形状规则、具有明确界限，且利用现状、开发程度与区段内涵一致的独立宗地。

③ 每个地价监测点都必须在地价监测点图上标注位置，各用途地价监测点的分布应尽可能均衡。

④ 每个地价监测点必须编码。

（4）地价区段与监测点审核与确定

领导小组通过内业审查与实地核对，对地价区段划分的合理性，地价监测点的代表性，地价监测点的数量、密度、分布均衡程度进行审核，并出具书面审核意见。

10.2.4 监测点地价评估

（1）监测点地价内涵

监测点地价是指通过评估或市场交易地价修正得到的监测点在一定时点和一定条件下的地价。

（2）监测点地价评估要求

① 分别评估监测点现状条件下与设定条件下的地价水平，评估值为监测点地面价。有条件的地方还可测算楼面地价。

② 监测点地价评估时不考虑他项权利限制。

③ 应采用两种或两种以上的评估方法，但不能采用基准地价系数修正法。

④ 地价评估报告采用统一的格式（格式见附录），并由两名以上注册土地估价师签字。

（3）监测点地价评估技术要求

按《城镇土地估价规程》的要求，对地价监测点地价进行评估。

① 若所选择的地价监测点在报告期内发生过正常交易，则其地价可直接采用基准日、土地开发程度、土地使用年限、容积率等修正。

② 若在报告期内未发生过正常交易，则应选取同区段内类似的至少 3 宗地作为比较案例，采用市场比较法、收益还原法、剩余法、成本逼近法等估价方法进行评估，原则上以市场比较法为主。所采用的评估参数均应为评估基准日水平。

③ 若同区段内无法选取类似 3 宗比较案例，可从开发水平相仿、地价水平接近的地价区段内选取比较案例。

10.2.5 区段地价与级别地价的测算

（1）区段地价的测算

区段地价为地价区段在评估基准日，开发程度设定为区段平均开发程度，容积率为区段平均容积率，某用途法定最高出让使用年期出让国有土地使用权的价格。

区段地价采用区段内监测点地价面积加权平均计算，其计算公式为：

$$区段地价\ D=\frac{\sum_{k=1}^{n} J_k \times S_k}{\sum_{k=1}^{n} S_k}$$

式中，D 为区段地价；J_k 为监测点 k 的地价；S_k 为监测点 k 的面积；n 为区段内监测点个数。

（2）分用途市区及市域地价的测算

将市区某用途所有区段地价进行面积加权平均，测算该用途市区地价。其计算公式为：

$$某用途市区地价\ D_y=\frac{\sum_{k=1}^{n} J_k \times S_k}{\sum_{k=1}^{n} S_k}$$

式中，D_y 为某用途市区地价；J_k 为区段 k 的地价；S_k 为区段 k 的面积；n 为某用途区段个数。

同理可测算出市域分用途地价。

（3）城市综合地价的测算

将分用途地价进行面积加权平均，测算城市市区综合地价。计算公式为：

$$城市市区综合地价\ D_z=\frac{\sum_{k=1}^{n} J_k \times S_k}{\sum_{k=1}^{n} S_k}$$

式中，D_z 为城市市区综合地价；J_k 为用途 k 地价；S_k 为用途 k 地价区段总面积；n 为土地用途种类，默认为 3；k 为土地用途，默认 1 对应商业用途，2 对应住宅用途，3 对应工业用途。

同理可测算出城市市域综合地价。

10.2.6 地价指数的测算

（1）区段地价指数的测算

区段地价指数分为区段定基地价指数和区段环比地价指数两种。

① 区段定基地价指数等于某一用途某一区段地价与固定基期该区段地价的比率，区段基期地价指数设定为 100。区段定基地价指数计算公式为：

$$I_y=\frac{\overline{P_y}}{\overline{P_0}}\times 100$$

式中，I_y 为某一用途某一区段定基地价指数；$\overline{P_y}$ 为某一用途某一区段当期地价；$\overline{P_0}$ 为某一用途某一区段固定基期地价（基期默认设定为 2006 年 12 月 31 日）。

② 区段环比地价指数等于某一用途某一区段当期地价与该区段上期地价的比率。区段环比地价指数计算公式为：

$$I_y=\frac{\overline{P_y}}{\overline{P_{y-1}}}\times 100$$

式中，I_y 为某一用途某一区段当期环比地价指数；$\overline{P_y}$ 为某一用途某一区段当期地价；$\overline{P_{y-1}}$ 为某一用途某一区段上期地价。

（2）城市分用途地价指数的确定

$$城市某用途定基地价指数\ I-\frac{\sum_{k=1}^{n} I_k \times S_k}{\sum_{k=1}^{n} S_k}$$

式中，I 为城市某用途定基地价指数；I_k 为区段 k 的定基地价指数；S_k 为区段 k 的面积；n 为某用途区段个数。

同理，将 I_k 替换为区段环比地价指数，即可测算出城市某用途环比地价指数。

（3）城市综合定基地价指数的确定

$$城市综合定基地价指数\ I_z=\frac{\sum_{k=1}^{n} I_k \times S_k}{\sum_{k=1}^{n} S_k}$$

式中，I_z 为城市综合定基地价指数；I_k 为用途 k 的城市定基地价指数；S_k 为用途 k 总面积；n 为土地用途种数，默认为3；k 为土地用途，默认1对应商业用途，2对应住宅用途，3对应工业用途。

同理，将 I_k 替换为用途 k 城市环比地价指数，即可测算出城市综合环比地价指数。

10.2.7 基准地价体系的建立

基准地价包括区段基准地价与级别基准地价，原则上只建立区段基准地价体系，级别基准地价只作为政府掌握地价水平的参考。基准日默认为每年的1月1日。

（1）区段基准地价体系建立

① 区段基准地价的内涵。区段基准地价是指城市某用途某一区段在评估基准日，开发程度设定为区段平均开发程度，使用年期设定为该用途法定最高出让年期，容积率设为区段平均容积率时的出让国有土地使用权价格。

② 区段基准地价的测算。首先按公式确定当年最后一个季度区段地价，然后用区段内相应用途的正常交易地价进行验证，原则上商业与住宅用地地价区段市场正常交易地价与基准地价的差值不超过基准地价的30%，工业用地不超过10%。最后将通过验证的区段地价值取整为5的整数倍作为区段基准地价。

（2）区段内宗地地价评估修正体系的建立

为方便、快捷、高效地评估出宗地地价，在区段基准地价基础上建立区段内宗地地价评估修正体系，其修正因素按用途分类见表10-1。

表10-1 区段内宗地地价评估修正体系影响因素表

土地用途	必选因素	备选因素
商业用地	容积率、临街宽度与深度、形状、拐角地、楼层	特殊地理位置(地铁出入口、停车场边)、面积大小、宽深比等
住宅用地	微观环境、容积率、楼层、朝向	绿化率、学区房、建筑密度、心理因素等
工业用地	区位、集聚程度	形状、面积大小、自备码头等

根据各地价区段的实际情况，各地可从上表中选择恰当的因素，按《城镇土地估价规程》中编制基准地价修正系数表的程序要求，编制区段内宗地地价评估修正系数表。

（3）划分土地级别、测算级别基准地价

① 土地级别划分原则。土地级别通过地价区段归并形成，并遵循以下原则：

- 级别内地价区段开发程度一致。
- 级别内地价区段地价水平相近。
- 不同级别之间价格有明显差异。

② 土地级别划分方法。采用数轴散点图或频率直方图的方法划分出土地级别。

③ 级别基准地价测算。统计每个级别内的地价区段的面积与区段基准地价，在此基础上采用面积加权平均法，测算出级别基准地价。其计算公式为：

$$级别基准地价\ D_j=\frac{\sum_{k=1}^{n}J_k\times S_k}{\sum_{k=1}^{n}S_k}$$

式中，D_j 为级别基准地价；J_k为区段 k 区段基准地价；S_k为区段 k 面积；n 为级别内区段个数。

级别基准地价数值应取整为 5 的整数倍。

10.2.8　地价动态监测成果整理

地价动态监测成果内容包括以下几项。

① 地价动态监测报告　包括城市地价水平及变化趋势、城市地价与房价对比分析、城市地价与房地产市场协调状况、城市地价与社会经济环境协调状况、背景情况与未来趋势分析，重点公布的指标有：区段地价与地价指数、城市市区地价与地价指数、城市市域地价与地价指数。

② 地价动态监测成果图件　包括地价监测点分布图、地价区段分布图。

③ 监测数据采集成果　包括各种调查表、样点交易资料、社会经济指标文件、地价动态监测点评估技术要点表、宗地图和影像照片等。

④ 数据库成果　地价动态监测体系数据库。

思　考　题

1. 基准地价更新有何重要性？
2. 基准地价更新的方法有哪些？
3. 何为地价的动态监测？
4. 区段地价与级别地价的内涵是什么？

11　房地产估价程序与估价报告撰写

11.1　房地产估价程序

房地产估价程序是指开展房地产估价的基本步骤和环节，是完成房地产估价的作业流程。

房地产估价是一项比较复杂的工作，其工作过程存在一定的主观性，估价结果涉及各方的切身利益。要做好房地产估价工作，除了要求估价人员具有坚实的业务基础，谙熟房地产估价的理论、方法及有关法规政策，并切实遵守“公正、公开、公平”的估价原则与职业道德规范外，还需遵循规范化的房地产估价程序，以确保估价工作的效率和估价结果的客观性。

房地产估价程序大体可分为三个阶段，即估价准备阶段、估价实施阶段和估价完成阶段（图 11-1）。

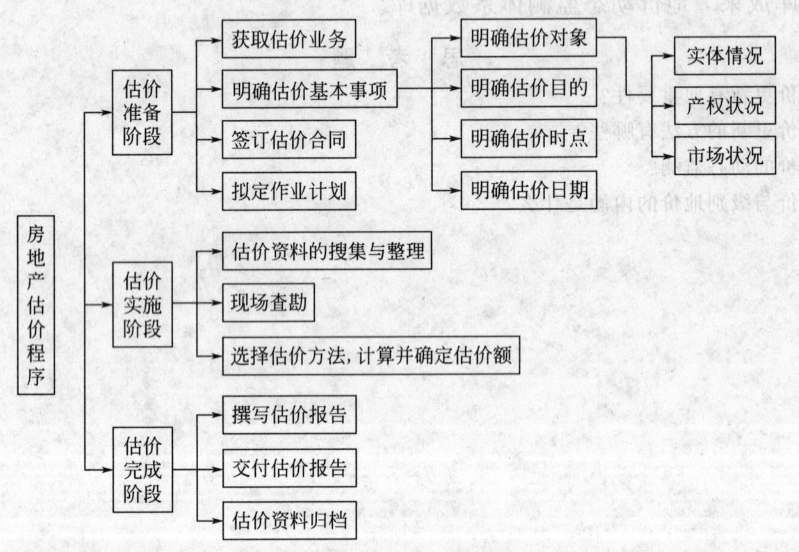

图 11-1　房地产估价程序

11.1.1　估价准备阶段

估价准备阶段是指具体进行估价前所需进行的有关前期工作，主要包括获取估价业务、明确估价基本事项等。

11.1.1.1　获取估价业务

获取估价业务是指获取房地产估价业务，这是房地产估价的先决条件。如果不能正常获取房地产估价业务，即使有良好的估价专业人员和估价机构，也无从谈及房地产估价。

获取房地产估价业务的途径主要有主动争取和接受委托两种。

（1）主动争取

所谓主动争取是指估价机构或机构工作人员到外面（房地产市场）去承揽估价业务。这在房地产市场比较发育，房地产估价机构有序、规范而竞争激烈的情况下，是最重要的业务来源。

我国房地产市场的发育时间尽管很短，但发展较快，房地产估价机构的发展也很迅速，已拥有了一定数量的市场性估价机构，包括土地估价机构和房地产估价机构。对于这些市场性估价机构，在机构信誉与特色尚未确立的情况下，主动争取是他们最重要的甚至是唯一的估价业务来源。

随着改革的不断深化，包括估价机构在内的中介机构脱钩工作的推进，主动争取估价业务的途径将更明显。当然，估价机构间的竞争尚待有序化和规范化。

(2) 接受委托

与主动争取估价业务不同，接受委托是房地产估价中常见的另一种业务获取途径。这是一种委托估价者主动找估价机构进行中介服务，而估价机构受托接受估价业务的途径。这种业务获取途径，与主动争取估价业务途径一样，在房地产市场发育程度较低或较高的情况下均存在。

在房地产市场发育程度较低的情况下，各种估价机构的设立存在一定的可塑性，估价机构间的竞争一般缺乏规则性和有序性，某些机构可能凭借其与管理部门或管理部门之某些工作人员间的特殊关系，存在一定程度的行业垄断，容易获取估价业务。在房地产市场发育程度较高时，房地产估价机构的发育程度也相应较高，少量机构在激烈的竞争中，凭借其优秀的评估质量和服务而逐渐建立起良好的社会和商业信誉。对于这些估价机构，往往有许多委托估价者请求他们提供中介服务，如中国香港梁振英测量师行。

此外，有些房地产价格也需专门的或指定的评估机构从事估价。如我国土地使用权出让价格的评估，具有明显的政府行为，一般需指定专门的估价机构；上市公司土地资产的评估，资产量一般较大，要求较高，需具备 A 级土地估价资质的机构评估。

11.1.1.2 明确估价基本事项

不论是何种途径获取的房地产估价业务，在估价方与委托估价方业务接洽的过程中，估价方必须就估价的一些基本事项向委托估价方了解或商议，予以明确，并签订合同，为后续工作打好基础。至于详细情况，有待资料搜集和现场查勘时了解。

估价基本事项主要包括估价对象、估价目的、估价时点、估价日期等。

(1) 明确估价对象

明确估价对象是指明确估价对象的基本情况，包括实体情况和产权状况。

① 实体情况。即是要了解估价对象的实体特征。是土地，还是建筑物，或是二者的合一；是全部还是其中的一部分（分割）；如是土地，是生地、毛地，还是熟地；如是熟地，是“三通一平”地，还是“七通一平”地；如是房地产，是居住用房地产、商业用房地产、工业用房地产，还是其他类型的房地产；是在建项目还是已建成项目等。

明确估价对象实体情况还包括对估价对象之宗地条件、建筑物特征及使用状况、房地产用途等的初步了解和明确，如面积、形状、结构等。

② 产权状况。房地产价格是一定产权状况下的价格，房地产市场中房地产的各类交易是房地产产权而不是实体的交易。因此，在委托估价合同签订以前，需对房地产产权状况进行了解。房地产产权状况主要包括以下几项。

产权证明：如土地使用权证、房屋所有权证（房地产证）、房屋共有权证、房屋他项权证，或其他能有效说明产权归属的合同、契约、字据等。

其他证明：如建设用地规划许可证、施工许可证、商品房预售许可证、租赁合同等。

行政与规划限制：如规划的开发类型、允许容积率、绿地覆盖率等。

③ 市场状况。了解待估对象所在地的市场状况，实际是指对待估对象区域情况的了解，

包括距商服中心距离、交通条件、基础设施、同一供需圈内竞争性和互补性物业的状况与发展趋势、周围环境条件等。

(2) 明确估价目的

估价目的是指委托估价方为该房地产进行估价的目的或意图，如为抵押贷款而估价等。它决定了房地产价格类型，是实施房地产估价的前提条件。估价目的主要有以下几项。

① 市场行为。有买卖、租赁、转让、抵押、典当、保险、拍卖等。

② 企业行为。有合资、合作、股份制改组、上市、兼并、破产清算、承包等。

③ 政府行为。有农用地征用、土地使用权出让、课税、拆迁补偿、作价收购、土地使用权收回等。

④ 其他。如继承、纠纷、析产、赠与及可行性研究、他项权利造成的房地产贬值等。

对于不同的估价目的，其估价方法、所用资料、参数选择等将有所差异，其估价结果也不相同。估价人员必须明确委托估价方的估价目的，以更好地认识估价对象，准确选择估价方法，合理确定估价额。

(3) 明确估价时点

估价时点是指决定房地产价格的具体时间点，即估价基准日。

由于房地产价格的动态性，所评估的房地产，其价格必是某一时点的价格，而并非纯粹是一个数字而已。因此，在进行房地产估价前，需明确估价时点。否则，在估价过程中，有关参数的选择、调整幅度的确定等将无法进行，其估价值也将无实际意义。

估价时点是由估价目的确定的，而不是由委托估价方或估价人员任意确定的。估价时点一般要准确到日。在同样条件下，估价时点越具体，要求估价的精度越高，估价的难度也越大。

(4) 明确估价日期

估价日期是进行房地产评估的作业日期，估价日期的确定也明确了估价报告书的交付时间。估价报告书的交付时间一般由委托估价方提出要求，由估价方与委托估价方磋商确定。

有些类型的房地产估价，委托估价方往往提出较短的估价时间要求，即要求尽可能早地完成估价并交付报告。估价方应尽量满足其要求。当然，这一满足并不是无原则无条件的。估价方必须充分估计估价所必需的时间，包括资料搜集、市场调查、实地查勘等。因为，这些过程所需的时间往往不由估价方所控制。

对于一般的单宗房地产估价，所需时间约 7～10 个工作日；对于大型的综合性的房地产估价，其估价时间可以长达数月之久。

11.1.1.3 签订估价合同

在明确估价基本事项的基础上，估价方与委托估价方应签订委托估价合同或协议，以法律形式肯定双方的业务关系，规定双方的权利和义务，陈述估价基本事项。

估价合同内容主要包括：签订合同双方、估价对象、估价目的、估价时点、估价报告书交付时间、估价费用及付款方式、委托估价方需提供的资料和给予的配合、估价方的保密职责、双方违约责任及处罚等。

11.1.1.4 拟定估价作业计划

根据估价目的、待估对象基本情况及合同条款，估价方应及时拟定估价作业计划，按质按时完成估价委托，履行合同。估价作业计划主要包括：①拟定估价技术路线；②列出估价所需资料及来源；③安排估价工作人员；④安排估价作业时间。

对于单宗的房地产估价，估价作业时间与作业计划比较容易安排。对于一些大型的综合性估价项目，如大型集团上市所需的房地产估价，可能涉及几百宗乃至上千宗分布在不同地区且类型不同的房地产估价。这种类型的房地产估价，往往需要组织较大的估价队伍，必须拟定详细的估价作业计划，包括详细的技术路线、拟选用的估价方法及主要参数、搜集资料的要求、分报告撰写的要求、时间的安排、人员的培训以及对分估价结果的平衡与综合的考虑等。

11.1.2 估价实施阶段

估价实施阶段是指在准备工作的基础上，进行实际的估价作业，主要包括估价资料的搜集与整理、现场查勘、估价方法选择、计算与估价额的确定等。

11.1.2.1 估价资料的搜集与整理

估价资料的搜集与整理是房地产估价中重要的一个环节。如果没有必要而完整的资料，或资料不足、片面、失实，都将导致估价结果的失真和失实；只有拥有丰富而可靠的资料，才能保证估价结果的可靠性和正确性。交易资料的搜集与整理是估价机构和估价人员长期而持续的工作，不是一蹴而就的。

根据房地产价格影响因素，房地产估价资料一般包括以下几项。

① 个别因素方面资料。主要有：产权资料、规划资料、宗地资料、建筑物及装饰资料、财务报表与经营资料等。

② 区域因素方面资料。主要有：市场交易资料、交通条件资料、基础设施资料、建筑物造价资料、环境质量资料等。

③ 宏观因素方面资料。主要有：统计资料、法规资料、社会经济资料、城市规划资料等。

搜集资料的来源主要有：①委托估价方提供；②实地查勘与调查；③专业性刊物；④中介机构；⑤政府管理部门，如土地管理部门、房产管理部门；⑥房地产交易市场；⑦询问有关当事人。

对于搜集的资料，应及时进行整理。资料整理首先表现为对资料正确性、全面性的把握。因为，在资料搜集时，可能由于种种原因，所搜集的资料存在一定的遗留、虚假或错误，如交易动机影响交易行为，导致交易价格偏差等。对于虚假、错误或不全的资料，要及时安排补充调查和搜集，或予以更正，或予以剔除。

其次，资料整理表现为资料的统一性。随着估价资料的日益增多，应按资料类型、性质进行整理并归档，如建立估价资料数据库，便于今后对资料的查阅、取用和分析。

此外，在明确估价基本事项和拟定估价工作计划后，资料的搜集具有较明显的针对性，即应与拟采用的方法相联系。不同的估价方法，其所需的资料并不完全相同，有些是共性的，有些是个性的。

共性资料主要包括：a. 权证资料，如土地使用权证（包括宗地图）、土地使用权出让合同与宗地使用条件、房屋所有权证（包括房屋平面图）、他项权利登记、建设工程许可证、商品房买卖许可证等；b. 其他，如城镇土地级别与基准地价、房屋重置价格、区域因素资料、个别因素资料等。

不同方法的侧重资料分述如下。

(1) 市场比较法

① 比较案例一般情况。包括：交易价格、交易时间、交易情况、当时市场行情等。

② 比较案例区域因素。包括：商服繁华程度、交通条件（如道路通达度、交通便捷度）、基础设施配套状况（如供水、供电、供气等）、公用设施配套状况（如医院、学校、金

融机构、文体娱乐设施等)、环境状况(如污染程度、绿化率等)。对于不同的房地产类型,其所关注的重点是不一样的,如住宅房地产则主要关注基本设施、交通条件等方面,而工业性房地产则主要关注交通状况、动力供应、集聚规模等。

③ 比较案例个别因素。包括:宗地状况(名称、坐落、商积、形状、四至、土地级别、基准地价、土地使用权出让年限、剩余使用年期、允许容积率、地形地质条件、临街状况、生熟程度等),建筑物状况(名称、面积、结构、设备、装修、平面布置、楼层、朝向、建成年代、新旧程度、利用现状、配套程度等),周围环境。

④ 其他资料。如融资条件、企业资质与信誉等。

(2) 收益还原法

① 与待估房地产同一供需圈内同类型前三年的房地产市场租金、空置率水平。

② 同一供需圈内同类型前三年房地产平均经营收益水平。

③ 同类型房地产经营成本与费用,包括土地使用权出让年限、剩余使用年期、面积、房屋结构类型、耐用年限、建成年代、成新度、建筑面积、设备、装修、房屋重置价格等间接资料,以测算纯收益。

④ 待估房地产所在地区一年期存贷款利率、同行业平均收益率与风险水平、同类物业租售比率。

⑤ 竞争性物业与互补性物业情况。

(3) 成本法

① 与待估房地产位于同一供需圈内的地价资料,包括:名称、坐落、位置、面积、形状、四至、土地级别、土地使用权出让年限、剩余使用年期、允许容积率、地形地质条件、临街状况、生熟程度等。

② 建筑物资料,包括:名称、面积、结构、设备、装修、平面布置、建成年代、新旧程度、楼层、朝向等。

③ 建筑安装工程费,包括:基础、结构、装修、设备等建造费用。

④ 前期工程费用。

⑤ 市政公共设施建设费用。

⑥ 建筑物及设备折旧或成新度评定标准资料。

⑦ 与房地产投资相关的贷款利率、利润、税费。

(4) 假设开发法

① 有关房地产建设项目的批准文件,如土地使用权出让合同、建设用地规划许可证、建设工程规划许可证、施工许可证等。

② 建设用地规划资料,包括土地面积、用途、使用年期、建筑密度、容积率、绿地率等。

③ 建筑设计资料,包括建筑面积、结构、类型、高度、层数、式样、装修、设备、建设工期等。

④ 建筑造价资料,包括土地取得成本、前期工程费、市政公建设施费、建筑安装工程费、利润率、税金、分年度投资计划等。

⑤ 同一地价区段同类型物业的市场交易价格、租金水平、空置率。

⑥ 贷款利率、销售费用。

11.1.2.2 现场查勘

现场查勘主要是对待估房地产的实体特征(如房屋新旧程度、装修与使用情况)和产权状况进行确认,对周围环境(如土地区位)、市场情况(如同类型物业和竞争性物业的分布、产销与经营情况）等进行考察、了解，核实和丰富所搜集的资料。

11.1.2.3 选择估价方法，计算并确定估价额

（1）选择估价方法

在资料调查、搜集与整理的基础上，应根据待估房地产的估价目的、资料的详细程度，选择合适的估价方法。

由于房地产价格受多种影响因素的共同作用，房地产价格的形成比较复杂；同时，估价活动和估价过程有赖于估价人员的经验、推测和判断，具有一定的主观性；此外，各估价方法的特点和适用范围亦各不相同。因此，估价时一般需同时采用两种或两种以上方法，以使估价结果相互补充和印证。

（2）计算试算价格

在估价方法确定后，则根据各估价方法的具体要求和程序，确定有关参数，计算试算价格。显然，不同的估价方法，将会有不同的试算价格。

各估价方法特点、适用范围、估价程序等见有关章节。

（3）综合确定估价额

对于不同的试算价格，有必要进行综合，并综合确定估价额。试算价格的综合一般有下列三种途径。

① 算术平均法。将各试算价格的算术平均值作为综合估价额。采用这种途径一般要求各方法的可靠性相当，试算价格比较接近，没有大的区别。

② 加权平均法。若所选方法相对于待估房地产的可靠性有一定的差异，所得的试算价格也有较明显的差别，则需赋予各试算价格以不同的权重，然后加权平均，计算估价额。

③ 综合法。以某一试算价格为主，适当参考其他试算价格，

综合确定待估房地产的估价额。这种方法适合于某一方法特别适合于估价对象与估价目的，而其他方法对估价对象在类型、资料要求等方面受到一定的限制的情况。

至于有些书籍中提及的中位数法、众数法，因试算价格数量有限，不能满足统计要求，故不宜采用。

11.1.3 估价完成阶段

估价额的确定并不意味着估价工作的最终完成。估价额确定后，应将估价过程中采用的原则、依据、方法及参数选择、估价结果等反映在估价报告中，并交付给委托估价方，以最终履行估价业务。

11.1.3.1 撰写估价报告

房地产估价报告是估价人员基于待估对象的估价目的，将估价过程中采用的原则、依据、程序、方法及参数选择、数据资料取舍、估价结果等进行翔实而完整的记载，以履行委托估价方委托的估价合同。

估价报告是房地产估价机构履行委托估价合同的成果，也是估价机构所承担法律责任的书面文件。估价机构通过估价报告（包括附录）证明其估价的依据是充分的，评估方法是科学的，估价结果是客观、公正和合理的。

估价报告又是房地产估价管理组织对估价机构评定质量和资质等级的重要依据，因为它反映了估价人员的业务水平、工作经验乃至职业道德。

因此，撰写好估价报告书不仅是估价过程的总结，也是估价水平的体现，是十分重要的一项工作。

房地产估价报告的格式一般有表格式和叙述式两种。

表格式，是一种固定化了的估价报告格式，估价人员只需按表格要求逐项填写即可。这种估价报告的优点是操作方便，不易遗留，估价人员撰写报告省时省力。缺点是对一些特殊性、个别性的内容，如有关参数的选择、调整幅度的确定等，不能详细分析，突出重点，而这一点往往是估价报告质量和估价人员业务水平的体现所在；其次，对一些需说明的内容不能描述和重点说明，如建筑物装修与使用情况。因此，表格式估价报告一般用于大量和单一类型的估价，如银行之抵押贷款估价。

叙述式，是一种由估价人员根据需要而撰写的估价报告格式。这一格式与表格式相对，其优点是估价人员可根据估价对象、资料状况、估价经验等进行详细分析和阐述，突出重点，如关键参数的选择与确定等，缺点是易出现片面性或遗留。

目前，土地估价报告与房地产估价报告均有相应的规范格式要求，但两者存在一定的差异，甚至是较大的差异。我们相信，随着房地产市场的发育，管理体制的理顺，两者将趋于统一。有关土地估价报告与房地产估价报告之规范格式，参见附录。

尽管房地产估价报告的格式不一，但所述内容（不包括封面等）一般应包括以下四个部分。

（1）概述或摘要

概述包括估价项目名称、委托估价方、估价方、估价目的、估价依据、估价时点、估价日期、估价原则、估价方法、估价结果、估价师签字、估价机构盖章等。

（2）待估对象及价格影响因素分析

① 估价对象。包括估价对象物质实体和产权状况。其中，估价对象物质实体，包括宗地之名称、坐落、位置、面积、形状、四至、土地级别、土地使用权出让年限、剩余使用年期、允许容积率、地形地质条件、临街状况、生熟程度等；建筑物之名称、面积、结构、设备、装修、平面布置、楼高、楼层、朝向、建成年代、新旧程度、利用状况等。

估价对象产权状况，即要明确估价对象产权界定，包括：土地使用权证是否已经取得，土地出让金是否已按土地出让合同的规定付清；土地是否有分割，是否设有抵押权或其他权利，如地上权；是独立产权还是共有产权；以出让方式获取的国有土地使用权，在转让或抵押或以其他方式进入土地（房地产）市场前，是否已按规定完成开发投资总额的25％以上；以行政划拨取得的国有土地使用权，在进入土地市场前，是否已补交地价款；原集体所有的土地，在进行房地产开发经营项目前，是否已依法征用为国有土地并办理国有土地使用权出让手续；设定的土地抵押权期限是否超过土地使用权的剩余使用年期等。

房屋所有权证是否已取得；建筑物的使用状况与权证或合同是否相符；公共部位的归属问题；在建项目是否存在联建单位，如存在，则联建单位拥有的房地产是否属评估之列，如何归属；在建项目是否有建设工程规划许可证、施工许可证；是否有商品房预售许可证等。

② 房地产价格影响因素。指待估对象所在房地产市场及其价格影响因素，包括以下几项。

宏观因素：分析宏观经济背景、税收政策、产业政策、城市经济发展、城市规划等对房地产价格的影响。

区域因素：分析商服业繁华影响度、公共交通和对外交通状况、基本设施状况、环境条件、规划限制、互补性物业和竞争性物业状况等对房地产价格的影响。

个别因素：分析待估房地产或待开发房地产是否处于最有效使用状态、待估对象物质实体等对房地产价格的影响。

（3）估价过程

估价过程包括采用的估价方法与选择依据、技术路线与有关参数的确定及依据、测算过程、试算价格综合及估价结果、需要特殊说明的事项，如估价的假设条件、报告使用及对外提供的限制条件、估价结果的有效条件等。

（4）附录

附录是指估价过程中引用的用以证明估价过程合法、合理和科学的重要资料。主要有：

① 产权证件及相应证明材料，包括土地使用权证、土地使用条件、房屋所有权证、房屋共有权证、建设工程规划许可证、施工许可证、商品房预售许可证，土地使用权出让合同、土地使用权出让金交款凭证、商品房买卖契约、土地（房屋）抵押合同、有关批文等；

② 图件，如地籍图、宗地图、规划平面图、建筑平面图等；

③ 背景材料，如有关照片；

④ 资质证书，包括估价机构资质证书、估价人员资格证书。

以上附录部分一般为复印件。

报告具体撰写方法见下节。

11.1.3.2　交付估价报告

估价报告完成后，应将估价报告交付给委托估价方（如报告分估价报告和估价技术报告两部分的，可只交估价报告于委托估价方）。如估价结果需要有关方面确认或备案，应将估价报告（包括估价报告和估价技术报告）交相应部门进行确认或备案，其后，方将估价报告交付委托估价方。

报告交付后，估价双方按合同收取或支付估价服务费用，履行并完成合同。

房地产估价服务费用的收取并不完全是估价双方的行为，它受有关要求或标准的约束，因为，这对维护房地产估价或中介的正常而合理的竞争是十分必要的。目前，我国房地产估价服务的收费方式一般按照房地产评估值总额实行差额定率分档累进计费制，但收费标准在土地评估、房地产评估及资产评估方面存在一定差异。土地评估和房地产估价的具体收费标准如下。

① 以房产为主的房地产估价收费，按 1995 年国家计委、建设部《关于房地产中介服务收费的通知》的规定执行。

收费方式：按房地产价格总额采取差额定率分档累进计费制。

收费标准见表 11-1。

表 11-1　房地产估价收费标准

档次	房地产价格总额/万元人民币	累进计费率/%
1	100 以下（含 100）	5
2	101 以上至 1000	2.5
3	1001 以上至 2000	1.5
4	2001 以上至 5000	0.8
5	5001 以上至 8000	0.4
6	8001 以上至 10000	0.2
7	10000 以上	0.1

注：以上标准是最高限标准，经济特区可适当高于上述标准，但最高不得超过上述收费标准的 30%。

② 以土地为主的房地产估价收费，按 1994 年国家计委、国家土地管理局《关于土地价格评估收费的通知》的有关规定执行。

收费方式：一般宗地评估按土地价格总额采取差额定率分档累进计费制。

收费标准见表 11-2。

表 11-2 一般宗地估价收费标准

档次	房地产价格总额/万元人民币	累进计费率/%	档次	房地产价格总额/万元人民币	累进计费率/%
1	100 以下(含 100)	4	5	5001 以上至 8000	0.8
2	101 以上至 1000	3	6	8001 以上至 10000	0.4
3	1001 以上至 2000	2	7	10000 以上	0.1
4	2001 以上至 5000	1.5			

注：以上标准为一般宗地评估收费标准，城镇基准地价评估收费不属于此列。此标准是最高限标准，经济特区可适当高于上述标准，但最高不得超过上述收费标准的 30%。

随着我国房地产市场的不断发育，中介服务的不断发展，房地产估价管理的逐渐加强，估价服务收费将与估价报告格式一样，最终将统一，以更好地为房地产市场服务。

11.1.3.3 估价资料归档

完成并出具估价报告后，估价机构应对涉及该估价项目的资料进行归档，妥善保管。这将有利于估价机构和估价人员不断提高估价水平，同时也有助于行政主管部门和行业协会对估价机构进行资质审查和考核，还有助于今后可能发生的估价纠纷的解决。

对估价资料的保存时间一般应在 15 年或 15 年以上。

11.2 房地产估价报告撰写

房地产估价工作完成后，必须进行相应的成果整理。房地产估价成果整理的主要内容是由估价师撰写和提交房地产估价报告。房地产估价报告按内容和目的的不同，分为房地产估价（结果）报告和房地产估价技术报告。房地产估价（结果）报告主要说明估价目的等相关情况和估价结果等，技术过程只作简要介绍，是估价机构提交委托估价者的主要成果；房地产估价技术报告除估价的相关情况外，重点要说明房地产估价的技术方法和详细过程，主要用作估价机构存档和提交土地管理部门确认或备案使用。

11.2.1 估价报告的概念

估价人员在确定了最终的估价结果之后，应当撰写估价报告。估价报告可视为估价机构提供给委托人的“产品”，它是在完成估价后给委托人的正式答复，是关于估价对象的客观合理价格或价值的研究报告，也是全面、公正、客观、准确地记述估价过程、反映估价成果的文件。

估价报告质量的高低，除了取决于估价结果的准确性、估价方法选用的正确性、参数选取的合理性，还取决于估价报告的文字表述水平、文本格式及印刷质量。

前者可以说是估价报告的内在质量，后者可以说是估价报告的外在质量，两者不可偏废。

11.2.2 编制房地产估价报告的目的

房地产估价报告是评估机构向委托方说明评估情况、程序和结论的书面文件。它既是受托评估者履行委托评估协议、进行土地估价情况的总结，又是一份合乎职业标准的专家评估意见，在必要时可作为公证性文件。最后提交的评估报告是委托人的财产，但未经估价者同意，委托人不得随意公布或转载报告有关内容；估价者未经委托人同意，也不可透露委托人资料和估价报告的有关内容，同时受托估价者要按职业规范和法律规定对评估结果和评估报告承担责任。

编制房地产估价报告的目的如下：

① 系统陈述评估者履行评估协议的状况，包括资料收集、分析、评估方法选择、评估过程、评估结论等。

② 向委托人提供合乎专业标准的评估结论，并为委托人鉴定、利用评估结论提供背景资料和依据。

③ 为评估管理机构提供土地评估结果审查、备案的依据，并为评估资格审查登记和日常监督管理提供素材。

11.2.3 编写房地产估价报告的基本要求

如前所述，房地产估价是一项实操性很强的业务，房地产估价师必须能够动手写作估价报告。房地产估价报告写作，是房地产估价师必须熟练掌握的专业技能。写好房地产估价报告，不仅要求房地产估价师具备房地产估价的专业知识，以及与房地产估价有关的各类知识，能够了解和分析房地产市场的运行规律，同时还要掌握房地产估价报告的体裁特点，灵活运用其写作技巧。学习和掌握房地产估价报告的写作，是房地产估价师一项很重要的专业训练，能否成为一名合格的房地产估价师，达到执业要求，估价报告的写作能力，是必不可少的检验标准。

11.2.3.1 对估价报告的总要求

估价报告应全面、公正、客观、准确地记述估价过程和结论。具体来说应做到下列几点。

① 全面性。估价报告应完整地反映估价所涉及的事实、推理过程和结论，正文内容和附件资料应齐全、配套，使估价报告使用者能够合理理解估价结果。

② 公正性和客观性。估价报告应站在中立的立场上对影响估价对象价值的因素进行客观的介绍、分析和评论，做出的结论应有充分的依据。

③ 准确性。估价报告的用语应力求清楚、准确，避免使用模棱两可或易生误解的文字，对未经查实的事项不得轻率写入，对难以确定的事项应予以说明，并描述其对估价结果可能产生的影响。

④ 概括性。估价报告应使用简洁的文字对估价中所涉及的内容进行高度概括，对获得的大量资料应在科学鉴别与分析的基础上进行筛选，选择典型、有代表性、能反映事情本质特征的资料来说明情况和表达观点。

⑤ 估价报告的纸张、封面设计、排版、装订应有较好的质量，尽量做到图文并茂。

11.2.3.2 房地产估价报告的写作基础

房地产估价报告属于应用文范畴。应用文写作主要由“写作主体”、“写作客体”、“写作载体”、“写作受体”四个基本要素构成。学习房地产估价报告的写作，同样要对这四个方面的构成要素有深入的了解，并研究相互之间的关系，融会贯通，才能写出合格的房地产估价报告。

（1）房地产估价报告的写作主体

房地产估价报告的写作主体实质上是从事该项业务的房地产估价机构和专业估价人员。本节重点谈谈估价人员。

人的因素是整个房地产估价报告写作系统中最为重要的因素。

房地产估价报告的写作属于专业写作，一份高质量的房地产估价报告，依赖于估价人员良好的综合素质。综合素质只能在实践中不断提高。以下提出的各项内容只是必须达到的基本要求。

① 房地产估价人员的知识结构。房地产估价作为一门学科，属于经济分析与技术分析相结合的实用性边缘学科，涉及的专业学科比较庞杂。房地产估价师除应掌握经济学、建筑工程技术的相关知识外，还必须掌握城市规划知识、土地管理和房地产管理知识，以及房地产方面的各项法律、法规、政策规定等。

在掌握上述专业知识的基础上，房地产估价师还必须对本门学科——房地产估价理论与方法有着十分透彻的理解和把握，并达到举一反三、灵活运用的程度。

② 房地产估价人员的专业经验。撰写房地产估价报告是估价人员在一定经验和知识的基础上产生的一种创造行为。这种创造行为在很大程度上体现着估价人员经验和知识的个性特点。二者都是不可缺少的必要条件，专业经验在某些特定条件下甚至比知识更重要。专业经验的获得一靠自己动手、实际操作，二靠加强同行间学习交流。

对初学者来说，各种估价报告的基本模式和写作思路，各种估价方法在估价实务中的运用，不同估价目的下的估价思路，各类估价对象的估价特点，以及估价语言的灵活熟练运用等，都是必须迅速积累起来的专业经验。

③ 房地产估价人员的认知能力。房地产估价师的认知能力是指能否在社会经济活动的大环境中，迅速、正确地评价估价对象的客观价格或价值的思维表现。认知能力来源于写作主体由知识结构、智力结构和观念方法交融而成的综合经验。在现实生活中，不少人也在做房地产估价，但只有房地产估价师出具的专业估价结论才是法定有效的，除了房地产估价师本身资格的法律确认外，社会认可的是房地产估价师所具备的专业认知能力。因此，具备和不断提高对估价对象的认知能力，也是房地产估价师能够执业的一项基本要求。

房地产估价师较强的专业认知能力，体现在对估价对象在房地产市场中客观价格或价值的判断和确认。因此，把握房地产市场价格运动规律就成为认知能力中最重要的因素。房地产市场价格变化受多种因素影响，房地产估价师就要在这种复杂变化的因素中寻找那些主要的影响因素，做到“心中有数”。

④ 房地产估价人员的职业道德。《房地产估价规范》（以下简称《规范》）对房地产估价师的职业道德做了明确规定，核心内容是要求估价行为独立、客观、公正，房地产估价师不得在估价作业中掺杂个人和机构的额外利益。《规范》对房地产估价人员的职业道德的具体要求如下：

• 估价人员和估价机构不得做任何虚伪的估价，应做到公正、客观、诚实。

• 估价人员和估价机构应保持估价的独立性，必须回避与自己、亲属及其他有利害关系人有关的估价业务。

• 估价人员和估价机构若感到自己的专业能力有限而难以对某房地产进行估价时，不应接受该项估价委托。

• 估价人员和估价机构应妥善保管委托方的文件资料，未经委托方的书面许可，不得将委托方的文件资料擅自公开或泄漏给他人。

• 估价机构应执行政府规定的估价收费标准，不得以不正当理由或名目收取额外的费用，或降低收费标准，进行不正当的竞争。

• 估价人员和估价机构不得将资格证书借给他人使用或允许他人使用自己的名义，不得以估价者身份在非自己估价的估价报告上签名、盖章。

⑤ 房地产估价人员的语言文字能力。房地产估价报告是一种指向性非常明确的专业性与职业性的报告文体，也有其特定的语言文字要求。

语言文字方面的要求，主要有对词义、语句的要求、防止错字漏字等，另外还有段落、结构安排，文字说明、图表的结合使用，专业术语规范等问题。

用词准确，这是基本要求，要善于根据内容表达的需要，在众多同义词、近义词中选用最确切的语词，以准确地表现事物的特征和作者要表达的意图。《规范》中对自身用词方面是有严格规定的：

a. 为便于在执行本规范条文时区别对待，对要求严格程度不同的用词说明如下。

• 表示很严格，非这样做不可的用词：正面词采用“必须”，反面词采用“严禁”；

• 表示严格，在正常情况下均应这样做的用词：正面词采用“应”，反面词采用“不应”或“不得”；

• 表示允许稍有选择，在条件许可时首先应这样做的用词：正面词采用“宜”，反面词采用“不宜”；

• 表示有选择，在一定条件下可以这样做的，采用“可”。

b. 规范中指定应按其他有关标准、规范执行时，写法为：“应符合……的规定”或“应按……执行”。例如下面这三种表达方式中的用词：“这里有可能成为繁华商业区”、“预计这里将成为繁华商业区”和“这里必然会成为繁华商业区”，用词的强度不同，表达的意思也不同。

语义鲜明，不能含混不清、模棱两可。表达分寸的词语，比如范围、程度、条件等，在房地产估价报告中都会经常使用，要有客观恰当的把握。不能使用“大概”、“可能”等字样，特别是估价结论，不能模棱两可。例如：“估价对象房地产每平方米建筑面积的价格大约在800元左右”，“大约”这样的词出现在市场分析中可以的，但在估价结论中是不妥当的。有时估价人员确实不能确定估价结论的具体数额，不妨说：“估价对象房地产每平方米建筑面积的价格在790～810元之间”，这样的表述比“大约”要确定得多，毕竟可以确定价格的变动范围。

用词不可带有较强烈的感情色彩。估价报告用词的褒贬要得当，尽量使用中性、客观的词汇，避免采用带有感情色彩的用语。例如有的估价报告这样写：“该公司上下努力、团结奋进、勇于开拓、奋力拼搏，在过去几年中取得了令人瞩目的成绩”，“工人们大干快上，整个工地呈现出一派热气腾腾的景象”，所述事实不能说与形成估价结论无关，但应该改用比较中性的、冷静的、叙述性的口气。例如改为：“从财务报告可见，该公司过去几年的经营业绩比较理想”（下面可具体引用财务报告的一些主要指标，例如利润、资产负债率等）。这样用数据说话，就比简单地用带有感情色彩的评语有说服力。

逻辑应严密，不能出现自相矛盾的现象，造成逻辑混乱。逻辑混乱的情况主要有：一是前后没有照应，如前面说了上座率70%，后面计算时又没有考虑进去；前面定下的报酬率是13%，后面又采用15%；二是数据来源没有出处或是有错，如有的估价报告中的房地产税、营业税的税率错误；三是判断推理没有充足的理由，如简单地下结论，却没有充足的理由支持该结论。

(2) 房地产估价报告的写作客体

写作客体是独立于写作主体之外的种种客观外在事物。但是，摆在面前的客观世界，并不都是写作材料，只有被估价师意识到了的客观事物，才能作为写作材料进入估价报告的写作过程。估价师掌握的材料越丰富、越具体，越有代表性，对房地产价格的估计、判断就越准确。要写出好的估价报告，必须有充分的材料。

这里包含着两个方面的内容，一方面是客观存在的各种各样的客观材料，另一方面是主观认识的各种各样的认识和感受。这两个方面的内容，存在着有机联系。作者主观方面的认识、感受，是材料积累的核心。

估价师在平时就要善于观察、善于发现、善于积累，随时随地地搜集各类资料。

(3) 房地产估价报告的写作载体

写作载体是指作者进行写作活动的工具和报告书

(4) 房地产估价报告的写作受体

写作受体是指文章的接受者。

11.2.4 房地产估价报告的写作原则

客观性原则、目标性原则、规范性原则是房地产估价报告写作必须特别把握的根本性原则，要深刻地理解和熟知。

(1) 客观性原则

房地产估价报告写作的客观性原则是要求所采用的写作材料、分析过程和最终的估价结论必须客观真实，不能虚构、不能夸大、不能缩小，连写作细节也要经得起客观事实的推敲。

房地产估价报告写作要求客观真实，是由房地产估价报告的咨询性、实证性和法律性等专业性质所决定的。房地产估价报告来不得半点虚假，在估价报告写作中绝对不允许使用其他文学作品诸如“艺术的真实”等手法。无论委托人使用报告的目的是价格咨询、资产价值确认，还是行政管理、法律诉讼的价格鉴证凭据，都要以客观事实为基础。

首先，估价报告采用的背景资料要真实。估价对象房地产的权益状况、实物状况、区位状况等描述性的材料都必须是客观真实的。这些材料都是最终判断估价对象房地产价格的基础，无论哪一个方面不真实，都会导致最终的估价结果出现偏差。

其次，分析性的材料要客观。估价过程中大量采用可以比照参考的价格材料，用这些材料比较分析出估价对象的价格。市场法最重要的是选取可比实例，对这些可比实例虽然可以进行修正、调整，但选择可比实例的条件必须是客观存在和实际发生的。成本法要采用社会平均成本，收益还原法要采用客观收益等，都是在估价报告写作的客观性原则下进行的。

最后，估价结果应是估价对象的客观合理的价格或价值。

如果估价结果与现实客观市场状况偏差太大，就必须重新检验该项估价所采用的材料是否客观真实，可比性怎样，采用的估价方法是否得当，分析测算过程是否合理，做出符合客观现实的调整。

(2) 目标性原则

房地产估价报告是受命写作，源于估价委托人某种特定的需要，整个写作过程都有一个明确目标，写作材料的搜集，篇章结构的整合，技术路线的确定，估价结果的说明，都要围绕这个明确的目标进行。也就是说，房地产估价报告的写作，必须把握目标，紧扣主题。

把握估价报告的写作目标，要区分好一般性目标和特定目标两层含义。一般性目标是对所有的房地产估价报告而言，就是价格。因为估价报告研究的都是估价对象的评估价格，所有的写作都是围绕完成最终的评估价格进行的。与估价对象的价格无关的因素在估价报告中体现是没有意义的，而且会冲淡主题，产生歧义。这是估价师要把握的一个基本原则。

关于特定的目标，则因委托人提出的估价目的不同而不同。现实中，需要进行房地产估价的业务类型很多，因而产生了多种估价目的。对于不同估价目的的估价业务，估价思路会有差别，最终的评估价格也会有差别。同一宗房地产，其正常交易估价得出一个价格水平，而非正常交易（如强制拍卖、企业破产清算等）估价则很可能得出另一个价格水平。所以，估价报告写作还要把握根据估价目的而产生的特定的目标。针对这个特定目标搜集材料，组织估价思路，推导出符合客观事实的估价结论，写出符合目标的估价报告。

（3）规范性原则

房地产估价报告写作的规范性原则，是对估价报告的结构形态而言，即房地产估价报告的篇章结构要程式化，符合统一的要求。

房地产估价报告的体裁结构经历了渐近发展的过程，由最初的“百花齐放”，不断地总结提炼，逐步演化为统一的、相对固定的、程式化的结构。这种程式化的结构体现了长期实践中集体写作智慧，充分反映了房地产估价报告的写作规律，使得写作过程更为明了，效率更高，也使估价报告的使用者更容易掌握和知晓。国家标准《规范》规定估价报告的篇章结构包括封面、目录、致委托人函、估价师声明、估价的假设和限制条件、估价结果报告、估价技术报告、附件八个部分，对每一个部分又做了细化的结构规定。同时也推荐了估价报告的规范格式，随着《规范》的修订，还将不断改进。

除了上述三项特定的原则之外，作为应用文写作，其他应用文写作的原则对房地产估价报告也同样适用，如文章的逻辑推理性原则、语言简约性原则等，也是需要了解和掌握的。

11.2.5 房地产估价报告的构成要素

经过这些年的估价实践，房地产估价报告已经成为比较规范的文件，《规范》中对估价报告应包括的内容做了一般性的规定。这些应记载的事项在估价报告中都不可缺少，否则，不仅估价报告不完整，更重要的是会失去估价报告的效力。《规范》对估价报告的一般性规定如下。

（1）估价报告要求

① 全面性。应完整地反映估价所涉及的事实、推理过程和结论，正文内容和附件资料应齐全、配套。

② 公正性和客观性。应站在中立的立场上对影响估价对象价格或价值的因素进行客观的介绍、分析和评论，作出的结论应有充分的依据。

③ 准确性。用语应力求准确，避免使用模棱两可或易生误解的文字，对未经查实的事项不得轻率写入，对难以确定的事项应予以说明，并描述其对估价结果可能产生的影响。

④ 概括性。应用简洁的文字对估价中所涉及的内容进行高度概括，对获得的大量资料应在科学鉴别与分析的基础上进行筛选，选择典型、有代表性、能反映事情本质特征的资料来说明情况和表达观点。

（2）估价报告组成

① 封面；

② 目录；

③ 致委托人函；

④ 估价师声明；

⑤ 估价的假设和限制条件；

⑥ 估价结果报告；

⑦ 估价技术报告；

⑧ 附件。

（3）估价报告形式

对于成片多宗房地产的同时估价，且单宗房地产的价值较低时，估价结果报告可采用表格的形式。除此之外的估价结果报告，应采用文字说明的形式。

(4) 估价报告所记事项

① 估价项目名称；

② 委托方名称或姓名和住所；

③ 估价方（房地产估价机构）名称和住所；

④ 估价对象；

⑤ 估价目的；

⑥ 估价时点；

⑦ 价值定义；

⑧ 估价依据；

⑨ 估价原则；

⑩ 估价技术路线、方法和测算过程；

⑪ 估价结果及其确定的理由；

⑫ 估价作业日期；

⑬ 估价报告应用的有效期；

⑭ 估价人员；

⑮ 注册房地产估价师的声明和签名、盖章；

⑯ 估价的假设和限制条件；

⑰ 附件，应包括反映估价对象位置、周围环境、形状、外观和内部状况的图片，估价对象的产权证明，估价中引用的其他专用文件资料，估价人员和估价机构的资格证明。

(5) 估价报告对象

估价报告中应充分描述说明估价对象状况，包括估价对象的物质实体状况和权益状况，其中：

① 对土地的描述说明应包括名称，坐落，面积，形状，四至，周围环境，景观，基础设施完备程度，土地平整程度，地势，地质、水文状况，规划限制条件，利用现状，权属状况。

② 对建筑物的描述说明应包括名称，坐落，面积，层数，建筑结构，装修，设施设备，平面布置，工程质量，建成年月，维护、保养、使用情况，地基的稳定性，公共配套设施完备程度，利用现状，权属状况。

(6) 估价报告中声明

估价报告中注册房地产估价师的声明应包括下列内容，并应经注册房地产估价师签名、盖章：

① 估价报告中估价人员陈述的事实，是真实的和准确的。

② 估价报告中的分析、意见和结论，是估价人员自己公正的专业分析、意见和结论，但受到估价报告中已说明的假设和限制条件的限制。

③ 估价人员与估价对象没有（或有已载明的）利害关系，也与有关当事人没有（或有已载明的）个人利害关系或偏见。

④ 估价人员是依照中华人民共和国国家标准《房地产估价规范》进行分析，形成意见和结论，撰写估价报告。

⑤ 估价人员已（或没有）对估价对象进行了实地查勘，并应列出对估价对象进行了实地查勘的估价人员的姓名。

⑥ 没有人对估价报告提供了重要专业帮助（若有例外，应说明提供重要专业帮助者的姓名）。

⑦ 其他需要声明的事项。

(7) 估价报告签名

估价报告应由注册房地产估价师签名、盖章并加盖估价机构公章才具有法律效力。在估价报告上签名、盖章的注册房地产估价师和加盖公章的估价机构，对估价报告的内容和结论负责任。

估价报告应该记载的内容比较多，需要从性质上进行分类。经过归纳，大体上可以分为法律依据性要素、描述性要素和分析性要素三大类。

(1) 法律依据性要素

房地产估价报告是一种有着特定用途、具有法律效力的专业性报告。在房地产估价报告中法律依据性要素主要包括：委托方、受托方、估价对象权属状况、估价依据、估价目的、估价时点、估价期限、估价人员等。

① 委托方　包括委托方的全称、法定代理人、办公住址、电话等。如个人委托包括姓名、住址、电话等。

② 估价机构　包括估价机构的名称、法定代表人、办公住址、估价资格等级等。

③ 估价对象　从存在的自然形态上划分，房地产主要分为三大类，即土地、在建工程和建成后的物业。对于土地而言，生地与熟地的价格就有较大的差异。而建成后的物业又分为居住物业、商业物业、工业物业和特殊物业等。不同的物业由于特点不同，影响价格的各种因素及其影响程度也各不相同。因此，明确估价对象为何种房地产，对编写房地产估价报告有着十分重要的作用。

④ 估价对象的权属状况　包括所有权、使用权以及与估价相关的权益等。

⑤ 估价依据　包括委托协议（评估申请或相关文件）以及有关的法律、法规和与估价相关的资料等。

⑥ 估价目的　房地产估价报告作为一种经济报告，是与报告使用者的经济利益有着密切关系的。因此不同的估价目的，不仅影响着估价报告的估价结果，同时也限制了估价报告的使用范围。所以编写房地产估价报告，估价目的必须十分明确。

⑦ 估价时点　是写作估价报告需要特别强调的重要因素。由于房地产价格受众多因素的影响，始终处于动态的变化之中。为此，房地产估价报告中的估价时点，就是估价报告的出发点和立足点。有了估价时点这一时间坐标，才使得房地产估价报告结论中的价格，是“此”价格而非“彼”价格。

⑧ 估价期限　包括估价的作业日期以及估价报告使用的有效期限等。

⑨ 估价人员　包括参与估价的项目负责人、估价师和估价员等。

(2) 描述性要素

描述性要素是对估价对象本身，以及由房地产估价这一行为而提示的、与之相联系的客观事实的描述。主要包括以下几项。

① 估价对象的具体情况　包括估价对象所处的土地级别或城市类区、占地面积、占地的形状、四至、土地平整程度、地势、地质水文状况、周围环境、基础设施完备程度、规划限制条件、利用现状，以及估价对象的坐落位置、建筑面积、建筑结构、层数、建成年月、使用功能、平面布置、装饰装修、配套设施、使用状况、适应性、利用情况等。

② 估价对象所处的社会环境　从小的方面而言，是指估价对象所处的区域环境。包括居住小区的环境、服务配套设施、物业管理、交通条件；商业店铺的商业氛围、人气状况；办公物业的工作环境、公共设施、配套服务、交通设施等。从大的方面而言，是指估价对象

所处的城市环境。包括城市的自然环境、经济状况、城市建设、投资环境和城市发展趋势等。

在描述性要素中，还包括估价对象的照片、图示等，一些需要花费很多文字还难以解释清楚的情况，借助照片和图示能够非常容易地表达出来。

(3) 分析性要素

分析性要素是指房地产估价专业人员在估价过程中，分析、测算的基本思路以及所依赖的科学严谨的估价原则、估价程序、估价理论和方法等。其主要内容包括以下几项。

① 估价技术路线　包括本次估价的总体思路及具体分析测算过程中的技术思路。

② 估价原则　除房地产估价的基本原则外，结合特定的估价目的和特定的估价对象，还包括具体的工作原则。

③ 估价的假设前提及限制条件　房地产估价是为特定目的，对特定房地产在特定时点的客观合理价格或价值的测算和判定。房地产价格由于受多种因素的影响，又处于不断的变化之中。只有将不断运动的事物，放在一个假设的静态环境下，才能加以分析、判断。因此，科学合理的假设前提，对房地产估价师的估计、推测和判断是非常必要的。

④ 估价方法　包括本次估价所采用的方法以及采用这种方法（或多种方法）的理由，所用估价方法的定义等。

⑤ 测算过程　包括所采用的基本公式及概要的计算过程。

⑥ 相关数据、参数的确定　估价中采用的比准价格、报酬率、收益年限、建筑物的成新率、耐用年限、残值率等以及其他相关数据的确定。

⑦ 估价结果的确定　不同的估价方法估算出的结果，是有差异的。即使是采用一种估价方法，在计算求出估价结果的基础上，也应考虑一些不可量化的价格影响因素，对估价结果进行适当的调整或取整，或认定该结果为最终结果。这些均应在估价报告中阐述其确定的理由。

11.2.6　编写房地产估价报告的形式与内容

11.2.6.1　估价报告的形式

估价报告的形式分为书面报告和口头报告（如专家证词）。书面报告按照其格式，又可分为叙述式报告和表格式报告。对于成片或成批多宗房地产的同时估价且单宗房地产的价值较低时，估价报告可以采用表格的形式，如旧城区居民房屋拆迁估价或成批房地产处置估价。居民预购商品住宅的抵押估价报告，也可以采用表格的形式。

叙述式报告能使估价人员有机会充分论证和解释其分析、意见和结论，使估价结果更具有说服力。叙述式报告是估价人员履行对委托人责任的最佳方式。所以，叙述式报告是最普遍、最完整的估价报告形式。

无论是书面报告和口头报告，叙述式报告和表格式报告，都只是表现形式的不同，对它们的基本要求是相同的。下面主要以叙述式报告来说明估价报告的有关要求和内容。

估价报告文本的外形尺寸应当统一，如统一采用国际标准 A4 型（长×宽为 297mm×210mm）。

11.2.6.2　估价报告的组成和内容

一份完整的估价报告通常由 8 个部分组成：封面；目录；致委托人函；估价师声明；估价的假设和限制条件；估价结果报告；估价技术报告；附件。

(1) 封面

封面的内容一般包括下列几项内容。

① 标题。这是指估价报告的名称，如“房地产估价报告”。

② 估价项目名称。说明该估价项目的全称。通常是采用估价对象的名称。

③ 委托人。说明该估价项目的委托人的名称或者姓名。其中，委托人为单位的，为单位全称；委托人为个人的，为其姓名。

④ 估价机构。说明受理该估价项目的估价机构的全称。

⑤ 估价作业期。说明该估价项目估价的起止年、月、日，即决定受理估价委托的年、月、日至出具估价报告的年、月、日。

⑥ 估价报告编号。说明该估价报告在估价机构内的编号，以便于归档和今后的统计、查找等。

(2) 目录

目录中通常按前后次序列出估价报告的各个组成部分的名称、副标题及其对应的页码，以使委托人或估价报告使用者对估价报告的框架和内容有一个总体了解，并容易找到其感兴趣的内容。

(3) 致委托人函

致委托人函是正式地将估价报告呈送给委托人的信件，在不遗漏必要事项的基础上应尽量简洁。其内容一般包括下列几项。

① 致函对象。这是指委托人的名称或者姓名。

② 致函正文。说明估价目的、估价对象、估价时点、估价结果、估价报告应用有效期（是指使用估价报告不得超过的时间界限，从估价报告出具日期起计算。估价报告应用有效期最长不宜超过一年，可以是半年或三个月。估价报告应用有效期的表达形式为：自本估价报告出具之日起多长时间内有效；或者，自本估价报告出具之日起至未来某个年、月、日止。估价报告应用有效期不同于估价责任期。如果估价报告在其有效期内得到使用，则估价责任期应是无限期的；如果估价报告超过了其有效期还未得到使用，则估价责任期就是估价报告有效期）。另外，通常说明随此函附交一份（或多份）估价报告。

③ 致函落款。为估价机构的全称，加盖估价机构公章，并由法定代表人或负责该估价项目的估价师签名、盖章。

④ 致函日期。这是指致函时的年、月、日，也即正式出具估价报告的日期——估价报告出具日期。

(4) 估价师声明

在估价报告中应包含一份由所有参加该估价项目的估价师签字、盖章的声明。该声明告知委托人和估价报告使用者，估价师是以客观公正的方式进行估价的，同时它对签字的估价师也是一种警示。估价师声明通常包括下列内容。

我保证，在我的知识和能力的最佳范围内：

① 估价报告中对事实的陈述，是真实、完整和准确的。

② 估价报告中的分析、意见和结论，是我公正的专业分析、意见和结论，但要受估价报告中已说明的假设和限制条件的限制和影响。

③ 我与估价报告中的估价对象没有任何（或有已载明的）利益关系；对与该估价对象相关的各方当事人没有任何（或有已载明的）偏见，也没有任何（或有已载明的）个人利害关系。

④ 我是依照中华人民共和国国家标准《房地产估价规范》的规定进行分析，形成意见和结论，撰写本估价报告。

⑤ 我已对（或没有对）估价报告中的估价对象进行了实地查勘（如果不止一人签署该

估价报告，应清楚地列出对估价对象进行了实地查勘的估价人员的姓名和没有对估价对象进行实地查勘的估价人员的姓名）。

⑥ 我在该估价项目中没有得到他人的重要专业帮助（如果有例外，应说明提供了重要专业帮助者的姓名、专业背景及其所提供的重要专业帮助的内容）。

⑦ 其他需要声明的事项。

（5）估价的假设和限制条件

估价的假设和限制条件是说明估价的假设前提，未经调查确认或无法调查确认的资料数据，在估价中未考虑的因素和一些特殊处理及其可能的影响，估价报告使用的限制条件等。例如，说明没有进行面积测量，或者说明有关估价对象的资料来源被认为是可靠的。

在估价报告中陈述估价的假设和限制条件，一方面是规避风险、保护估价机构和估价人员，另一方面是告知、保护委托人和估价报告使用者。

（6）估价结果报告

估价结果报告应简明扼要地说明下列内容：

① 委托人（包括名称或者姓名、地址、电话等）。

② 估价机构（包括名称或者姓名、地址、电话等）。

③ 估价人员（列出所有参加该估价项目的估价人员的姓名及其执业资格、从业执业或专业技术职务等，以及在该估价项目中的角色，并由本人签名、盖章）。

④ 估价目的。

⑤ 估价时点。

⑥ 估价对象。

⑦ 评估价值定义（说明估价所采用的价值标准或价值内涵，如公开市场价值）。

⑧ 估价依据（说明估价所依据的法律、法规、政策和标准、规范，委托人提供的有关资料，估价机构和估价人员掌握和搜集的有关资料）。

⑨ 估价原则。

⑩ 估价方法。

⑪ 估价结果。

⑫ 估价作业期。

⑬ 估价报告应用有效期。

⑭ 其他说明。

（7）估价技术报告

估价技术报告一般包括下列内容：

① 详细介绍估价对象的区位、实物和权益状况。

② 详细分析影响估价对象价值的各种因素。

③ 详细说明估价的思路和采用的方法及其理由。

④ 详细说明估价的测算过程、参数选取等。

⑤ 详细说明估价结果及其确定的理由。

（8）附件

把可能会打断叙述部分的一些重要资料放人附件中。附件通常包括估价对象的位置图，四至和周围环境、景观的图片，土地形状图，建筑平面图，建筑物外观和内部状况的图片，估价对象的权属证明，估价中引用的其他专用文件资料，估价机构和估价人员的资格证明、专业经历和业绩等。

11.2.7 估价报告常见错误分析

（1）技术路线错误

技术路线的错误主要是指估价报告撰写中的技术思路错误。评估方法选择不当是估价报告中主要的技术路线错误。

（2）方法运用错误

市场比较法的常见运用错误如下。

① 比较实例选择有误：a. 选择实例与待估房地产用途不同；b. 年限过早；c. 价格内涵不一致；d. 付款方式不一致；e. 计量单位不一致；f. 币种和货币单位不一致；g. 面积内涵和面积单位不一致；h. 不可修正的非正常交易实例等。

② 条件说明表和前面因素描述不一致

a. 在撰写过程中，由于估价报告内容较多，结果造成对估价对象的表述前后不一致；b. 估价人员对估价报告的修改可能造成前后不一致。

③ 所选的比较因素不能反映待估房地产的特点。

④ 条件指数表中定量化错误：一种是条件指数表中定量的数据应当与因素说明表内描述的因素条件一致，但在估价过程中表与表前后不一致；另一种是同一种因素，定量描述的差异不大，而具体为因素赋值时差异过大。

⑤ 修正过程不清，各修正系数不知从何而来。

⑥ 估价结果无确定。

收益还原法的常见运用错误：

① 总收益计算有误。错将实际总收益作为客观总收益；由于不动产总收益来自多个方面，在估价中未计算全，只计算一部分；错将纯收益作为总收益。

② 总费用计算有误。错将实际总费用作为客观总费用；由于不动产总费用包括很多项，在估价中计算缺项。

③ 纯收益计算有误。错将客观纯收益作为实际纯收益；错将实际纯收益作为客观纯收益；评估整体不动产时，错将不动产的一部分客观纯收益作为不动产整体的客观纯收益；计算客观纯收益时的扣除项有误，又可分为两种错误：一种是客观总费用计算缺项，另一种是错将实际总费用作为客观总费用予以扣除。

④ 参数选择有误。各类费用占总收益的比例严重失实；销售税率取值过大或过小；参数取值前后不一致。

成本法的常见运用错误：

① 概念性错误。如建筑物重置成本误用成建筑物重建成本。

② 参数选择有误。未能按照有关要求选取合适的参数。

③ 成本项目确定有误。如土地取得费用、房屋拆迁费用、不动产开发费用等缺项。

④ 计算过程中各项取值缺少依据或明显不合理。缺乏依据和不合理的计算结果都是不可靠的。

⑤ 利息计算有误。利息率选取有误；计息基数有误，项目过多或过少；计息期确定有误。

⑥ 利润计算有误。利润率选取有误；计润基数有误，项目过多或过少以及错将利息作为计算利润的基数，它的计算基数应同于利息计算基数。

假设开发法的常见运用错误：

① 开发价值确定或计算有误。主要是对未来楼价的预测不准确。

② 参数选择有误。未按照有关规定要求选取合适的参数。

③ 利息计算有误。其错误类型与成本法的利息计算错误类型一样。

④ 利润计算有误。其错误类型与成本法的利润计算类型相同。

(3) 参数确定错误

市场比较法的参数确定应避免的错误：

① 交易情况修正系数的确定。应以正常价格为基准来确定。

② 交易日期修正中的价格指数的确定。可供采用的价格指数或变动率：a. 一般物价指数或变动率；b. 建筑造价指数或变动率；c. 建筑材料价格指数或变动率；d. 建筑人工费指数或变动率；e. 房地产价格指数或变动率。

其中，房地产价格指数或变动率又可细分为：a. 全国房地产价格指数或变动率；b. 本地区房地产价格指数或变动率；c. 全国同类房地产价格指数或变动率；d. 本地区房地产价格指数或变动率。实际估价时，选择哪种价格指数或变动率，要看具体的估价对象和有关情况。

③ 区位因素修正系数和个别因素修正系数的确定。不同使用性质的房地产，在进行区位状况和个别状况比较修正时，具体比较修正的内容及权重应有所个同。

④ 修正幅度的错误。《房地产估价规范》要求市场比较法中交易情况、交易日期、区域因素和个别因素的修正，每项修正对可比实例成交价格的调整不得超过 20%，综合调整不得超过 30%。

收益还原法的参数确定应避免的错误：

① 资本化率的确定。应视不同的估价对象采用相应的资本化率。

② 收益年限的确定。经常出现收益年限确定的错误有：a. 已使用若干年的不动产，未考虑建筑物的剩余年限与土地使用权剩余年限是否一致；b. 原国有土地上的建筑物，后因土地使用权的有偿使用，获得有限年期的土地使用权，评估过程中没有考虑土地使用权的有限年期。

对于土地与建筑物合成体的估价对象，如果建筑物的经济寿命晚于或与土地使用权年限一起结束的，就根据土地使用权年限来确定可获收益的年限；如果建筑物的经济寿命早于土地使用权年限而结束的，可采用下列方式之一处理：

a. 先根据建筑物经济寿命确定未来可获收益的年限，选用对应的有限年期的收益还原法计算公式，净收益中不扣除建筑物折旧费和土地摊提费；然后再加上使用权年限超出建筑物经济寿命的土地剩余使用年限的折现值。

b. 将未来可获收益的年限设想为无限年，选用无限年期的收益还原法计算公式，净收益中应扣除建筑物折旧费和土地摊提费。

成本法的参数确定应避免的错误：

① 利润率的确定。在估算开发利润时要注意计算基数与利润率的对应，避免混淆。选用不同的利润率，应采用相对应的计算基数。

投资利润率计算基数＝土地取得成本＋开发成本＋管理费用

成本利润率计算基数＝土地取得成本＋开发成本＋管理费用＋销售费用

② 成新率的确定。用直线法计算成新率确定成新率常见的错误有：a. 将建筑物的实际经过年数误当做有效经过年数；b. 当残值率不为 0 时，计算成新率时漏掉残值率，当用直线法计算得到的成新率与用实际观察治所获得的成新率不一致时，应以后者为主要依据，不应简单地选用前者。

③ 建筑物经济寿命的确定。应从建筑物竣工验收合格之日起，建造期不应计入。

假设开发法的参数确定应避免的错误：

在运用假设开发法进行估价时，最常见的错误发生在投资利息的估算中。

① 应计息的项目。未知、需要求取的待开发房地产的价值，投资者购买待开发房地产应负担的税费，开发成本和管理费用。销售税费一般不计息。

② 计息期的长短。其起点是该项费用发生的时间点，终点是开发期结束的时间点，不考虑预售和延迟销售的情况。另外值得注意的是，未知、需要求取的待开发房地产的价值是假设的估价期日一次付清，所以其计息的起点是在估价期日。而有些费用不是发生在一个时间点，而是在一段时间内连续发生，计息时通常将其假设在该段时间内均匀发生，即视同发生在该段时间段的期中。

③ 计息的方式。有单利计息和复利计息两种方式。

④ 利率的大小。

⑤ 计息周期。算利息的单位时间，可以是年、半年、季、月或天等。

⑥ 名义利率和实际利率。应注意名义利率和实际利率的区分。

(4) 报告格式错误

① 报告格式选用不当。我国的不动产整体估价和单项房屋估价主要采用房地产估价报告的规范格式。对于单项土地估价主要采用土地估价的规范格式。而将不动产整体估价和单项房屋估价在估价过程中按土地估价的规范格式表述或应用其他的表述方式均是此类错误。

② 报告整体结构中的错误。不动产估价报告分为几部分，在规范格式中每部分都要求有明确的须表述的项目，但在撰写不动产估价报告中经常会发生缺项的情况，主要有：a. 无估价项目名称；b. 无目录；c. 无致委托估价方函；d. 缺少附件；e. 无估价师声明；f. 无估价的假设和限制条件；g. 无估价项目名称；h. 无委托估价方；i. 无受托估价方；j. 无估价依据；k. 无估价期日和估价日期；l. 无估价师签字；m. 落款无估价机构名称；n. 无一般因素、区域因素和个别因素和市场背景分析中的任何一项或多项；o. 无估价原则等。

③ 报告各部分具体内容的错误：

a. 估价目的不明确。目的不明确会造成估价报告应用于多种用途，而不同的估价目的估价结果是不一样的。

b. 估价依据不完整。价格定义界定不清。

c. 估价期日在报告中前后不一致。原因主要有两种：一种是可能报告撰写是在其他报告的基础上修改而成的；另一种是由于估价人员自身概念不清造成的。

d. 估价日期概念不清。

e. 估价结果无确定理由和结果不完整以及估价结论确定不合理。估价结果一般包含单价、总价和总价的人民币大写等，不能缺项；估价结论确定不合理是指两种方法评估结果差异较大，结果确定理由不充分或无确定理由，而直接确定估价结果不妥。

f. 估价对象表述不清。包括物质实体状况和权益状况。

g. 估价原则表述不准确。各种估价方法对应着的估价原则不完全相同。只表述普遍应遵循的原则，而未表述所选方法对应的估价原则。

h. 估价报告的有效期有误。纯土地估价有效期半年，建筑物和不动产估价有效期 1 年。

i. 无估价方法选择理由。

j. 估价报告有非估价师签字或无估价师签字。

k. 落款处未注明估价机构名称和无估价机构盖章。

l. 未按我国现行的不动产估价的两类规范格式要求。

m. 估价范围不明确。

(5) 其他常见错误

① 文字表述中的错误

a. 错别字和错漏。一些容易混淆的字不能搞错，例如：座落（应为“坐落”）；定货（应为“订货”）；好象（应为“好像”）；身分（应为“身份”）；撤消（应为“撤销”）。另外不要漏字，特别是数字不要缺漏。

b. 名词术语不准确。

c. 词义含糊不清，模棱两可。不能使用“大概”、“可能”、“左右”、“几乎”等字样，特别是估价结论，不能模棱两可。

d. 用词带有强烈的感情色彩。估价报告中用词不宜带有强烈的感情色彩，应客观地运用中性的词汇，褒贬要得当，避免采用过于华丽的辞藻，最好是用具体数据说话。

e. 堆砌、生造词语。

f. 语句不够精练，累赘、啰嗦。

② 逻辑不严谨。如前后不照应；数据来源没有出处或是有没有依据，违背国家现行法律规范，缺乏必要的考证说明；数据推理没有充足理由；序号编排前后不一致；阿拉伯数字与大写数字不符。

③ 基本概念不清或运用错误。如有的估价报告中列出基准地价标准，却没有说明基准地价的内涵是地面价格还是楼面价格。另外，估价报告中常会混淆的概念有“客观收益与实际收益”、“资本化率与折现率”、“估价折旧与会计折旧”等。

④ 估价结果没有明确的币种，最终估价结果没有大写。估价结果应该明确标明币种，最终结果必须有大写。

⑤ 具体运算有误。运算过程中，必须认真、仔细，确保结果无误。否则，若运算出现错误，再科学的方法，再充足有效的数据资料也是枉然。

思 考 题

1. 房地产估价的程序有哪些？
2. 撰写房地产估价报告有何意义？
3. 撰写房地产估价报告的基本要求是什么？
4. 房地产估价报告的构成要素？

12 房地产评税

房地产税是一个古老的税种，在人类历史发展进程中，私有财产制度确立后，对房地产课税就有了可能。从现有的资料看，早在公元前596年，罗马和雅典就已经对土地征收房地产税。而中国房地产税征税历史可以追溯到公元前两千年的夏朝，当时对土地课征的“贡”是我国历史上房地产税的雏形。到了春秋时期，鲁国为了增加财政收入和抑制开垦私田，开始对井田以外的私田征税，称为“初税亩”，对土地征收的房地产税也就从雏形阶段走向成熟。

以土地私有制为基础的封建社会中，房地产税是国家的主要税收收入。这主要是因为在传统的农业社会，自然经济占主导地位，绝大多数纳税人所需要的生活资料基本是自给自足而不需要从市场购买，另一方面，房地产是当时财富的主要形式，在很大程度上反映了人们的收入和支付能力；同时，由于房地产的易见性，使得这种税收比较容易管理。

进入现代社会以来，随着社会分工的日益深化以及市场经济的快速发展，各种经济活动日益增多，建立在此基础上的所得税和流转税在筹集收入方面优势更为明显，房地产税的地位和作用有所下降，其收入占GDP和税收总收入的比重也有所下降。但各国税收实践证明，房地产税仍然是现代税收体系的重要组成部分，在筹集地方政府收入、公平社会财富分配等方面，房地产税仍具有其他税种无法替代的作用。

房地产的概念既包括土地，也包含房屋及各种建筑物等。尽管绝大多数国家都征收房地产税，但房地产税的税种设置却不尽相同，有的是对房地产单独征税，有的将房地产与其他房地产或动产一并征收财产税。在不同的国家和地区，房地产税的税名也不同，大体为财产税、房地产税、房产税、土地税、地价税、市政税等，其中以财产税最常用，本章统称房地产税。据不完全统计，世界上二百多个国家和地区中，有130多个都征收了房地产税。党的十六届三中全会提出的物业税其实就是对房地产保有环节所课征的税，和本章所说的房地产税是一致的。

12.1 房地产税的特性与地位

12.1.1 房地产税的特性

第一，地域性强，税基稳定，不同政府间的税源也易于区分，不会相互侵蚀税基。数十年来，世界各国房地产税对GDP的弹性一直是稳定的，房地产价值本身受短期经济波动的影响很小，市场波动反映在长期资产价值变动上，也会比反映在销售收入和工薪收入上的变化慢得多。

第二，税源具有可见性，便于公众对税收的监督，既有利于税收公平，又可以提高税收征收率。房地产税比其他税种更具有可见性，因为，无论是本人还是他人所有的土地和房屋等建筑物，其数量、类型、位置等都是普通公众可以直接看到的，大体的价格也是公众所能够获知的，因此，具有一定的透明性。

第三，税收收入与支出的对应性强。房地产税收的支出主要用于为本地区提供社区卫生、道路、路灯、绿化等居民能够直接享受到的公共服务，税收与公共服务具有很强的直接对应性。通过房地产税的实施，有利于形成“税收增加、公共服务增加、房地产增值、税源增加”的良性循环机制。

12.1.2 房地产税收地位

房地产税是对社会存量财富的课税，具有直接税的性质，多属于地方税收。这是和房地产税自身的特性以及地方政府的职能密不可分的。

目前，世界上大多数国家都已实行或正在实行分权制财政体制，中央和地方政府分别课征不同税种，并就税收收入在不同层级的政府间进行划分，这与公共经济学中的各级政府承担不同的公共产品供给职能是相对应的。地方政府主要负责地方治安和当地的基础设施和公共服务如道路、绿化、卫生、治安等，不具有区域性经济政策、跨境公共管理职能，其职能具有明显的地域性。

由上可见，相对于中央政府，地方政府更贴近社会公众，享有更为充分的信息，在管理房地产税方面有更多的优势。此外，房地产税税基宽、收入稳定，受经济波动小，能提供稳定的收入来源，可以确保地方政府为履行职能而需要的财政收入，从而使得房地产税在当代地方税中主体税种的地位得以确立。

从各国的实际情况来看，房地产税占地方收入的比重在发达国家较高，在发展中国家和转型国家较低。房地产税在税收总收入中所占比重并不高，20 世纪 90 年代以后，房地产税约占各国 GDP 收入的 1%，税收总收入的 1%～10%。

12.1.3 房地产税概览

世界各个国家均通过中央（或地方）政府法案明确规定了本国的房地产税课税对象和纳税人。其中，房地产税的课税对象分为三种：土地、地上建筑物以及土地和地上建筑物两者的混合。从各国的实践看，大多数国家实行对土地和地上建筑物合在一起征税；只有少数国家只对土地征税，如乌克兰、爱沙尼亚、牙买加；还有少数国家只对建筑物征税，如坦桑尼亚。房地产税的纳税人在各国也不尽相同，纳税人通常是所有者和使用者（租赁者）。一般来说，大多数国家，如美国、澳大利亚将房地产所有人作为纳税人；少数国家，如英国、法国将房地产的使用人作为纳税人；极少数国家，如波兰、捷克和爱沙尼亚等，规定房地产的所有人和使用人均负有纳税义务。

房地产税的税权包括税收的立法、执法和稽查权。其中，最为核心的是房地产税立法权的划分。在发达国家，地方政府一般都有一定的税收立法权，而且可以自由支配其税收收入，根据预算来调节税收，制定符合地方实际的税收政策。而在在大多数发展中国家和转型国家，房地产税收立法权多集中于中央，如捷克、巴西的房地产税立法权归属中央政府，地方政府仅仅拥有征管权。

房地产税的征收管理权限，绝大多数国家尤其是实行分税制的国家，归地方政府，只有极少数国家作为中央税或中央、地方共享税。这类国家的房地产税由中央税务部门负责征管。一般而言，这些国家一般地域面积较小，政府层级也相对简单，如智利、新加坡等国。从房地产税的税基评估来说，大部分国家是由地方政府负责实施，也有很多国家为保证更大范围内税基评估的公正性，往往将评估责任由次中央级甚至直接由中央级政府承担。

12.1.4 房地产税制现状、问题及改革方向

1949 年新中国成立后，中央政府政务院决定征收房地产税。1951 年 8 月政务院公布了《城市房地产税暂行条例》。1973 年全国试行工商税后，将对企业征收的城市房地产税并入工商税中，城市房地产税只对城市房产管理部门、个人和外侨征收。十一届三中全会以后，为了有效发挥税收调节经济的作用，1984 年国务院决定对保有环节的房地产恢复征税，同时，考虑我国实行土地的社会主义公有制，避免对土地所有权征税误以为对国家征税，因

此，将房屋和土地分开征税。1986年9月国务院发布了《房产税暂行条例》，1988年9月发布了《城镇土地使用税暂行条例》。房产税和城镇土地使用税只适用内资企业和中国公民，对外资企业和外国人仍适用1951年8月中央人民政府政务院公布的《城市房地产税暂行条例》。2007年1月1日对外资企业和外国企业开始征收城镇土地使用税，2008年12月取消《城市房地产税暂行条例》，从2009年1月1日起外资企业和外国人适用《房产税暂行条例》。

（1）房产税

房产税是以房产为征税对象，按照房屋的计税余值或出租房屋的租金收入，向房屋产权人征收的一种财产税。其征税范围为城市、县城、建制镇和工矿区。计税依据有两种，一是，按房屋原值一次减除10%～30%后的余值乘以1.2%的税率计算缴纳；二是，单位出租房屋按租金收入的12%计算缴纳，个人居住用房产出租按租金收入的4%计算缴纳。

（2）城镇土地使用税

城镇土地使用税以拥有土地使用权的单位和个人为征税对象，以实际占用土地面积为计税依据，按照规定税额征收的一种税。其征税范围是城市、县城、建制镇和工矿区。税额标准为每平方米0.6～30元，具体税额标准由各省、自治区、直辖市人民政府根据本地的情况，在税法规定的税额幅度内确定。

（3）城市房地产税

城市房地产税以房地产为征税对象，以房地产价值和租金收入为计税依据，自用房地产按其价值1.2%的税率计算征收，出租房地产按租金收入18%的税率计算征收。其征税范围与房产税、城镇土地使用税基本相同，只是这个税种只对外资企业和外国人的房地产征收。因城市房地产税出台时间较长，一些政策规定与现实情况不相适应，随着中国加入WTO，内外税制要求统一，因此，城市房地产税的政策在实际执行中基本比照房产税政策执行，例如：征税范围、税率等。2008年12月国务院决定取消《城市房地产税暂行条例》，从2009年1月1日起外资企业和外国人适用《房产税暂行条例》，自此，城市房地产税使命结束。

虽然从2009年1月1日起，内外资企业和个人统一了房地产税制，但由于房产税和城镇土地使用税是20世纪80年代出台的税种，当时市场经济体制尚未建立，住房、土地使用制度尚未改革，随着我国经济的发展和住房、土地使用制度改革的不断深化，以及加入WTO，房产与土地分别设置税种，其税制本身存在的弊端突显出来：一是房产税的计税依据有价值和租金两种，其税负差别较大，极不合理，按租金收入征房产税又征营业税，有重复课税之嫌；二是因房地产的取得方式不同，在房产税计税依据中有的含地价、有的不含地价，造成税负不公；三是将物质形态不可分割、价值形态难以划分的房地产，人为地分开征税，缺乏合理性，增加了操作难度，也容易形成征管漏洞；四是房产税按房产原值征税，随着我国房地产市场的活跃，不同时期建造的房地产在价格上差距较大，造成企业间的税负不分平；五是房地产税收入规模小，土地按面积、房产按原值，税收缺乏弹性，房地产税难以随房地产市场的发展增加税收收入，限制了地方税收收入的增长空间；六是房地产税征税范围窄，限定于城市、县城、建制镇、工矿区，随着道路交通和经济的发展，城乡差别在缩小，坐落在农村的企业仍不缴房地产税，不利于不同区域间的企业公平竞争。

考虑我国房地产税制老化，存在诸多方面的问题，党的十六届三中全会提出，“实施城镇建设税费改革，条件具备时对房地产开征统一规范的物业税，相应取消有关收费。在统一税政前提下，赋予地方适当的税政管理权，创造条件逐步实现城乡税制统一。”（注：物业税即房地产税）。按照十六届三中全会精神，房地产税改革主要包括三个方面：一是统一税制，整合税种，将房产税、城市房地产税和城镇土地使用税合并，实现房产、土地合并征税，内外税制合并（2009年已完成），为经济发展创造公平竞争环境；二是以房地产评估价值作为房地产税的计税依据，客观地反映房地产价值和纳税人的承受能力，解决现行房地产税收制度存在的计税依据不合理问题；三是扩大征税范围，包括地域上和税基上的，赋予地方政府一定的税权，建立持续稳定的收入增长机制，为省以下地方政府提供收入来源，发挥税收对分配的调节作用，促进房地产市场的健康发展和土地的集约节约利用。

按照上述房地产税制改革思路，做好房地产计税价值评估，合理确定房地产的计税依据是改革和完善房地产税制的重要内容。从我国目前经济发展状况及房地产市场情况看，房地产统一按价值计税，在理论上讲得通，在实际中也可行。首先，我国实行土地使用制度改革后，将土地的所有权与使用权分离，土地使用权作为一项相对独立的权利，可以有偿取得，也可依法转让，因而土地使用权是有价的，这使按价值计税成为可能。其次，按价值计税符合我国市场经济的发展的趋势和客观要求。随着我国市场经济的逐渐建立和住房、土地使用制度改革的不断深化，房地产市场更趋于按价值规律运作，并日益在资源配置中起基础性作用。房地产特别是土地供需状况决定其市场价值，按价值计税能够客观地反映市场状况，不对市场造成扭曲，不影响房地产市场正常运作和发展，并促进资源的合理配置。再次，可以解决目前房地分别计税带来的税基重叠、税负不公的问题。最后，按价值计税，可以使房地产税的收入随房地产的增值而增加，对房地产税收的可持续增长及增加地方收入有积极作用。

12.1.5 评税的目的和意义

房地产税属于财产税类，房地产计税价值的高低决定应纳税款的多少，这是纳税人和政府都非常关注的问题。根据现阶段经济发展情况，和房地产市场的活跃程度，在我国建立一套完善的房地产评税方法和制度，合理确定房地产计税价值，按房地产评估价值计征房地产税具有重要意义。

（1）有利于解决计税依据不统一、税负不公平的问题

现行房产税是按会计账簿中记载的房屋原值扣除10%～30%后的余值计征或按出租房屋租金收入计征。在按原值计征的情况下，由于房屋取得方式、时间或记账方式的差异，计税依据的构成也会不同。购买的房产，以实际支付价款为房产原值，计税依据中包含了土地价值，而自建的房产，多数情况下土地价值被计入无形资产，计税依据中就不包含土地价值。即使从政策上规定土地价值和房产价值之和为计税依据，仍然无法解决通过划拨、租赁等形式取得的土地的情况下，纳税人账面上无土地价值的问题。可见，按会计制度规定确定计税依据，会造成计税价值构成不一致，导致税负不公。另外，随着我国经济的发展，房地产市场的繁荣，不同时期建造取得的房地产在价格上差别较大，也造成税负不公。同时，出租房屋以租金收入为计税依据，按照12%的税率计算的税额，和以原值为计税依据按1.2%的税率，所计算的税额相差很大，客观上也会形成税负不公。实行评税制度，对所有的应税房地产按照评估值计征房地产税，统一了房地产税计税价值的内涵，能比较客观地反映房地产价值和纳税人的承受能力，使多占有财产的纳税人多缴税，符合税收公平性原则。

（2）有利于实现财政收入随经济增长和城市化发展而增长

房地产价值增加在很大程度上是由于经济增长、城市发展、区域环境和基础设施条件改善以及地方政府公共服务水平的提高所引起的，纳税人作为受益人，其受益程度应与房地产纳税义务成正比。在现行的制度下，房产税以房产原值为计税依据，城镇土地使用税以土地使用面积为计税依据，税收收入不能随着经济和城市化的发展、政府公共设施投入的增加和

房地产的增值而相应增加。实行房地产评税制度，房地产增值了，税收收入也会相应增加，税收收入提高，地方政府增加公共服务的投入，改善区域环境，房地产价值得以增加，税收收入又会增加，有利于形成房地产税收与区域经济发展和地方政府提供公共服务之间的良性循环。

(3) 有利于进一步发挥税收的经济调节作用

税收不仅具有筹集财政资金的作用，而且还具有很强的经济调节作用。实行房地产评税制度后，一方面改变土地从量征税的现状，实行从价计征，增加土地使用成本，可以促进土地资产的合理流动，有效地配置土地资源，促进土地的集约节约利用。另一方面对房地产按评估价值征税，客观地反映了不同房地产的价值差异和纳税人的负担水平，达到占用房地产资源多的多缴税，占用少的少缴税，发挥税收对房地产资源占有量的调节作用，促使人们节约利用好房地产资源。此外，政府还根据客观经济发展状况和当地的财力水平，通过调整计税价值标准或税率，适当增加或减少房地产税税收规模，充分体现房地产税作为地方税种的特性，发挥税收对经济的调节作用，促进房地产市场的健康发展。

(4) 有利于与国际房地产税税基确定方式接轨

按房地产评估价值征税是房地产税制发展的方向，也是世界上许多国家和地区广为采用的方法。国际主流做法是房地合一，按评估值征税，如美国、英国、日本、法国、加拿大、澳大利亚等很多发达国家在房地产保有环节均实行按评估值征收房地产税的制度。尽管各国的具体做法不尽相同，但通过多年实践已形成了基本一致的原理、规程和确值标准，并为各国提供了较为稳定的税收来源。许多发展中国家也正在致力于这方面的研究和实践，如拉脱维亚、爱沙尼亚将计税依据由从量计征改为从价计征，并建立一套完整的税基评估体系，包括评估标准、评估机构、评估人员等，这符合房地产税的发展趋势。

12.2 房地产评税工作的特点及原则

12.2.1 房地产评税工作的特点

房地产评税，是以课税为目的房地产估价，是遵循一定的原则，按照一定的程序，选择适宜的方法，在综合分析房地产价格影响因素的基础上，对一定行政区域内所有应税房地产在评税时点的计税价值所进行的估算与评定的活动。房地产评税是房地产估价的一种，因此，要遵循房地产估价的一般原理，运用房地产估价的基本方法，所用基本数据、资料及考虑的因素也与其他的房地产估价行为大致相似。但是，由于评税工作在估价时点、数量、范围、成本、工作时限等方面具有特殊要求，因此，房地产评税有其独特的特点。

(1) 价值标准具有特殊性

房地产评税是为征税服务的，评税结果将作为房地产税的计税依据，其价值标准不会偏离市场价值，但不一定是百分之百的市场价值。一般将房地产评税价值标准定义为“计税价值”(taxable value)，即为了房地产征税目的，根据房地产税收有关法律、法规的规定，在充分考虑到纳税人的税负水平和承受能力的前提下，以房地产的公开市场价值为参考，忽略影响房地产价值的少数个性因素和房地产在评税时点所承受的他项权利及土地取得方式，兼顾公平与效率原则，采用适当的评税方法评估出的应税房地产在评税时点的价值。

(2) 评税范围广，海量评估

房地产评税是一种政府行为，需要根据一国的房地产税制对征税范围内的全部应税房地产价值进行评估。在房地产市场发达国家，房地产税法规定对所有房地产（除公益性和政府的）都征税，包括个人居住用房，房地产评税基本涵盖所有房地产，评税范围广，估价对象在空间分布上表现为覆盖性特点，覆盖城乡整个征税区域。基本有多少房地产，就有多少评估对象，被评估的房地产数量巨大，相对于一般房地产的估价，可以称得上是“海量评估”。

（3）评税工作具有周期性和连续性

房地产评税从本质上讲是一种重复性估价活动。因保有环节的房地产税每年征收一次，房地产计税价值与房地产市场价值密切相关，特别是房地产市场价值变化较快时，需要根据房地产市场及经济发展情况定期对房地产计税价值进行重新评估。从按评估值征收房地产税国家情况看，一般每3～5年评估一次。因此，评税工作必须有连续性，包括对纳税人的信息、房地产的信息、房地产市场交易的信息都要连续的跟踪、记录、整理与存储。当房地产市场价格变化较明显时，评税周期会缩短。如果房地产市场价格稳定，评税周期可以适当延长。

（4）评税时点统一性

税收立法的原则是公平、公正、公开，因房地产不同时点的价值差别很大，因此，评税要求必须对所有应税房地产按同一时点进行价值评估，即相同年份的计税价值评估只能统一为一天，一旦决定征税的基准年或者基准日期，就以同一天，例如年初、年终或年末某一天，所有房地产以这一天的价值作为计税价值。这样才能保证全国适用一个统一的房地产税法，以同一个时点的价值征税，才能保证税收的公平、公正。同时，房地产税是按年征收的，每年征收一次，要求评税时点要有一定的时效性，一般将评税时点定为现在，而不是定在过去或将来某个遥远的时点。

（5）注重整体公平性

评税的对象是同一区域内的所有应税房地产，其目的是为了征税的需要，税收的公平性是制定税法的一条重要原则。评税房地产数量巨大，房地产结构、用途、取得方式等千差万别，如果每宗房地产所有的影响因素都予以考虑，虽然结果上准确，但会增加成倍的工作量和评税成本，影响评税的效率。因此，房地产评税主要基于成本与效率双重考虑，非常注重评税过程的标准化和程序化，事先需要财税部门、房地产管理部门、评估专家共同研究设定本地技术标准及评税参数，同一用途的房地产，采用的方法和指标体系往往相同或相近，然后将参数、技术标准固化到计算机中，一旦固化不容许随意变动，注重保证评税结果的整体公平，不过分关注房地产个别细节，以保证评税公平和高效。评税工作既要考虑公平地对待评税区域内的每个纳税人，还要考虑地区间的平衡，城市与城市之间，省与省之间的平衡，避免地区间不当的税收竞争。

（6）评税费用通常由政府承担

房地产评税范围广、政策性强，需要遵循统一的评税规则和方法，这就要求评税部门应是相对独立的，不受任何条件和需求的制约，这样才能保证评税结果公平、公正。同时，要求评税部门对评税结果，既要对国家负责，又要对纳税人负责，才能保证评税结果为大多数纳税人所接受，减少评税争议处理，保证税款足额征收。因此，房地产评税必须是一种政府行为，不向纳税人收取任何费用，其相关费用作为征税成本的一部分，由政府负担，这样才能保证评税部门不受利益左右，保证评税结果的客观、公平。

（7）批量评税为主，个案评税为辅

房地产评税是要对征税范围内所有房地产进行估价，其评税范围广、工作量大。因此，为了满足花费合理的税收成本，在短时间内评估出大量房地产价值的需要，房地产评税只能借助于计算机，以计算机批量评税为主，以个案评税为辅。对于绝大部分应税房地产，是依据房地产估价原理，建立批量评税模型，结合计算机、地理信息系统等技术，一次性评出所有应税房地产的价值。只有对不宜通过批量评税确定计税价值的特殊房地产（如建筑结构特殊、经营性质特殊、规模庞大、价值量巨大、保有数量稀少等），才由专业人员选用适合的评税方法进行个案评税。

12.2.2 房地产评税基本原则

房地产评税基本原则是指评税工作应当遵循的法则和标准。评税工作既要独立、客观、公正，又要高效、节约。应遵循的基本原则主要有以下几项。

(1) 合法原则

合法性是国家各项法律、法规贯彻落实的前提条件。合法原则贯穿评税工作的自始至终，要求评税基础数据、评税工作程序、评税方法、评税结果及评税机构都要合法，合法原则贯穿评税的全过程。

基础数据合法是指评税所需要的基础数据，包括房地产市场基础数据、房地产税源数据和房地产技术标准数据都应该通过合法的渠道取得，保证数据的真实性和准确性。市场基础数据应从相关政府部门或比较规范的房地产中介机构取得，如建安造价资料、间接费用资料应从工程造价管理部门取得，基准地价资料应从土地管理部门取得，房屋交易或出租案例资料应从房屋交易管理部门、产权登记部门或规范的房地产中介机构取得。税源数据主要从政府主管部门批量导入或纳税人自行申报确认的方式取得，保证评税数据和资料合法有效。

评税工作程序、评税方法的应用和评税结果合法是指评税工作程序和评税方法要以法规的形式固定下来，评税工作必须以相应的法规规定为依据，保证评税结果有据可查，客观公正。评税机构合法是评税机构按国家法律法规批准设立，拥有执业资格，遵守行业规范，按规定范围进行评税，对评税结果负责，保证评税结果合法、公正、客观。

(2) 公平原则

公平原则要求评税符合房地产估价的基本原理，客观反映房地产市场价值的差别，同等情况下的房地产评估出的价值应基本相同，不同情况下的房地产评估的价值是有差别的，也就是说不论是横向比，还是纵向比都要公平合理。

房地产计税价值的高低决定税收负担的多少。为体现公平、合理负担的原则，地段相同、实体状况相似的房地产，其房地产计税价值应相同，负担的房地产税收也相同，这是横向公平，即处于同等条件下的房地产价值相同。市场价值高的房地产，其计税价值高，纳税额也高，这是纵向公平，即不同的房地产，其评税值应有一个合理的价值差，负担不同等的税收。

(3) 效率原则

效率原则是在合法性和公平性原则的前提下进行的，效率原则要求用尽可能少的人力、物力、财力消耗，取得最大的税收收入，税收成本占税收收入比例较小。效率原则体现在房地产评税上，就是在较短的时间内，以最少的成本，公平地，同时评估出所有应税房地产的计税价值。要实现效率原则的要求，一是同一城市制定统一的技术标准和相关参数，采用合适的评税方法，使评税工作既标准化和制度化，又简明、易操作。统一的技术标准能保证评税结果总体公平，易于纳税人理解接受，同时，减少评税争议处理。二是利用先进的信息技术计算机，注重主要因素对房地产税计税价值的影响，适当忽略一些微小的个性差异，将统一的技术标准和相关参数固化在计算机里，使评税具有标准化和批量化的特点，减少评税的工作量，提高评税效率，使评税过程变的简便快捷，降低评税成本。同时，避免人为因素利用工作之便为个人谋利益。三是加强与房地产相关部门的合作，充分利用各部门已有的信息与资源，采取从本地房地产相关部门、税收征收管理系统信息数据直接导入方式，以减少数据采集的工作量。

（4）时点原则

评税时点是计税价值评估结果对应的日期，通常以公历年月日表示。评税时点原则要求所有应税房地产评估价值的时间点都相同，就是不管是以什么方式取得的房地产，也不管取得的时间先后，评税评的都是同一天的应税房地产价值水平，即评税结果反映应税房地产在评税时点的客观合理价格或价值。同一纳税年度或是同一周期房地产，评税时点是同一天，只有这样，才能保证评税结果的公平与公正。

影响房地产价值的因素是不断变化的，主要受经济状况和房地产市场活跃度影响，原来评税时点上评出的房地产价值，与现在相同的房地产在价值上存在较大的差距，即同一应税房地产在不同评税时点，计税价值也会有所不同。国家每年在城乡基础设施建设上都有很多投入，现有房地产价值会随着城乡道路、交通等基础设施的改善而增值。所以，房地产的计税价值也应随国家经济发展状况和房地产市场变化进行调整，对房地产评税时点需要进行定期调整，使评税结果反映的是应税房地产客观合理价值。

评税价值既要体现房地产市场价格的变化，又要保持相对的稳定，不能是市场有些变化，就要调整评税价值。征税是需要一个相对稳定的执行环境，因此，评税时点制定后既不能一成不变，也不能随时进行调整，应根据国家经济状况和当地房地产市场发展变化情况进行定期调整。

（5）替代原则

替代原则是各种估价方法的基础，替代原则用在房地产估价上，是指两个或两个以上类似房地产的价格基本相同。类似房地产是指在用途、规模、档次、建筑结构、权利性质等方面与估价对象相同或相近，并与估价对象处在同一区域范围内的房地产。替代原则要求房地产估价结果不得明显偏离类似房地产在同等条件下的正常价格。

根据经济学原理，在同一供求范围内，相同的商品具有相同的价值，房地产价格也符合这一规律。由于房地产的独一无二特性，使得完全相同的房地产几乎没有，但在同一市场上具有相近效用的房地产，其价格是相近的。在现实房地产交易中，任何理性的买者和卖者，都会将其拟买或拟卖的房地产与类似房地产进行比较，任何买者不会接受比市场上的正常价格过高的价格，任何卖者都不会接受比市场上的正常价格过低的价格，最终使类似的房地产价格相互牵制，相互接近。

替代原则用于具体的房地产估价，需要注意下列两点：

① 如果附近有若干相近效用的房地产，且知其价格，则可以依据替代原则，由这些相近效用的房地产的价格推算出估价对象的价格。在通常情况下，由于估价人员很难找到条件完全相同、可供直接比较的房地产的价格作依据，因此，实际上是寻找一些与估价对象具有一定替代性的房地产作为参照物来进行估价，然后根据其间的差别对价格做适当的调整修正。

② 在评估房地产价格时，不能孤立地思考估价对象的价格，而要考虑相近效用的房地产的价格牵制。特别是批量评估同一个城市、同一时期，同一估价目的的房地产，地段相同、实体状况相似的房地产，其房地产计税价值应相同。不同位置、档次的房地产的估价结果应有一个合理的价格差，尤其是好的房地产的价格不能低于差的房地产的价格，大城市最高房价一般应高于中等城市最高房价，中等城市最高房价一般应高于小城市最高房价，小城市最高房价一般应高于建制镇、工矿区最高房价。

12.2.3 房地产评税与评估的联系与区别

房地产计税价值评估，即房地产评税，是以课税为目的房地产估价，是遵循一定的原则，按照一定的程序，选择适宜的方法，在综合分析房地产价格影响因素的基础上，对一定行政区域内所有应税房地产的在评税时点的计税价值所进行的批量估算与评定的活动。

房地产评估是根据估价目的，遵循估价原则、按照估价程序，选用适宜的估价方法，并在综合分析房地产价格影响因素的基础上，一般是对委托人需要估价的单宗房地产在估价时点的客观合理价格或价值进行测算和判定的活动。

房地产评税隶属于房地产估价，由于房地产评税与评估目的不同，评税与一般性质的评估既有联系又有区别。联系：两者遵循的估价原理相同；所用基本数据、资料及考虑的因素基本相同；所选用的方法、估价原则基本相同。例如都是在某个特定时点下，根据房地产的法定用途，考虑某些影响房地产价值的重要因素，选取恰当的评估方法对房地产价值进行评估。

但是两者还是有本质区别的，房地产评税目的是为了政府合理地取得税收，因而，它是一种政府行为，除考虑房地产评税工作的科学、合理、客观、公正原则外，还要考虑其他因素：一是行政成本，因为评税工作不能向纳税人收取任何费用，政府投入的资金也是有限的，要尽可能减少税收成本；二是评税工作具有连续性，因为保有环节的房地产税是每年征收，计税价值需要根据房地产市场及经济发展情况定期进行重新评估，评税工作要有连续性，包括对纳税人的信息、房地产的信息、房地产市场交易的信息都要有连续的跟踪、记录、整理与存储；三是评税工作的一致性，评税除了考虑公平地对待评税区域内的每个纳税人外，还要考虑地区间的平衡，避免地区间不当的税收竞争。此外，评税工作还要与税收征收管理工作相协调。因此，为了征税目的而进行的估价与为了其他目的而进行的估价相比，在评估范围、要求、评估方式、评估结果等方面有所不同。

(1) 目的不同

评税根据房地产税征税需要，受政府委托确定房地产税税基，是对一个区域内所有应税的房地产进行估价，评税数量大、范围广，目的单一。一般由税务部门或政府下设的评税机构负责这项工作，不向纳税人收取任何费用，所需开支由政府预算解决，属政府行为。根据房地产市场和经济发展情况，需要定期重新评估房地产价值。因此，评税是一种重复性估价活动，有大量的工作要做。特别是评税初期，需要采集所有应税房地产信息；建立评税领导和组织机制；制定评税技术标准；建立批量评税计算机系统；对评税模型和结果进行检验等，评税工作量较大，很难在短时间内完成一系列工作。因此，房地产税按评估值征税初期，应给一定时间的准备期，至少1年。

评估一般是根据房地产交易、经济往来需要接受客户委托，满足各种目的经济活动的需要，如货款、抵押、重组、投资、拆迁、所有权转移等，其估价具有偶发性和交易随从性的特点。评估数量多少取决于客户需求、房地产市场和经济往来的活跃程度，估价对象一般不会覆盖整个城乡区域，房地产市场不活跃的地区，评估需求量就更小。一般是估价一宗或单个房地产，多属商业行为。由房地产评估中介公司承担这项工作，并会按所耗费的工作量向房地产评估委托人收取一定的估价费，属一次性的商业行为，很少重复进行。因此，评估工作量较小，很容易在短时间内完成工作任务。

(2) 要求不同

评税要求评税技术标准的一致性、评税时点的统一性和评税结果的公平性。即：一个区域的房地产必须制定统一的评税技术标准和相关参数，这些技术标准和相关参数是经过房地产各方面的专家研究制定，经过房地产市场检验，地方政府认可批准，具有一定公信力，能被绝大多数纳税人所接受的标准。税收公平性原则要求，评税时点必须统一，必须是对所有应税房地产同一时点的估价，相同的房地产（外部环境、建筑结构、用途、档次、成新度），单位面积的评税结果应基本一致，不同的房地产，评税结果有一个合理的价值差。

房地产评估强调评估结果的准确性，其价值标准是市场价值或者称为公开市场价值。因为，房地产是一种价值量很高的商品，房地产交易、抵押、拆迁等活动都要求评估结果准确，结果的任何失真都会对当事人造成较大的影响。房地产评估的时点是根据客户估价要求确定下来的，估价需求与估价结果对应的日期就是估价时点，而不是房地产评估的哪一天，它的估价时点可以发生在任何时间，过去、现在和将来都有可能。

(3) 方式不同

由于评税是对所有应税房地产的估价，评税数量大、范围广，要想满足公平与效率并重的原则，就必须利用计算机，采取批量评税的模式，辅以个案评税。因此，非常注重评税过程的标准化和程序化，事先需要财税部门、房地产管理部门、评估专家共同研究设定本地技术标准及评税参数，同一用途的房地产，采用的方法和指标体系往往相同或相近，然后将参数、技术标准固化到计算机中，一旦固化不容许随意变动，以保证评税公平和高效。

评估注重精准性，一般是公开的市场价值，估价目的不同，相同的房地产评估的结果也有一定差别，既反映公开的市场价值，也要满足委托方的要求。视估价对象和估价目的，多采取一房（地）一评，个案评估方式与其他房地产之间没有直接的比较关系。

(4) 结果不同

评税值一般是根据年度财政预算的需要，以市场价值为基础确定的。评税的目的决定评税的结果不能背离市场价值，又不一定是绝对的市场价值，通常低于市场价值，这样便于大多数纳税人接受，减少争议处理量，从而达到降低税收成本的效果。

评估一般为市场价值或委托人认可的价值。根据估价目的不同，其价值可能多种，如：快速变现价值、清算价值、投资价值、抵押价值等。

12.3 房地产评税的方法

评税是对所有应税房地产的估价活动，评出价值要作为房地产税的计税依据，因此，评税工作责任重大，既要对国家负责，也要对纳税人负责，应按照税收工作要求，从始至终必须贯彻合法、公平、节约成本和高效率的原则。这就要求：一是在房地产基础数据取得方面，利用房地产管理权威机构对社会公布的具有社会公信力的数据作为评税的基础数据，如土地基准地价、房地产建安造价；二是评税必须要设定统一的技术标准和统一的参数，以保证评税工作的公平性；三是评税必须借助于现代化工具——计算机，以保证评税工作的高效、快捷；四是将技术标准与计算机有效地结合，也就是评税的全部操作流程、技术标准、参数经过专家研究论证和政府部门的认可后，固化在计算机内，以保证评税工作的统一性；五是利用估价原理，建立各种评税模型，实现纳税人基本房地产信息与计算机内固化的评税技术标准比对，从而达到在同一时点利用计算机评估出所有纳税人房地产价值，满足房地产计税价值批量评估的要求。这就叫房地产批量评税。

批量评税是以成本法、市场比较法和收益还原法等估价方法为理论基础，运用数理统计原理建立评税模型，结合计算机、地理信息系统等技术，在评税时点一次性对多宗应税房地产进行的评税活动。对不宜通过批量评税确定计税价值的特殊房地产（如建筑结构特殊、经营性质特殊、规模庞大、价值量巨大、保有数量稀少等），由专业人员选用适合的评税方法所进行的评税活动叫个案评税。

房地产评税包括批量评税和个案评税两种方法。以批量评税方法为主，对于不宜批量评税的房地产，才采用个案评税。

12.3.1 成本法批量评税

成本法批量评税是利用成本加利润等于价格的原理，以成本法估价方法为基础，分别评估出所有应税土地和房产价值，两者之和就是房地产价值。具体采用基准地价修正法评估的土地价值，采用重置成本法评估的房产价值，利用房地产管理权威机构对社会公布的房地产基础数据，运用数理统计原理建立成本法批量评税模型，结合计算机、地理信息系统等技术，也就是将统一技术标准固化在计算机内，用应税房地产的区域条件和个别条件等与其固化在计算机统一技术标准相比较，在评税时点一次性对所有应税房地产进行估价。

成本法批量评税适用于房地产市场欠发达，缺乏交易案例，无法采取市场比较法估价房地产价值。因此，成本法适用于大部分类型的房地产的计税价值评估。当房地产是新的或相对较新的时候，成本与市场价值密切相关，成本法可以很好地评估房地产价值。当有足够的资料来衡量房地产的折旧时，成本法也同样适用。成本法特别适用于不常交易的工业房地产，更适合有独特设计，以及具有特殊用途的房地产。

成本法批量评税的技术路线是：以房屋土地主管部门的有效政策规定和房地产市场的实际数据为基础，参考专家的经验数据和判断，采用基准地价系数修正法评估应税房地产的土地价值，采用重置成本法评估房产价值，二者之和即是房地产评估值。成本法批量评税的基本公式是：

房地产计税价值＝土地评估价值＋房产评估价值

单位土地评估价值＝基准地价×各种修正系数

单位房产评估价值＝(建安造价＋间接费用)×成新率

12.3.2 市场法批量评税

市场法批量评税是用所有应税房地产与地理位置相近、用途相同、近期内市场交易的房地产价格相互比较，然后对类似房地产的价格进行交易日期、楼层、朝向等相关因素修正，一次性对所有应税房地产在同一时点的价值进行的估价活动。

具体来讲，就是根据市场法估价的基本原理，对征税范围内所有应税房地产进行分类分区，借助计算机系统，运用数理统计原理，将城市划分若干个小区域，把影响房地产价值的规律性因素归纳总结，建立覆盖征税范围内房地产不同类型的评税数学模型，将不同的模型一次性固化在计算机内，所有应税房地产与相应的分区分类房地产模型进行比较，得出应税房地产的计税价值。

市场法适用房地产市场发达，交易活跃的地区，包括房地产开发用地、普通商品住房、高档公寓、别墅、写字楼、商铺、标准厂房等。那些很少发生交易的房地产，如特殊厂房、纪念馆、古建筑、教堂、寺庙等，则难以采用市场法进行评估。

目前国际上通行的市场法公式有将修正、调整系数连乘和累加两种形式。其中，修正、调整系数连乘形式为：

待估房地产评估价值＝参考物交易价值×交易情况修正系数×交易日期修正系数×房地产状况调整系数 (12-1)

修正、调整系数累加形式：

待估房地产评估价值＝参考物交易价值×(1＋交易情况修正系数＋交易日期修正系数＋房地产状况调整系数) (12-2)

或

$$待估房地产评估价值=参考物交易价值\times日期调整系数\times(1+交易情况修正系数+房地产状况调整系数) \quad (12\text{-}3)$$

连乘形式与累加形式相比，连乘形式更加科学，而累加形式更便于计算。在我国，市场法评估多采用连乘形式。

应税房地产数量较多，如果对大城市上百万套房地产逐个进行估价，很难在短时间内完成。因此，批量评税将房地产按价值和属性特征相同的原则分为几类，如：住宅按价值标准可划分为普通住房、高档公寓、别墅；按建筑结构可划分为砖木、砖混、钢混、钢结构等，可分别制作成若干个不同的房地产价格标准。

房地产的分类与分区是结合在一起的，分区是区分房地产用途，将应税房地产按照地段、区域相连、价值相近的原则划分为若干个小的区域，又将此小区域内房地产按不同类型进行分类，反映出不同区域房地产和相同区域各类房地产的价格水平，将不同区域和相同区域各类房地产按价格标准建立各种评税数学模型，用应税房地产套入在计算机内设定好的相应的数学模型，最终求出房地产价值。这样就能保证公平、高效批量评估应税房地产价值的需要。

12.3.2.1　直接比较法

市场法中的直接比较法是指利用参照物的交易价格及参照物的某一基本特征直接与评税对象的同一基本特征进行比较而判断评税对象价值的一类方法。

直接比较法评估的待估房地产价值是以同一分区内实际发生交易的房地产价值为依据，其优点是评估值更接近于公开的市场价值，易于被公众接受；缺点在于必须具有大量的可比交易实例，且交易实例库维护周期比较短，需要不断地更新可比实例，增加工作量；若在某一分区内没有可比实例，则无法应用直接比较法评估。所以直接比较法更适合于交易量适中，可比实例易于取得，规划齐整的中小城市应用。

(1) 技术路线

以建成小区为基本单位，选取可比实例，确定可比价格基础，求取居住用房地产评估价值。这样做的优点是减少了可比实例的修正项目。因为同一小区内的房地产，其区位相同，建成时间一致相近、建筑结构相近、用途相同、规模相当、档次相当、权利性质相同，所以节省了房地产区位修正工作。缺点是需要大量的可比交易实例，若可比实例库无法满足评估需要，要采用聘请专业评估机构选点评估的办法，增加了评估成本。该技术路线适用于规划整齐，建成小区完备，房地产交易量活跃的城市。对于可比实例的选择，主要通过地税部门征收契税的基础数据、房地产开发公司销售房屋的基础数据和政府相关部门的房地产交易资料三种途径取得。这三种获取可比实例的办法，得到的都是正常交易时的价值（如交易价值低，地税征管部门会以评估出来的正常市场价值来征税；而在申报房产契税的时候，以高于正常市场价值来申报契税的人非常少），所以不必再对交易情况进行修正，简化了评估程序。

(2) 基本公式

待估房地产评估价值=参照物交易价值×交易情况修正×区域修正×个别因素修正×交易日期修正

其一般数学公式为：

$$P=P'\times A\times B\times C\times D \quad (12\text{-}4)$$

式中，P 为待估房地产评估价格；P'为可比交易实例价格；A 为交易情况修正系数；B 为交易日期修正系数；C 为区域因素修正系数；D 为个别因素修正系数。

12.3.2.2 间接比较法

市场法中的间接比较法是指设想一个标准房地产，以此标准房地产为基准，将评税对象基本特征与标准房地产的同一基本特征进行比较而判断评估对象价值的方法。

间接比较法评估的待估房地产价值是以设想的标准房地产价值为依据，其优点是不需收集大量的可比交易案例，不需要建立可比实例库；缺点在于待估房地产没有实际发生的交易案例做支撑，评估结果不易被公众接受。所以，间接比较法更适合由于交易量巨大而很难建立或维护可比实例库，城市功能齐备的大城市应用。

(1) 技术路线

设定标准房地产，运用统计学、计量经济学定量分析方法，通过构建房地产价格影响因素指标体系，综合考虑房地产价格影响因素，确立特征价格模型，评估基期时点房屋交易计税基准价格；并建立修正体系，将待评估房地产与标准房地产进行比较，将待评估房地产与标准房地产之间的房地产状况差异程度转换为价格差异程度进行调整，得出待评估房地产计税基准价格。运用最小二乘法拟合计算房价变动比率，生成不同评估时点动态更新的计税基准价格。

(2) 基本公式

房屋评估值＝基期时点标准住房评估值×修正系数×(1＋房价变动比率)　　(12-5)

(3) 工作流程

房屋分类：对所有应税房屋按用途进行分类，包括工业、商业、居住、综合用途等，也可按类别细分，比如居住类又分公寓和别墅、排屋。

评税分区：对相同用途的房屋，根据行政区划、自然屏障或经济发展程度以及影响房地产价值因素情况等，按价值相似情况建立评税分区。

设定标准房：标准房屋的设定包括房屋性质、土地性质、评估时点、所在楼层、朝向、建筑面积等条件。

评估基准价格：运用特征价格法求取基期评估时点标准房屋的基准价格。

修正因素调整：设定修正系数表，将待评税房屋与标准房屋进行比较，根据影响因素不同，求取评估价值。

动态周期运算：运用最小二乘法计算待评税房屋在不同评估时点的评估价值。

具体流程见图 12-1。

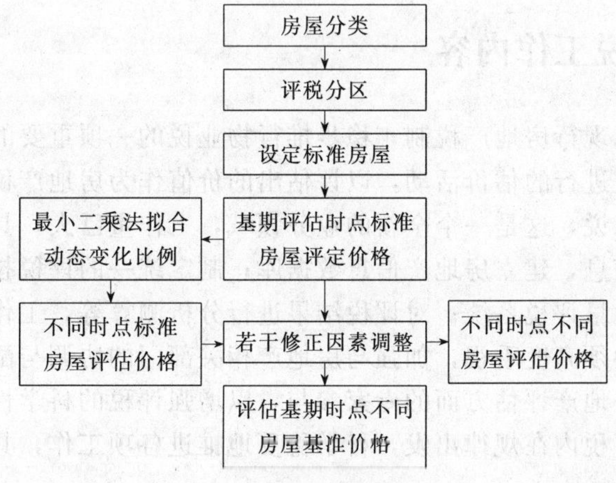

图 12-1　动态周期运算流程图

12.3.3 收益法批量评税

收益法批量评税是以收益法估价理论为依据，以收益法估价方法为基础，采用求取被评估房地产现有收益或潜在收益，通过折现还原确定待评估房地产价格的方法。在用收益法进行评估时，可以把购买房地产视为一种投资对象，购买房地产的款项作为取得房地产未来收益而投入的资本，则投入资本的大小与未来收益的大小有必然的联系。因此，评估有收益的房地产的价格时，只需确定房地产现在收益的大小和未来收益的变化，选用适当的折现率将收益与资本的必然联系反映出来，就可以求出待评估房地产和购置价格。由此可见，收益法就是将待评估房地产未来各期的正常纯收益以某种适当的折现率折算为估价时点的现值，求其之和，从而得出待评估房地产的价格。

收益法适用的对象是有收益或有潜在收益的房地产，如住宅、写字楼、酒店、商店、影剧院、加油站、标准出租厂房、出租车位等。

例如，某人有一房地产，每年可产生 20 万元的纯收益，同时，此人有 400 万元货币，以年利率 5％的条件存入银行可以得到与所述房地产同额的收益，那么，理论上这一房地产与 400 万元的货币等价，该房地产价格应为 400 万元。这个例子说明，用收益法估价房地产价值关键在于理解好收入流与价值之间的关系。

运用收益法要考虑以下条件：

① 待评估房地产未来年收益可以用货币计量。由房地产提供的收益包括有形收益和无形收益。前者如出租房地产每年所获得租金收入；后者如房地产使人们生活舒适方便性的增加。

② 纯收益的产生是连续的。

③ 年纯收益在数量上还必须是稳定的。

④ 资本化率是可以确定的。

⑤ 取得收益过程中的风险是可以计量的。

估价的一般操作步骤：

① 收集并验证与估价对象未来预期收益有关的数据资料，如估价对象及其类似房地产的收入、费用等数据资料。

② 预测估价对象的未来收益（求取纯收益）。

③ 求取报酬率或资本化率、收益乘数。

④ 选用适宜的收益公式计算收益价格。

12.4 房地产评税工作内容

房地产评税是改革现行房地产税制，稳步推行物业税的一项重要的基础性工作。评税是对所有应税房地产价值进行的估价活动，以评估出的价值作为房地产税的计税依据，对于广大税务部门工作人员来说，这是一个全新的业务领域，工作量巨大，具有很强的挑战性。从全面采集房地产相关信息，建立房地产信息数据库；制定统一的评税技术标准；利用房地产估价原理建立房地产批量评税系统；对评税结果进行分析测算等，工作量大而艰巨。要做好此项工作，各级政府必须高度重视，加强与房地产相关部门的协调与配合，建立部门信息共享机制，同时，吸收房地产评估方面的专家参与，以增强评税的科学性和公信力。因此，要做好这项工作必须从评税内在规律出发，科学稳妥地推进各项工作，具体应从以下几方面做好这项工作。

12.4.1 评税的组织安排

（1）建立组织领导机制

评税地区应该建立由当地政府直接领导，财政、房产、土地、建设、规划和物价等相关政府部门积极配合，地方税务局具体落实的领导工作机制。主要原因是：一是房地产税属于地方政府的财政收入，房地产计税价值的高低决定了应纳税款的多少，因此评税工作具有非常重要的财政意义，必须要得到地方政府的高度重视；二是评税的实践操作中需要房产、土地、建设、规划和物价等政府部门提供的相关信息，工作的协调程度较高，客观需要政府层面的大力支持。具体操作中可以通过成立相应的工作领导小组、建立评税工作联席会议的形式予以落实。

(2) 导入专家辅助机制

对地方税务机关而言，评税工作是一项全新的业务领域，技术含量大，专业性强。相比较之下，高校、研究机构和专业房地产估价事务所专业能力突出，智力优势明显。地方税务部门将自身丰富的房地产税征收管理经验与这些专家的专业和智力优势结合起来，将会有力地促进评税工作的开展。实际工作中，地税部门可以聘请有房地产评估实践经验的估价师、房地产管理部门的业务骨干参与，他们具有较好的实战经验和丰富的管理知识，能够在评税技术方面给予有力的专业支撑，确定评税指标经验值、开展评税结果评审检验，参与评估争议处理等。

(3) 成立评税实施工作组

成立由懂房地产税收政策、房地产评估、计算机、统计等方面知识的人员组成的评税实施工作组，人员知识结构要尽量全面，因为评税需要将多学科知识综合在一起，才能保证评税工作的顺利实施。如：税收征管人员提出房地产税业务需求，房地产评估人员提出技术标准框架，计算机人员开发维护评税系统，统计人员进行分析验证评税指标值、开展评税结果校验等。只有上述各方面人才很好地合作，对评税相关知识都有所了解，将不同知识融为一体，结合当地的房地产税征管和市场情况，才能提出适合当地的房地产评税技术标准，建立适合当地的评税计算机系统，评估出具有公信力的房地产价值，从而，减少争议处理，真正做好房地产评税工作。

(4) 建立评税工作机构

评税工作量大，而且责任重大，国外按评估值征税的国家一般都有专门机构和人员做这项工作。我国处于起步阶段，评税工作专业性强，要求工作有一定的连续性，要想继续做好这项工作，必须在地方税务部门建立职责明确、人员稳定的评税工作机构。其主要职能是负责落实评税的各项工作，处理评税工作中的日常管理事务。如制定评税工作方案、公布评税方法和技术标准、开发推广批量评税软件、负责外部数据的交换和处理、开展评税结果的测算分析、组织相关的培训等。客观上讲，评税工作机构的工作人员需要具备房地产税收、房地产估价和计算机等多方面的基本知识。因此，从评税工作的前瞻性上考虑，地税部门要有意识地引进和培养相应人才。

12.4.2 评税的技术准备

(1) 建立批量评税技术标准

从批量评税的需求出发，调查了解本地房地产市场情况，分别从相关部门获取土地、房产价值构成因素数据，分析比较这些数据与现实房地产市场价值的差别，结合本地房产市场情况，提出本地房地产分类标准，如：房地产按工业、商业、居住、综合分类；根据房地产价值的可比性情况和准确评估房地产价值的需要，将一个城市划分若干个小区域；提出土地、房产价值构成标准及相关修正因素，从而建立符合当地房地产市场的批量评税技术标准。适宜的批量评税技术标准要符合以下 4 个基本要求：一是方法上要体现多样性，要围绕成本法、市场法和收益法三种房地产经典评估方法，建立相应的技术标准体系；二是技术上要有可行性，评税所需要的数据均有切实可靠的来源；三是操作中具有可行性，简便但实用，符合税收征管对成本和效率的要求；四结果的客观公平性，评税结果要基本接近市场交易价值，同时，要充分体现评税结果的公平性，有利于提高评税结果的社会认可度。

(2) 采集房地产管理数据

批量评税技术标准确定后，评税部门最重要、最核心、最具体的工作就是要采集被评估应税房地产的相关数据。从目前情况看，主要是对生产经营性房地产价值进行估价，因此，评税部门主要从两个方面取得被评估房地产的数据：一是依靠税务部门对纳税人房地产税的日常管理，从税务部门征收管理系统直接导入房地产相关信息，同时，可利用纳税申报，直接向纳税人调查采集；二是从房产、土地管理部门获取的房地产数据。调查采集，是指评税部门根据不同批量评税方法对房地产数据的具体要求，设计制作调查表样，安排基层工作人员对待评估房地产进行数据项的采集。外部获取数据是指评税部门通过数据交换和共享，从房产、土地管理部门取得待评估房地产的登记管理数据。当然，由于房产、土地管理部门的相关数据本身不是服务于评税管理的，评税部门必须在进行相关数据处理加工后才可运用到评税操作当中。从长远看，房地产税征税范围扩大，个人住宅纳入房地产税征税范围，房地产相关信息就须从多部门、多渠道获取，如：个人、家庭信息从公安、民政部门取得；一些经验、实例数据可以从具有一定资质的数据处理中心或房地产中介取得等。

(3) 开发批量评税信息管理系统

要实现批量评税的目标，必须借助计算机技术，建立完善的批量评税信息管理系统。借助计算机技术的支撑，可以使评税工作变得简便快捷、公平标准，这也是目前国际上普遍通行的做法和实践经验。开发批量评税信息管理系统要结合各地地税机关的现有征管信息系统，要以先进的数据库为依托，实现评税数据管理、计税价值批量评估、税款核定、税负测算分析、系统维护等基本功能。随着批量评税信息管理系统的逐步完善，还可尝试应用地理信息系统（GIS）。

从目前的情况看，税务部门刚开始做评税工作，我们不主张各地直接开发自己的批量评税系统。因评税工作量大，专业技术要求高，在不充分掌握评税技术前，就开发批量评税系统，各项需求考虑不全，不但新做出的系统不好用，还造成不必要的浪费。通过税务部门几年的探索和实践，目前已有4套较成熟的批量评税软件，我们组织有关专家对这4套软件进行了分析评价，要求按总局金税三期和征管理信息要求进一步修改完善，其它将要做评税工作的地区，可根据本地情况在4套评税软件中选用，待充分掌握评税要领，再对评税软件进行升级或开发。

(4) 检查验收评税技术和成果

为了保证评税技术和结果的公信度，批量评税的结果不但要公平，而且要准确，为大多数人所接受。这就要求用一定的方式和方法对批量评税技术和结果进行检查验收，使批量评税技术和结果公平、公正、公开，提高评税技术和评税成果的公信力。现实中，最可靠、最简便易行衡量评税结果公平性及准确性的指标就是房地产的市场交易价格。工作中，通常用三种方法检验评税结果的质量：一是由熟悉本地区房地产市场情况的评估专家，将专家对市场价格的经验及把握情况与评税结果进行比较，分析评税结果的公平性和准确性；二是将评税结果与房地产交易环节其他税种征管中的交易数据进行比较分析进而得到有关分析检验结果；三是开展比率分析，即用统计手段分析一定区域内不同类型房地产的评税值与市场交易价值的比率，对评税结果的公平性、准确性等质量情况进行度量。一般先采取前两种检验方法后，再采取第三种检验方法。

12.4.3 评税的制度建设

（1）建立配套的征管制度

评税只是税收征管系统中的一个环节，应通过配套的征管制度将评税管理环节融入整个征管体系当中。更由于评税是现行税收征管中的新生事物，相关的制度缺失，还有待健全完善。比如要建立房地产税征收管理办法、评税规则、评税结果争议处理细则等。

（2）建立政府间信息共享和平台制度

房地产税制改革与建立物业税，涉及对土地使用权、房屋所有权、家庭人口信息等海量数据的需求，单靠税务部门掌握的数据和税收数据取得渠道远远满足不了评税工作的需求，必须建立政府间房地产信息共享平台，打破公共行政信息的部门壁垒，整合分散在不同部门的房地产信息，为房地产税的征收提供真实、全面的基础数据。建立统一的数据交换规则和标准，减少数据的整合和处理中的技术障碍，税务部门应与房产、土地、建设、规划等政府部门建立稳定、规范的信息交换制度。具体的：一是要在统一数据口径的基础上建立税务部门与国土部门有关地籍信息、基准地价信息的交换平台，并通过网络实现实时共享；二是建立税务部门与建设管理部门有关房屋登记资料的信息共享平台；三是建立税务部门与公安部门有关户籍和人口资料的信息共享平台。在此基础上，为解决以家庭为单位的征税问题，还要建立税务、国土、建设、公安等管理部门间的信息有效共享平台。

（3）建立房地产数据库

建立统一规范的物业税，实施按评估值征税，需要全面掌握纳税人的房地产信息，这需要以切实有效的房地产登记制度为支持，建立起一个较完备的数据库。数据库除了要包含全面的地籍资料、各类应税房地产的数据外，还应该从土地出让、房地产开发、交易等各环节实时取得信息。数据库的建立需要协调有关管理部门，在现有房屋及地籍登记制度的基础上，充实完善有关数据（如纳税人识别号，房地产的结构、用途、建成年代、土地容积率等信息）内容，统一数据指标口径，使其满足评税需要。有关房地产登记工作，我国目前的情况是：一些房地产并未在房地产管理部门进行登记，特别是一些持有时间长且一直未交易的房地产和部分个人住宅；而且，已登记房地产的信息因数据项目和口径的问题有可能难以满足评税工作的需要。因此，在对个人住宅房地产开征房地产税之前，必须通过立法或部门配合等形式，进一步完善房地产登记制度，使税务部门能够获取完整、真实、可用的应税房地产数据。

（4）培养评税专门人才

按评估值征收房地产税，工作量大、征管难度高，需要足够数量且专业素质高能够满足房地产税征管工作需要的专业人才。这部分人需要掌握房地产税收业务知识，懂得评税理论、掌握评税方法、能运用计算机进行评税；能参与确定评税技术标准、提出评税计算机系统的业务需求、指导开展评税数据的采集工作，并对纳税人提出的争议进行处理。为此，要想积极推动这项工作，需要大力开展评税专业人才的培养，一是把培训工作纳入国家中长期评税人才培养计划，坚持每年培养一批评税人员，通过若干年的时间为全国每个市县都培养若干评税人才；二是有必要联合人力资源和社会保障部，研究将评税资格纳入专业资质管理，设立房地产评税师，鼓励税务人员从事评税工作；三是自上而下成立评税管理机构，负责评税工作的组织与实施。

12.4.4 评税工作基本流程

房地产评税工作主要按以下程序开展工作：

① 接受房地产评税知识方面的培训。

② 成立评税小组，包括领导小组与工作小组，配备人力资源、提供资金保障、协调部门关系。

③ 对本地房地产市场进行调查分析，拟定评税工作方案，确定实施条件、步骤和方法。

④ 根据本地房地产市场的情况，研究提出评税技术标准和指标体系。

⑤ 根据确定的评税方法、技术标准选用已有的评税软件，并装入本地的技术标准和相关参数，使评税软件本地化。

⑥ 确定所需数据项目和数据口径、收集相关资料、采集相关信息。

⑦ 进行数据审核、录入，利用计算机进行批量评税。

⑧ 对评税技术和结果进行检查验收。

⑨ 数据汇总、测算、分析，撰写评税报告。

⑩ 将评税结果通知纳税人。

⑪ 评税资料归档。

⑫ 成立评税争议小组，解决评税争议。

⑬ 征收房地产税。

12.5 房地产模拟评税试点工作开展情况

12.5.1 房地产模拟评税试点工作概况

为了贯彻落实党中央、国务院房地产税制改革与建立物业税的精神，从 2003 年国家税务总局和财政部一直致力于房地产税制改革的研究和实践工作。房地产税制改革与建立物业税实质上是合并现行房产税、城镇土地使用税和城市房地产税，改革的关键点和难点是计税依据的调整，即按房地产评估值征税（简称评税）。因此，从 2003 年 5 月，国家税务总局和财政部批准在北京经济技术开发区开展房地产模拟评税试点工作。试点工作的主要任务是研究和实践评税方法、技术和工作模式，确定新的房地产税的计税依据，并据此测算改革后收入、税负变化情况，为税制改革决策提供依据。为验证北京市房地产模拟评税经验和成果在不同区域和经济条件下的适应性和可行性，2004 年 8 月份，房地产模拟评税试点范围扩大到辽宁、重庆、江苏、宁夏、深圳 5 个地区。从 2004 年 8 月至 2006 年年底，6 个地区的模拟评税试点工作经历了从启动磨合到熟练操作及深化完善的过程。鉴于评税工作技术性强、工作量大，不实际操作很难掌握其工作要领等情况，2007 年，试点范围进一步扩大到河南、安徽、福建、大连 4 个地区，经过试点地区的共同努力，房地产模拟评税工作取得突破性成果。为进一步推进房地产税制改革，将评税技术及成果应用于房地产税征收管理中，2009 年将在全国范围内开展房地产模拟评税及二手房计税价值核定工作。

12.5.2 房地产模拟评税试点工作主要成果

（1）建立适合我国国情及地区特点的评税工作模式

试点地区根据房地产模拟评税工作需要，确定了由当地政府直接领导、地方税务局主抓，财政、房地产等相关部门配合，财税、评估、计算机等多领域专家共同协作规划设计的工作模式。这一工作模式既发挥了税务机关掌握纳税人基本情况的优势，又为试点工作提供组织、人员保障、数据、技术和资金的支持。

（2）探索确定适合我国国情的评税方法和技术标准

试点地区通过深入研究分析当地房地产市场特点、发展状况和基础条件，在征求有关部门和房地产专家意见的基础上，确定了按房地产的类型分别采用成本法、市场法或收益法评估其计税价值的工作思路，并按不同的评估方法研究制定了技术标准，使模拟评税所需要的数据项目和指标口径完整统一，评估方法适宜，评估标准一致，评估的结果能够体现税收公平性的原则。

（3）开发计算机批量评税系统

试点地区共开发出 5 套计算机批量评税系统。计算机批量评税系统以先进的数据库为依托，具有税源登记、计税价值批量评估、税款核定、税制改革测算分析等功能。计算机批量评税系统解决大批量评估房地产计税价值所面临的数据处理量大、技术要求高、专业人员缺乏等困难，使评税变得简便、快捷。

（4）开展批量评税和税负测算

目前 10 个省、直辖市参加模拟评税试点的区、县（市）已经达到 32 个，32 个试点区、县（市）对辖区内绝大部分房地产三税（房产税、城镇土地使用税、城市房地产税）纳税人所拥有的房屋和土地信息进行了采集并实施了模拟评税，并利用批量评税系统的测算分析功能，测算了房地产税计税依据、税率等变化对不同地区、不同行业和不同经济类型企业的影响，为房地产税制改革和建立物业税做好测算分析准备。

（5）培养一批评税工作专业人才

评税工作需要一批懂得评税理论，掌握评税方法、能实际操作的人才。几年来，通过举办培训班、组织出国培训、参加国际研讨议、派员到外国评税机构实习等多种方式，培养了一批房地产评税专业人才。截至目前，至少有 700 人次地方税管理人员参加了国家税务总局组织的各种类型房地产评税知识培训，另有 9 人赴美国接受培训，其中 3 人到美国评税机构工作实习。有些人已经考过房地产或土地估价教程，取得房地产或土地估价资格。试点地区还举办各种培训，有的地区还与大专院校合作专门开办房地产评估专业研究生班，这些多方式、多层次的培训为房地产税制改革储备了人才。

通过各个试点地区持续不断地推进房地产模拟评税工作，有的地区还将房地产评税技术及成果应用于房地产税的征收管理中，取得较好的效果。从房地产模拟评税实践看，房地产评税技术及成果基本能满足按评估值征收房地产税的需要。

思考题

1. 房地产税制存在哪些问题？
2. 房地产评税有何现实意义？
3. 房地产评税与评估的异同有哪些？
4. 房地产评税的常用方法有哪些？

13 房地产估价制度

为了发展和规范房地产估价业务，世界许多国家和地区以各种形式建立和完善了有关制度。所谓房地产估价制度，就是对从事房地产估价的人员与机构的条件及行为加以某种约束，并令其对所估价的结果负相当的责任，借以维护房地产价格的正常秩序及相关者的权益。

13.1 中国大陆房地产估价管理制度

近几年来，随着房地产估价业务的开展，我国逐步建立了房地产估价制度。其基本内容体现在如下几个方面。

13.1.1 房地产估价师考试和注册制度

1993 年 5 月，建设部和人事部认定了首批中国注册房地产估价师 140 名，1994 年 4 月又认定了第二批中国注册房地产估价师 206 名。在此基础上开始实行了全国范围内的房地产估价师资格考试和注册制度。1998 年 8 月，建设部颁布了《房地产估价师注册管理办法》。

13.1.1.1 房地产估价师资格考试办法

1994 年建设部起草制定了《房地产估价师考试和注册办法》，从而规定了我国房地产估价师资格取得的条件和程序。

(1) 考试组织

房地产估价师资格实行全国统一大纲、统一命题、统一组织的考试制度。

房地产估价师考试及培训由国务院房地产行政主管部门统一组织，由房地产估价师学会具体实施。人事部负责审定考试科目、考试大纲，并对考试工作实施监督与指导。

(2) 报名条件

凡中华人民共和国公民和获准在中华人民共和国境内就业的其他国籍的人员，遵纪守法具备下列条件之一的，可申请报名考试。

① 取得房地产估价相关学科（包括房地产经营、房地产经济、土地管理、城市规划等，下同）中专毕业，具有 8 年以上房地产估价实践经验者。

② 取得房地产估价相关学科专科毕业，具有 6 年以上房地产估价实践经验者。

③ 取得房地产估价相关学科学士学位，具有 4 年以上房地产估价实践经验者。

④ 取得房地产估价相关学科硕士学位或第二学位、研究生班毕业，具有 2 年以上房地产估价实践经验者。

⑤ 取得房地产估价相关学科博士毕业者。

⑥ 其他专业毕业，具有 10 年以上房地产估价实践经验者。

⑦ 不符合上述条件，但取得初级以上技术职称，房地产估价实绩突出者。

申请参加房地产估价师资格考试，需提供下列证明文件：

① 房地产估价师考试报名申请表。

② 学历证明。

③ 实践经历证明。

（3）资格获得

房地产估价师考试每1年举行一次。考试规程由国务院房地产行政主管部门另行制定。考试结束后，全国统一阅卷。成绩合格者，由房地产估价师学会发给考试合格通知，由注册管理部门审定注册，发给《房地产估价师证书》。房地产估价师是国家设定的房地产估价的执业资格。未取得《房地产估价师证书》不得以房地产估价师的名义从书房地产估价业务。

13.1.1.2 房地产估价师注册办法

（1）注册条件

房地产估价师资格统一考试合格，并受聘从业后即具备房地产估价师注册资格。符合下列条件者可申请房地产估价师注册：

① 拥护中国共产党在社会主义初级阶段的基本路线，遵纪守法，无违反党纪国法的记录。

② 认真履行岗位职责，遵守职业道德，能公正、客观地开展房地产估价工作。

③ 房地产估价师资格考试合格。

④ 身体健康，能胜任房地产估价师正常业务工作。

⑤ 持有聘用单位证明。

（2）注册程序

房地产估价师注册，由房地产估价师提出申请，由聘用单位统一到房地产行政主管部门申请注册，经审核同意后，由省级房地产行政主管部门批准后，发给《房地产估价师资格证书》。《房地产估价师资格证书》式样由国务院行政主管部门统一制定。

（3）资格取消

经注册后房地产估价师有效期为3年，有效期满，持证者应当到原注册机关办理注册手续，房地产估价师注册后，有下列情形之一的，由原注册机构取消其资格证书。

① 完全丧失民事行为能力的。

② 死亡或失踪的。

③ 患有精神病等严重疾病，不能胜任房地产估价正常业务的。

13.1.2 房地产估价与土地估价管理

13.1.2.1 房地产估价管理

在建设部发布的《城市房地产市场估价管理暂行办法》以及其他法规制度中，对房地产估价管理工作提出了基本要求，主要包括如下几个方面。

我国实行分级管理，国务院建设行政主管部门负责全国城市房地产价格评估的管理工作；县级以上地方人民政府房地产行政主管部门负责本行政区域内城市房地产价格评估的管理工作。这里的国务院建设行政主管部门系指建设部（现为住建部），县级以上地方人民政府地产行政主管部门系指省、市、县三级人民政府分管房地产工作的部门。在省一级一般都不单设房地产管理局，由建委（建设厅）行使房地产评估的管理职能。市、县则大多都有独立的房地产管理部门。国家和省级管理机构偏重于宏观管理，如制定评估的法规、政策等；市和县级管理机构偏重于微观管理、具体工作的管理。市、县级人民政府房地产行政主管部门应当确立房地产评估机构，承担本行政区城内城市房地产价格评估业务。

对评估机构的资质条件管理，是房地产市场估价管理的主要工作，在建设部《城市房地产中介服务管理规定》及《建设部关于房地产价格评估机构资格等级管理的若干规定》等法规中，明确规定了房地产评估机构的设立条件、审批程序、资质条件、营业范围以及日常管理和处罚规定等。

(1) 设立条件

设立评估机构应当符合下列条件：

① 有单位名称和组织机构。

② 有固定的经营场所。

③ 有符合规定的注册资本。

④ 有符合规定的专业技术人员。

⑤ 在以往的房地产评估中有良好的质量和信誉。

(2) 资质条件

目前我国房地产评估机构的资质分级为四级，即一、二、三级及临时四个等级。其中一级评估机构应该具有 7 名注册房地产估价师，100 万元注册资本，4 年以上的评估业务经历及一定数量的评估业务；二级评估机构应有 5 名以上注册房地产估价师，70 万元以上的注册资本，连续 3 年以上的评估业务经历和一定数量的评估业务；三级评估单位应有 3 名以上注册房地产估价师，40 万元以上的注册资本，连续 2 年以上的评估业务经历和一定数量的评估业务；临时资格的评估机构为新成立的估价机构，其基本条件应具有 1 名注册房地产估价师，20 万元注册资本及其他基本条件。

(3) 审批程序

按评估机构的资质等级，主管部门分级推荐审批。其中一级资质须经住建部审批。

(4) 经营范围

评估机构应按其资质等级相应的营业范围从事评估业务。如一级资质机构可以跨省、跨地区从事各类房地产估价业务。

房地产估价师的作业范围包括房地产评估、房地产咨询以及与房地产评估有关的其他业务。

房地产估价师承办业务，由其所在的评估机构统一受理，并与委托人签订委托合同。房地产估价收费由评估机构统一收取。

由于房地产评估失误给当事人造成经济损失的，由评估机构承担赔偿责任。评估机构可以对房地产估价师追偿。房地产估价师与委托人有利害关系的，应当回避。另外，有关条例中规定了对估价人员的各种处罚。

13.1.2.2 土地估价管理

(1) 土地估价师考试

根据《土地估价师资格考试管理办法》，国家实行土地估价师资格认证制度。通过全国土地估价师资格考试，方可取得土地估价师资格。

土地估价师报名条件：

凡中华人民共和国公民，具有完全民事行为能力，遵纪守法，并具备下列条件之一的，可以报名参加土地估价师资格考试：

① 取得大专学历且从事相关工作满两年；

② 取得本科学历且从事相关工作满一年；

③ 取得博士学位、硕士学位、第二学士学位或者研究生班毕业。

不具备前款①、②、③项规定国家承认的学历或学位要求，但具有国家认可的中级以上相关专业技术职称的。

土地估价师资格考试每年举行一次。考试于每年第三季度在各考区同时举行。考试的具体时间，由全国土地估价师资格考试委员会确定。

土地估价师资格考试主要测试应试人员所应具备的土地估价专业知识和执业能力。

土地估价师资格考试的内容包括：

① 土地管理基础知识；

② 土地估价理论与方法；

③ 土地估价相关经济理论与方法；

④ 土地估价实务。

土地估价师资格考试采用闭卷方式进行。报考人员自由选择报考科目的种类和数目，各科考试成绩在三个连续考试年度内有效。

取得土地估价师资格并在土地估价机构执业的土地估价师，应当通过实践考核，并进行执业登记。经过执业登记的土地估价师方能在土地估价报告上签字，承担法律责任。实践考核和执业登记由中国土地估价师协会具体实施。

执业登记的土地估价师可依法从事对土地及其附着物、定着物的相关权利、权益的价格或者价值进行评测、判定、咨询等土地估价活动。

依法取得《中华人民共和国土地估价师资格证书》并进行执业的土地估价师，应当接受行业协会的自律管理。

(2) 土地估价机构设立

以江苏省为例，根据《江苏省土地评估中介机构管理暂行办法》(以下简称《办法》) 第六条，土地评估中介机构主要组织形式为合伙制或有限责任公司以及法律法规规定的其他形式。未进行工商登记的土地评估中介机构一律不得从业。

《办法》第七条规定，设立土地评估中介机构，应当向当地的工商行政管理部门申请登记，领取营业执照。土地评估中介机构在领取营业执照后 30 日内，向国土资源部或省国土资源厅申请资质认证，由国土资源部或江苏省国土资源厅评定资质等级，并颁发资质证书。

《办法》第八条规定，设立合伙制土地评估机中介构应具备以下条件：

① 有 2 名以上合伙人；

② 有 3 名以上专职注册土地估价师；

③ 有书面合伙协议；

④ 合伙人实际出资总额为 10 万元以上；

⑤ 有自己的名称和组织机构；

⑥ 有固定经营场所和从事合伙经营的条件；

⑦ 其他规定的条件。

前款规定的合伙人应为注册土地估价师，执业满 2 年，且无不良记录。

《办法》第九条规定，设立有限责任公司形式的土地评估中介机构应具备以下条件：

① 有 5 名以上发起人；

② 有 3 名以上专职注册土地估价师；

③ 有公司章程；

④ 注册资本为 10 万元以上；

⑤ 有自己的名称和组织机构；

⑥ 有固定的经营场所和必要的经营条件；

⑦ 其他规定的条件。

前款规定的发起人或出资人中应有 2 名以上注册土地估价师，并执业满 2 年，且无不良记录。

13.1.3 中国房地产估价师与房地产经纪人学会

中国房地产估价师与房地产经纪人学会是中华人民共和国住建部业务归口管理的学术团体，由从事房地产估价和经纪活动的专业人士、机构及有关单位组成，依法对房地产估价和经纪行业进行自律管理，下设考试注册、教育培训、学术、标准、国际交流五个专业委员会。宗旨是：开展房地产估价和经纪研究、交流、教育及宣传活动，拟定并推行相关技术标准和执业规则，加强行业自律管理，开展国际交流合作，不断提升房地产估价与经纪人员及机构的专业胜任能力和职业道德水平，维护其合法权益，促进房地产估价与经纪行业规范健康持续发展。主要业务范围是：组织开展房地产估价与经纪理论、方法及其应用的研究、交流和考察；拟定并推行房地产估价与经纪技术标准、执业规则；协助行政主管部门组织实施全国房地产估价师、房地产经纪人执业资格考试；办理房地产经纪人执业资格注册；开展房地产估价与经纪业务培训，对房地产估价师、房地产经纪人进行继续教育，推动知识更新；建立房地产估价师和房地产估价机构、房地产经纪人和房地产经纪机构信用档案，开展房地产估价机构和房地产经纪机构资信评价；提供房地产估价与经纪技术支持服务和咨询；编辑出版房地产估价和经纪刊物、著作，建立网站，开展行业宣传；代表中国房地产估价和经纪行业开展国际交往活动，参加相关国际组织；向政府有关部门反映会员的意见、建议和要求，维护会员的合法权益，支持会员依法执业；办理法律法规规定和行政主管部门委托或授权的其他有关工作。网址：http://www.cirea.org.cn/。

基本情况如下。

13.1.3.1 学会任务

① 制定并执行专业守则和估价标准，以确保本会会员为社会提供的专业业务之水准。

② 协助政府主管部门进行注册房地产估价师考试、注册等方面的管理工作。

③ 指导全国高等院校房地产专业的课程设置，逐步开展对高校房地产专业的评估认定工作，以使其毕业生具有成为本学会会员所必需的知识结构与水准。

④ 组织房地产专业培训，不断更新本会会员的知识结构，以适应社会经济发展的要求和世界评估行业发展潮流。

⑤ 代表我国房地产评估行业参加有关国际学术组织、出席有关国际学术会议。

⑥ 组织房地产估价理论与应用方法的研究，定期进行学术交流。

⑦ 开展与国外房地产评估机构及专业组织的合作与交流，为使我国的评估行业与世界接轨，使我国的注册估价师走向世界做出不懈的努力。

⑧ 编辑出版学会刊物及有关学术著作。

⑨ 宣传估价师行业对社会大众的重要意义，维护本会及会员的合法权益。

13.1.3.2 会员

（1）会员资格

获取国家住建部、人社部颁发的《房地产估价师资格证书》的人士，承认本会章程、遵守本会有关规定，均可申请加入本学会。经学会审查同意后，即可成为本会会员。本学会会员分为三个等级，即会员、高级会员和荣誉会员。条件成熟时可设海外会员和学生会员，但学生会员不得以本会会员的名义从事有关活动。荣誉会员为对本学会工作做出过突出贡献的人士，由 5 名以上理事提名并经理事会 4/5 多数决定授予。高级会员为取得会员资格 5 年以上、年龄 30 岁以上的人士，经申请和 2 名高级会员推荐并经理事会授权机构审查合格，由理事会 2/3 多数决定授予。

（2）会员的权力

① 在本学会有选举权和被选举权；

② 对本学会工作提出建议和批评；
③ 优先参加本学会组织的各种活动；
④ 优先或优惠取得本学会的学术资料。

(3) 会员的义务

① 遵守本学会章程；
② 执行本学会决议和完成学会委托的工作；
③ 积极参加本学会组织的学术活动，提供学术论文、调查报告、研究成果和有关资料；
④ 关心学会工作，经常向本学会反映情况，提出建议；
⑤ 按规定交纳会费。

会员有退会的自由，退会会员须书面通知学会“考试注册委员会”，并由该委员会宣布除名。退会后可重新申请加入本会。

13.1.3.3　学会组织机构

(1) 最高权力机构是全国会员代表大会

全国会员代表大会每3年召开1次，特殊情况下可以提前或延期召开，但提前或拖后不得超过1年。代表大会的主要职责是：制定和修改本学会章程；选举产生本学会理事会；讨论和决定本学会的工作方针和任务；审议本届理事会工作报告；通过提案和建议。

(2) 学会领导机构

在全国会员代表大会闭会期间，理事会是本学会的领导机构。本学会理事会，每届任期3年，从选举产生开始至下一届理事会产生为止。理事会每年召开1次。其主要职责和任务是：执行会员代表大会的决议及上级领导机关布置的工作任务；制定学会年度或较长期的工作计划并组织实施；决定荣誉会员称号的授予；确定理事会领导人选；决定学会机构和分支机构的设立及其负责人人选；决定与国际间学会组织相互承认事项；总结学会工作，筹备召开下届会员代表大会；推荐科技成果和优秀人才，评奖优秀学术论文和著作；审议并监督学会经费的使用情况。

(3) 理事会组成

本学会理事按各省、自治区、直辖市、中央部委会员数量分配名额，由当地会员推举，通过会员代表大会充分协商，通过无记名投票选举产生；常务理事、会长、副会长、秘书长由理事会选举产生。会长、副会长可以连任，但最多不得超过2届。

另外，中国房地产估价师与房地产经纪人学会同国际测量师联合会（International Federation of Surveyors，FIG）、世界估价组织协会（World Association of Valuation Organisations，WAVO）、国际估价标准委员会三个估价相关国际组织，美国估价协会、英国皇家特许测量师学会等国外估价组织，以及香港测量师学会等地区估价组织建立了紧密联系，经常往来，合作开展了多项活动。

2005年10月17日至18日，中国房地产估价师与房地产经纪人学会同国际测量师联合会、香港测量师学会在西安联合举办了主题为“社会经济环境变革与房地产估价服务”的国际房地产评估论坛，围绕着估价师的社会责任、房屋拆迁估价与社会稳定、抵押估价与金融风险、损害赔偿估价与社会正义、课税估价与社会公平，以及估价机构的治理、业务拓展等问题，展开了广泛而深入的研讨。2006年10月13日中国房地产估价师与房地产经纪人学会正式加入了国际测量师联合会，成为其全权会员。国际测量师联合会成立于1878年，是联合国认可的非政府组织（NGO），是各国测量师（包括估价师）组织的联合会，设有10个专业委员会，房地产估价属于其中的第9专业委员会——房地产估价与管理委员会（Valuation and the Management of Real Estate）。2007年10月17日至18日，中国房地产估价师与房地产经纪人学会同世界估价组织协会在北京联合举办了主题为“估价专业的地方化与全球化”的国际估价论坛，围绕着估价专业的地方化与全球化的关系，不同国家和地区的估价组织、估价机构和估价师之间的竞争与合作，促进不同国家和地区估价行业的共同进步与和谐发展，不同国家和地区的估价实践等问题，展开了广泛而深入的研讨。2008 年 10 月 18 日至 19 日，中国房地产估价师与房地产经纪人学会同国际测量师联合会、香港测量师学会在北京联合举办了主题为“估价与财产保护”的国际房地产估价论坛，深入探讨了开展房地产损害赔偿估价的重大意义和理论方法，交流了实践经验。这些大型活动，对扩大中国房地产估价师与房地产经纪人学会在海内外的影响，对中国房地产估价行业的持续健康发展，产生了积极的作用。

13.1.4 中国土地估价师协会

中国土地估价师协会经原国家土地管理局批准、民政部审核登记，于 1994 年 5 月在北京正式成立。现业务主管部门为中华人民共和国国土资源部，同时接受中华人民共和国民政部的监督管理。中国土地估价师协会是由具有土地估价资格和从事土地估价工作的组织和个人自愿结成，依法登记成立的、全国非营利性的行业自律性社会团体法人。协会的宗旨是联合全国土地估价组织和土地估价人员，进行自律管理；引导从业人员遵守国家的法律、法规，遵守土地估价执业道德，执行专业守则和估价规范，规范从业人员执业行为；促进土地估价师专业知识及专长技能的发展和深造；保障从业人员独立、客观、公正执业，维护支持中国土地估价师独特的专业特点、地位及利益；增进行业交流；调解执业中产生的争议；维护国家、企业和个人在土地方面的权益，为社会主义市场经济服务。

中国土地估价师协会先后在原国家土地管理局和国土资源部的支持与指导下，在配合土地使用制度改革、促进土地资源的集约合理利用、推进土地市场建设中发挥了重要作用。2003 年年底，国务院办公厅下发的《关于加强和规范评估行业管理意见》的通知，明确规定土地估价师是国家根据社会主义市场经济发展需要设置的六类资产评估专业资格之一，这是国务院对土地估价行业改革与发展的充分肯定。

中国土地估价师协会工作职责主要有：搞好会员自律，配合行政主管部门落实行业管理；引导机构发展，规范机构管理；扩大协会规模，提供会员服务；研究技术理论，制定专业指引；净化估价环境，拓展新的业务领域；开展国际合作，提升社会影响；加强协同配合，联系同业协会共同发展。

目前，中国土地估价师协会会员队伍不断壮大，素质稳步提高，行为更加规范，全国共有 26000 余名具有资格的土地估价师，其中执业注册的土地估价师有 8000 人，执业土地估价机构 1700 多家。中国土地估价师协会设有五个专门委员会：专业规划与发展委员会、考试与教育委员会、会籍与组织委员会、技术审裁委员会、财务行政委员会。

中国土地估价师协会的常设办事机构为秘书处，内设三个办事部门：办公室、信息考试部和技术协调部。

13.2 香港地区房地产估价制度

香港测量师学会成立于 1984 年，1990 年中国香港地区立法局通过了《香港测量师学会条例》，1991 年立法局又通过了《测量师注册条例》，奠定了测量师学会及测量师的法律地位。目前，香港测量师学会是唯一代表香港测量师专业的社会团体。香港测量师分为四个组别：屋宇测量师、房业测量师、供料测量师、土地测量师。不动产估价是产业测量师的主要业务。《香港测量师注册条例》以及香港测量师学会的章程和细则是各个组别的测量师都要遵守的，产业测量师也不例外，这几个文件规定了测量师的管理部门、管理内容和执业的行为准则。关于不动产估价技术方面的标准，香港测量师学会于1988年6月发布了《香港不动产指南》(第一版)。1999年出版了第二版《香港测量师学会物业资产评估指导性说明》，该版本包括13个指南和10个背景材料，适用于对公司账户和财务报表中所记录的所有固定资产的评估，也适用于股权转让和企业合并时所需要进行的评估。

(1) 香港的不动产评价技术准则

第二版《香港测量师学会物业资产评估指导性说明》的内容框架为：

第一部分　总论

第二版前言

引言

第二部分　指导性说明

GN（HK）1　香港准备资产评估时遵循的原则

GN（HK）2　资产评估的标准

GN（HK）3　资产评估师的定义

GN（HK）4　资产评估的条件

GN（HK）5　评估证书

GN（HK）6　被提供或被评估师采用的信息的核实

GN（HK）7　审计师对评估师要求的信息

GN（HK）8　公司组建中关于公司账户或懂事报告和其他财务报告方面的资产评估

GN（HK）9　物业资产折旧的计算

GN（HK）10　投资持有的物业资产评估

GN（HK）11　评估的复核

GN（HK）12　土地和建筑物——“公开市场价值”和“迫售价值”的定义

GN（HK）13　作为贷款抵押物的物业资产评估

第三部分　背景资料

BP（HK）1　现行用途价值

BP（HK）2　任选用途价值

BP（HK）3　折余重置成本为基础的评估

BP（HK）4　折余重置成本与成本

BP（HK）5　租赁权益

BP（HK）6　负价值

BP（HK）7　具有交易潜力的公开市值

BP（HK）8　开发过程中的土地与建筑物

BP（HK）9　折旧的计算

BP（HK）10　损害物业的评估

第四部分　中国内地物业评估的指导性说明

GN（PRC）　在中国内地评估应遵循的原则

(2) 会员行为操守管理

香港测量师学会章程规定了学会的名称、目标、财产、会员资格、会员等级、学会组织结构、学会的管理、理事会的成员资料、学会会议、章程和细则的修改、学会解散等内容。学会章程第六部分原则性规定了测量师的专业行为、中止或取消会员资格的原则、投诉的程序、投诉的行为及上诉程序等。

理事会对于它认为没有遵守专业行为准则的会员或被确认已经有犯罪行为或有损于学会或其他会员的最大利益的会员，有权中止（它认为合适的一段时间）或取消会员资格，并发出书面通知，并使所有会员周知。如果会员对总理事会决定中有关的法律问题不服，则有权在决定做出后的30日内向法院提出上诉。如果法院同意上诉，总理事会或其委托的调查委员会必须着重对其关于与法律有关的问题的控诉进行新的调查。除了上述情况，总理事会关于中止或取消资格的决定是最终决定，无权上诉。

按照学会章程规定，会员在其会员资格中止期间，在任何学会的会议上无投票权，在学会不能担任任何职务，也不能履行会员的任何其他权利或优先权，不过该会员有权接受学会的公开出版物，在其名字后使用适当的缩写头衔。被取消会员资格的会员，不能享受学会的任何权利

根据该细则，由总理事会批准，制定了专业执业行为准则的指导性说明，规定了会员的行为准则、惩戒机构、调查委员会和惩戒程序。如果会员被发现违反了行为准则或附则有关规定，总理事会有权采取下列任何一种或几种方式对会员进行惩戒：a. 谴责或严厉谴责；b. 要求采取措施停止继续或重复上述错误行为；c. 由总理事会决定，中止会员资格一段时间；d. 取消会员资格。

章程细则规定的专业行为准则主要包括：

① 会员不能有对学会不利的行为。

② 会员不能从事理事会认为人们会对会员的专业地位或学会的名誉产生偏见的任何职业或业务。

③ 会员的职责如下。

a. 当代表客户或当准备代表未来的客户从事业务而客户的利益与他自己的或他相关的任何人的利益相冲突或可能相冲突时，应立即尽早口头（并需书面确认）向客户或未来的客户或相关人士披露相关事实，除非客户要求，会员应通知客户他不能从事或继续从事该项业务。

b. 确保会员个人或在其中担任合伙人或董事的从事测量师业务的事务所或公司都不能代表具有相冲突的利益的双方或各方。如有上述情况，应立即尽早书面通知有关各方中的每一方。

c. 保证与客户或未来客户相关人士的保密信息的安全。未经客户书面同意，会员不得将保密信息披露给第三方，不能披露保密信息给第三方以获取任何优惠、礼物或为个人利益而使用这些保密信息。

d. 作为合伙人的会员；允许其名字或称号出现在公司信笺或广告中而该公司中没有其他合伙人是学会会员；是与另一个事务所有密切联系的事务所的合伙人，该事务所没有其他合伙人是学会会员，总理事会认为处理另一事务所的人员相信或可能相信两个事务所是相联系的。

满足上述三种条件之一的每一个学会会员要对附则规定的伙伴人或公司或其他公司的员工所犯的错误负责任。假定如果这个会员能申明：如果不是他人的过失，他没有理由认识到或没有认识到这些错误，或者他还能表明在这个错误出现之前，他采取了所有合理的措施以保证不犯这个错误，他可能被免于对这个错误负责。

④ 会员：

a. 会员不能向未来客户或第三方提供任何货币形式的或计划获得工作指导的礼物或待遇。

b. 曾经为某一专业服务提供报价的会员不能为了充分考虑由另一个会员为同一服务提出的报价而修订报价。

c. 会员不能为专业服务提供这样的报价，即参照另一个会员的报价或付费以一定比例或数量减少。

d. 不应直接或间接对任何人施加不适当的压力或影响，不论通过支付任何款项、礼物或恩惠，为了获得该项业务，也不能接受来自任何人的指示，及其有理由相信不适当的压力或影响可能由以期望获得介绍费的第三方施加。

e. 不能以任何方式从事或企图从事与司法诉讼或类似诉讼活动相关的事宜，这类诉讼活动基于下列立足点：即除非诉讼活动成功，则不收取费用，或者收费的金额与诉讼取得成功的程度相联系。

f. 不得取得非专业服务的报酬，会员不能接受来自第三方如与对客户的专业服务相关的供应商或契约人，接受任何款项、礼物或好处。

g. 不能接受与客户业务相关的额外娱乐活动，因为在别人看来，他的决策会受这些娱乐活动的影响。

⑤ 会员不能以任何方式给学会带来不良荣誉。

(3) 香港测量师注册条例

为了加强对测量师的管理，保障大众市民的利益，同时为了确认测量师的法律地位，1991 年香港地区政府通过了《测量师注册条例》，授权设立“测量师注册管理局”。测量师注册管理局是一个永久延续的法团，并用法团印章，有学会理事会委任的不少于 12 名成员组成。该条例在管理局的组成、职能、权利、注册资格、注册程序、注册有效期届满、续期、注销程序、违纪行为的确认、研讯委员会及其研讯规则、纪律制裁令的复核与发布、上诉以及注册专业测量师名衔的使用等方面都做了操作性很强的具体规定。其主要内容见图 13-1。

香港测量师注册管理局可委任不少于 5 名学会会员组成注册事务委员会，以审查某组别下的注册申请人的资格，委员会成员中须最少有 1 位具备该组别的资格及最少有 1 位不具备该组别的资格。测量师申请注册时，有注册事务委员会依照下列注册资格条件对申请人进行审查，除此之外，管理局可运用其酌情决定权，要求申请人接受指定的笔试，考核他在有关组别的测量学及专业事务方面的知识。注册时须交纳费用，注册有效期 1 年。注册期满前规定时间内，可以申请注册续期。注册有效期届满，可以申请重新注册。如拒绝注册或注册续期，管理局必须提出拒绝的理由。测量师注册后，其姓名及有关细节就登记在注册记录册中，免费供人查阅。如果测量师注册有效期届满，没有按规定时间将其注册续期，或者该测量师凭借某资格得以注册，而他已不再具备该资格，或者测量师没有按照该条例的规定，将注册记录册登记的内容变化的情况通知注册主任，注册主任就可在注册记录册内将其姓名注销。香港测量师注册管理局可拒绝接纳他注册为注册专业测量师。

香港测量师注册管理局可将与违纪行为有关的投诉，交由研讯委员会做出裁定，为此目的，香港测量师注册管理局可设立一个由不少于 3 名委员组成的研讯委员会，以裁定遭投诉的注册专业测量师是否有违纪行为。研讯委员会的委员须是学会会员，并与遭投诉的注册专业测量师属于同一组别，研讯委员会在裁定任何人是否有作出违纪行为时，可考虑由管理局公布的或当时为学会采用的专业操守或实务守则。

凡研讯委员会裁定任何注册专业测量师有违纪行为，在其裁定获复核委员会确认后，或在裁定或提议做出的命令已根据复核委员会的建议更改后，研讯委员会可做出以下任何一项或多项命令：

① 命令注册主任在注册记录册内注销该测量师的姓名。

② 命令注册主任在注册记录册内将该测量师的姓名注销一段研讯委员会认为恰当的期间。

③ 以书面谴责该测量师，并命令注册主任将该项谴责记入注册记录册内。

④ 命令将根据本条做出的命令暂缓执行不超过两年，并可定出它认为恰当的暂缓执行条件。

⑤ 命令管理局在指定的期间内，或在该测量师令管理局信纳他应获注册前，不得接纳他要求注册为注册专业测量师的申请。

⑥ 命令主席口头训诫该测量师。

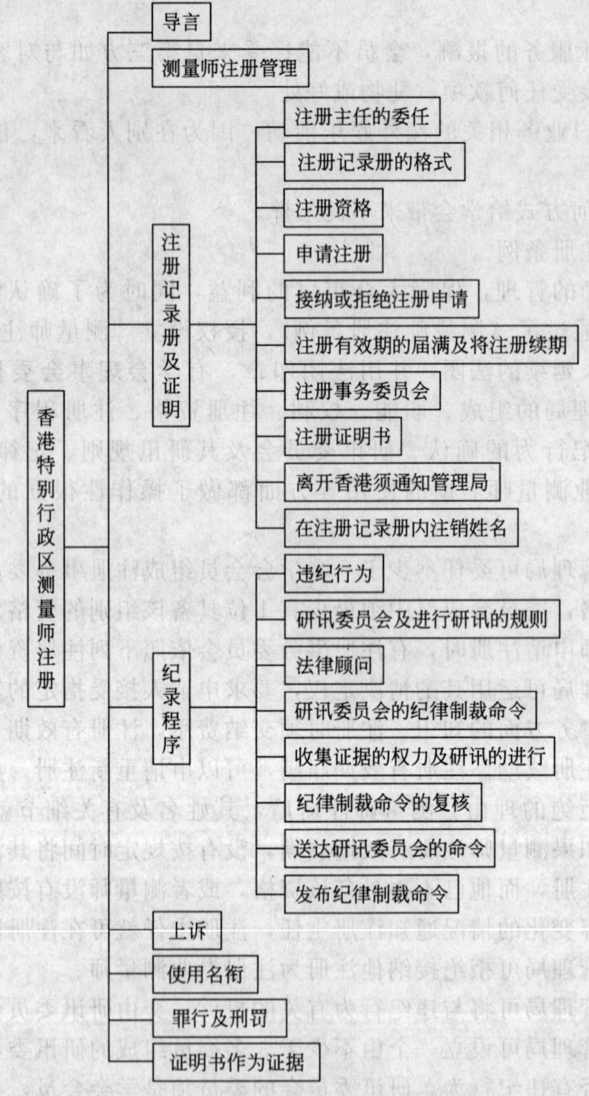

图 13-1　测量师注册条例内容体系

测量师如对有关部门做出的决定或命令感到委屈，可向上诉法院提出上诉。上诉法院可确认推翻或更改上诉所针对的决定，且上诉法院对上诉做出的判决是最终判决。

不是注册专业测量师，但在（或知情而容许他人在）与其业务或专业有关的情况下使用“注册专业测量师”的称谓或英文缩写“R. P. S”等即属犯罪，可罚款及监禁。

13.3 英国房地产估价制度

(1) 英国皇家特许测量师学会

1792 年英国测量师会创立，接着土地测量师会及测量师协会分别于 1834 年和 1864 年成立。它们的会员都是在不动产估价、土地测量及工料测量业中的佼佼者。

英国测量师学会创会于 1868 年，1881 年维多利亚女王授予该会“皇家特许”状，并于 1921 年获颁“皇家赞助”荣誉。而皇家特许测量师学会（The Royal Institution of Chartered Surveryor，RICS）的名称则是由 1946 年起沿用至今。

英国皇家特许测量师学会，分为 6 个部门。其中土地估价师和动产估价师是所谓的一般估价师（general practice valuet）。一般估价师往往有两个名称，一个叫 appraiser，另一个叫 valuer，在英国一般以 valuer 为主。英国的估价师法第一条对上述两者分别界定，这两者基本上是相同的，但 valuer 是专门评估价格的，而 appraiser 包括品质的鉴定。

英国皇家特许测量师学会里有土地估价师及动产估价师，另外还有中介及农业师、土地测量师、规划与开发师、预算师（工料测量师）等。其中土地估价师超过 2.3 万人。皇家特许测量师学会所有有关土地专业的师级人员超过 5.2 万人，而英国的人口约为 5700 万人，也就是说在土地专业方面近每千人就有 1 人来服务。

(2) 英国估价师资格的取得

英国皇家特许测量师学会通过举办考试吸收会员。欲成为土地估价师有如下三个渠道：

① 取得 Olevel 成绩及有 2 年以上的估价实务经验，以此资格报考需参加第一到第三次考试，且通过第一次考试后才可参加第二次考试，通过第二次考试后才可参加第三次考试。

英国的学制是高中毕业后，再读一年，可取得 Olevel 成绩，即可以其成绩申请就读于理工学院，再续读一年则可取得 Alevel 成绩，即可以申请进入大学就读。

② 取得英国各大学与估价有关的学系的学士学位及有 2 年以上的估价实务经验，以此资格报考只要参加第三次考试。

英国亚阿伯丁（Aberdeen）、剑桥（Cambridge）、雷丁（Reading）、阿尔斯特（Ulster）4 所大学及 Oxford Polytechnic 等 14 所理工学院的下列学系毕业者有资格参加估价师考试：a. 土地经济系；b. 不动产管理系；c. 城市不动产管理系；d. 环境经济系；e. 土地管理系；f. 估价系；g. 土地行政系；h. 城市土地行政系；i. 土地管理与开发系；j. 城市土地经济系等。

③ 年满 35 岁及从事有关估价专业工作超过 15 年者，以此资格只要参加第三次考试。

(3) 英国取得估价师资格的实务经验

以上三者，除了具备第三种资格者可直接参加估价师考试外，其他两种资格者都必须在有关机关或公司经过下列专业训练 2 年以上，并提交训练日记，经审查通过，才准许参加估价师专业考试，取得估价师资格以执业。

① 土地与建筑物的资本价值及租赁价值的估价，特别是城市土地及建筑物的估价。

② 以及下列至少三项的广泛训练：a. 不动产管理与租赁；b. 地方税，例如，不动产税的估价；c. 中央税，例如，开发土地税；d. 土地征收的补偿估价；e. 维护与修理估价；f. 土地与建筑物的买卖、出租及承租估价；g. 城乡规划，即针对规划法对土地发展权的限制所需给予的补偿估价；h. 不动产开发。

(4) 英国取得估价师资格的考试科目

① 第一次考试包括：

a. 估价Ⅰ。有关投资市场、不动产投资市场的角色，价值观念，影响土地与建筑物供给与需求的因素，估价方法及有关分析，复利理论，偿债基金理论，购买年观念应用于永久或暂时所得，估价表的使用与建立，抵押的计算等。

b. 法律Ⅰ。有关组织，公司与合伙，契约的形成，代理及侵权行为的一般原则。

c. 土地使用与开发。土地使用开发的目的，人类居住的发展，都市结构与市镇，农村结构及形成，过去100年来土地使用与开发的管制，现代城乡的发展，交通运输发展对居住的影响，人口特性及层次所带来的土地使用问题，规划的角色。

d. 经济学Ⅰ。基本的经济问题与解决工具，经济活动的特性，价格的功能与性质，生产理论，影响一般经济活动的因素，英国的一般经济组织。

e. 建筑Ⅰ。住宅用建筑方法，采光及舒适标准，排水及废物处理，建筑工程的估价与计算原则。

f. 数量方法。统计学，查勘及衡量。

② 第二次考试包括：

a. 估价Ⅱ。市场分析应用于不动产的估价，税对偿债基金理论与购买年的影响，资本成本的观念，有关结合价值（marriage value）的估算，租赁契约的租金，额外费用，延期或更新等的决定，都市及农村经常交易及租赁不动产的评估。

b. 法律Ⅱ。物权与债权，土地登记，地主与佃农的关系，有关商业、住宅及农地的租赁，仲裁制度与法律。

c. 城乡规划。中央、区域及地方规划机关，规划准则，中心地区的再开发与都市更新，农村地区的开发、更新与维护，土地分类，土地开发的申请，规划过程的公共参与，规划的上述与公听会等证据的收集。

d. 经济学。宏观经济方面：一般经济活动的决定，货币理论，利率理论，股票，不动产市场，利率与不动产市场，土地使用与投资理论，通货膨胀及其对不动产持有与买卖的影响。微观经济方面：市地利用——住宅与商业用地的区位理论及本益分析；区域经济——区位理论应用于区域经济，政府的区域政策；市地价值——决定市地价值的因素，地租、竞标地租及经济地租理论；都市结构及都市问题；土地市场的干涉——地税及管制法令；都市公共财政的理论与实务。

e. 建筑Ⅱ。建筑Ⅰ的原则与程序应用于住宅与商业建筑物，建筑的监工及报告，建筑契约的程序与估价。

f. 税。中央税：税的原则，个人与公司对所得及财产纳税的性质与归宿，土地的资本利得与发展利得的性质。地方税：有关地方税（general rate）的估价及其税赋的计算。

③ 第三次考试包括：

a. 估价Ⅲ。在考虑现有法律的规定下，对估价原则与方法应用于住宅、商业及工业用地与建筑物的买卖权益设定的估价；保险及抵押的估价；特殊不动产的估价，包括加油站、旅馆、大饭店等；估价师在投资决策中的角色；政府政策与财政措施对投资决策的影响。

b. 估价Ⅲ。补价与受益问题；土地征用补偿的估价，包括地价、损害、干扰等；计划决策的不利影响的补偿查估，发展价值的评估等。

c. 法律Ⅲ。地方政府的组织；有关土地与建筑物的公共卫生及安全的法令；土地使用计划与管制；土地征用的程序；土地法庭的功能；欧洲共同市场的构架，特别是有关土地的部分。

d. 市地开发。设计与布置；开发的评估，开发计划的财政分析与可行性决策及估价的剩余法与本益分析；政府政策与活动对投资的影响，投资与出租对开发的影响；长期与短期成本及收益的方法。

e. 不动产代理。市场调查：英国不动产市场的特性，市场问题的性质，代理办公室的管理，单一与连锁代理店的管理，市场调查计划，推销决策，市场调查原则应用于住宅、商业、工业及特殊不动产，国外市场调查的技术。管理：管理原则与技术运用于私有与公共部门的不动产，不动产管理的法律、社会、技术及财产因素，所有权与其他不动产权利的特性与选择，不动产的维护、整修、服务、保险、租赁及契约、管理记录与会计。

(5) 执业能力测试

具备了上述两项条件，还要通过由 RICS 组织的执业能力的评定。RICS 组织专门委员会对申请人进行答辩，申请人要能够回答委员会提出的各种问题，并对委员会设计的模拟实物工作提出解决方案。只有通过上述三个方面的能力测试，才能成为一名皇家特许产业估价师，取得估价师资格。

(6) 英国土地估价师评估收费和执业情况

在英国，评估收费完全是由市场来调节的，政府部门和行业协会都不规定收费标准，收费额通过市场竞争来实现，收费高低取决于估价师的服务水平和信誉，而不是与待估价房地产的评估值相联系。

评估值的大小及其是否客观公正关系到多方利益。在英国，因税收而发生的房地产评估师大量的、经常性的，房地产价值的估定结果直接关系到国家的税收和纳税人的经济利益，因此，税务部分和纳税人都对评估结果非常关心。

英国的土地估价师可分为官方估价师与民间估价师。

① 民间土地估价师。

a. 契约估价：(a) 土地买卖；(b) 土地租赁；(c) 土地金融；(d) 土地开发等。

b. 法定估价：(a) 土地买卖；(b) 土地规划影响的补偿；(c) 土地税课征的查估。

② 官方土地估价师。

a. 英格兰及威尔士土地估价室：(a) 主任估价师；(b) 副主任估价师；(c) 助理主任估价师；(d) 督察估价师；(e) 第一级估价师；(f) 资深估价师；(g) 高级估价师；(h) 估价师；(i) 初级估价师；(j) 估价助理员；(k) 矿务助理员。

b. 区域办公室。

c. 地方区估价师。

d. 土地法庭，例如土地征用有争议时的处理。

遇到土地征用的情形，土地所有人可以委托民间估价师来估价，而征用机关则雇用官方估价师或任命区估价师来估价。如果双方估价师的估价结果无差异，当然没有问题。如果有差异，则他们可就专业知识来协调，即核对双方的估价书表，就差异部分进行协商。如果仍有争议，则上诉到土地法庭。土地法庭一般由 7 人组成，其中主席 1 人，估价师 3 人，律师 3 人。这 7 人的资格为：主席须曾任高等法院法官 7 年以上，估价师和律师必须是资深的。

13.4 美国房地产估价制度

美国无公设的不动产估价制度，而是由有关的不动产估价协会或学会承担不动产估价人员的选拔与估价行业的管理。这些协会和学会都是以提高估价人员的地位为目的，为达到这种目的主要通过以下三种途径：一是发展有能力的估价人员作为会员，并授予各种资格；二是制定伦理章程以规范估价人员的行为；三是制定有关估价业务基准及发展估价方法与技术，研究有关估价问题。下面分别介绍美国的主要估价协会和学会对会员及行业的管理情况。

(1) 美国不动产估价者协会

美国不动产估价者协会于1932年成立，是美国全国不动产同业公会（The National Association of Realtors，NAR）的成员组织之一。要成为美国不动产估价者协会的会员并不容易，先要成为预备阶段的候选会员，然后才能成为正式会员。

成为候选会员的资格要求是：①21岁以上；②4年制大学毕业以上；③经协会所举行的考试及格；④经协会分会的推荐，但在这个阶段由于还不是正式会员，所以任何场合均不得使用协会的名称。

正式会员分为二级，资历较浅的称为住宅会员（residential member，RM），其资格要求是：①良好的候选会员；②25岁以上；③经协会所举行的考试及格；④经协会所举办的独立住宅估价考试及格；⑤有5年的不动产业务经验，包括2年的住宅用不动产估价经验；⑥提出模范估价报告书；⑦经协会分会的推荐；⑧必须是全国不动产同业公会的会员。

资历较深的会员称为估价协会会员（member，appraisal institute，MAI），其资格要求是：①良好的候选会员；②28岁以上；③经有关考试及格；④5年以上的估价实务经验；⑤提出两份估价报告书，其中一份需包含收益性不动产；⑥经协会分会的推荐；⑦必须是全国不动产同业公会的会员。MAI者由协会认定其为不动产估价专家。

美国不动产估价者协会要求其会员应遵守下列规定：①必须避免做出有损于不动产估价业的行为；②协助本协会对公众或其他会员执行任务；③执行不动产估价时，不得为当事人的利益作辩护，或适应自己的利益；④在任何时候提供服务时需能胜任；⑤提出书面或口头估价报告时，必须遵守本协会有关此类报告的格式规定；⑥不得违背估价人员和当事人之间的诚信原则，而泄露估价报告的机密；⑦必须抑制非业务上的行为，以保障不动产估价业务，也不得作过分渲染的广告。

(2) 不动产估价者学会

不动产估价者学会于1935年成立，其会员分成准会员（associate membership）、高级住宅估价师（senior residential appraisers membership，SRA）、高级不动产估价师（senior real property appraisers，SRPA）、高级不动产分析家（senior real estate analyst，SREA）4种。这4种会员中，第一种只能算是志愿者，其余三种才是正式会员，而且以第四种最为资深，第三种次之，第二种资历较浅。

准会员可以参加学会的一般性集会与教育活动，但不具备正式会员的权利；又由于不受学会推荐作为专门职业者，所以其在名片、估价报告书及事务用笺上，均不得使用学会的名称。

高级住宅估价师这种资格，主要是授给那些对居住用不动产估价有多年的经验，其能力与见识达到学会所承认程度者。其资格要求是：①不动产估价原理和居住用不动产估价实例研究考试及格；②提出居住用不动产的模范估价报告书经审查合格；③出席作成估价书研讨会合格；④有实务经验；⑤1944年以后出生的，还需大学毕业或毕业资格认定；⑥经入会审查委员会严格审查通过。

高级不动产估价师的资格要求与高级住宅估价师的资格要求相似，其需考试的科目增加一门收益性不动产的估价原则。

高级不动产分析家这种资格，是对所有各种不动产能加以估价分析的专家资格。其资格要求是：①高级不动产估价师的优秀会员；②对收益性不动产有8～12年的经验；③估价分析的特殊适用考试及格；④对估价职业有特殊贡献而有记录者。这种资格的审查相当严格，而且取得资格的有效期间为5年，要在这5年中有充分的业绩或进步，才准予更新。

（3）美国估价者学会

美国估价者学会是于1952年成立的。该学会除不动产估价外，也包括其他资产估价。其会员除保险公司估价人员外，还包括会计师、律师等。该学会的会员分成准会员（associate）、会员（member）、高级会员（senior member）、特别会员（fellowship）4种。

准会员不具备专家的资格，要参加者，必须为21岁以上，有一定的业务经验，赞同学会的活动宗旨，愿意负担会费等。

会员的资格为21岁以上，3年以上的估价经验，并须由考试委员会审查，还要笔试及提出模范估价报告书，同时要大学毕业或经毕业资格认定。

高级会员的资格为21岁以上，5年以上的估价经验，并提出估价报告书。获得此资格的会员，称为ARA。

特别会员是美国估价者学会中，对估价业务或估价理论的研究有相当的成就而授予的特别资格。获得此资格的会员，简称为FASA。

（4）美国估价协会

美国估价协会成立于1991年，是由上述美国不动产估价者协会和不动产估价者学会合并而成。所以，该协会虽然是新成立的组织，但由于吸收了过去协会和学会60多年的经验，使它在不动产行业中具有很高的权威性。

美国估价协会的主要任务是：①向合格的不动产估价人员颁发专业资格称号；②保持高水平的估价服务；③制定和实施一套严格的行业法典，包括职业道德规范和不动产估价的统一标准；④发展和推行高质量的估价教育课程与培训计划；⑤加强和促进有关的研究工作；⑥提供有关不动产估价各方面的出版物、教材和资料等。

现在美国估价协会授予的专业资格称号有两种：一种是高级住宅估价师（SRA），另一种是估价协会会员（MAI）。后者较前者资深，也是美国不动产估价行业中最高的专业资格。高级住宅估价师是授给那些在居住用不动产估价中有经验的估价师。而估价协会会员是授给那些在商业、工业、住宅及其他类型的不动产估价中有经验的估价师和在不动产投资决策中提供咨询服务的估价师。

成为高级住宅估价师的资格要求是：①受承认的教育机构颁发的大学学位；②通过估价协会举行的“估价行业从业人员行为准则”课程；③通过估价协会的住宅估价师委员会举行的3门或3门以上的课程考试；④提出一份有关居住用不动产的估价报告书；⑤3000小时有关居住用不动产估价的实践经验。

成为估价协会会员的资格要求是：①受承认的教育机构颁发的大学学位；②通过估价协会举行的“估价行业从业人员行为准则，估价报告书写作和估价分析”课程；③通过估价协会的一般产业估价师委员会举行的7门或7门以上的课程考试，这些考试的课程每门40个学时，包括不动产估价原理，基本估价程序，资本化原理和方法，不动产估价实例研究，估价行业从业人员行为准则，估价报告书写作和估价分析等；④提出一份估价报告书；⑤4500小时的在商业、工业、租售、农业和居住用不动产方面估价的实践经验。

（5）估价基金会

1988年，美国一些主要专业估价组织发起成立了估价基金会。下设两个独立的委员会：一是估价标准委员会（ASB），它负责制定可行的估价行业从业准则和估价标准；二是估价资格认证委员会（AQB），它负责制定从业人员的最低教育水准和资格认证的标准。这两个委员会的目的，都是建立一个自我约束的体制和提高全行业的业务水准。

估价标准委员会已发布了专业估价统一标准，主要有：房地产估价，房地产估价报告，估价的复审，不动产咨询，不动产咨询报告，大量估价，私人产业估价，私人产业估价报告，商务估价，商务估价报告的标准。

估价资格认证委员会已发布了估价师注册及资格认证的参考标准，并要求各州根据本州的注册法建立自己的考核程序，但要经估价基金会的认可，没有建立自己的考核程序的州则要求遵守联邦的标准。

思 考 题

1. 我国房地产估价制度基本内容有哪些?
2. 设立房地产评估机构应具备哪有条件?
3. 中国香港地区、美国、英国房地产估价制度对中国内地房地产估价制度改革的借鉴有哪些?

附录 1　房地产估价规范

GB/T 50291—1999（一九九九年六月一日起执行）

1　总　　则

1.0.1　为了规范房地产估价行为，统一估价程序和方法，做到估价结果客观、公正、合理，根据《中华人民共和国城市房地产管理法》、《中华人民共和国土地管理法》等法律、法规的有关规定，制定本规范。

1.0.2　本规范适用于房地产估价活动。

1.0.3　房地产估价应独立、客观、公正。

1.0.4　房地产估价除应符合本规范外，尚应符合国家现行有关标准、规范的规定。

2　术　　语

2.0.1　房地产　real estate，real property

土地、建筑物及其他地上定着物，包括物质实体和依托于物质实体上的权益。

2.0.2　房地产估价　real estate appraisal，property valuation

专业估价人员根据估价目的，遵循估价原则，按照估价程序，选用适宜的估价方法，并在综合分析影响房地产价格因素的基础上，对房地产在估价时点的客观合理价格或价值进行估算和判定的活动。

2.0.3　估价对象　subject property

一个具体估价项目中需要估价的房地产。

2.0.4　估价目的　appraisal purpose

估价结果的期望用途。

2.0.5　估价时点　appraisal date，date of value

估价结果对应的日期。

2.0.6　客观合理价格或价值　value

某种估价目的特定条件下形成的正常价格。

2.0.7　公开市场　open market

在该市场上交易双方进行交易的目的在于最大限度地追求经济利益，并掌握必要的市场信息，有较充裕的时间进行交易，对交易对象具有必要的专业知识，交易条件公开并不具有排它性。

2.0.8　公开市场价值　open market value

在公开市场上最可能形成的价格。

采用公开市场价值标准时，要求评估的客观合理价格或价值应是公开市场价值。

2.0.9　类似房地产　similar property

与估价对象处在同一供求圈内，并在用途、规模、档次、建筑结构等方面与估价对象相同或相近的房地产。

2.0.10　同一供求圈　comparable search area

与估价对象具有替代关系、价格会相互影响的适当范围。

2.0.11　最高最佳使用　highest and best use

法律上允许、技术上可能、经济上可行，经过充分合理的论证，能使估价对象产生最高价值的使用。

2.0.12　市场比较法　market comparison approach，sales comparison approach

将估价对象与在估价时点近期有过交易的类似房地产进行比较，对这些类似房地产的已知价格作适当的修正，以此估算估价对象的客观合理价格或价值的方法。

2.0.13　收益法　income approach，income capitalization approach

预计估价对象未来的正常净收益，选用适当的资本化率将其折现到估价时点后累加，以此估算估价对象的客观合理价格或价值的方法。

2.0.14 成本法 cost approach

求取估价对象在估价时点的重置价格或重建价格，扣除折旧，以此估算估价对象的客观合理价格或价值的方法。

2.0.15 假设开发法 hypothetical development method，residual method

预计估价对象开发完成后的价值，扣除预计的正常开发成本、税费和利润等，以此估算估价对象的客观合理价格或价值的方法。

2.0.16 基准地价修正法 land datum value method

在政府确定公布了基准地价的地区，由估价对象所处地段的基准地价调整得出估价对象宗地价格的方法。

2.0.17 潜在毛收入 potential gross income

假定房地产在充分利用、无空置状态下可获得的收入。

2.0.18 有效毛收入 effective gross income

由潜在毛收入扣除正常的空置、拖欠租金以及其他原因造成的收入损失后所得到的收入。

2.0.19 运营费用 operating expenses

维持房地产正常生产、经营或使用必须支出的费用及归属于其他资本或经营的收益。

2.0.20 净收益 net income，net operating income

由有效毛收入扣除合理运营费用后得到的归属于房地产的收益。

2.0.21 建筑物重置价格 replacement cost of building

采用估价时点的建筑材料和建筑技术，按估价时点的价格水平，重新建造与估价对象具有同等功能效用的全新状态的建筑物的正常价格。

2.0.22 建筑物重建价格 reproduction cost of building

采用估价对象原有的建筑材料和建筑技术，按估价时点的水平，重新建造与估价对象相同的全新的建筑物的正常价格。

2.0.23 物质上的折旧 physical depreciation，physical deterioration

建筑物在物质实体方面的磨损所造成的建筑物价值的损失。

2.0.24 功能上的折旧 functional depreciation，functional obsolescence

建筑物在功能方面的落后所造成的建筑物价值的损失。

2.0.25 经济上的折旧 economic depreciation，economic obsolescence

建筑物以外的各种不利因素所造成的建筑物价值的损失。

2.0.26 估价结果 conclusion of value

关于估价对象的客观合理价格或价值的最终结论。

2.0.27 估价报告 appraisal report

全面、公正、客观、准确地记述估价过程和估价成果的文件，给委托方的书面答复，关于估价对象的客观合理价格或价值的研究报告。

3 估价原则

3.0.1 房地产估价应遵循下列原则：

1 合法原则；

2 最高最佳使用原则；

3 替代原则；

4 估价时点原则。

3.0.2 遵循合法原则，应以估价对象的合法使用、合法处分为前提估价。

3.0.3 遵循最高最佳使用原则，应以估价对象的最高最佳使用为前提估价。

当估价对象已做了某种使用，估价时应根据最高最佳使用原则对估价前提作出下列之一的判断和选择，并应在估价报告中予以说明：

1　保持现状前提：认为保持现状继续使用最为有利时，应以保持现状继续使用为前提估价；

2　转换用途前提：认为转换用途再予以使用最为有利时，应以转换用途后再予以使用为前提估价；

3　装修改造前提：认为装修改造但不转换用途再予以使用最为有利时，应以装修改造但不转换用途再予以使用为前提估价；

4　重新利用前提：认为拆除现有建筑物再予以利用最为有利时，应以拆除建筑物后再予以利用为前提估价；

5　上述情形的某种组合。

3.0.4　遵循替代原则，要求估价结果不得明显偏离类似房地产在同等条件下的正常价格。

3.0.5　遵循估价时点原则，要求估价结果应是估价对象在估价时点的客观合理价格或价值。

4　估价程序

4.0.1　自接受估价委托至完成估价报告期间，房地产估价应按下列程序进行：

1　明确估价基本事项；

2　拟定估价作业方案；

3　搜集估价所需资料；

4　实地查勘估价对象；

5　选定估价方法计算；

6　确定估价结果；

7　撰写估价报告；

8　估价资料归档。

4.0.2　明确估价基本事项主要应包括下列内容：

1　明确估价目的；

2　明确估价对象；

3　明确估价时点。

注：1　估价目的应由委托方提出；

2　明确估价对象应包括明确估价对象的物质实体状况和权益状况；

3　估价时点应根据估价目的确定，采用公历表示，精确到日；

4　在明确估价基本事项时应与委托方共同商议，最后应征得委托方认可。

4.0.3　在明确估价基本事项的基础上，应对估价项目进行初步分析，拟定估价作业方案。

估价作业方案主要应包括下列内容：

1　拟采用的估价技术路线和估价方法；

2　拟调查搜集的资料及其来源渠道；

3　预计所需的时间、人力、经费；

4　拟定作业步骤和作业进度。

4.0.4　估价机构和估价人员应经常搜集估价所需资料，并进行核实、分析、整理。

估价所需资料主要应包括下列方面：

1　对房地产价格有普遍影响的资料；

2　对估价对象所在地区的房地产价格有影响的资料；

3　相关房地产交易、成本、收益实例资料；

4　反映估价对象状况的资料。

4.0.5　估价人员必须到估价对象现场，亲身感受估价对象的位置、周围环境、景观的优劣，查勘估价对象的外观、建筑结构、装修、设备等状况，并对事先收集的有关估价对象的坐落、四至、面积、产权等资料进行核实，同时搜集补充估价所需的其他资料，以及对估价对象及其周围环境或临路状况进行拍照等。

4.0.6　完成并出具估价报告后，应对有关该估价项目的一切必要资料进行整理、归档和妥善保管。

5 估价方法

5.1 估价方法选用

5.1.1 估价人员应熟知、理解并正确运用市场比较法、收益法、成本法、假设开发法、基准地价修正法以及这些估价方法的综合运用。

5.1.2 对同一估价对象宜选用两种以上的估价方法进行估价。

5.1.3 根据已明确的估价目的，若估价对象适宜采用多种估价方法进行估价，应同时采用多种估价方法进行估价，不得随意取舍；若必须取舍，应在估价报告中予以说明并陈述理由。

5.1.4 有条件选用市场比较法进行估价的，应以市场比较法为主要的估价方法。

5.1.5 收益性房地产的估价，应选用收益法作为其中的一种估价方法。

5.1.6 具有投资开发或再开发潜力的房地产的估价，应选用假设开发法作为其中的一种估价方法。

5.1.7 在无市场依据或市场依据不充分而不宜采用市场比较法、收益法、假设开发法进行估价的情况下，可采用成本法作为主要的估价方法。

5.2 市场比较法

5.2.1 运用市场比较法估价应按下列步骤进行：

1 搜集交易实例；

2 选取可比实例；

3 建立价格可比基础；

4 进行交易情况修正；

5 进行交易日期修正；

6 进行区域因素修正；

7 进行个别因素修正；

8 求出比准价格。

5.2.2 运用市场比较法估价，应准确搜集大量交易实例，掌握正常市场价格行情。

搜集交易实例应包括下列内容：

1 交易双方情况及交易目的；

2 交易实例房地产状况；

3 成交价格；

4 成交日期；

5 付款方式。

5.2.3 根据估价对象状况和估价目的，应从搜集的交易实例中选取三个以上的可比实例。

选取的可比实例应符合下列要求：

1 是估价对象的类似房地产；

2 成交日期与估价时点相近，不宜超过一年；

3 成交价格为正常价格或可修正为正常价格。

5.2.4 选取可比实例后，应对可比实例的成交价格进行换算处理，建立价格可比基础，统一其表达方式和内涵。

换算处理应包括下列内容：

1 统一付款方式；

2 统一采用单价；

3 统一币种和货币单位；

4 统一面积内涵和面积单位。

注：1 统一付款方式应统一为在成交日期时一次总付清；

2 不同币种之间的换算，应按中国人民银行公布的成交日期时的市场汇率中间价计算。

5.2.5 进行交易情况修正，应排除交易行为中的特殊因素所造成的可比实例成交价格偏差，将可比实例的成交价格调整为正常价格。

有下列情形之一的交易实例不宜选为可比实例：

1　有利害关系人之间的交易；

2　急于出售或购买情况下的交易；

3　受债权债务关系影响的交易；

4　交易双方或一方对市场行情缺乏了解的交易；

5　交易双方或一方有特别动机或特别偏好的交易；

6　相邻房地产的合并交易；

7　特殊方式的交易；

8　交易税费非正常负担的交易；

9　其他非正常的交易。

注：1　当可供选择的交易实例较少，确需选用上述情形的交易实例时，应对其进行交易情况修正；

2　对交易税费非正常负担的修正，应将成交价格调整为依照政府有关规定，交易双方负担各自应负担的税费下的价格。

5.2.6　进行交易日期修正，应将可比实例在其成交日期时的价格调整为估价时点的价格。

交易日期修正宜采用类似房地产的价格变动率或指数进行调整。在无类似房地产的价格变动率或指数的情况下，可根据当地房地产价格的变动情况和趋势作出判断，给予调整。

5.2.7　进行区域因素修正，应将可比实例在其外部环境状况下的价格调整为估价对象外部环境状况下的价格。

区域因素修正的内容主要应包括：繁华程度，交通便捷程度，环境、景观，公共设施配套完备程度，城市规划限制等影响房地产价格的因素。

区域因素修正的具体内容应根据估价对象的用途确定。

进行区域因素修正时，应将可比实例与估价对象的区域因素逐项进行比较，找出由于区域因素优劣所造成的价格差异，进行调整。

5.2.8　进行个别因素修正，应将可比实例在其个体状况下的价格调整为估价对象个体状况下的价格。

有关土地方面的个别因素修正的内容主要应包括：面积大小，形状，临路状况，基础设施完备程度，土地平整程度，地势，地质水文状况，规划管制条件，土地使用权年限等；有关建筑物方面的个别因素修正的内容主要应包括：新旧程度，装修，设施设备，平面布置，工程质量，建筑结构，楼层，朝向等。

个别因素修正的具体内容应根据估价对象的用途确定。

进行个别因素修正时，应将可比实例与估价对象的个别因素逐项进行比较，找出由于个别因素优劣所造成的价格差异，进行调整。

5.2.9　交易情况、交易日期、区域因素和个别因素的修正，视具体情况可采用百分率法、差额法或回归分析法。

每项修正对可比实例成交价格的调整不得超过20%，综合调整不得超过30%。

5.2.10　选取的多个可比实例的价格经过上述各种修正之后，应根据具体情况计算求出一个综合结果，作为比准价格。

5.2.11　市场比较法的原理和技术，也可用于其他估价方法中有关参数的求取。

5.3　收　益　法

5.3.1　运用收益法估价应按下列步骤进行：

1　搜集有关收入和费用的资料；

2　估算潜在毛收入；

3　估算有效毛收入；

4　估算运营费用；

5　估算净收益；

6　选用适当的资本化率；

7　选用适宜的计算公式求出收益价格。

注：潜在毛收入、有效毛收入、运营费用、净收益均以年度计。

5.3.2　净收益应根据估价对象的具体情况，按下列规定求取：

1　出租型房地产，应根据租赁资料计算净收益，净收益为租赁收入扣除维修费、管理费、保险费和税金。

租赁收入包括有效毛租金收入和租赁保证金、押金等的利息收入。

维修费、管理费、保险费和税金应根据租赁契约规定的租金涵义决定取舍。若保证合法、安全、正常使用所需的费用都由出租方承担，应将四项费用全部扣除；若维修、管理等费用全部或部分由承租方负担，应对四项费用中的部分项目作相应调整。

2　商业经营型房地产，应根据经营资料计算净收益，净收益为商品销售收入扣除商品销售成本、经营费用、商品销售税金及附加、管理费用、财务费用和商业利润。

3　生产型房地产，应根据产品市场价格以及原材料、人工费用等资料计算净收益，净收益为产品销售收入扣除生产成本、产品销售费用、产品销售税金及附加、管理费用、财务费用和厂家利润。

4　尚未使用或自用的房地产，可以照有收益的类似房地产的有关资料按上述相应的方式计算净收益，或直接比较得出净收益。

5.3.3　估价中采用的潜在毛收入、有效毛收入、运营费用或净收益，除有租约限制的之外，都应采用正常客观的数据。

有租约限制的，租约期内的租金宜采用租约所确定的租金，租约期外的租金应采用正常客观的租金。

利用估价对象本身的资料直接推算出的潜在毛收入、有效毛收入、运营费用或净收益，应与类似房地产的正常情况下的潜在毛收入、有效毛收入、运营费用或净收益进行比较。若与正常客观的情况不符，应进行适当的调整修正，使其成为正常客观的。

5.3.4　在求取净收益时，应根据净收益过去、现在、未来的变动情况及可获收益的年限，确定未来净收益流量，并判断该未来净收益流量属于下列哪种类型：

1　每年基本上固定不变；

2　每年基本上按某个固定的数额递增或递减；

3　每年基本上按某个固定的比率递增或递减；

4　其他有规则的变动情形。

5.3.5　资本化率应按下列方法分析确定：

1　市场提取法：应搜集市场上三宗以上类似房地产的价格、净收益等资料，选用相应的收益法计算公式，求出资本化率。

2　安全利率加风险调整值法：以安全利率加上风险调整值作为资本化率。安全利率可选用同一时期的一年期国债年利率或中国人民银行公布的一年定期存款年利率；风险调整值应根据估价对象所在地区的经济现状及未来预测、估价对象的用途及新旧程度等确定。

3　复合投资收益率法：将购买房地产的抵押贷款收益率与自有资本收益率的加权平均数作为资本化率，按下式计算：

$$R=MR_M+(1-M)R_E \tag{5.3.5}$$

式中　R——资本化率（%）；

M——贷款价值比率（%），抵押贷款额占房地产价值的比率；

R_M——抵押贷款资本化率（%），第一年还本息额与抵押贷款额的比率；

R_E——自有资本要求的正常收益率（%）。

4　投资收益率排序插入法：找出相关投资类型及其收益率、风险程度，按风险大小排序，将估价对象与这些投资的风险程度进行比较，判断、确定资本化率。

5.3.6　资本化率分为综合资本化率、土地资本化率、建筑物资本化率，它们之间的关系应按下式确定：

$$R_O=LR_L+BR_B \tag{5.3.6}$$

式中　R_O——综合资本化率（%），适用于土地与建筑物合一的估价；

R_L——土地资本化率（%），适用于土地估价；

R_B——建筑物资本化率（%），适用于建筑物估价；

L——土地价值占房地价值的比率（%）；

B——建筑物价值占房地价值的比率（%），$L+B=100\%$。

5.3.7 计算收益价格时应根据未来净收益流量的类型，选用对应的收益法计算公式。收益法的基本公式如下：

$$V=\sum_{i=1}^{n}\frac{A_i}{(1+R)^i} \tag{5.3.7}$$

式中 V——收益价格（元，元/m^2）；

A_i——未来第 i 年的净收益（元，元/m^2）；

R——资本化率（%）；

n——未来可获收益的年限（年）。

5.3.8 对于单独土地和单独建筑物的估价，应分别根据土地使用权年限和建筑物耐用年限确定未来可获收益的年限，选用对应的有限年的收益法计算公式，净收益中不应扣除建筑物折旧和土地取得费用的摊销。

对于土地与建筑物合一的估价对象，当建筑物耐用年限长于或等于土地使用权年限时，应根据土地使用权年限确定未来可获收益的年限，选用对应的有限年的收益法计算公式，净收益中不应扣除建筑物折旧和土地取得费用的摊销。

对于土地与建筑物合一的估价对象，当建筑物耐用年限短于土地使用权年限时，可采用下列方式之一处理：

1 先根据建筑物耐用年限确定未来可获收益的年限，选用对应的有限年的收益法计算公式，净收益中不应扣除建筑物折旧和土地取得费用的摊销；然后再加上土地使用权年限超出建筑物耐用年限的土地剩余使用年限价值的折现值。

2 将未来可获收益的年限设想为无限年，选用无限年的收益法计算公式，净收益中应扣除建筑物折旧和土地取得费用的摊销。

5.3.9 当利用土地与地上建筑物共同产生的收益单独求取土地价值时，在净收益每年不变、可获收益无限期的情况下，应采用下式：

$$V_L=\frac{A_O-V_BR_B}{R_L} \tag{5.3.9-1}$$

当利用土地与地上建筑物共同产生的收益单独求取建筑价值时，在净收益每年不变、可获收益无限期的情况下，应采用下式：

$$V_B=\frac{A_O-V_LR_L}{R_B} \tag{5.3.9-2}$$

式中 A_O——土地与地上建筑物共同产生的净收益（元，元/m^2）；

V_L——土地价值（元，元/m^2）；

V_B——建筑物价值（元，元/m^2）。

5.4 成本法

5.4.1 运用成本法估价应按下列步骤进行：

1 搜集有关成本、税费、开发利润等资料；

2 估算重置价格或重建价格；

3 估算折旧；

4 求出积算价格。

5.4.2 重置价格或重建价格，应是重新取得或重新开发、重新建造全新状态的估价对象所需的各项必要成本费用应在纳税金、正常开发利润之和，其构成包括下列内容：

1 土地取得费用；

2 开发成本；

3 管理费用；

4 投资利息；

5 销售税费；

6 开发利润。

注：开发利润应以土地取得费用与开发成本之和为基础，根据开发、建造类似房地产相应的平均利润率水平来求取。

5.4.3 具体估价中估价对象的重置价格或重建价格构成内容，应根据估价对象的实际情况，在第5.4.2条列举的价格构成内容的基础上酌予增减，并应在估价报告中予以说明。

5.4.4 同一宗房地产，重置价格或重建价格在采取土地与建筑物分别估算、然后加总时，必须注意成本构成划分和相互衔接，防止漏项或重复计算。

5.4.5 求取土地的重置价格，应直接求取其在估价时点状况的重置价格。

5.4.6 建筑物的重置价格或重建价格，可采用成本法、市场比较法求取，或通过政府确定公布的房屋重置价格扣除土地价格后的比较修正来求取，也可按工程造价估算的方法具体计算。

建筑物的重置价格，宜用于一般建筑物和因年代久远、已缺少与旧有建筑物相同的建筑材料，或因建筑技术变迁，使得旧有建筑物复原建造有困难的建筑物的估价。

建筑物的重建价格，宜用于有特殊保护价值的建筑物的估价。

5.4.7 成本法估价中的建筑物折旧，应是各种原因造成的建筑物价值的损失，包括物质上的、功能上的和经济上的折旧。

5.4.8 建筑物损耗分为可修复和不可修复两部分，修复所需的费用小于或等于修复后房地产价值的增加额的，为可修复部分；反之为不可修复部分。对于可修复部分，可直接估算其修复所需的费用作为折旧额。

5.4.9 扣除折旧后的建筑物现值可采用下列公式求取：

1 直线法下的建筑物现值计算公式：

$$V=C-(C-S)\frac{t}{N} \qquad (5.4.9\text{-}1)$$

2 双倍余额递减法下的建筑物现值计算公式：

$$V=C\left(1-\frac{2}{N}\right)^{t} \qquad (5.4.9\text{-}2)$$

3 成新折扣法下的建筑物现值计算公式：

$$V=Cq \qquad (5.4.9\text{-}3)$$

式中 V——建筑物现值（元，元/m^2）；

C——建筑物重置价格或重建价格（元，元/m^2）；

S——建筑物预计净残值（元，元/m^2）；

t——建筑物已使用年限（年）；

N——建筑物耐用年限（年）；

q——建筑物成新率（%）。

注：无论采用上述哪种折旧方法求取建筑物现值，估价人员都应亲临估价对象现场，观察、鉴定建筑物的实际新旧程度，根据建筑物的建成时间，维护、保养、使用情况，以及地基的稳定性等，最后确定应扣除的折旧额或成新率。

5.4.10 建筑物耐用年限分为自然耐用年限和经济耐用年限。估价采用的耐用年限应为经济耐用年限。

经济耐用年限应根据建筑物的建筑结构、用途和维修保养情况，结合市场状况、周围环境、经营收益状况等综合判断。

5.4.11 估价中确定建筑物耐用年限与折旧，遇有下列情况时的处理应为：

1 建筑物的建设期不计入耐用年限，即建筑物的耐用年限应从建筑物竣工验收合格之日起计；

2 建筑物耐用年限短于土地使用权年限时，应按建筑物耐用年限计算折旧；

3 建筑物耐用年限长于土地使用权年限时，应按土地使用权年限计算折旧；

4 建筑物出现于补办土地使用权出让手续之前，其耐用年限早于土地使用权年限而结束时，应按建筑物耐用年限计算折旧；

5 建筑物出现于补办土地使用权出让手续之前，其耐用年限晚于土地使用权年限而结束时，应按建筑物已使用年限加土地使用权剩余年限计算折旧。

5.4.12 积算价格应为重置价格或重建价格扣除建筑物折旧，或为土地的重置价格加上建筑物的现值，必要时还应扣除由于旧有建筑物的存在而导致的土地价值损失。

5.4.13 新开发土地和新建房地产可采用成本法估价，一般不应扣除折旧，但应考虑其工程质量和周围环境等因素给予适当修正。

5.5 假设开发法

5.5.1 运用假设开发法估价应按下列步骤进行：

1 调查待开发房地产的基本情况；

2 选择最佳的开发利用方式；

3 估计开发建设期；

4 预测开发完成后的房地产价值；

5 估算开发成本、管理费用、投资利息、销售税费、开发利润、投资者购买待开发房地产应负担的税费；

6 进行具体计算。

5.5.2 假设开发法适用于具有投资开发或再开发潜力的房地产的估价。运用此方法应把握待开发房地产在投资开发前后的状态，以及投资开发后的房地产的经营方式。

待开发房地产投资开发前的状态，包括生地、毛地、熟地、旧房和在建工程等；投资开发后的状态，包括熟地和房屋（含土地）等；投资开发后的房地产的经营方式，包括出售（含预售）、出租（含预租）和自营等。

5.5.3 运用假设开发法估算的待开发房地产价值应为开发完成后的房地产价值扣除开发成本、管理费用、投资利息、销售税费、开发利润和投资者购买待开发房地产应负担的税费。

5.5.4 预测开发完成后的房地产价值，宜采用市场比较法，并应考虑类似房地产价格的未来变动趋势。

5.5.5 开发利润的计算基数可取待开发房地产价值与开发成本之和，或取开发完成后的房地产价值。利润率可取同一市场上类似房地产开发项目相应的平均利润率。

5.5.6 运用假设开发法估价必须考虑资金的时间价值。在实际操作中宜采用折现的方法；难以采用折现的方法时，可采用计算利息的方法。

5.6 基准地价修正法

5.6.1 运用基准地价修正法估价应按下列步骤进行：

1 搜集有关基准地价的资料；

2 确定估价对象所处地段的基准地价；

3 进行交易日期修正；

4 进行区域因素修正；

5 进行个别因素修正；

6 求出估价对象宗地价格。

5.6.2 进行交易日期修正，应将基准地价在其基准日期时的值调整为估价时点的值。

交易日期修正的方法，同市场比较法中的交易日期修正的方法。

5.6.3 区域因素和个别因素修正的内容和修正的方法，同市场比较法中的区域因素和个别因素修正的内容和修正的方法。

5.6.4 运用基准地价修正法评估宗地价格时，宜按当地对基准地价的有关规定执行。

6 不同估价目的下的估价

6.0.1 房地产估价按估价目的进行分类，主要有下列类别：

1 土地使用权出让价格评估；

2 房地产转让价格评估；

3 房地产租赁价格评估；

4 房地产抵押价值评估；

5 房地产保险估价；

6 房地产课税估价；

7 征地和房屋拆迁补偿估价；

8 房地产分割、合并估价；

9 房地产纠纷估价；

10 房地产拍卖底价评估；

11 企业各种经济活动中涉及的房地产估价；

12 其他目的的房地产估价。

6.1 土地使用权出让价格评估

6.1.1 土地使用权出让价格评估，应依照《中华人民共和国城市房地产管理法》、《中华人民共和国土地管理法》、《中华人民共和国城镇国有土地使用权出让和转让暂行条例》以及当地制定的实施办法和其他有关规定进行。

6.1.2 土地使用权出让价格评估，应分清土地使用权协议、招标、拍卖的出让方式。协议出让的价格评估，应采用公开市场价值标准。招标和拍卖出让的价格评估，应为招标和拍卖底价评估，参照6.10房地产拍卖底价评估进行。

6.1.3 土地使用权出让价格评估，可采用市场比较法、假设开发法、成本法、基准地价修正法。

6.2 房地产转让价格评估

6.2.1 房地产转让价格评估，应依据《中华人民共和国城市房地产管理法》、《中华人民共和国土地管理法》、《城市房地产转让管理规定》以及当地制定的实施细则和其他有关规定进行。

6.2.2 房地产转让价格评估，应采用公开市场价值标准。

6.2.3 房地产转让价格评估，宜采用市场比较法和收益法，可采用成本法，其中待开发房地产的转让价格评估应采用假设开发法。

6.2.4 以划拨方式取得土地使用权的，转让房地产时应符合国家法律、法规的规定，其转让价格评估应另外给出转让价格中所含的土地收益值，并应注意国家对土地收益的处理规定，同时在估价报告中予以说明。

6.3 房地产租赁价格评估

6.3.1 房地产租赁价格评估，应依据《中华人民共和国城市房地产管理法》、《中华人民共和国土地管理法》、《城市房屋租赁管理办法》以及当地制定的实施细则和其他有关规定进行。

6.3.2 从事生产、经营活动的房地产租赁价格评估，应采用公开市场价值标准。

住宅的租赁价格评估，应执行国家和该类住宅所在地城市人民政府规定的租赁政策。

6.3.3 房地产租赁价格评估，可采用市场比较法、收益法和成本法。

6.3.4 以营利为目的出租划拨土地使用权上的房屋，其租赁价格评估应另外给出租金中所含的土地收益值，并应注意国家对土地收益的处理规定，同时在估价报告中予以说明。

6.4 房地产抵押价值评估

6.4.1 房地产抵押价值评估，应依照《中华人民共和国担保法》、《中华人民共和国城市房地产管理法》、《城市房地产抵押管理办法》以及当地和其他有关规定进行。

6.4.2 房地产抵押价值评估，应采用公开市场价值标准，可参照设定抵押权时的类似房地产的正常市场价格进行，但应在估价报告中说明未来市场变化风险和短期强制处分等因素对抵押价值的影响。

6.4.3 房地产抵押价值应是以抵押方式将房地产作为债权担保时的价值。

依法不得抵押的房地产，没有抵押价值。

首次抵押的房地产，该房地产的价值为抵押价值。

再次抵押的房地产，该房地产的价值扣除已担保债权后的余额部分为抵押价值。

6.4.4 以划拨方式取得的土地使用权连同地上建筑物抵押的，评估其抵押价值时应扣除预计处分所得价款中相当于应缴纳的土地使用权出让金的款额，可采用下列方式之一处理：

1 首先求取设想为出让土地使用权下的房地产的价值，然后预计由划拨土地使用权转变为出让土地使用权应缴纳的土地使用权出让金等款额，两者相减为抵押价值。此时土地使用权年限设定为相应用途的法定最高年限，从估价时点起计。

2 用成本法估价，价格构成中不应包括土地使用权出让金等由划拨土地使用权转变为出让土地使用权应缴纳的款额。

6.4.5 以具有土地使用年限的房地产抵押的，评估其抵押价值时应考虑设定抵押权以及抵押期限届满时土地使用权的剩余年限对抵押价值的影响。

6.4.6 以享受国家优惠政策购买的房地产抵押的，其抵押价值为房地产权利人可处分和收益的份额部分的价值。

6.4.7 以按份额共有的房地产抵押的，其抵押价值为抵押人所享有的份额部分的价值。

6.4.8 以共同共有的房地产抵押的，其抵押价值为该房地产的价值。

6.5 房地产保险估价

6.5.1 房地产保险估价，应依据《中华人民共和国保险法》、《中华人民共和国城市房地产管理法》和其他有关规定进行。

6.5.2 房地产保险估价，分为房地产投保时的保险价值评估和保险事故发生后的损失价值或损失程度评估。

6.5.3 保险价值应是投保人与保险人订立保险合同时作为确定保险金额基础的保险标的的价值。

保险金额应是保险人承担赔偿或给付保险金责任的最高限额，也应是投保人对保险标的的实际投保金额。

6.5.4 房地产投保时的保险价值评估，应评估有可能因自然灾害或意外事故而遭受损失的建筑物的价值，估价方法宜采用成本法、市场比较法。

6.5.5 房地产投保时的保险价值，根据采用的保险形式，可按该房地产投保时的实际价值确定，也可按保险事故发生时该房地产的实际价值确定。

6.5.6 保险事故发生后的损失价值或损失程度评估，应把握保险标的房地产在保险事故发生前后的状态。对于其中可修复部分，宜估算其修复所需的费用作为损失价值或损失程度。

6.6 房地产课税估价

6.6.1 房地产课税估价应按相应税种为核定其计税依据提供服务。

6.6.2 有关房地产税的估价，应按相关税法具体执行。

6.6.3 房地产课税估价宜采用公开市场价值标准，并应符合相关税法的有关规定。

6.7 征地和房屋拆迁补偿估价

6.7.1 征地和房屋拆迁补偿估价，分为征用农村集体所有的土地的补偿估价（简称征地估价）和拆迁城市国有土地上的房屋及其附属物的补偿估价（简称拆迁估价）。

6.7.2 征地估价，应依据《中华人民共和国土地管理法》以及当地制定的实施办法和其他有关规定进行。

6.7.3 拆迁估价，应依据《城市房屋拆迁管理条例》以及当地制定的实施细则和其他有关规定进行。

6.7.4 依照规定，拆除违章建筑、超过批准期限的临时建筑不予补偿；拆除未超过批准期限的临时建筑给予适当补偿。

6.7.5 实行作价补偿的，可根据当地政府确定公布的房屋重置价格扣除土地价格后结合建筑物成新估价。

6.7.6 依法以有偿出让、转让方式取得的土地使用权，根据社会公共利益需要拆迁其地上房屋时，对该土地使用权如果视为提前收回处理，则应在拆迁补偿估价中包括土地使用权的补偿估价。此种土地使用权补偿估价，应根据该土地使用权的剩余年限所对应的正常市场价格进行。

6.8 房地产分割、合并估价

6.8.1 房地产分割、合并估价应注意分割、合并对房地产价值的影响。分割、合并前后的房地产整体价值不能简单等于各部分房地产价值之和。

6.8.2 分割估价应对分割后的各部分分别估价。

6.8.3 合并估价应对合并后的整体进行估价。

6.9 房地产纠纷估价

6.9.1 房地产纠纷估价，应对纠纷案件中涉及的争议房地产的价值、交易价格、造价、成本、租金、补偿金额、赔偿金额、估价结果等进行科学的鉴定，提出客观、公正、合理的意见，为协议、调解、仲裁、诉讼等方式解决纠纷提供参考依据。

6.9.2 房地产纠纷估价应按相应类型的房地产估价进行。

6.9.3 房地产纠纷估价，应注意纠纷的性质和协议、调解、仲裁、诉讼等解决纠纷的不同方式，并将其作为估价依据，协调当事人各方的利益。

6.10 房地产拍卖底价评估

6.10.1 房地产拍卖底价评估为确定拍卖保留价提供服务，应依据《中华人民共和国拍卖法》、《中华人民共和国城市房地产管理法》和其他有关规定进行。

6.10.2 房地产拍卖底价评估，首先应以公开市场价值标准为原则确定其客观合理价格，之后再考虑短期强制处分（快速变现）等因素的影响确定拍卖底价。

6.11 企业各种经济活动中涉及的房地产估价

6.11.1 企业各种经济活动中涉及的房地产估价，包括企业合资、合作、联营、股份制改组、上市、合并、兼并、分立、出售、破产清算、抵债中的房地产估价。这种估价首先应了解房地产权属是否发生转移，若发生转移，则应按相应的房地产转让行为进行估价；其次应了解是否改变原用途以及这种改变是否合法，并应根据原用途是否合法改变，按“保持现状前提”或“转换用途前提”进行估价。

6.11.2 企业合资、合作、股份制改组、合并、兼并、分立、出售、破产清算等发生房地产权属转移的，应按房地产转让行为进行估价。但应注意破产清算与抵押物处置类似，属于强制处分、要求在短时间内变现的特殊情况；在购买者方面在一定程度上与企业兼并类似，若不允许改变用途，则购买者的范围受到一定限制，其估价宜低于公开市场价值。

6.11.3 企业联营一般不涉及房地产权属的转移。企业联营中的房地产估价，主要为确定以房地产作为出资的出资方的分配比例服务，宜根据具体情况采用收益法、市场比较法、假设开发法，也可采用成本法。

6.12 其他目的的房地产估价

6.12.1 其他目的的房地产估价，包括房地产损害赔偿估价等。

6.12.2 房地产损害赔偿估价，应把握被损害房地产在损害发生前后的状态。对于其中可修复部分，宜估算其修复所需的费用作为损害赔偿价值。

7 估价结果

7.0.1 对不同估价方法估算出的结果，应进行比较分析。当这些结果差异较大时，应寻找并排除出现差异的原因。

7.0.2 对不同估价方法估算出的结果应做下列检查：

1 计算过程是否有误；

2 基础数据是否准确；

3 参数选择是否合理；

4 是否符合估价原则；

5 公式选用是否恰当；

6 选用的估价方法是否适宜估价对象和估价目的。

7.0.3 在确认所选用的估价方法估算出的结果无误之后，应根据具体情况计算求出一个综合结果。

7.0.4 在计算求出一个综合结果的基础上，应考虑一些不可量化的价格影响因素，对该结果进行适当的调整，或取整，或认定该结果，作为最终的估价结果。

当有调整时，应在估价报告中明确阐述理由。

8 估价报告

8.0.1 估价报告应做到下列几点：

1 全面性：应完整地反映估价所涉及的事实、推理过程和结论，正文内容和附件资料应齐全，配套；

2 公正性和客观性：应站在中立的立场上对影响估价对象价格或价值的因素进行客观的介绍、分析和评论，作出的结论应有充分的依据；

3 准确性：用语应力求准确，避免使用模棱两可或易生误解的文字，对未经查实的事项不得轻率写入，对难以确定的事项应予以说明，并描述其对估价结果可能产生的影响。

4 概括性：应用简洁的文字对估价中所涉及的内容进行高度概括，对获得的大量资料应在科学鉴别与分析的基础上进行筛选，选择典型、有代表性、能反映事情本质特征的资料来说明情况和表达观点。

8.0.2 估价报告应包括下列部分：

1 封面；

2 目录；

3 致委托方函；

4 估价师声明；

5 估价的假设和限制条件；

6 估价结果报告；

7 估价技术报告；

8 附件。

8.0.3 对于成片多宗房地产的同时估价，且单宗房地产的价值较低时，估价结果报告可采用表格的形式。除此之外的估价结果报告，应采用文字说明的形式。

8.0.4 估价报告应记载下列事项：

1 估价项目名称；

2 委托方名称或姓名和住所；

3 估价方（房地产估价机构）名称和住所；

4 估价对象；

5 估价目的；

6 估价时点；

7 价值定义；

8 估价依据；

9 估价原则；

10 估价技术路线、方法和测算过程；

11 估价结果及其确定的理由；

12 估价作业日期；

13 估价报告应用的有效期；

14 估价人员；

15 注册房地产估价师的声明和签名、盖章；

16 估价的假设和限制条件；

17 附件，应包括反映估价对象位置、周围环境、形状、外观和内部状况的图片，估价对象的产权证明，估价中引用的其他专用文件资料，估价人员和估价机构的资格证明。

8.0.5 估价报告中应充分描述说明估价对象状况，包括估价对象的物质实体状况和权益状况，其中：

1 对土地的描述说明应包括：名称，坐落，面积，形状，四至、周围环境、景观，基础设施完备程度，土地平整程度，地势，地质、水文状况，规划限制条件，利用现状，权属状况。

2 对建筑物的描述说明应包括：名称，坐落，面积，层数，建筑结构，装修，设施设备，平面布置，工程质量，建成年月，维护、保养、使用情况，地基的稳定性，公共配套设施完备程度，利用现状，权属状况。

8.0.6 估价报告中注册房地产估价师的声明应包括下列内容，并应经注册房地产估价师签名、盖章：

1 估价报告中估价人员陈述的事实，是真实的和准确的。

2 估价报告中的分析、意见和结论，是估价人员自己公正的专业分析、意见和结论，但受到估价报告中已说明的假设和限制条件的限制。

3 估价人员与估价对象没有（或有已载明的）利害关系，也与有关当事人没有（或有已载明的）个人利害关系或偏见。

4 估价人员是依照中华人民共和国国家标准《房地产估价规范》进行分析，形成意见和结论，撰写估价报告。

5 估价人员已（或没有）对估价对象进行了实地查勘，并应列出估价对象进行了实地查勘的估价人员的姓名。

6 没有人对估价报告提供了重要专业帮助（若有例外，应说明提供重要专业帮助者的姓名）。

7 其他需要声明的事项。

8.0.7 估价报告应由注册房地产估价师签名、盖章并加盖估价机构公章才具有法律效力。在估价报告上签名、盖章的注册房地产估价师和加盖公章的估价机构，对估价报告的内容和结论负责任。

9 职业道德

9.0.1 估价人员和估价机构不得作任何虚伪的估价，应做到公正、客观、诚实。

9.0.2　估价人员和估价机构应保持估价的独立性，必须回避与自己、亲属及其他有利害关系人有关的估价业务。

9.0.3　估价人员和估价机构若感到自己的专业能力所限而难以对某房地产进行估价时，不应接受该项估价委托。

9.0.4　估价人员和估价机构应妥善保管委托方的文件资料，未经委托方的书面许可，不得将委托方的文件资料擅自公开或泄漏给他人。

9.0.5　估价机构应执行政府规定的估价收费标准，不得以不正当理由或名目收取额外的费用，或降低收费标准，进行不正当的竞争。

9.0.6　估价人员和估价机构不得将资格证书借给他人使用或允许他人使用自己的名义，不得以估价者身份在非自己估价的估价报告上签名、盖章。

附录 A　估价报告的规范格式

A.0.1　封面：

（标题：）房地产估价报告

估价项目名称：（说明本估价项目的全称）

委托方：（说明本估价项目的委托单位的全称，个人委托的为个人的姓名）

估价方：（说明本估价项目的估价机构的全称）

估价人员：（说明参加本估价项目的估价人员的姓名）

估价作业日期：（说明本次估价的起止年月日，即正式接受估价委托的年月日至完成估价报告的年月日）

估价报告编号：（说明本估价报告在本估价机构内的编号）

A.0.2　目录：

（标题：）目录

一、致委托方函

二、估价师声明

三、估价的假设和限制条件

四、估价结果报告

（一）

（二）

…

五、估价技术报告（可不提供给委托方，供估价机构存档和有关管理部门查阅等）

（一）

（二）

…

六、附件

（一）

（二）

…

A.0.3　致委托方函：

（标题：）致委托方函

致函对象（为委托方的全称）

致函正文（说明估价对象、估价目的、估价时点、估价结果）

致函落款（为估价机构的全称，并加盖估价机构公章，法定代表人签名、盖章）

致函日期（为致函的年月日）

A.0.4　估价师声明：

（标题：）估价师声明

我们郑重声明：

1 我们在本估价报告中陈述的事实是真实的和准确的。

2 本估价报告中的分析、意见和结论是我们自己公正的专业分析、意见和结论，但受到本估价报告中已说明的假设和限制条件的限制。

3 我们与本估价报告中的估价对象没有（或有已载明的）利害关系，也与有关当事人没有（或有已载明的）个人利害关系或偏见。

4 我们依照中华人民共和国国家标准《房地产估价规范》进行分析，形成意见和结论，撰写本估价报告。

5 我们已（或没有）对本估价报告中的估价对象进行了实地查勘（在本声明中应清楚地说明哪些估价人员对估价对象进行了实地查勘，哪些估价人员没有对估价对象进行实地查勘）。

6 没有人对本估价报告提供了重要专业帮助（若有例外，应说明提供重要专业帮助者的姓名）。

7 （其他需要声明的事项）。

参加本次估价的注册房地产估价师签名、盖章（至少有一名）。

A.0.5 估价的假设和限制条件：

（标题：）估价的假设和限制条件

（说明本次估价的假设前提，未经调查确认或无法调查确认的资料数据，估价中未考虑的因素和一些特殊处理及其可能的影响，本估价报告使用的限制条件）

A.0.6 估价结果报告：

（标题：）房地产估价结果报告

（一）委托方（说明本估价项目的委托单位的全称、法定代表人和住所，个人委托的为个人的姓名和住所）

（二）估价方（说明本估价项目的估价机构的全称、法定代表人、住所、估价资格等级）

（三）估价对象（概要说明估价对象的状况，包括物质实体状况和权益状况。其中，对土地的说明应包括：名称、坐落、面积、形状、四至、周围环境、景观，基础设施完备程度，土地平整程度，地势、地质、水文状况、规划限制条件、利用现状，权属状况；对建筑物的说明应包括：名称、坐落、面积、层数、建筑结构、装修、设施设备、平面布置、工程质量、建成年月、维护、保养、使用情况、公共配套设施完备程度、利用现状、权属状况）

（四）估价目的（说明本次估价的目的和应用方向）

（五）估价时点（说明所评估的客观合理价格或价值对应的年月日）

（六）价值定义（说明本次估价采用的价值标准或价值内涵）

（七）估价依据（说明本次估价依据的本房地产估价规范，国家和地方的法律、法规，委托方提供的有关资料，估价机构和估价人员掌握和搜集的有关资料）

（八）估价原则（说明本次估价遵循的房地产估价原则）

（九）估价方法（说明本次估价的思路和采用的方法以及这些估价方法的定义）

（十）估价结果（说明本次估价的最终结果，应分别说明总价和单价，并附大写金额。若用外币表示，应说明估价时点中国人民银行公布的人民币市场汇率中间价，并注明所折合的人民币价格）

（十一）估价人员（列出所有参加本次估价的人员的姓名、估价资格或职称，并由本人签名、盖章）

（十二）估价作业日期（说明本次估价的起止年月日）

（十三）估价报告应用的有效期（说明本估价报告应用的有效期，可表达为到某个年月日止，也可表达为多长年限，如一年）

A.0.7 估价技术报告：

（标题：）房地产估价技术报告

（一）个别因素分析（详细说明、分析估价对象的个别因素）

（二）区域因素分析（详细说明、分析估价对象的区域因素）

（三）市场背景分析（详细说明、分析类似房地产的市场状况，包括过去、现在和可预见的未来）

（四）最高最佳使用分析（详细分析、说明估价对象最高最佳使用）

（五）估价方法选用（详细说明估价的思路和采用的方法及其理由）

（六）估价测算过程（详细说明测算过程，参数确定等）

（七）估价结果确定（详细说明估价结果及其确定的理由）

A.0.8 附件：

（标题：）附件

估价对象的位置图，四至和周围环境图，土地形状图，建筑平面图，外观和内部照片，项目有关批准文件，产权证明，估价中引用的其他专用文件资料，估价人员和估价机构的资格证明等。

A.0.9 制作要求：

估价报告应做到图文并茂，所用纸张、封面、装订应有较好的质量。纸张大小应采用A4纸规格。

规范用词用语说明

1 为便于在执行本规范条文时区别对待，对要求严格程度不同的用词说明如下：

(1) 表示很严格，非这样做不可的用词；

正面词采用“必须”，反面词采用“严禁”；

(2) 表示严格，在正常情况下均应这样做的用词；

正面词采用“应”，反面词采用“不应”或“不得”；

(3) 表示允许稍有选择，在条件许可时首先应这样做的用词：

正面词采用“宜”，反面词采用“不宜”；

表示有选择，在一定条件下可以这样做的，采用“可”。

2 规范中指定应按其他有关标准、规范执行时，写法为：

“应符合……的规定”或“应按……执行”。

附录 2　房地产估价规范条文说明

1　总　　则

1.0.1　制定本规范的目的主要有三个：一是规范房地产估价行为；二是统一房地产估价程序和方法；三是促使做到估价结果客观、公正、合理。

实行房地产估价的法律依据是《中华人民共和国城市房地产管理法》的有关规定。《中华人民共和国城市房地产管理法》第 33 条规定："国家实行房地产价格评估制度。房地产价格评估，应当遵循公正、公平、公开的原则，按照国家规定的技术标准和评估程序，以基准地价、标定地价和各类房屋的重置价格为基础，参照当地的市场价格进行评估。"第 58 条规定："国家实行房地产价格评估人员资格认证制度。"

在房地产估价中还需遵循《中华人民共和国城市房地产管理法》和《中华人民共和国土地管理法》的其他有关规定。例如，《中华人民共和国城市房地产管理法》第 12 条关于土地使用权出让金最低价的规定，第 39 条、第 50 条关于划拨土地使用权转让时应缴纳土地使用权出让金或土地收益的规定，第 55 条关于出租划拨土地使用权上的房屋应将租金中所含土地收益上缴国家的规定，等等；《中华人民共和国土地管理法》第 47 条关于征用土地补偿的规定。

1.0.2　本规范的适用范围是在中华人民共和国境内从事各种房地产估价活动。

凡是在中华人民共和国境内从事房地产估价活动，无论是土地使用权出让、房地产转让（包括买卖、赠与、抵债等）、租赁、抵押、典当、保险、课税、征用拆迁补偿、分割析产、拍卖底价、司法诉讼、纠纷仲裁、公证、资产价值证明或记账，还是企业合资、合作、联营、合并、兼并、分立、出售、改制、上市、破产清算，以及住房制度改革中的房地产估价、商品房预售条件中的估价、房地产复核估价等，都应遵守本规范。

1.0.3　独立、客观、公正，是对房地产估价的总要求。

独立，是要求房地产估价时不应受外界不合理因素的干扰和影响。客观，是要求房地产估价时要尽可能地减少估价人员的主观意志对估价过程和估价结论的影响。房地产估价并非由估价人员主观地确定市场价格，而是客观地反映市场价格的形成过程和结果。房地产估价应力求客观、准确、合理地模拟市场的价格形成过程将估价对象的客观合理价格或价值反映出来。公正，是要求房地产估价时必须站在中立的立场上，不偏袒当事人的某一方，特别是不可有意无意地偏向委托方。

2　术　　语

2.0.1　本条强调了房地产包括房地产的物质实体和依托于物质实体上的房地产权益。

房地产是物质实体与权益的结合，依托于物质实体上的权益主要有所有权、使用权、抵押权、租赁权等。物质实体是权益的载体，而最终体现房地产价值的是其权益。同一物质实体的估价对象房地产，如果附着于其上的权益不同，评估出的客观合理价格或价值也会有所不同。

本条所称土地是指地球的表面及其上下的一定空间。本条所称建筑物包括房屋和构筑物。房屋是指能够遮风避雨并供人居住、工作、娱乐、储藏物品、纪念或进行其他活动的空间场所，一般由基础、墙、门、窗、柱、梁和屋顶等主要构件组成。构筑物是指建筑物中除了房屋以外的东西，人们一般不直接在内进行生产和生活活动，例如烟囱、水塔、水井、道路、桥梁、隧道、水坝等。

本条所称其他地上定着物是指与土地、建筑物不能分离，或虽然能够分离，但分离后会破坏土地、建筑物的功能或完整性的物。

2.0.2　本条所称专业估价人员是指经房地产估价人员执业资格考试合格，由有关主管部门审定注册，取得执业资格证书后专门从事房地产估价的人员，目前有注册房地产估价师和房地产估价员两种。

2.0.3　在实际估价中，估价对象的物质实体可能既有土地也有建筑物，也可能只是它们中的某一部分，例如是土地、房屋、构筑物、附属设施、在建工程等各种房地产物质实体的某一部分；但估价对象同时必须包括依托于该物质实体上的具体权益。

2.0.4 估价结果的期望用途，也即估价是为了满足何种涉及房地产的经济活动或何种政府行为、民事行为的需要。各种涉及房地产的经济活动或政府、民事行为的需要主要包括：土地使用权出让，房地产转让(包括买卖、赠与、抵债等)、租赁、抵押、典当、保险、课税、征用拆迁补偿、分割析产、拍卖底价、司法诉讼、纠纷仲裁、公证、资产价值证明或记账，企业合资、合作、联营、合并、兼并、分立、出售、改制、上市、破产清算，住房制度改革、商品房预售和估价结论复核等。

2.0.5 估价时点不是随意给定的，也不完全与估价作业日期相同，它需要估价人员根据估价目的来确定。在估价之前，它说明了估价中需要估算和判定的是哪个具体日期的客观合理价格或价值；当估价结果作出后，它说明了该估价结果是在哪一个时间上的客观合理价格或价值，以便于应用。估价时点应采用公历表示，并应精确到日。

2.0.6 同一估价对象，估价目的不同，估价依据以及采用的价值标准会有所不同，评估出的客观合理价格或价值也会有所不同。例如，在买卖的情况下，虽然实际的成交价格有高有低，但有其正常的买卖价格；在抵押的情况下，也有其正常的抵押价值；在拆迁补偿的情况下，有其合理的补偿额。而正常的买卖价格、正常的抵押价值、合理的补偿额，又不完全是相同的。

2.0.7～2.0.8 在估价中，有许多情况下需要采用公开市场价值标准。

采用公开市场价值标准，是指所评估出的客观合理价格或价值应是在公开市场上最可能形成或成立的价格。而所谓公开市场，是指一个竞争性的市场，在该市场上交易各方进行交易的目的在于最大限度地追求经济利益，他们并且都掌握了必要的市场信息，有比较充裕的时间进行交易，对交易对象具有必要的专业知识。此外，市场交易条件公开并不具有排它性，即所有市场主体都可以平等自由地参与交易。

2.0.9～2.0.10 只有在同一供求圈内，与估价对象类似的房地产才与估价对象之间具有替代关系，价格会相互影响。

用途有居住、办公、商业、展览、工业、公共事业等；规模是指房地产的建筑面积、体积等；档次是由房地产的建筑设计标准、装修、设施设备情况等因素确定；建筑结构指房地产的承重结构类型，例如钢结构、钢筋混凝土结构、砖混结构、砖木结构等。

估价对象的用途、规模、档次不同，同一供求圈的大小也会有所不同。

同一供求圈不一定是具有同样或相近的自然地理位置，也可以是具有同样或相近的社会经济位置。

2.0.16 基准地价修正法是我国土地估价的方法之一，其估价过程是：利用政府已经确定公布的基准地价，依据替代原理，通过交易日期、区域因素和个别因素（包括土地使用权年限）的比较修正，由基准地价调整得出估价对象宗地价格。

2.0.17～2.0.20 房地产的净收益，实质上是房地产本身所带来的收益；运营费用，实质上包括两部分内容，一是维持房地产正常生产、经营或使用所必须支出的费用；例如维修费、管理费等，二是归属于其他资本的收益，或称非房地产本身所创造的收益，例如货币资金的利息和利润等。由有效毛收入扣除合理运营费用，实际上是由有效毛收入中扣除非房地产本身所创造的收益，剩余的即是房地产本身所带来的收益，也即房地产的净收益。

例如，有一建筑面积为1000m^2的写字楼，其月毛租金水平为100元/m^2，空置率为13%，租金损失为毛租金收入的2%，合理运营费用为有效租金收入的30%，则该写字楼的：潜在毛收入＝1000m^2×100元/(m^2·月)×12月＝120万元，有效毛收入＝120万元×(1－13%)×(1－2%)＝102.3万元，合理运营费用＝102.3万元×30%＝30.7万元，净收益＝102.3万元－30.7万元＝71.6万元。

2.0.21～2.0.22 重建与重置的不同之处是：重置只要求具有同等的功能效用，重建则要求是完全相同的复制品。

2.0.27 估价报告既是全面、公正、客观、准确地记述估价过程和估价成果的文件，又是给委托方的书面答复，还应是关于估价对象的客观合理价格或价值的研究报告。

3 估价原则

3.0.1 规定房地产估价原则，是为了确保不同的估价人员在遵循规定的估价程序，采用适宜的估价方法和正确的处理方式的前提下，对同一估价对象的估价结果能具有一致性。

3.0.2 本条规定房地产估价应遵循合法原则，即必须以估价对象的合法使用、合法交易或合法处分为前提进行。所谓合法，是指符合国家的法律、法规和当地政府的有关规定。

遵循合法原则，一是要求在估价时必须确认估价对象具有合法的产权。在无法确认估价对象产权的合法性的情况下，必须在估价报告中说明估价过程和结论是在假定估价对象具有合法产权的情况下才是有效的。

遵循合法原则，二是要求在估价时所涉及的估价对象的用途必须是合法的。例如在采用假设开发法估价时，需要设定估价对象未来的用途，在设定该用途时，就必须保证该用途的合法性，例如必须符合城市规划限制的要求。

遵循合法原则，还要求在估价中如果涉及估价对象的交易或处分方式时，该交易或处分方式必须是合法的。例如在涉及到划拨土地使用权单独设定抵押的估价时，就必须考虑到划拨土地使用权在得到土地行政主管部门的批准并补交土地使用权出让金或向国家上缴土地收益之后才能设定抵押，此时该目的下的估价对象才具有合法性。

3.0.3 房地产估价中所确定的客观合理价格或价值，其实质是房地产的经济价值，它体现在房地产的使用过程中。规定房地产估价时必须以估价对象用于最高最佳使用为前提，可使估价人员在确定估价结论时有共同的口径，从而使不同的估价人员易于达成一致。

最高最佳使用原则受到合法原则的约束，在运用最高最佳使用原则估价时，首先要求估价对象的最高最佳用途是法律上允许的，这一点已在3.0.1条中作了说明。

房地产的最高最佳使用还必须得到技术上的支持，不能把技术上无法做到的使用当作最高最佳使用。这里的技术主要是指房屋建筑工程方面的技术。

必须全面地理解和运用最高最佳使用原则，这种全面性还体现在确定房地产的最高最佳使用时应注意经济上可行：不能通过不经济的方式来实现房地产的最高最佳使用，这样的“最高最佳使用”也一定不是真正的最高最佳使用。

当房地产的最终使用尚未确定时，其最高最佳使用可能有多种实现方式，本条中列举了保持现状、转换用途、装修改造、拆除重新利用等方式。最高最佳使用，的实现也可能是这些实现方式的组合形式，例如一部分保持现状继续使用、另一部分装修改造转换用途后使用等。

3.0.4 替代原则的理论依据是同一市场上相同物品具有相同市场价值的经济学原理。替代原则是保证房地产估价能够通过运用市场资料进行和完成的重要理论前提：只有承认同一市场上相同物品具有相同的市场价值，才有可能根据市场资料对估价对象进行估价。

替代原则也反映了房地产估价的基本原理和最一般的估价过程：房地产估价所要确定的估价结论是估价对象的客观合理价格或价值。对于房地产交易目的而言，该客观合理价格或价值应当是在公开市场上最可能形成或者成立的价格，房地产估价就是参照公开市场上足够数量的类似房地产的近期成交价格来确定估价对象的客观合理价格或者价值的。

3.0.5 估价时点原则强调的是估价结论具有很强的时间相关性和时效性。

估价结论首先具有很强的时间相关性，这主要是考虑到资金的时间价值，在不同的时间点上发生的现金流量对其价值影响是不同的。所以，在房地产估价时统一规定：如果一些款项的发生时点与估价时点不一致，应当折算为估价时点的现值。

估价结论同时具有很强的时效性，这主要是考虑到房地产市场价格的波动性，同一估价对象在不同时点会具有不同的市场价格。所以强调：估价结果是估价对象在估价时点的价格，不能将该估价结果作为估价对象在其他时点的价格。

4 估价程序

4.0.1 规定房地产估价程序是为了实现房地产估价的规范化，保证估价作业质量。

本条规定了自接受估价委托至完成估价报告期间的工作程序，共分为明确估价基本事项、拟定估价作业方案、搜集估价所需资料、实地查勘估价对象、选定估价方法计算、确定估价结果、撰写估价报告、估价资料归档等8个步骤。至于目前有些在接受估价委托之前有估价项目立项，以及争取估价业务、签订估价合同，在估价报告完成后进行估价结果确认等程序未作统一规定。

4.0.2 本条所称明确估价对象包括明确估价对象的物质实体状况和权益状况。

估价对象的物质实体状况主要包括：土地面积、形状、临路状态、土地平整程度、地势、地质水文状况，建筑物面积、建筑结构、平面布置、工程质量、新旧程度、装修、设施设备、楼层、朝向等。

估价对象的权益状况主要包括：土地权利性质、权属、土地使用权年限，建筑物权属，估价对象上设定的他项权利状况等。

依据有关法律、法规，有些估价对象不能用于某些估价目的，或有些估价目的限制了可以作为估价对象的范围和内容，所以，估价对象及其范围和内容，既不能简单地根据委托方的要求确定，也不能根据估价人员的主观愿望随意确定，而应根据估价目的、依据法律、法规并征求委托方认可后综合确定。

4.0.3 确定拟采用的估价技术路线和估价方法以及拟调查搜集的资料及其来源渠道时，可参照本规范第5章各估价方法中的有关规定。

4.0.4 本条规定了估价人员应当搜集的涉及估价的有关资料，这些资料是各种估价方法都需要用到的。另外有些资料是某种特定估价方法所需要的，可参见本规范第5章各估价方法中的具体规定。

在搜集实例资料时，应考察它们是否受到不正常的或人为因素的影响。对于受到这些因素影响的实例资料，只有在能确定其受影响的程度并能进行修正的情况下才可被采用。

4.0.6 本条规定应将涉及估价项目的一切必要资料进行整理、归档和妥善保管，是为了方便今后的估价，有助于估价机构和估价人员不断在业务中提高估价水平，同时也有助于解决以后可能发生的估价业务纠纷，还有助于政府主管部门和行业学会、协会对估价机构的资质审查。本条虽然对估价资料的保存时间未作规定，但一般应保存15年以上。

5 估价方法

5.1 估价方法选用

5.1.2 由于每种估价方法本身的局限性（每种估价方法的适用对象和适用条件不同），同时也由于估价中所采用的各种数据资料具有一定的不确定性，在运用各种估价方法进行估价时，都不可避免地需要进行估算和判定，因此，采用任何一种估价方法都难以确保真正准确地反映估价对象的客观合理价格或价值。

由于每种估价方法的估算判定的角度不同，所依据的估价数据和资料不同，因此，数据资料的不确定性对各种估价方法的估算判定过程的影响程度是不一样的，对同一估价对象应同时选用两种以上的估价方法进行估价，有助于各种估价方法之间的互相补充，消除数据资料的不确定性对估价结果准确性的影响。

5.1.4 市场比较法是最能体现房地产估价的基本原理、最直观、适用性最广、也最容易准确把握的一种估价方法，因此在有条件选用市场比较法估价时，应当首选市场比较法。

5.1.7 本条的规定主要是考虑到目前估价行业的现状，目前许多估价人员往往偏好采用成本法估价，而又不能完整准确地理解和运用成本法。

5.2 市场比较法

5.2.2 拥有大量房地产交易实例资料，是运用市场比较法估价的先决条件。如果交易实例资料太少，不仅会影响估价结果的准确性和客观性，甚至会使市场比较法无法采用。因此，估价人员首先应通过各种途径尽可能多地搜集房地产交易实例。

一般搜集房地产交易实例的途径有：

1 查阅政府有关部门关于房地产交易的申报登记资料；

2 查阅各种报刊上关于房地产租售的信息；

3 以购买房地产者的身份，与房地产经办人和交易当事人洽谈，了解各种信息；

4 通过各类房地产交易展示会，索取资料，掌握信息；

5 同行之间相互提供信息资料；

6 其他途径获取资料。

通过上述6个途径，估价人员搜集交易实例的内容包括：

1 交易双方情况及交易目的。交易双方情况不仅包括交易者的名称、性质、法人代表、住址等基本情况；更重要的是要说明交易双方是否在公开的市场状况下进行公平自愿的交易，即属正常交易还是非正常交易。

交易目的是指交易双方为什么而交易，一般包括买卖、入股、抵债等交易目的。

2 交易实，例房地产状况。一般应包括：(1) 坐落位置、形状与面积；(2) 地质条件；(3) 购物、交通等环境条件；(4) 土地利用现状与规划用途；(5) 有关地上建筑物的基本情况；(6) 权利状况。

3 成交价格。成交价格应包括房地总价、房屋总价、土地总价及相应的单价和房屋租金等内容，同时应说明价格类型、价格水平及货币种类和货币单位等情况。

4 付款方式。付款方式包括：一次付清、分期付款及比例、抵押贷款比例、租金支付方式等内容。

搜集房地产交易实例时，估价人员最好针对不同类型房地产事先制作统一的表格，即"交易实例调查表"。按照此表填写调查内容，既方便又能避免遗漏重要事项，另外也便于输入计算机，建立数据库，实现快速查询和调用。

5.2.3 用作比较参照的交易实例，简称可比实例。选取可比实例就是从已搜集和积累的大量交易实例中，选取与估价对象房地产条件相同或相似的、成交日期与估价时点相近的、成交价格为正常价格或可修正为正常价格的交易实例。

运用市场比较法估价应根据估价对象状况和估价目的，从搜集的交易实例中选取3个以上的可比实例。如果可比实例少于3个，其代表性较差，可能造成估价结果因其个别性出现偏差，难以客观地反映市场状况。同时，所选取的可比实例还应符合下列要求：

1 是与估价对象类似的房地产，具体是指：

(1) 与估价对象房地产的用途应相同。主要是指房地产的具体利用方式，可按大类和小类划分。大类用途如：商店、办公楼（写字楼）、酒楼、旅馆、住宅、工业厂房、仓库等。小类是在大类用途的基础上再细分。例如住宅，可细分为普通住宅、高档公寓、豪华别墅等。

(2) 与估价对象房地产的建筑结构应相同。这里主要指大类建筑结构，一般分为：钢结构、钢筋混凝土结构、砖混结构、砖木结构、简易结构。如果能在大类建筑结构下再细分出小类建筑结构则更好，如砖木结构，进一步分为砖木一等、二等，等等。

(3) 与估价对象房地产所处地段应相同。主要是指可比实例与估价对象房地产应处于相同特征的同一区域或邻近地区，或处于同一供求圈内或同一等级土地内。

2 成交日期与估价对象房地产的估价时点应相近。一般选择的可比实例房地产的成交日期距估价时点的间隔越短，在进行交易日期修正时的准确性越高。因此，最好选择近期1年内成交的房地产作为可比实例。如果房地产市场相对比较稳定，可适当延长间隔时间，但最长时效不宜超过2年。

3 成交价格为正常价格或可修正为正常价格。所谓正常价格是指在公开的房地产市场上，交易双方均充分了解市场信息，以平等自愿的方式达成的交易价格。这类交易实例应当首选为可比实例。如果市场上正常交易实例较少，不得不选择非正常交易实例作为可比实例时，也应选取其交易情况明了且可修正的实例作为可比实例。非正常交易是由于某些特殊因素造成的，具体见5.2.5中说明。

5.2.4 建立价格可比基础主要是为后面进行交易情况、交易日期和区域因素、个别因素的修正服务。因为已选取的若干个可比实例之间及其与估价对象之间，可能在付款方式、成交单价、货币种类、货币单位、面积内涵和面积单位等方面存在不一致，无法进行直接的比较修正，因此，需要对它们进行统一换算处理，使其表述口径一致，以便进行比较修正。

5.2.5 交易情况修正，是排除交易行为中的某些特殊因素所造成的可比实例的成交价格偏差，将其成交价格修正为正常价格。由于房地产的特殊性和房地产市场的不完全性，交易价格往往在交易过程中受当时当地一些特殊因素的影响而发生偏差，不宜直接作为基准用于估价对象，必须预先对交易中的某些不正常的情况加以修正，使其成为正常的交易价格后，才能作为估算估价对象价格的比准值。

交易行为中的特殊因素很复杂，概括起来主要有下列8种：

1 有利害关系人之间的交易。如父子之间、亲友之间、有利害关系的公司之间、公司与其职员之间的房地产交易价格，通常都低于正常的市价。

2 急于出售或者购买情况下的交易。前者易造成价格偏低，后者则往往偏高。

3 受债权债务关系影响的交易。一般交易价格偏低。

4 交易双方或者一方获取的市场信息不全。如果买方不了解市场行情，盲目购买，往往交易价格偏高。相反，卖方不了解市场行情，盲目出售，则交易价格偏低。

5　交易双方或者一方有特别动机或者特别偏好的交易。

6　相邻房地产的合并交易。如买方若在购买相邻房地产后，与其原有房地产合并，将增加原有房地产的效用，相邻房地产拥有者会因此抬高价格迫使买方以高于市场正常价格的价格购买，所以成交价格往往高于该房地产单独存在时的正常价格。

7　特殊方式的交易。如以拍卖、招标等方式成交的价格往往导致非正常价格，一般拍卖价格多高于市场正常价格；招标则注意其整体方案效用，故招标的成交价格可能偏高，也可能偏低。

8　交易税费非正常负担的交易。如土地增值税本应由卖方负担，却转嫁给了买方；交易手续费本应由双方各负担一部分，却转嫁给了买方或卖方；契税本应由买方负担，却转嫁给卖方等等，这些都会造成交易价格的不正常。

上述8种情况，在进行估价时都应对其进行交易情况修正。修正的一般步骤为：

(1) 测定各种特殊因素对房地产交易价格的影响程度，即分析在正常情况下和这些特殊情况下，房地产交易价格可能产生的偏差大小。测定方法可以利用已掌握的同类型房地产交易资料分析计算，确定修正比例或系数。也可以由估价人员根据长期的经验积累，判断确定修正比例或系数。

(2) 利用修正系数，修正求得可比实例的正常价格。

5.2.6　交易日期修正，是将可比实例在其成交日期时的价格修正到估价时点的价格。交易日期修正的方法，一般有：

1　采用房地产价格变动率进行修正。

2　利用房地产价格指数进行修正。

3　估价人员根据市场情况及其自己的经验积累进行判断修正。

在无房地产价格指数或变动率的情况下，估价人员可以根据当地房地产价格的变动情况和发展趋势及自己的经验积累进行判断，加以修正。

房地产价格还可通过分析房地产价格随时间推移的变动规律，采用时间序列分析，建立房地产价格与时间的相互关系模型来求取。

5.2.7　区域因素及区域因素修正。

1　影响房地产价格的区域因素主要包括：

(1) 繁华程度，是指城市中某些职能在空间上的聚集，对企业单位和居民产生巨大的吸引力的结果，并影响房地产的收益和利润的因素。如商业繁华程度可以从商业的集聚规模和等级两方面进行分析量化。

(2) 交通便捷程度，是指在空间地域上人们出行的可达性程度。反映交通便捷程度的因素主要包括道路功能、道路宽度、道路网密度、公交便捷程度和对外交通设施的分布状况。

(3) 环境，主要包括自然和人文环境条件及环境质量。环境质量是指区域大气、水、噪声的污染程度。

(4) 景观，包括人文景观和自然风景。

(5) 公共设施配套完备程度，包括城市基础设施和社会公共服务设施两部分。反映其完备程度的指标主要有设施水平、设施的保证率和齐备程度。

(6) 城市规划限制，主要包括对用途、建筑容积率、建筑覆盖率、建筑高度等指标的限制。

不同用途的房地产，影响其价格的区域因素不同，具体比较修正时应分别选择对其有影响的主要因素。

2　区域因素修正的方法：

区域因素修正，是将可比实例相对于估价对象由于外部环境差异所造成的价格差异排除，使修正后的可比实例价格能够与估价对象房地产所处地段的实际情况相符。

区域因素修正的方法主要有两种：一种是直接比较修正，即以估价对象房地产的各项区域因素状况为基准，与可比实例相对应的区域因素逐项比较，然后确定修正比率。另一种是间接比较修正，即以设定的某标准房地产的各项区域因素为基准，将估价对象和可比实例的区域因素与其相比较，并根据比较结果逐项打分，然后再将分值转化为修正比率，用修正比率乘以可比实例交易价格，即可得到修正后的可比实例在估价时点的价格。

5.2.8　个别因素的修正方法同区域因素修正方法，参见5.2.7说明。

5.2.9　市场比较法中的交易情况、交易日期、区域因素和个别因素修正，可采用百分率法、差额法或者回归分析法。

1 百分率法：是将可比实例与估价对象房地产在某一方面的差异折算为价格差异的百分率来修正可比实例价格的方法。

2 差额法：是将可比实例与估价对象房地产条件的差异所导致的价格差额大小求出来，并在可比实例的价格上直接加上或减去这一数额，而求得估价对象房地产价格的修正方法。例如，可比实例房地产的朝向为面南，成交价格为2500元/m^2，估价对象房地产的朝向为面东，而市场上同类型房地产朝南和朝东的差价为500元/m^2，则：估价对象的价格：2500－500＝2000（元/m^2）。

5.2.10 所选取的若干个可比实例价格经比较修正后，可选用下列方法之一计算综合结果：

1 简单算术平均法。例如，可比实例A、B、C经比较修正后的估价时点价格分别为1080元/m^2、1078元/m^2和1110元/m^2，如果认为这三个价格具有同等重要性，则可求得一个综合结果，即：综合结果：(1080＋1078＋1110)/3＝1089（元/m^2）。

2 加权算术平均法。计算公式为：例如：上例中，若认为可比实例C与估价对象房地产的情况最为接近，A次之，B最差，则相应赋予权数为45％、35％、20％，则可求得一个综合结果，即：综合结果＝(1080×35％＋1078×40％＋1110×45％)/100＝1093（元/m^2）。

3 中位数法。所谓中位数是指将多个可比实例经修正后的价格数额按大小顺序排列后，将居于数列中点位置的可比实例价格作为综合结果。例如：上例中的三个可比实例的价格按大小顺序排列分别为C、A、B，即1110、1080、1078，位于中点位置上的为B，则可确定综合结果为1080元/m^2。

4 众数法。众数与中位数一样，是一种位置平均数，它是将各总体单位按某一标志排序后整理成分布数列，如果其中有某一标志值出现的次数最多，即为众数值。在房地产估价中，则需要选择10个以上的可比实例，才可能用这种方法确定综合结果，目前采用较少。

5.2.11 在房地产市场比较发育，交易实例资料比较丰富的地区，市场比较法除可直接用于评估房地产的价格或价值外，还可用于其他估价方法中有关参数的求取。例如，可用市场比较法先求取估价对象房屋的单位售价，再采用假设开发法估算其土地价格；又如，先用市场比较法求取估价对象房地产的租金水平或净收益，再用收益法估算房屋或土地的价格或价值。

5.3 收 益 法

5.3.1 收益法利用了经济学中的预期收益原理，即某宗房地产的客观合理价格或价值，为该房地产的产权人在拥有该房地产的期间内从中所获得的各年净收益的现值之和。

收益法应用的关键是对估价对象年净收益的估算和资本化率的选用。因此，运用收益法进行房地产估价时，首先要收集与估价对象及所处市场条件相关的信息，如涉及有效毛收入、合理运营费用和市场收益率水平的信息，并以此作为估价工作的基础。只有在获得相关可靠信息的基础上，才能依据本条规定的步骤对估价对象客观合理价格或价值作出正确的判断。

5.3.2 虽然收益法的理论和步骤是唯一的，但在具体操作过程中又要根据收益性房地产的不同类型区别对待。收益性房地产可划分为出租型和商业、生产经营型两类。对于有收益的商业、生产经营型房地产而言，运用收益法的关键是正确地估算利用这类房地产作为必要生产条件所获得的销售收入和相应的生产经营成本，这对估价人员的会计知识提出了较高的要求。对于尚未使用或自用的房地产，可以根据机会成本的原理应用收益法估价。

5.3.3 本条规定指出，由于经营管理水平等原因，某一具体估价对象的实际毛收入和运营费用往往具有特殊性，为了评估其客观合理价格，应该参照市场上类似房地产的一般收入和费用水平，对估价对象的实际收入和费用进行调整，即应采用客观收入和客观费用作为估价依据，但也有例外。例如，由于某些估价对象附带租约，当该估价对象的产权发生转移时，依照有关法规规定应保持这些租约继续有效。由于买者在购买该房地产后，不能将原租约约定的租金及时调整为市场租金，其净收益水平会受到原租约存续的影响，因此估价人员在对该类房地产进行估价时，应注意考虑这些因素的影响。

5.3.4 本条要求估价人员对估价对象预期净收益现金流量的分布情况作出恰当的估计，并通过合理的假设和简化，判断该净收益现金流量属于哪种基本类型。

5.3.5 资本化率的本质是投资收益率，而收益率的大小与投资项目的风险包括系统风险和个别风险大小直接相关。由于房地产具有位置固定等特点，其系统风险因不同地区而异，而个别风险则与房地产的类型或用途、投资者进入房地产市场的时机等因素相关。因此，不同地区、不同用途、不同时期的房地产，其资本化率不尽相同。在求取资本化率时，应注意估价对象在地区、用途、时间等方面的差异。

本条规定了求取资本化率的4种方法。在实际估价中，如容易获得可靠的市场资料，则市场提取法是一种有效而实用的方法；安全利率加风险调整值法，更多的是从投资者获取期望目标收益的角度考虑，这里的技术关键是风险调整值的确定，在不考虑时间和地域范围差异的情况下，风险调整值主要与房地产的类型相关，通常情况下，商业零售用房、写字楼、住宅、工业用房的投资风险依次降低，风险调整值也相应下降。

5.3.6 用收益法评估房地整体价值时，不宜分别估算出土地和建筑物的价值后再进行简单的加总。但如果知道了房地整体价值后，为了分离出土地或建筑物的价值，可利用求出的土地或建筑物的净收益余值，使用本条规定的方法进行估价。

5.3.9 通过土地与地上建筑物共同产生的收益单独求取土地价格或建筑物的价格，在大多数情况下只是一种理论的方法。因为土地和建筑物各自对房地产收益的贡献、土地资本化率和建筑物资本化率等，都非常难以准确、科学地予以确定，因此估价人员在实际估价中应慎重使用此方法。

5.4 成本法

5.4.2 本条对重置价格或重建价格作了定义。本条中关于房地产重置价格或重建价格的构成可细分为：

1 土地取得费用。

(1) 征地和房屋拆迁安置补偿费。

(2) 土地使用权出让金或者地价款。

(3) 有关土地取得的手续费及税金。

2 开发成本。

(1) 勘察设计和前期工程费。

(2) 基础设施建设费。

(3) 房屋建筑安装工程费。

(4) 公共配套设施建设费。

(5) 开发过程中的税费。

3 管理费用。主要是指开办费和开发过程中管理人员工资等。

4 投资利息。

5 销售税费。

(1) 销售费用，包括销售广告宣传费、委托销售代理费等。

(2) 销售税金及附加，包括营业税、城市维护建设税、教育费附加。

(3) 其他销售税费，包括应当由卖方负担的印花税、交易手续费、产权移转登记费等。

6 开发利润。

其中，农地征用费的构成如下：

1 土地补偿费。

2 青苗补偿费。

3 地上附着物补偿费（包括农田基础设施、树木、迁坟等）。

4 安置补助费（包括劳动力安置补助费、超转人员生活补助费等）。

5 房屋拆迁安置补偿费（此处指农村房屋拆迁安置补偿费，其构成参见城市房屋拆迁安置补偿费）。

6 耕地占用税。

7 耕地开垦费。

8 新菜地开发建设基金（征用城市郊区的菜地）。

9 征地管理费（是由用地单位在征地费总额的基础上按一定比例支付的管理费用，其收取标准根据征地包干方式的不同，为征地费总额的1.5%～3%）。

10 政府规定的其他有关税费。

城市房屋拆迁安置补偿费的构成如下：

1 被拆除房屋及附属物补偿费。

2 购建拆迁安置用房费。

3　安置补助费（包括被拆迁人搬家补助费、提前搬家奖励费、临时安置补助费、临时周转交通补助费、迁往远郊区县安置补助费、一次性异地安置补助费）。

4　被拆迁单位和个体工商户停产、停业期间损失补助费。

5　房屋拆迁管理费和房屋拆迁服务费。

6　政府规定的其他有关税费。

本条规定应以土地取得费用与开发成本之和作为计取开发利润的基数，并根据市场上开发同类房地产的平均利润水平来确定利润率。

5.4.5　以成本法评估土地的重置价格，除了在农村地区、城乡结合部、新开发地区以及旧城改造地区外，一般不宜采用。评估土地的重置价格，要特别注意估价对象在估价时点的状况，以便于准确确定其价格构成。当不便采用成本法时，可以酌情选用市场比较法、基准地价修正法等方法评估土地的价格。

以成本法求取土地的重置价格时，还应当注意土地的剩余使用年限，并进行年限修正。例如，以有偿出让方式取得的土地使用权，在以成本法得出重置价格后，还应扣除至估价时点已使用年限的价格，得出剩余年限的土地使用权价格。

5.4.6　求取建筑物的重置价格（亦称重置成本）或重建价格（亦称重建成本），是假设建筑承包商根据发包人的要求完成新的建筑工程后，发包人支付的全部费用，该费用就是建筑物的重置价格或重建价格。如果建筑物是自己建造的，也应假设全部费用与支付给承包商的相同。

若从投资的角度出发，建筑物的重置价格或重建价格还应在上述费用的基础上加上合理的投资利润；若从市场的角度出发，还应加上正常的销售税费。

采用成本法、市场比较法求取建筑物重置价格或重建价格的具体方法有：

1　单位比较法（包括单位面积法和单位体积法）；

2　分部分项法；

3　工料测量法；

4　指数调整法。

5.4.7　建筑物在使用中会由于物质因素、功能因素或经济因素造成损失，利用成本法估价时，必须扣除这种损失，这称为折旧。物质、功能和经济因素对建筑物价格的影响并非完全独立，大多是相互作用，互相关联的。例如物质损失，可同时引起功能损失；物质、功能损失也能引起经济损失，因而在损失量上的计算既可分别，也可一并计算，为了简便起见，大多一并计算。

5.4.9～5.4.10　计算建筑物折旧，通常根据耐用年限进行，本规范中的直线法以耐用年限和已使用年限为折旧依据；成新折扣法主要着眼于剩余使用年限。这两种方法最好同时使用，以互相验证。

各种结构房屋的经济耐用年限的参考值一般为：

1　钢结构：生产用房？0年，受腐蚀的生产用房50年，非生产用房80年；

2　钢筋混凝土结构（包括框架结构、剪力墙结构、简体结构、框架-剪力墙结构等）：生产用房50年，受腐蚀的生产用房35年，非生产用房60年；

3　砖混结构一等：生产用房40年，受腐蚀的生产用房30年，非生产用房50年；

4　砖混结构二等：生产用房40年，受腐蚀的生产用房30年，非生产用房50年；

5　砖木结构一等：生产用房30年，受腐蚀的生产用房20年，非生产用房40年；

6　砖木结构二等：生产用房30年，受腐蚀的生产用房20年，非生产用房40年；

7　砖木结构三等：生产用房30年，受腐蚀的生产用房20年，非生产用房40年；

8　简易结构：10年。

建筑物的残值率因不同建筑结构而不同，其参考值一般为：

1　钢筋混凝土结构：0；

2　砖混结构一等：2%；

3　砖混结构二等：2%；

4　砖木结构一等：6%；

5　砖木结构二等：4%；

6　砖木结构三等：3%；

7 简易结构：0。

5.5 假设开发法

5.5.2 假设开发法适用于对具有投资开发或再开发潜力的房地产的估价，包括下列情形：

1 由生地建造房屋然后租售；

2 由毛地建造房屋然后租售；

3 由熟地建造房屋然后租售；

4 由生地开发为熟地然后租售；

5 由毛地开发为熟地然后租售；

6 由旧房装修改造为新房然后租售；

7 在建工程。

本条设定的各类土地的概念如下：

1 生地：指已完成土地使用批准手续（包括土地使用权出让手续）可用于建筑的土地，该建筑用地无基础设施，或者有部分基础设施，但尚不具备完全的三通（通道路和临时水、电）条件，同时地上地下待拆除的房屋、构筑物尚未搬迁拆除。

2 毛地：指已完成土地使用批准手续（包括土地使用权出让手续），具有三通（通道路和临时水、电）或者条件更完备的基础设施，但未进行动拆迁的可用于建筑的土地。

3 熟地：指具有完善的基础设施，且地面平整，可用于建筑的土地。

5.5.3 本条提供的计算公式在使用中可具体如下：

1 求生地价格的公式：

生地价格＝开发完成后的房地价值－由生地建造房屋的开发成本－管理费用－投资利息－销售税费－开发利润－买方购买生地的税费

2 求毛地价格的公式：

毛地价格＝开发完成后的房地价值－由毛地建造房屋的开发成本－管理费用－投资利息－销售税费－开发利润－买方购买毛地的税费

3 求熟地价格的公式：

熟地价格＝开发完成后的房地价值－由熟地建造房屋的开发成本－管理费用－投资利息－销售税费－开发利润－买方购买熟地的税费

4 由生地开发为熟地然后租售求生地价格的公式：

生地价格＝开发完成后的熟地价值－由生地开发为熟地的开发成本－管理费用－投资利息－销售税费－土地开发利润－买方购买生地的税费

5 由毛地开发为熟地然后租售求毛地价格的公式：

毛地价格＝开发完成后的熟地价值－由毛地开发为熟地的开发成本－管理费用－投资利息－销售税费－土地开发利润－买方购买毛地的税费

6 由旧房装修改造为新房然后租售求旧房价格的公式：

旧房地价格＝装修改造完成后的房地价值－装修改造成本－管理费用－投资利息－销售税费－装修改造投资利润－买方购买旧房地的税费

7 求在建工程项目价格的公式：

在建工程价格＝续建完成后的房地价值－续建成本－管理费用－投资利息－销售税费－续建投资利润－买方购买在建工程的税费

5.5.4 预测开发完成后的房地产价值以及其他预期价格评估，通常采用市场比较法与长期趋势法相结合。

长期趋势法，是运用预测科学的有关理论和方法，对未来价格作出推测与判断的方法，适用于估价对象或者类似房地产有较长期的历史价格资料可供分析利用的情形。

1 运用长期趋势法估价的步骤如下：

(1) 搜集关于估价对象或者类似房地产的历史价格资料，并且进行检查和鉴别；

(2) 整理上述搜集到的历史价格资料，按时间排序，形成时间序列；

(3) 分析上述时间序列，选择适当的长期趋势分析方法；

(4) 依照选定的方法，通过具体公式计算出估价对象的价格。

2 运用长期趋势法时，根据时间序列的特征选用下列方法之一：

(1) 数学曲线拟合法。

数学曲线拟合法有直线趋势法、指数曲线趋势法和二次抛物线趋势法。运用直线趋势法估价，估价对象历史价格的时间序列散点图应当表现出明显的直线趋势，数据点偏离拟合直线估计值的离差平方的算术平均数的平方根，即估计值的标准误差，不得大于允许的误差值。

(2) 平均增减量法。

(3) 平均发展速度法。

平均增减量法和平均发展速度法，要求房地产价格的变动过程一贯是上升的或者是下降的，并且逐期上升或者下降的额度或者比例大体接近。

(4) 移动平均法。

移动平均法分为简单移动平均法和加权移动平均法，是对原有价格按照时间序列进行修匀，即采用逐项递移方法分别计算一系列移动的时序价格平均数，形成一个新的派生平均价格的时间序列，消除价格短期波动的影响，呈现出价格长期的基本发展趋势。运用移动平均法时，应当按照房地产价格变化的周期长度移动平均。

(5) 指数修匀法。

5.6 基准地价修正法

5.6.2 基准地价反映的是其评估基准日期时的地价水平，随着时间的推移，房地产市场会发生变化，地价水平也会有所变化，因此，应对基准地价进行交易日期修正。交易日期修正一般是根据地价变动率或地价指数确定交易日期修正系数，从而将基准地价在其基准日期时的值调整为估价时点的值。

5.6.3 基准地价修正法中的区域因素和个别因素的比较修正的内容和方法，与市场比较法中的区域因素与个别因素修正相同，参见相应的条文说明。基准地价是政府对各级土地或均质区段及其商业、住宅、工业等土地利用类型分别评估出的土地使用权平均价格。它所对应的使用年限一般是各用途土地使用权的最高出让年限，而估价对象宗地的使用年限可能与之有所不同，故需进行年期修正。

5.6.4 由于房地产市场具有区域性的特点，加上城市规模大小不一，各地的基准地价水平之间可比性差，在运用基准地价修正法评估宗地价格时，应以当地政府公布的基准地价水平和基准地价修正系数为准进行估价。

6 不同估价目的下的估价

6.1 土地使用权出让价格评估

6.1.1 本条对土地使用权出让价格评估的依据作了规定。

土地使用权出让有协议、招标和拍卖3种。土地使用权出让价格是指在政府土地使用权出让市场上形成的价格。

土地使用权出让价格评估的依据有《中华人民共和国城市房地产管理法》、《中华人民共和国土地管理法》、《中华人民共和国城镇国有土地使用权出让和转让暂行条例》，以及当地制定的实施办法和其他有关规定。

6.1.2 本条对土地使用权出让价格评估应当采用的价值标准作了规定。

采用公开市场价值标准是指评估出的客观合理价格或者价值应当与估价对象在公开市场上最可能形成或者成立的价格一致。公开市场的涵义参见本规范第2.0.7条。

6.1.3 本条规定了土地使用权出让价格评估宜采用的估价方法。估价人员应选用本条规定的估价方法对土地使用权的出让价格进行评估。

根据《中华人民共和国城市房地产管理法》第12条“采取双方协议方式出让土地使用权的出让金不得低于按国家规定所确定的最低价”的规定，土地使用权出让的估价结果不得低于按照国家规定所确定的最低价，通常不低于按照土地的基础设施完备程度、平整程度等所对应的正常成本价格。

6.2 房地产转让价格评估

6.2.1 本条对房地产转让价格评估的依据作了规定。

房地产转让是指房地产权利人通过买卖、赠与或者其他合法方式将其房地产转移给他人的行为。其他合法方式主要包括下列行为：

1　以房地产作价入股、与他人成立企业法人，房地产权属发生变更的；

2　一方提供土地使用权，另一方或者多方提供资金，合资、合作开发经营房地产，而使房地产权属发生变更的；

3　因企业被收购、兼并或者合并，房地产权属随之转移的；

4　以房地产抵债的；

5　法律、法规规定的其他情形。

房地产转让价格是指转让房地产时形成的价格。房地产转让价格评估的依据有《中华人民共和国城市房地产管理法》、《中华人民共和国土地管理法》、《城市房地产转让管理规定》，以及当地制定的实施细则和其他有关规定。

6.2.4　本条对涉及划拨土地使用权的房地产转让价格评估作了规定。因为划拨土地使用权转让涉及到国有土地收益的分配，国家法律、法规对此有比较严格的限制。划拨土地使用权转让一般须经土地管理部门批准，并须补交地价或以土地收益折抵。因此，本条规定以划拨方式取得土地使用权的，转让房地产时应当符合国家法律、法规的规定，其转让价格评估应当另外给出转让价格中所含的土地收益值，并且注意国家对土地收益的处理规定，同时在估价报告中予以说明。

6.3　房地产租赁价格评估

6.3.3　采用成本法评估房地产租赁价格时，房地产租金构成为：折旧费、维修费、管理费、利息、税金、保险费、地租、利润。

6.4　房地产抵押价值评估

6.4.2　虽然房地产抵押价值评估时希望了解的是当抵押人不履行债务、抵押权人依法以提供担保的房地产折价或者拍卖、变卖该房地产时，该房地产所能实现的客观合理价格折算到设定抵押权时的价值，但由于这种预期价值评估难以准确把握，实际评估的抵押价值是房地产设定抵押权时的价值。

6.4.3　本条规定首次抵押的房地产的抵押价值应为该房地产的价值，即为该房地产未受抵押权约束条件下的价值；而房地产再次抵押时，由于受首次抵押后产生的他项权利的影响，该房地产的担保价值受到制约，因此本条又依据《中华人民共和国担保法》规定，再次抵押的房地产的抵押价值为该房地产的价值大于已担保债权的余额部分。即该房地产再次抵押的抵押价值不得超过该房地产价值与它已担保债权价值的正值算术差。

6.4.4　本条规定以划拨方式取得的土地使用权连同地上建筑物抵押的，评估其抵押价值时应当扣除预计处分所得价款中相当于应缴纳的土地使用权出让金的款额，即：抵押价值＝设想为以出让方式取得的土地使用权连同地上建筑物的价值－预计应缴纳的土地使用权出让金数额。此时土地使用权年限设定为相应用途的法定最高年限，从估价时点起计。这样，通过预先考虑处置抵押物时因涉及划拨土地使用权而须补交土地使用权出让金，从而保障抵押权人的利益。

6.5　房地产保险估价

6.5.3　本条对保险价值、保险金额的涵义作了说明。《中华人民共和国保险法》第39条规定："保险金额不得超过保险价值；超过保险价值的，超过的部分无效。"

6.6　房地产课税估价

6.6.1　房地产课税估价，由于量大面广，在国外是房地产估价中的重要组成部分。根据国外的经验，课税估价由于要遵循相关税收法规、条例，涉及社会公众广泛的利益与权益，因此可由政府公务员中的房地产估价人员进行，也可由政府委托信誉较好的社会房地产估价机构进行。

6.6.2　目前各主要税种涉及的房地产估价业务的注意事项如下：

1　为课征营业税而进行的估价，因只涉及到销售房地产的价格出现异常的情况，目前在全国范围内还较少涉及。核定营业额实际就是核定纳税人的房地产销售收入，而该房地产销售收入应与对该房地产客观合理价格或价值的估计比较接近。因此，为课征营业税而进行的房地产估价，与为转让房地产而进行的房地产估价类似。

为课征营业税进行的估价，应以《中华人民共和国营业税暂行条例》、《中华人民共和国营业税暂行条例实施细则》为依据。营业税的计税依据为营业额。

根据规定，纳税人转让土地使用权或销售不动产的价格明显偏低又无正当理由的，主管税务机关可按纳税人当月销售的同类不动产的平均价格，或纳税人近期销售的同类不动产的平均价格，或成本加一定利润，核定其营业额。

2 关于城镇土地使用税的征收标准和计算方法，各级政府均制定有相关的条例或实施细则，估价人员只须明确估价对象所处的土地等级（通常有关实施细则中都制定了相关的城市土地等级划分方案），从实施细则中查出每平方米土地面积的年征收数额，就可计算出应缴纳的城镇土地使用税数量。对于尚未划分土地等级的城市，此估价任务主要是合理地对土地进行定级。

为课征城镇土地使用税进行的估价，应以《中华人民共和国城镇土地使用税暂行条例》和当地制定的实施细则为依据。在此估价中，主要是合理地划分土地等级。

3 为课征土地增值税进行的估价，应以《中华人民共和国土地增值税暂行条例》、《中华人民共和国土地增值税暂行条例实施细则》为依据。土地增值税的计税依据为土地增值额。土地增值额＝转让房地产所取得的收入－扣除项目金额。

土地增值税估价的关键是土地增值税扣除项目金额的估算。但对于纳税人申报的转让房地产所取得的收入明显低于市场价格又无正当理由的，应对其转让价格进行评估，核定其转让房地产所取得的收入。

4 依据《中华人民共和国房产税暂行条例》的规定，房产余值是房产原值一次扣除一定比例（一般为30%）后的余额，按房产余值征收的税率为1.2%，适用于企业出租或自用房产的房产税征收；租金指实际获得的毛租金收入，按租金收入征收的税率为12%，适用于事业单位出租房产的房产税征收。

为课征房产税进行的估价，应以《中华人民共和国房产税暂行条例》和当地制定的实施细则为依据。房产税的计税依据为房产余值或租金收入。

5 为课征城市房地产税进行的估价，应以《城市房地产税暂行条例》和当地制定的实施细则为依据。城市房地产税的计税依据为房价或租金收入。

6 为课征契税而进行的估价，一般发生在房地产的权属发生转移或变更时，当申报纳税的成交价格与房地产实际价值有较明显差异时，应按房地产转让的估价方法，评估其客观合理价格或价值，并以此作为征收契税的依据。对于房地产赠与和交换时课征契税的估价，也应采用公开市场价值标准对该房地产的市场价格或交换差价进行评估。

为课征契税进行的估价，应以《中华人民共和国契税暂行条例》和实施细则为依据。契税的计税依据为成交价格（国有土地使用权出让、土地使用权出售、房屋买卖行为）、市场价格（土地使用权赠与、房屋赠与行为）和交换差价（土地使用权交换、房屋交换行为）。

6.7 征地和房屋拆迁补偿估价

6.7.1～6.7.6 征地和房屋拆迁补偿估价，是政策性很强的一项估价工作。除国家以法律、规章的形式制定有补偿标准外，各个城市均制定有实施细则，详细规定了补偿的范围、补偿标准、支付方式等。估价人员在从事此类估价时，首先要掌握国家相关法律、法规和政策以及当地政府的有关规定，准确界定拆迁房屋及其所占土地的权益性质，才能作出易于被委托方及其他相关利益主体所接受的估价结果。为了有效促进房地产市场的稳定、持续发展，保障受征地或房屋拆迁影响的当事人的合法权益，我国城市房屋拆迁补偿方式正在发生变化，即由安置、差价补偿与产权调换相结合，逐渐向市场化货币拆迁的方式转化。估价人员应及时学习掌握新的征地和房屋拆迁补偿法规。在新的法规出台之前，应按现行相关法规执行。

6.8 房地产分割、合并估价

6.8.1～6.8.3 房地产分割、合并估价，除需遵循一般房地产估价的原则与方法外，还要从影响房地产合并或分割前后最高最佳使用或最有效使用、规模经济或不经济的角度，分析估价对象在分割或合并前后的可能变化。例如，位于城市商业区的两块面积分别为400m^2 和1600m^2 的相邻土地，合并后不仅能使基地现状规整，而且还可使开发商能够面向中型客户开发建设每层建筑面积为1200～1500m^2 的写字楼，大大提高了两块土地的开发价值。此时如果不考虑合并的影响单独评估两块地的价值，则两块地的价值之和很可能大大低于合并后土地的价值。对于合并或分割前后导致的房地产增值或价值损失，需要在分割后或合并前的两个个体之间合理分配，分配的比例不仅要看每一部分所占的面积比例，还要看每一部分对房地产增值或减值的影响程度。

6.9 房地产纠纷估价

6.9.1～6.9.3 随着房地产市场的发展以及人们对房地产重要性认识的提高，涉及房地产纠纷的估价呈逐渐上升趋势。例如，房地产开发商与建筑承包商之间对在建工程已投入成本的纠纷，写字楼租赁双方就租金调整幅度的纠纷，城市被拆迁居民与开发商或政府之间就拆迁补偿金额的纠纷，金融机构与贷款人就作为抵押担保品的房地产之处置价格的纠纷，以及政府税务部门为了征收房地产税费与房地产购买者之间在购买价格方面的纠纷等。这些纠纷的解决，经常需要估价人员为纠纷仲裁方、纠纷的一方或双方、抑或人民法院提供估价服务。纠纷目的下的房地产估价，除需遵循一般房地产估价的原则和方法外，还要充分了解纠纷各方的立场和意见，以便作出公正、客观、合理的估价。

6.11 企业各种经济活动中涉及的房地产估价

6.11.1 随着社会主义市场经济体制的确立和发展，企业行为主体的性质在逐渐变化，以适应经济体制改革、建设市场经济的需要。在新旧体制的转换过程中，许多企业涉及资产及其产权关系的明晰和调整，房地产作为占企业总资产比重极大的资产，在产权关系调整过程中迫切需要估价人员提供房地产估价服务。然而，该类房地产估价，往往伴随着房地产的产权是否发生转移、其使用功能是否调整而不同，因此，估价人员应准确把握用途合法性、正确判断“保持现状前提”或“转换用途前提”。

6.11.2 企业各种经济活动中所涉及的房地产估价，大都涉及到房地产权益的转移。例如某企业将其厂房设备及相应的土地使用权作价，作为该企业与其他企业或投资者合资、合作的条件，则该企业的房地产权益实际上是转让给了新的合资或合作公司。企业各种经济活动中所涉及的资产处置（含房地产），其面临的市场环境依经济活动的性质不同而存在着很大的差异。例如合资、合作、出售和股份制改组中，资产价值实现的市场化程度较高；合并、兼并和分立时，资产价值实现的市场化程度就低一些；而企业破产清算或偿债时涉及房地产的处置时，出于迅速变现的需要，其可能实现的市场价值常比理论价值低很多，尤其是当企业所拥有的厂房设备用途单一、适应性很差、又不能改变用途时。

6.11.3 企业联营中涉及的房地产估价，通常不伴随着房地产权属的转移。例如，某国有轻工企业拟利用其闲置的部分厂房和场地使用权，与另一愿提供生产技术、设备和流动资金的企业组成联营公司，共同生产市场急需的某一轻工产品，则该国有轻工企业的房地产权虽然无转移，但为确定其在联营公司中的利润分配比例，同样需要评估其投入的房地产的价值。涉及企业各种经济

活动的房地产估价，同样可采用市场比较法、收益法、成本法等房地产估价的基本方法，也可根据所评估的房地产的物质实体及权益的特点，选用假设开发法等。

7 估价结果

7.0.1～7.0.2 如果计算结果差异较大是由于采用了不适宜的估价方法所造成的，可淘汰不适宜的估价方法估算出的结果。

7.0.3 求出一个综合结果可选用下列数学方法：

1 求简单算术平均数；

2 求加权算术平均数；

3 其他数学方法。

7.0.4 本条所称不可量化的价格影响因素，是指那些难以用数量衡量的房地产价格影响因素，例如采用市场比较法时，交易行为中有利害关系人之间的交易，急于出售或急于购买情况下的交易等，即为不可量化的价格影响因素。采用其他估价方法，也存在类似的不可量化的价格影响因素，从而影响估价结果。

8 估价报告

8.0.1 估价报告是记述估价过程、反映估价成果的文件，应当表现全面性、公正性、客观性、准确性以及高度的概括性。本条从以上几个方面在原则上对估价报告作出了规定，具体规定见本章以下各条。

本条所称未经查实的事项和难以确定的事项是指在估价过程中由于缺乏资料或者资料依据不足，对某些事项无法查实或者难以确定。例如，某建筑物由于建成年代已久，内部结构资料缺乏或者不全，因此对该建筑物的结构状况无法查实或者难以确定。

8.0.4 本条是对8.0.2条规定内容的具体说明，估价报告应当按顺序完整地记载本条规定的事项。

本条所称价值定义是指对估价采用的价值标准和估价结果内涵的说明，如公开市场价值、再次抵押价值等。

估价报告记载的技术路线主要包括估价技术方案的选择、确定及理由，估价报告中应当清楚地表达出估价的具体思路。

估价中所使用的假设条件主要包括对未来预期、或者对某些难以确定的事项等所作的必要假设，它们可能对估价结果产生影响，因此应当在估价报告中说明估价结果的应用限制条件。

估价作业日期是指估价机构自正式接受估价委托至完成估价报告的日期。

估价结果具有很强的时效性，在一定条件下得出的结论只能适用于特定时期。随着政治、经济、社会等状况的变化，估价对象的价格或者价值可能发生很大的变化。因此，估价报告应用的有效期自完成估价报告日起原则上规定为一年，但在市场状况变化很大的场合，估价报告应用的有效期一般不超过半年。

8.0.5 在完成估价报告的过程中，应当完整、客观、准确地描述说明估价对象的物质实体状况和权益状况，尤其应当注意阐明估价对象的权益状况。例如，当估价对象的规定用途与实际用途不符时，应当分别说明估价对象的规定用途和实际用途，描述用途转换的背景，阐明是否已按有关法律、法规办理手续等。又如对于土地使用权，应当注意区分是通过划拨方式取得的，还是通过有偿出让或转让方式取得的；如果是通过有偿出让或转让方式取得的，应当说明原土地使用权出让合同约定的使用年限、已使用年限和剩余使用年限。对建筑物权益状况的描述说明，主要包括建筑物的产权性质和归属，如建筑物的所有权人、是否完全产权、产权共有状况、是否设定有他项权利、产权人是否与他人订有租约等。

8.0.6 本条规定是为加强注册房地产估价师的责任心，增加估价报告中的严肃性而制定的。它是估价报告的必要组成部分。注册房地产估价师的声明中强调的是以估价中的事实为依据，并已如实加以记载。例如，本条所称陈述的事实是真实的和正确的，是指注册房地产估价师本人在估价报告中没有捏造事实的行为，而并不包含其他人的行为。

9 职业道德

9.0.1 本条要求估价人员和估价机构不得为了自身利益，迎合委托人的不合理要求，有意高估或低估房地产价格，或者歪曲甚至捏造事实，损害其他当事人的利益。

9.0.3 本条要求估价人员和估价机构如果遇到由于自己专业能力有限，难以评估出某房地产的客观合理价格或价值时，原则上不应接受该项估价委托。但如确有必要接受委托的，应至少聘请两人以上的专家参加，并在估价报告中予以说明。

9.0.4 本条要求估价人员和估价机构除要妥善保管委托人的文件资料外，还应尽保密之责。具体可根据委托人的文件资料的重要程度，确定其保管和保密的时效。其中涉及国家机密的，应按国家的有关保密规定执行。

9.0.6 本条是重申《房地产估价师注册管理办法》的有关规定。

附录3　房地产估价机构管理办法

中华人民共和国建设部令　第142号

第一章　总　则

第一条　为了规范房地产估价机构行为，维护房地产估价市场秩序，保障房地产估价活动当事人合法权益，根据《中华人民共和国城市房地产管理法》、《中华人民共和国行政许可法》和《国务院对确需保留的行政审批项目设定行政许可的决定》等法律、行政法规，制定本办法。

第二条　在中华人民共和国境内申请房地产估价机构资质，从事房地产估价活动，对房地产估价机构实施监督管理，适用本办法。

第三条　本办法所称房地产估价机构，是指依法设立并取得房地产估价机构资质，从事房地产估价活动的中介服务机构。

本办法所称房地产估价活动，包括土地、建筑物、构筑物、在建工程、以房地产为主的企业整体资产、企业整体资产中的房地产等各类房地产评估，以及因转让、抵押、城镇房屋拆迁、司法鉴定、课税、公司上市、企业改制、企业清算、资产重组、资产处置等需要进行的房地产评估。

第四条　房地产估价机构从事房地产估价活动，应当坚持独立、客观、公正的原则，执行房地产估价规范和标准。

房地产估价机构依法从事房地产估价活动，不受行政区域、行业限制。任何组织或者个人不得非法干预房地产估价活动和估价结果。

第五条　国务院建设行政主管部门负责全国房地产估价机构的监督管理工作。

省、自治区人民政府建设行政主管部门、直辖市人民政府房地产行政主管部门负责本行政区域内房地产估价机构的监督管理工作。

市、县人民政府房地产行政主管部门负责本行政区域内房地产估价机构的监督管理工作。

第六条　房地产估价行业组织应当加强房地产估价行业自律管理。

鼓励房地产估价机构加入房地产估价行业组织。

第二章　估价机构资质核准

第七条　房地产估价机构资质等级分为一、二、三级。国务院建设行政主管部门负责一级房地产估价机构资质许可。省、自治区人民政府建设行政主管部门、直辖市人民政府房地产行政主管部门负责二、三级房地产估价机构资质许可，并接受国务院建设行政主管部门的指导和监督。

第八条　房地产估价机构应当由自然人出资，以有限责任公司或者合伙企业形式设立。

第九条　各资质等级房地产估价机构的条件如下：

（一）一级资质

1. 机构名称有房地产估价或者房地产评估字样；

2. 从事房地产估价活动连续6年以上，且取得二级房地产估价机构资质3年以上；

3. 有限责任公司的注册资本人民币200万元以上，合伙企业的出资额人民币120万元以上；

4. 有15名以上专职注册房地产估价师；

5. 在申请核定资质等级之日前3年平均每年完成估价标的物建筑面积50万平方米以上或者土地面积25万平方米以上；

6. 法定代表人或者执行合伙人是注册后从事房地产估价工作3年以上的专职注册房地产估价师；

7. 有限责任公司的股东中有3名以上、合伙企业的合伙人中有2名以上专职注册房地产估价师，股东或者合伙人中有一半以上是注册后从事房地产估价工作3年以上的专职注册房地产估价师；

8. 有限责任公司的股份或者合伙企业的出资额中专职注册房地产估价师的股份或者出资额合计不低于60%；

9. 有固定的经营服务场所；

10. 估价质量管理、估价档案管理、财务管理等各项企业内部管理制度健全；

11. 随机抽查的1份房地产估价报告符合《房地产估价规范》的要求；

12. 在申请核定资质等级之日前3年内无本办法第三十二条禁止的行为。

（二）二级资质

1. 机构名称有房地产估价或者房地产评估字样；

2. 取得三级房地产估价机构资质后从事房地产估价活动连续4年以上；

3. 有限责任公司的注册资本人民币100万元以上，合伙企业的出资额人民币60万元以上；

4. 有8名以上专职注册房地产估价师；

5. 在申请核定资质等级之日前3年平均每年完成估价标的物建筑面积30万平方米以上或者土地面积15万平方米以上；

6. 法定代表人或者执行合伙人是注册后从事房地产估价工作3年以上的专职注册房地产估价师；

7. 有限责任公司的股东中有3名以上、合伙企业的合伙人中有2名以上专职注册房地产估价师，股东或者合伙人中有一半以上是注册后从事房地产估价工作3年以上的专职注册房地产估价师；

8. 有限责任公司的股份或者合伙企业的出资额中专职注册房地产估价师的股份或者出资额合计不低于60%；

9. 有固定的经营服务场所；

10. 估价质量管理、估价档案管理、财务管理等各项企业内部管理制度健全；

11. 随机抽查的1份房地产估价报告符合《房地产估价规范》的要求；

12. 在申请核定资质等级之日前3年内无本办法第三十二条禁止的行为。

（三）三级资质

1. 机构名称有房地产估价或者房地产评估字样；

2. 有限责任公司的注册资本人民币50万元以上，合伙企业的出资额人民币30万元以上；

3. 有3名以上专职注册房地产估价师；

4. 在暂定期内完成估价标的物建筑面积8万平方米以上或者土地面积3万平方米以上；

5. 法定代表人或者执行合伙人是注册后从事房地产估价工作3年以上的专职注册房地产估价师；

6. 有限责任公司的股东中有2名以上、合伙企业的合伙人中有2名以上专职注册房地产估价师，股东或者合伙人中有一半以上是注册后从事房地产估价工作3年以上的专职注册房地产估价师；

7. 有限责任公司的股份或者合伙企业的出资额中专职注册房地产估价师的股份或者出资额合计不低于60%；

8. 有固定的经营服务场所；

9. 估价质量管理、估价档案管理、财务管理等各项企业内部管理制度健全；

10. 随机抽查的1份房地产估价报告符合《房地产估价规范》的要求；

11. 在申请核定资质等级之日前3年内无本办法第三十二条禁止的行为。

第十条　申请核定房地产估价机构资质等级，应当如实向资质许可机关提交下列材料：

（一）房地产估价机构资质等级申请表（一式二份，加盖申报机构公章）；

（二）房地产估价机构原资质证书正本复印件、副本原件；

（三）营业执照正、副本复印件（加盖申报机构公章）；

（四）出资证明复印件（加盖申报机构公章）；

（五）法定代表人或者执行合伙人的任职文件复印件（加盖申报机构公章）；

（六）专职注册房地产估价师证明；

（七）固定经营服务场所的证明；

（八）经工商行政管理部门备案的公司章程或者合伙协议复印件（加盖申报机构公章）及有关估价质量管理、估价档案管理、财务管理等企业内部管理制度的文件、申报机构信用档案信息；

（九）随机抽查的在申请核定资质等级之日前3年内申报机构所完成的1份房地产估价报告复印件（一式二份，加盖申报机构公章）。

申请人应当对其提交的申请材料实质内容的真实性负责。

第十一条 新设立的中介服务机构申请房地产估价机构资质的，应当提供第十条第（一）项、第（三）项至第（八）项材料。

新设立中介服务机构的房地产估价机构资质等级应当核定为三级资质，设1年的暂定期。

第十二条 申请核定一级房地产估价机构资质的，应当向省、自治区人民政府建设行政主管部门、直辖市人民政府房地产行政主管部门提出申请，并提交本办法第十条规定的材料。省、自治区人民政府建设行政主管部门、直辖市人民政府房地产行政主管部门应当自受理申请之日起20日内审查完毕，并将初审意见和全部申请材料报国务院建设行政主管部门。国务院建设行政主管部门应当自受理申请材料之日起20日内作出决定。

第十三条 二、三级房地产估价机构资质由设区的市人民政府房地产行政主管部门初审，具体许可程序及办理期限由省、自治区人民政府建设行政主管部门、直辖市人民政府房地产行政主管部门依法确定。省、自治区人民政府建设行政主管部门、直辖市人民政府房地产行政主管部门应当在作出资质许可决定之日起10日内，将准予资质许可的决定报国务院建设行政主管部门备案。

第十四条 房地产估价机构资质证书分为正本和副本，由国务院建设行政主管部门统一印制，正、副本具有同等法律效力。房地产估价机构遗失资质证书的，应当在公众媒体上声明作废后，申请补办。

第十五条 房地产估价机构资质有效期为3年。资质有效期届满，房地产估价机构需要继续从事房地产估价活动的，应当在资质有效期届满30日前向资质许可机关提出资质延续申请。资质许可机关应当根据申请作出是否准予延续的决定。准予延续的，有效期延续3年。在资质有效期内遵守有关房地产估价的法律、法规、规章、技术标准和职业道德的房地产估价机构，经原资质许可机关同意，不再审查，有效期延续3年。

第十六条 房地产估价机构的名称、法定代表人或者执行合伙人、注册资本或者出资额、组织形式、住所等事项发生变更的，应当在工商行政管理部门办理变更手续后30日内，到资质许可机关办理资质证书变更手续。

第十七条 房地产估价机构合并的，合并后存续或者新设立的房地产估价机构可以承继合并前各方中较高的资质等级，但应当符合相应的资质等级条件。房地产估价机构分立的，只能由分立后的一方房地产估价机构承继原房地产估价机构资质，但应当符合原房地产估价机构资质等级条件。承继原房地产估价机构资质的一方由各方协商确定；其他各方按照新设立的中介服务机构申请房地产估价机构资质。

第十八条 房地产估价机构的工商登记注销后，其资质证书失效。

第三章 分支机构的设立

第十九条 一级资质房地产估价机构可以按照本办法第二十条的规定设立分支机构。二、三级资质房地产估价机构不得设立分支机构。分支机构应当以设立该分支机构的房地产估价机构的名义出具估价报告，并加盖该房地产估价机构公章。

第二十条 分支机构应当具备下列条件：

（一）名称采用“房地产估价机构名称＋分支机构所在地行政区划名＋分公司（分所）”的形式；

（二）分支机构负责人应当是注册后从事房地产估价工作3年以上并无不良执业记录的专职注册房地产估价师；

（三）在分支机构所在地有3名以上专职注册房地产估价师；

（四）有固定的经营服务场所；

（五）估价质量管理、估价档案管理、财务管理等各项内部管理制度健全。注册于分支机构的专职注册房地产估价师，不计入设立分支机构的房地产估价机构的专职注册房地产估价师人数。

第二十一条 新设立的分支机构，应当自领取分支机构营业执照之日起30日内，到分支机构工商注册所在地的省、自治区人民政府建设行政主管部门、直辖市人民政府房地产行政主管部门备案。

省、自治区人民政府建设行政主管部门、直辖市人民政府房地产行政主管部门应当在接受备案后10日内，告知分支机构工商注册所在地的市、县人民政府房地产行政主管部门，并报国务院建设行政主管部门备案。

第二十二条 分支机构备案，应当提交下列材料：

（一）分支机构的营业执照复印件；

（二）房地产估价机构资质证书正本复印件；

（三）分支机构及设立该分支机构的房地产估价机构负责人的身份证明；

（四）拟在分支机构执业的专职注册房地产估价师注册证书复印件。

第二十三条 分支机构变更名称、负责人、住所等事项或房地产估价机构撤销分支机构，应当在工商行政管理部门办理变更或者注销登记手续后30日内，报原备案机关备案。

第四章 估价管理

第二十四条 从事房地产估价活动的机构，应当依法取得房地产估价机构资质，并在其资质等级许可范围内从事估价业务。

一级资质房地产估价机构可以从事各类房地产估价业务。

二级资质房地产估价机构可以从事除公司上市、企业清算以外的房地产估价业务。

三级资质房地产估价机构可以从事除公司上市、企业清算、司法鉴定以外的房地产估价业务。暂定期内的三级资质房地产估价机构可以从事除公司上市、企业清算、司法鉴定、城镇房屋拆迁、在建工程抵押以外的房地产估价业务。

第二十五条 房地产估价业务应当由房地产估价机构统一接受委托，统一收取费用。房地产估价师不得以个人名义承揽估价业务，分支机构应当以设立该分支机构的房地产估价机构名义承揽估价业务。

第二十六条 房地产估价机构及执行房地产估价业务的估价人员与委托人或者估价业务相对人有利害关系的，应当回避。

第二十七条 房地产估价机构承揽房地产估价业务，应当与委托人签订书面估价委托合同。估价委托合同应当包括下列内容：

（一）委托人的名称或者姓名和住所；

（二）估价机构的名称和住所；

（三）估价对象；

（四）估价目的；

（五）估价时点；

（六）委托人的协助义务；

（七）估价服务费及其支付方式；

（八）估价报告交付的日期和方式；

（九）违约责任；

（十）解决争议的方法。

第二十八条 房地产估价机构未经委托人书面同意，不得转让受托的估价业务。

经委托人书面同意，房地产估价机构可以与其他房地产估价机构合作完成估价业务，以合作双方的名义共同出具估价报告。

第二十九条 委托人及相关当事人应当协助房地产估价机构进行实地查勘，如实向房地产估价机构提供估价所必需的资料，并对其所提供资料的真实性负责。

第三十条 房地产估价机构和注册房地产估价师因估价需要向房地产行政主管部门查询房地产交易、登记信息时，房地产行政主管部门应当提供查询服务，但涉及国家秘密、商业秘密和个人隐私的内容除外。

第三十一条 房地产估价报告应当由房地产估价机构出具，加盖房地产估价机构公章，并有至少2名专职注册房地产估价师签字。

第三十二条 房地产估价机构不得有下列行为：

（一）涂改、倒卖、出租、出借或者以其他形式非法转让资质证书；

（二）超越资质等级业务范围承接房地产估价业务；

（三）以迎合高估或者低估要求、给予回扣、恶意压低收费等方式进行不正当竞争；

（四）违反房地产估价规范和标准；

（五）出具有虚假记载、误导性陈述或者重大遗漏的估价报告；

（六）擅自设立分支机构；

（七）未经委托人书面同意，擅自转让受托的估价业务；

（八）法律、法规禁止的其他行为。

第三十三条　房地产估价机构应当妥善保管房地产估价报告及相关资料。

房地产估价报告及相关资料的保管期限自估价报告出具之日起不得少于10年。保管期限届满而估价服务的行为尚未结束的，应当保管到估价服务的行为结束为止。

第三十四条　除法律、法规另有规定外，未经委托人书面同意，房地产估价机构不得对外提供估价过程中获知的当事人的商业秘密和业务资料。

第三十五条　房地产估价机构应当加强对执业人员的职业道德教育和业务培训，为本机构的房地产估价师参加继续教育提供必要的条件。

第三十六条　县级以上人民政府房地产行政主管部门应当依照有关法律、法规和本办法的规定，对房地产估价机构和分支机构的设立、估价业务及执行房地产估价规范和标准的情况实施监督检查。

第三十七条　县级以上人民政府房地产行政主管部门履行监督检查职责时，有权采取下列措施：

（一）要求被检查单位提供房地产估价机构资质证书、房地产估价师注册证书，有关房地产估价业务的文档，有关估价质量管理、估价档案管理、财务管理等企业内部管理制度的文件；

（二）进入被检查单位进行检查，查阅房地产估价报告以及估价委托合同、实地查勘记录等估价相关资料；

（三）纠正违反有关法律、法规和本办法及房地产估价规范和标准的行为。县级以上人民政府房地产行政主管部门应当将监督检查的处理结果向社会公布。

第三十八条　县级以上人民政府房地产行政主管部门进行监督检查时，应当有两名以上监督检查人员参加，并出示执法证件，不得妨碍被检查单位的正常经营活动，不得索取或者收受财物、谋取其他利益。

有关单位和个人对依法进行的监督检查应当协助与配合，不得拒绝或者阻挠。

第三十九条　房地产估价机构违法从事房地产估价活动的，违法行为发生地的县级以上地方人民政府房地产行政主管部门应当依法查处，并将违法事实、处理结果及处理建议及时报告该估价机构资质的许可机关。

第四十条　有下列情形之一的，资质许可机关或者其上级机关，根据利害关系人的请求或者依据职权，可以撤销房地产估价机构资质：

（一）资质许可机关工作人员滥用职权、玩忽职守作出准予房地产估价机构资质许可的；

（二）超越法定职权作出准予房地产估价机构资质许可的；

（三）违反法定程序作出准予房地产估价机构资质许可的；

（四）对不符合许可条件的申请人作出准予房地产估价机构资质许可的；

（五）依法可以撤销房地产估价机构资质的其他情形。

房地产估价机构以欺骗、贿赂等不正当手段取得房地产估价机构资质的，应当予以撤销。

第四十一条　房地产估价机构取得房地产估价机构资质后，不再符合相应资质条件的，资质许可机关根据利害关系人的请求或者依据职权，可以责令其限期改正；逾期不改的，可以撤回其资质。

第四十二条　有下列情形之一的，资质许可机关应当依法注销房地产估价机构资质：

（一）房地产估价机构资质有效期届满未延续的；

（二）房地产估价机构依法终止的；

（三）房地产估价机构资质被撤销、撤回，或者房地产估价资质证书依法被吊销的；

（四）法律、法规规定的应当注销房地产估价机构资质的其他情形。

第四十三条　资质许可机关或者房地产估价行业组织应当建立房地产估价机构信用档案。

房地产估价机构应当按照要求提供真实、准确、完整的房地产估价信用档案信息。

房地产估价机构信用档案应当包括房地产估价机构的基本情况、业绩、良好行为、不良行为等内容。违法行为、被投诉举报处理、行政处罚等情况应当作为房地产估价机构的不良记录记入其信用档案。

房地产估价机构的不良行为应当作为该机构法定代表人或者执行合伙人的不良行为记入其信用档案。

任何单位和个人有权查阅信用档案。

第五章　法律责任

第四十四条　申请人隐瞒有关情况或者提供虚假材料申请房地产估价机构资质的，资质许可机关不予受理或者不予行政许可，并给予警告，申请人在1年内不得再次申请房地产估价机构资质。

第四十五条　以欺骗、贿赂等不正当手段取得房地产估价机构资质的，由资质许可机关给予警告，并处1万元以上3万元以下的罚款，申请人3年内不得再次申请房地产估价机构资质。

第四十六条　未取得房地产估价机构资质从事房地产估价活动或者超越资质等级承揽估价业务的，出具的估价报告无效，由县级以上人民政府房地产行政主管部门给予警告，责令限期改正，并处1万元以上3万元以下的罚款；造成当事人损失的，依法承担赔偿责任。

第四十七条　违反本办法第十六条规定，房地产估价机构不及时办理资质证书变更手续的，由资质许可机关责令限期办理；逾期不办理的，可处1万元以下的罚款。

第四十八条　有下列行为之一的，由县级以上人民政府房地产行政主管部门给予警告，责令限期改正，并可处1万元以上2万元以下的罚款：

（一）违反本办法第十九条第一款规定设立分支机构的；

（二）违反本办法第二十条规定设立分支机构的；

（三）违反本办法第二十一条第一款规定，新设立的分支机构不备案的。

第四十九条　有下列行为之一的，由县级以上人民政府房地产行政主管部门给予警告，责令限期改正；逾期未改正的，可处5千元以上2万元以下的罚款；给当事人造成损失的，依法承担赔偿责任：

（一）违反本办法第二十五条规定承揽业务的；

（二）违反本办法第二十八条第一款规定，擅自转让受托的估价业务的；

（三）违反本办法第十九条第二款、第二十八条第二款、第三十一条规定出具估价报告的。

第五十条　违反本办法第二十六条规定，房地产估价机构及其估价人员应当回避未回避的，由县级以上人民政府房地产行政主管部门给予警告，责令限期改正，并可处1万元以下的罚款；给当事人造成损失的，依法承担赔偿责任。

第五十一条　违反本办法第三十条规定，房地产行政主管部门拒绝提供房地产交易、登记信息查询服务的，由其上级房地产行政主管部门责令改正。

第五十二条　房地产估价机构有本办法第三十二条行为之一的，由县级以上人民政府房地产行政主管部门给予警告，责令限期改正，并处1万元以上3万元以下的罚款；给当事人造成损失的，依法承担赔偿责任；构成犯罪的，依法追究刑事责任。

第五十三条　违反本办法第三十四条规定，房地产估价机构擅自对外提供估价过程中获知的当事人的商业秘密和业务资料，给当事人造成损失的，依法承担赔偿责任；构成犯罪的，依法追究刑事责任。

第五十四条　资质许可机关有下列情形之一的，由其上级行政主管部门或者监察机关责令改正，对直接负责的主管人员和其他直接责任人员依法给予处分；构成犯罪的，依法追究刑事责任：

（一）对不符合法定条件的申请人准予房地产估价机构资质许可或者超越职权作出准予房地产估价机构资质许可决定的；

（二）对符合法定条件的申请人不予房地产估价机构资质许可或者不在法定期限内作出准予房地产估价机构资质许可决定的；

（三）利用职务上的便利，收受他人财物或者其他利益的；

（四）不履行监督管理职责，或者发现违法行为不予查处的。

第六章　附　　则

第五十五条　本办法自2005年12月1日起施行。1997年1月9日建设部颁布的《关于房地产价格评估机构资格等级管理的若干规定》（建房〔1997〕12号）同时废止。

本办法施行前建设部发布的规章的规定与本办法的规定不一致的，以本办法为准。

参考文献

[1] 曲卫东．叶剑平．房地产估价．北京：中国人民大学出版社，2009.

[2] 中国房地产估价师与房地产经纪人学会．房地产估价案例与分析．北京：中国建筑工业出版社，2008.

[3] 中国房地产估价师与房地产经纪人学会．房地产估价理论与方法．北京：中国建筑工业出版社，2008.

[4] 胡存智．土地估价理论与方法．北京：地质出版社，2006.

[5] 中国房地产估价师学会编．房地产估价报告精选．北京：中国建筑工业出版社，2002、2003.

[6] 黄贤金．土地估价理论与方法．北京：地质出版社，2006.

[7] 柴强．房地产估价．北京：首都经济贸易大学出版社，2005.

[8] 美国估价学会．房地产估价．北京：中国建筑工业出版社，2005.

[9] 艾建国，吴群．不动产估价．北京：中国农业出版社，2008.

[10] GB/T 50291—1999.

[11] 李宗鄂．香港房地产法．第 5 版．香港：商务印书馆，1994.

[12] 周寅康，胡志燕．从房地产基本特性分析房地产估价的理论基础．房地产评估．1999，(5)．

[13] 周寅康，胡志燕．剩余法估价公式讨论房地产评估．1996，(8)．

[14] 薛达元．生物多样性经济价值估计——长白山自然保护区案例研究．南京大学博士学位论文，1997.

[15] 周寅康．房地产估价理论方法实务．南京：东南大学出版社．2005.

[16] 吴翔华，唐德善，付光辉．城市房屋拆迁市场化评估模式的实现方式．东南大学学报：哲学社会科学版，2009.

[17] 陈慧，付光辉．不动产估价企业诚信等级评价初探．企业科技与发展．2008，(10)．

[18] 付光辉，吴翔华，梁国庆．模糊数学在土地估价中的应用．房地产评估．2008，(5)．

[19] 付光辉，梁国庆．土地估价行业诚信建设的博弈分析，中国土地，2006，(9)．

[20] 付光辉．土地估价市场诚信管理制度框架初探．房地产评估，2006，(3)．

[21] Alonso W. Location and land use. 1964，Cambridge，Mass：Harvard University Press.

[22] Robert Costanza，etc. The value of the world’s ecosystem services and natural capital Nature，1997.